제2판

도시계획가를 위한

계획이론

김흥순

박영사

제2판 머리말

처음에는 오탈자나 비문 정도만 손보면 되겠지 하는 가벼운 마음으로 시작했다. 그러나 작업을 진행할수록 수정해야 할 부분과 새롭게 추가해야 할 내용들이 계속 늘어나면서, 이게 결코 간단한 일이 아니구나 하는 것을 깨달았다. 겁 없이 덤벼들었던 초판 때보다 더 힘이 들었다는 소회는 결코 과장이 아니다. 학기말 성적 처리를 하면서 시작했던 작업이 신학기 강의를 시작할 때까지 이어졌다. 두 달간의 방학을 온전히 개정판 작업에 쏟아 부은 셈이다. 하지만 좋아하는 일에 몰두할 수 있다는 기쁨으로 시간 가는 줄 모르고 집중했던 소중한 두 달이었다.

이번 판에는 변화된 세상을 이해해보고자 인공지능(AI)에 관한 내용을 다수 포함시켰다. 실제로 집필 과정에서 AI의 도움도 적지 않게 받았다. 그러나 때로는 AI가 오히려 혼선을 초래하여 작업 속도가 늦어지기도 했다. 짧은 기간이었지만 이른바 'AI fatigue'를 겪기도 했다. 이를 통해 급변하는 세상의 모습을 절실히 체감할 수 있었다. 결국 AI가 도시계획가의 일을 모두 대체하겠구나 하는 우울감에 빠져 있다가도, 가끔씩 AI의 오류를 발견하면 "그래도 인간의 역할이 아직 남아 있구나" 하는 안도감을 느끼는 일희일비의 시간이었다.

제2판에서는 독자들에게 보다 타당하고 구체적인 논거를 제시하고자 최근 발간된 연구 성과와 문헌까지 폭넓게 검토하였다. 그 결과 참고문헌이 초판 대비 약 30%나 증가하였다. 초판에서는 간단한 개념과 용어만을 나열했던 부분에 구체적인 설명과 실제 사례, 제도적 근거를 제시하고자 노력했다. 그 과정에서 개정 법령에 대한 포괄적 반영이 이루어졌다. 또한 번역문이나 인용문의 무분별한 채용으로 인해 내용이 불분명했던 부분을 독자의 관점에서 최대한 이해하기 쉽게 수정했다. 결과적으로 전체 분량이 제법 늘어났다.

이 책의 내용은 한양대학교 도시공학과 대학원생들과 함께 진행한 계획론 수업에서 많은 영감을 받았다. 예리한 질문과 통찰력 있는 코멘트로 나의 잠든 지성을 깨워준 학생들에게 깊이 감사한다.

이 책은 당초 연구년이었던 작년에 출간 예정이었으나, 이러저러한 사정으로 집필이 늦어졌다. 인내심을 갖고 기다려준 박영사 최동인 대리님에게 감사의 뜻을 전한다.

2025년 12월

甲年에 필자 씀

머 리 말

계획이론이 무엇이냐고 물어보면 도시계획 전공자들도 명확한 대답을 못 내놓는 경우가 많다. 일반적으로 "계획의 토대를 이루는 이론", "계획을 계획하는 메타이론(meta theory)", "도시계획을 잘하기 위한 이론", "도시계획 과정을 설계하는 이론" 등등의 대답을 들을 수 있다. 대체로 맞는 대답이지만, 100% 흡족한 답이 아닌 것도 사실이다. 그만큼 계획이론이라는 분야는 한마디로 정의하기가 쉽지 않은 영역이다. 그나마 그 정도의 답이라도 들을 수 있으면 다행이고 "그게 왜 중요하냐"는 힐문을 듣기 십상이다. 근본적인 개념이나 원리보다는 당장의 성과와 실제에 주목하는 우리 사회의 지식토양상 계획이론은 크게 각광받는 분야가 아니다.

계획이론에 대한 책을 집필하겠다는 야심찬 생각을 품은 것은 무려 30년 전의 일이다. 지도교수이신 여홍구 교수님이 미국에서 구해오신 John Friedmann의 *Planning in the Public Domain*이라는 책을 접하고 세상이 개벽하는 느낌을 받았다. '문화충격'이라는 말이 무슨 의미인지를 그때 제대로 깨달았다. 그래서 사전을 찾아가며 대학노트에 한 문장씩 번역을 해나갔는데, 원제무·서충원 교수님이 출간하신 번역본을 보고 내가 얼마나 부족한지를 깨달았던 기억이 있다. 대학노트를 쓰레기통에 버리면서 깊은 수련이 필요하다고 생각했다. 그 후 지나온 30년이 나의 수련의 시간이었다. 그동안 만났던 모든 분들이 나의 소중한 스승이었다.

처음 부임했던 창원대학교 지방자치학과(행정학과로 개편)에서 기획론을 강의했다. 그러면서 내가 배경으로 하고 있는 도시계획에서 바라보는 '계획이론'과 사회과학에서 바라보는 '기획론'에 미묘한 차이가 있음을 깨달았다. 솔직히 고백하면 학생이던 때보다 강단에서 강의를 하면서 오히려 공부를 많이 했다. 지금 돌이켜 보면 학위만 있었지 아무것도 몰랐던 것 같다. 창원대학교에서 학제적(interdisciplinary)인 시각에 눈을 뜨고, 경제학과 정책론, 방법론에 대한 공부를 할 수 있었던 것은 내 인생의 행운이었다.

모교인 한양대학교로 자리를 옮겨서도 계획이론을 강의했다. 주로 외국 서적이나 국내논문을 강의교재로 사용하면서 우리 실정에 맞는 교재의 필요성을 절감했다. 여러 가지 시행착오를 거듭하면서도 뇌리를 떠나지 않았던 생각은 "계획이론이란 무엇인가" 그리고 "오늘날 계획이론은 어떠한 모습이 되어야 하는가"하는 질문이었다. 수업시간 학생들의 진지한 표정과 반짝이는 눈동자를 보면서 그러한 생각은 더욱 깊어졌다.

계획이론은 사변적인 고담준론(高談峻論)으로 악명이 높은 분야이다. 계획이론 전공자들은 자신의 분야가 중요하다고 강변하지만 많은 이들이 그렇게 생각하지 않는 것이 현실이다. 이유는 현실과의 유리에 있다고 판단했다. 그리고 구체적인 내용의 부재에 있다고 판단했다. 실증분석과 증명이 없는 주장은 아무리 기초분야라고 해도 공허한 담론일 뿐이라고 생각했다. 이와 함께 메타이론을 다룬다는 이유로 구체적인 내용이론(substantive theory)이 부재하다는 점이 문제라는 데에 생각이 미쳤다. 이 책은 지난 30년간의 내 사유의 결과이다. 그리고 20년간 벼려온 내 강의노트의 집약이다. 단순한 메타이론으로서의 계획이론보다 구체적인 대상과 내용을 갖는 도시계획이론을 제시해보고자 노력했다.

또 다른 질문은 시장과 계획의 관계에 대한 천착이다. 20대에는 '마르크스주의 계획이론'을 집대성해보겠다는 큰 포부가 있었다. 하지만 나이가 들수록 '몇 사람의 계획'이 '집단지성인 시장'보다 현명할 수 없다는 쪽에 심중이 갔다. 그래서 오늘날 계획은 "시장과 함께 가는 계획", "시장을 지원하는 계획"이 되어야 한다는 생각을 갖게 되었다. 그렇다면 계획이 왜 만능이 아닌가에 대해서도 설명이 필요하다는 데에 생각이 미치게 되었다. 이 책은 계획의 정당성을 선험적으로 옹호하기보다 계획이 얼마나 허점이 많은가를 설명하는 데에 많은 부분이 할애되어 있다. 그리고 시장과 함께 가는 계획이란 어떤 것인지를 소개하는 데에 많은 공을 들였다. 나의 한계를 인지함으로써 더 나은 나를 찾겠다는 것이 이 책에 임하는 나의 소견이었다.

그러한 맥락에서 이 책을 읽는 독자들에게 이 책의 특징을 간단히 소개하면 다음과 같다. 첫째, 여러 계획 분야 중 도시계획을 중심으로 내용을 풀어나갔다. 이는 원론과 각론의 괴리, 이론과 실무의 간극을 조금이나마 해소해보고자 하는 내 나름의 작은 시도라 할 수 있다. 둘째, 사물과 현상은 항상 양면적인 속성 위에 서 있다는 것을 강조하고 싶었다. 긍정은 그 이면에 내재된 부정의 다른 모습이다. 이 책은 단순한 개념의 설명 외에 그에 대한 중립적인 평가를 병행하여, 독자가 계획에 대하여 다양한 관점을 가질 수 있도록 배려하였다. 셋째, 전통적인 계획 접근론 외에 탈실증주의 계획이론으로서 마르크스주의, 의사소통적/협력적 계획이론, 포스트모더니즘에 대한 내용을 소개하였다. 이 중 의사소통적/협력적 계획이론은 우리에게는 다소 생소하지만, 오늘날 서구 학계에서 주류 계획이론으로 불리는 접근이다. 따라서 이 책은 계획분야의 변화된 지식환경을 소개하고 있다고 볼 수 있다. 이와 함께 시장과 계획의 관계에 대한 천착으로서 뉴 라이트 계획이론에 대한 내용을 포함하였다. 넷째, 오늘날 계획의 주된 임무 중 하나가 이해관계자의 갈등을 조정하는 것이라는 판단하에 갈등관리론을 포함하였고, 같은 맥락에서 주민참여에 대한 논의를 개진하였다.

책의 구성을 간략히 소개하면 다음과 같다. 1부와 2부에서는 계획의 개념과 계획의 필요성 및 정당성을 다양한 시각에서 살펴보았다. 3부와 4부에서는 계획이론의 개념과 계획문제를 다루는 다양한 계획 접근을 소개하였다. 특히 전통적 계획 접근 외에 탈실증주의 계획이론과 시장지향적 계획이론에 대한 소개를 포함하였다. 5부에서는 계획과정을 소개하고 각 단계에서 실행되는 계획내용을 설명하였다. 6부에서는 계획의 실행 차원에서 주민참여와 갈등관리에 대해 알아보았다.

많은 분들의 성원과 도움이 있었기에 이 책이 세상에 나올 수 있었다. 책으로만 뵈었지만 서울대학교 김신복 교수님, 전남대학교 정환용 교수님께 많은 빚을 졌다. 계획이론이라는 척박한 분야의 길을 열어주신 두 분께 깊은 감사의 인사를 올린다. 27년전 여러모로 부족한 동양학생을 자애로 보듬어주신 Arthur Sullivan 교수님의 은혜를 잊을 수 없다. 2020년 한해 엄혹한 사회환경 속에서도 거의 하루 건너 만나다시피 하며 함께 과제를 고민했던 같은 학과의 김홍배 교수님과 서울시립대학교 이승일 교수님께 감사의 말씀을 전한다. 모든 일상에서 진심어린 응원을 해주신 한양대학교 최창규, 박진아, 이수기, 고준호 교수님, 홍익대학교 천상현 교수님, 광운대학교 고진수 교수님께도 감사의 말씀을 드린다. 집필에 도움을 준 연구실의 박사과정 김성아 선생에게도 고맙다는 말을 전하고 싶다. 이 책의 가치를 인정해서 출판을 결정해준 박영사의 경영진과 오치웅 대리님 그리고 편집을 맡아서 수고해주신 전채린 과장님 등 편집진께도 깊은 감사의 말씀을 전한다. 무엇보다 고단한 옆자리를 묵묵히 지켜준 아내 혜경과 건강하게 군복무를 마치고 다시 학업에 정진하고 있는 아들 상민, 지금도 자녀들에 대한 기도로 새벽을 밝히시는 부모님, 장모님께 감사의 말씀을 올린다.

계획이론이라는 큰 산 앞에서 이제 겨우 몇 발자국을 뗀 느낌이다. 날은 저무는데 갈 길은 너무 멀다.

2021년 1월
중랑천을 바라보며 필자

목 차

제1부

계획이란?

제2부

계획의 존재론적 가치

제3부

계획이론

제4부

계획의 접근모형

제5부

계획과정

제6부

주민참여 및 갈등관리

제 1 부

계획이란?

제 **1** 장

계획의 개념

제1절

논의를 시작하며

1. 논의의 전제

이 책에서 다루는 계획은 특정 분야의 계획으로 한정되지 않는다. 따라서 이 책은 계획일반에 대한 논의라고 할 수 있다. 대부분의 계획이론 교과서들이 책 내용 중에 별도로 경제계획, 사회계획, 물리적 계획으로 계획의 종류를 구분하는 것은 이러한 이유 때문이다. 이 책도 그 점에 있어서는 다른 계획이론 고과서와 동일한 인식체계를 갖는다. 하지만 현실적으로 도시계획을 제외하고는 대부분의 계획이 유력한 활동으로 전개되고 있지 못한 현실을 고려할 때 이 책에서 언급하는 대부분의 계획활동은 도시계획 또는 도시계획과 관련된 계획행위, 즉 교통, 환경, 주택, 지역개발 등의 주제로 귀착된다. 서술에 있어서 좀 더 구체적인 특정이 필요할 경우 도시계획이라는 표현을 사용할 것이며, 계획일반에 대한 지칭임을 분명히 할 필요가 있다고 판단되면 '원론적' 등과 같은 수식어나 '계획일반' 등의 표현을 사용할 것이다.

뒤에서 다시 언급하겠지만 계획은 "행동하기 전에 미리 준비하는 행위"를 의미한다. 이러한 보편적인 개념 속에서 계획은 누구나 할 수 있는 행동으로 정의된다. 당연히 기업도 계획행위를 한다. 기업의 계획행위는 특별히 전략계획(strategic planning) 또는 전략기획으로 지칭되는데, 1970년대 이후 전략경영이라는 세부분야가 정립되면서 용어의 사용이 좀 더 명확해진 느낌이다. 하지만, 이 책의 관심은 공공부문(public sector)에 있다. 따라서 이 책은 행정학 분야에서 발간된 '공공기획론'이나 '발전기획론'과 동일한 인식론적 배경을 토대로 작성되었다고 할 수 있다. 부분적으로 기업경영과 관련된 개념이 사용되기도 하지만 이는 공공부문에서의 논의를 풍요롭게 하기 위한 수단일 뿐임을 밝혀둔다.

셋째, 이 책에서 논의하는 계획은 시장경제와 민주주의 체제를 전제로 한다. 따라서 국가가 자원배분을 주도하는 사회주의 체제에서의 계획은 이 책의 관심대상이 아니다. 현실적으로 경제체제로서의 자본주의는 정치체제로서의 민주주의와 긴장관계에 있다. 두 개의 시스템은 상호 보완적이면서 동시에 견제 기능을 수행하는 우리 사회의 두 기둥이라고 볼 수 있다. 계획과정에서 나타나는 대부분의 갈등은 이들 두 가치의 대립으로 설명된다.

2. 계획의 기원

경제학과 계획이론은 모두 희소한 자원을 어떻게 배분할 것인가에 관심을 갖는 학문분야이다. 따라서 '자원의 희소성'[1]은 경제학과 계획이론 공동의 어머니이고, 두 이론은 형제지간 또는 쌍생아라 할 만하다. 하지만 두 이론은 자원의 희소성이라는 동일한 문제에 대해 제각기 다른 처방을 내놓는다. 주류 경제학이 문제의 해법으로 '시장'에 의한 자율적 자원배분을 제시한다면, 계획이론은 '계획기구'에 의한 인위적 자원배분의 가능성을 모색한다.

"재화와 서비스의 거래가 이루어지는 물리적·비물리적 영역"을 의미하는 시장의 기원은 알기 어렵다. 아마도 '교환'이라는 자원배분 방식이 등장한 시기가 시장의 시작이 아닐까 추정한다. 이는 교환의 대상인 잉여가 발생했음을 의미하는 것으로 대략 기원전 8천년경 신석기혁명 시기를 시장의 태동기로 생각할 수 있다. 아리스토텔레스는 종종 경제학의 비조로 언급되는데, 문헌으로 남아 있는 그의 관심사를 통해 고대 그리스에서도 자원배분과 시장은 중요한 관심사였음을 추정할 수 있다(홍기빈, 2001).

1 흄(D. Hume)을 필두로 한 사회철학 역시 논의의 출발점을 자원의 희소성에서 찾는다(이양수, 2013: 56).

따라서 우리는 시장을 오랜 시간 인류와 함께해 온 '자연상태'로 부를 수 있다. 물론 Polanyi(2009) 같은 학자는 시장이 비교적 최근에 생긴 인위적 질서로서 자연상태일 수 없다고 주장한 바 있다. 하지만 Braudel(2012)은 시장(시장경제)과 자본주의를 구분하면서 자본주의는 비교적 최근에 등장한 체제이지만 시장의 연조는 매우 깊다는 주장을 전개한다. 폴라니의 주장은 소수의견으로 이 책은 시장을 "아주 오래된 자연적(자연스러운) 질서"로 이해하고자 한다.

반면에 계획은 인류역사 속에서 비교적 최근에 등장한, '보이는 손'에 의한 인위적 자원배분 행위이다. Friedmann(1987)은 계획사상을 네 개의 큰 전통으로 구분하는데, 그 전통의 공통된 맨 앞자리에는 고전파 경제학의 시조 아담 스미스가 위치해 있다. 「국부론」이 1776년에 발간되었으므로 우리는 공공계획의 태동을 18세기 후반으로 추론할 수 있다.

제2절

계획의 정의

학자들은 다양한 방식으로 계획의 개념을 정의해왔다. 김신복(1999: 7)은 계획에 관한 저술이나 논문을 쓴 사람이라면 대부분이 자기 자신의 정의를 갖고 있을 정도로 개념의 합의가 어렵다고 지적한 바 있다. 같은 맥락에서 Ackoff(1981: 74)는 계획이 흡사 양파 속처럼 다양한 단면을 가지고 있기 때문에 여러 가지 의미로 정의될 수밖에 없다고 주장하였다. 하지만 다수 학자의 의견을 종합했을 때, 계획은 "더 나은 수단으로 목표를 달성하기 위해 장래의 행동에 관한 일단(一團)의 결정을 준비하는 과정"으로 정의할 수 있다(Dror, 1963: 55). 왜 이러한 정의가 가능한지 다양한 각도에서 계획의 개념을 살펴보도록 하자.

1. 사전적(辭典的) 정의

우선 사전적 정의를 통해 계획의 일반적 개념을 파악할 수 있다. Wikipedia는

planning을 "바람직한 목표를 달성하기 위해 요구되는 제반 활동에 관해 사고하는 과정(the process of thinking about the activities required to achieve a desired goal)"으로 정의한다. 한편 *Longman Dictionary of American English*에서는 planning을 "미래행위를 수행하기 위해 조심스럽게 숙고된 준비를 하는 것(a carefully considered arrangement for carrying out some future activity)"으로 정의한다. *Oxford English Dictionary*에서는 "무엇인가를 하거나 성취하기 위해 상세한 제안을 만드는 것(making a detailed proposal for doing or achieving something)"으로 정의한다.

*Dictionary by Merriam–Webster*는 planning을 가장 상세하게 설명하고 있다. 즉 "plan을 만들거나 수행하는 행위 또는 절차(the act or process of making or carrying out plans)"로 정의하면서 별도로 'plan'을 목표를 성취하기 위한 방법(method for achieving an end), 무엇인가를 하는 관례화된 체계, 즉 절차(an often customary method of doing something: procedure), 행동방안에 대한 구체적인 공식화(a detailed formulation of a program of action), 목표(goal, aim)로 세분하여 기술하고 있다.

한편, 네이버 포털 상에 수록되어 있는 *Collins Cobuild Advanced Learner's English Dictionary*(6th Edition)에서는 planning을 "실제로 행위를 하기 전에 어떻게 할지를 상세히 결정하는 과정(the process of deciding in detail how to do something before you actually start to do it)"으로 정의하고 있다. 특기할 만한 것은 부가적인 정의로서 planning을 "지방정부의 토지이용 규제(control by the local government of the way that land is used in an area and of what new buildings are built there)"로 정의하고 있다는 것이다. 이를 통해 planning이 '도시계획'을 지칭하는 용어로 일상적으로 사용되고 있음을 확인할 수 있다.

ChatGPT에게 planning의 정의에 대해 문의해 보았다. 그 결과 "계획은 목표를 정한 후, 이들 목표를 성취하기 위해 가장 좋은 행동경로를 결정하고, 그 과정에서 필요한 전략을 실행하기 위해 요구되는 단계와 자원을 구상하는 과정이다. 계획은 미래 예측, 대안 평가, 바람직한 결과를 얻기 위한 행동 지침에 대한 의사결정을 수반한다"라는 답변을 얻었다(Planning is the process of setting goals, determining the best course of action to achieve those goals, and outlining the steps and resources required to execute the strategy. It involves forecasting the future, evaluating alternatives, and making decisions to guide present actions toward desired outcomes).

끝으로 네이버 포털 상에 수록되어 있는 국립국어원 간행 국어사전에서는 계획을 "앞으로 할 일의 절차, 방법, 규모 따위를 미리 헤아려 작정함"으로 정의하고 있다. 이상의 사전적 정의로부터 계획의 다양한 정의를 알 수 있는데, 정의의 차이는 대부분 강조하는 부분의 차이에서 기인하는 것이며, 이들 정의의 최대공약수를 도출하면 대체로 전술한 드로(Dror)의 개념정의에 수렴함을 확인할 수 있다.

2. 대상수준에 따른 분류 및 정의

계획의 개념을 보다 구체적으로 이해하기 위해, 우리는 계획을 실행 주체에 따라 세 가지 층위로 구분하여 고찰할 수 있다(김신복, 1999: 3-5). 우리는 이를 통해 계획의 본질과 성격을 보다 잘 이해할 수 있다. 세 개의 층위는 일반론으로서의 계획, 조직에서의 계획, 국가발전의 도구로서의 계획이다.

첫 번째 층위는 "개인적 차원에서 실행하는 행위로서의 계획"으로, "일반론으로서의 계획"으로도 부를 수 있다. 여기서 계획은 "행동하기 전에 미리 생각하고 대비하는 작업, 장래행위에 대해 미리 사고하는 과정"으로 정의된다(Chadwick, 1971: 15). 앞서 살펴본 사전적 정의와 마찬가지로 가장 원론적이고 보편적인 개념에 해당된다. 이러한 개념적 틀 안에서 모든 인간은 일상적으로 계획을 하는 존재로 규정할 수 있다. 우리는 출근하기 전에 일기예보를 확인하고 우산을 지참할지, 어떤 옷과 신발을 신을지, 어떤 교통수단을 이용할지 등을 결정한다. 이처럼 우리의 일상은 결정과 판단의 연속이며, 그 과정 속에서 우리는 합리적 판단을 위해 나름의 근거를 찾는다. 이러한 측면에서 모든 인간은 '*Homo Planus*(계획하는 인간)'라 불릴 만하다.

'일반론으로서의 계획' 개념은 다양한 논의거리를 담고 있는데, 우선 계획은 사전적(事前的, *ex ante*) 행위라는 점을 지적할 수 있다. 계획은 행동하기 전에 사고하는 것이다. 행동한 후에 하는 행위는 평가이다. 평가가 계획의 일부인지 여부에 대해서는 뒤에서 다시 언급하도록 하겠다. 둘째, 계획은 미래를 대상으로 한다. 아직 전개되지 않은 사건을 대상으로 대비하는 것이 계획이다. 따라서 계획을 위해서는 예측과 예측을 위한 정보의 수집이 꼭 필요함을 알 수 있다. 셋째, 계획은 행동(action)을 전제로 한다. 행동이 수반되지 않는 계획은 공허한 몽상에 불과하다. 계획은 반드시 행동과 연계되어야 한다. 보다 상세한 사항은 이후 논의에서 살펴보도록 하겠다.

두 번째 계획의 실행주체는 조직이다. 이 단계에서는 전술한 '보편적 인간'에서 '조직'이라는 범위로 논의의 영역이 축소된다. 이때 조직은 사조직과 공조직을 모두 망라하는 개념이다. 하지만 앞서 언급한 계획의 보편적 개념이 의연히 적용됨은 물론이다. 행정학자 굴릭(Gulick)은 조직을 운영하기 위해서 관리자가 수행해야 할 핵심기능으로 POSDCoRB를 제시했다. POSDCoRB는 Planning(계획), Organizing(조직), Staffing(인사), Directing(지휘), Coordinating(조정), Reporting(보고), Budgeting(예산)을 의미하는 두문자(acronym)이다. 김수영(1997: 5)은 계획이 가장 앞에 있다는 점이 그 중요성을 의미한다고 주장한다. 이는 모든 조직운영이 반드시 계획에 근거해서 이루어져야 함을 강조하는 견해로 이해할 수 있다.

세 번째 계획의 실행 주체는 공공(국가, 지방자치단체) 또는 사회이다. 공공에 의해 수행되는 계획을 공공계획 또는 행정계획이라고 부른다. 이 단계에서는 계획이 왜, 무엇을 위해 미리 사고하고 대비하는가에 대한 답을 찾을 수 있다. 여기서 계획은 국가정책을 결정함에 있어 투입되는 체계적·조직적 노력으로 정의된다(Merriam, 1941: 489). 공공계획의 목적은 공익의 실현으로 설명된다. 이 책이 관심을 갖는 계획이 바로 공공계획임은 앞에서 이미 설명한 바 있다. 우리나라의 국토종합계획과 도시계획은 이러한 공공계획의 구체적인 예이다.

3. 강조점에 따른 분류 및 정의

전술하였듯이 계획의 개념이 상이한 것은 대부분 강조점의 차이에서 기인한다. 여기서는 여러 학자들이 제시한 다양한 강조점을 Dror(1963: 46−58)가 제시한 네 가지 범주에 의해 살펴보고자 한다.

첫째는 계획이 장래행동에 대한 사전적 결정이며 준비과정이라는 것으로, 곧 미래에 대한 준비, 미래에 대한 의식적 선택이라는 것이다.

둘째는 계획이 합리성을 기초로 한 지적(사고) 과정이라는 것이다. 전술하였듯이 계획은 그 과정 속에서 일단의 결정을 수행해야 한다. 두 번째 강조점은 이러한 결정에 있어서 준거가 바로 합리성임을 밝히고 있다. 계획가는 합리적인 목표와 수단을 선택해야 하며, 합리적 준거에 기초해서 과정을 탐색해야 한다. 문제해결을 위해 제시된 다양한 대안 중 최적안을 합리성에 근거해서 선택해야 한다. 계획가는 계획과정에서 이루어진 선택에 대한 비판적 질문 앞에서 스스로를 정당화할 수 있어야 한다. "하필 왜 그것을 선택했는가?" 이때 계획가를 수호하는 방패가 합리성이다. 따라서 합리성에의 의탁은 가히 계획의 알파와 오메가라 해도 과언이 아니다. 이러한 계획과정이 지적인 사고과정임은 굳이 부연할 필요가 없다.

셋째는 계획이 사회적 선(social good)을 증진시키는 수단이라는 것으로 이는 앞에서 공공계획의 존재론적 의의로 언급된 바 있다. 여기서 한 가지 짚고 넘어가야 할 부분은 계획은 규범적이고 가치지향적인 행동이라는 것이다(Healey, 1983: 25). 좋고 나쁨은 보는 시각에 따라 달라질 수 있는 주관적 판단의 영역이다. 계획은 특정한 목표를 설정하고 이를 실현하고자 한다. 그것이 바람직한 상태라고 믿는 것이다. 따라서 계획은 과학과 달리 규범적이고 가치를 내포한 활동이 될 수밖에 없다.

넷째는 앞에서 언급한 강조점들을 종합한 것이다. 전술한 "더 나은 수단으로 목표를 달성하기 위해 장래의 행동에 관한 일단(一團)의 결정을 준비하는 과정"이라는 드로의 정의는 이러한 맥락에서 도출된 개별 개념의 종합이라 할 수 있다.

제3절

유사개념

본 절에서는 계획의 개념을 명료화하기 위해 계획과 유사하거나 혼용되는 용어들을 살펴보고자 한다.

1. 計劃인가 規劃인가?

일본 근대화의 역사는 용어번역의 역사라고 허도 과언이 아니다. 일본인들은

planning(독: planung)이라는 서구어를 계획(計畫)이라는 한자어로 번역했다. 하지만 한자의 본국인 중국인들은 계획 대신 規劃이라는 단어를 사용한다. 일본의 지배를 통해 근대화가 이루어진 한국과 대만은 같은 한자권임에도 일본인들이 만든 계획이라는 단어를 사용한다.[2] 따라서 규획과 계획은 planning에 대한 동일한 번역임을 알 수 있다.

하지만 규획보다는 계획이 planning의 원 뜻을 잘 담고 있다고 판단된다. 파자(破字)를 해보면 규획은 그리고(畫) 나누어서(刀) 규제한다(規) 정도로 해석이 가능한 반면, 계획은 분석해서(計) 그리고(畫) 통제한다(刀)로 해석할 수 있다. 분석－구상－통제라는 계획의 전 과정이 짧은 한자어 속에 잘 담겨져 있다고 생각된다.

2. 기획(企劃)

도시계획 분야에서는 planning과 plan을 동일하게 '계획'으로 번역해서 사용한다. 하지만 엄밀히 말해서 양자는 다른 개념이다. 전자가 계획과정을 의미한다면 후자는 계획의 결과를 의미한다. 전자가 동태적 진행형이라면 후자는 정태적 완료형이라 할 수 있다. 도시계획에서는 통상 양자를 모두 '계획'으로 부르지만 엄밀하게 구분해야 할 때는 전자를 '계획과정', 후자를 '계획안'이라고 한다. 계획안은 계획보고서와 계획도면으로 제시된다.

하지만 행정학 분야에서는 양자를 별개의 다른 용어로 호칭한다. planning을 기획, plan을 계획으로 부르는 것이다(김신복, 1999: 3). 이러한 구분이 보다 엄밀한 것 같지만, 언어는 과학이라기보다 습관에 가까운 관계로[3] 이 책에서는 두 개념을 모두 계획으로 부르기로 한다.[4]

2 하지만 구글을 통해 검색을 하면 최근 규획이라는 단어가 대만에서도 사용되고 있음을 확인할 수 있다. 즉, 최초의 대만 도시계획법의 명칭이 臺灣 都市計畫令이며, 대만 도시계획학회의 정식명칭이 中華民國 都市計劃學會이지만 동시에 학술용어나 일상용어로서 都市規劃이라는 단어도 사용되고 있음을 확인할 수 있다. 흥미로운 것은 중국 역시도 계획이라는 단어를 부분적으로 사용하고 있다는 점이다. 이는 커뮤니케이션이 원활하게 이루어지는 현대사회에서 두 개의 문화가 서로에게 영향을 줌으로써 나타난 결과로 이해된다.

3 비슷한 예가 'Garden City'에 대한 번역으로, 최근 통상적으로 사용되어 온 '전원도시'가 일본인들의 오역이므로 '정원도시' 바로 잡아야 한다는 주장이 제기되었지만(박진빈, 2011; 박재민 외, 2017), 실상 정원도시로 호칭되는 경우는 거의 없다는 사실을 지적하고 싶다.

4 본서에서는 행정학 관련 서적에서 사용된 '기획'이라는 용어를 모두 '계획'으로 바꾸어 인용한다.

3. 프로그램, 프로젝트

프로그램 또는 프로젝트는 계획(plan)의 하위 개념이다. 즉, 계획을 구체화시켜서 실행하는 사업계획 또는 운영계획, 집행계획이라고 할 수 있다. 두 개념 중에서는 프로그램이 프로젝트보다 상위의 개념으로 이해된다(정환용, 2001: 5). 따라서 프로그램은 사업계획, 프로젝트는 세부(단위)사업계획으로 부를 수 있다.

토목이나 건축 사업을 추진함에 있어 우리는 종종 기본구상을 담고 있는 기본계획을 수립한 후, 이를 구체적으로 실현시키기 위해 실시설계를 한다. 계획과 프로그램의 관계는 이러한 기본계획과 실행계획의 관계에 해당된다. 우리나라 「국토의 계획 및 이용에 관한 법률」 상 도시기본계획과 도시관리계획 역시 계획과 프로그램의 관계를 갖는다고 볼 수 있다.

계획과 프로그램, 프로젝트는 위계적 관계를 갖는다. 앞서 언급하였듯이 계획이 최상위 개념이고 이를 구체화시킨 프로그램이 있으며 이를 더욱 구체화시킨 프로젝트가 있다. 따라서 이들 관계에서 계획은 목표가 되며 프로그램은 이를 실현하기 위한 수단, 프로젝트는 하위수단이 된다. 하지만 프로젝트에 대해서 프로그램은 목표가 되며 프로그램의 관점에서 프로젝트는 수단이 된다. 잘 짜여진 계획체계에서 상위계획과 하위 실행계획 간에는 정합성(consistency)이 존재하며, 반대로 허술한 계획체계는 약한 정합성을 갖는다.

4. 매뉴얼(manual)

원래 기계나 장비 등의 사용설명서(user guide)를 일컫는 용어였으나, 오늘날에는 보다 광의적으로 특정 상황에서의 구체적인 행동지침으로 이해된다. 전술한 프로그램의 일종으로, '매우 상세한 프로그램' 정도로 설명할 수 있다.

흔히 일본은 '매뉴얼 국가'로 불리는데, 정부를 포함한 대부분의 조직이 특정 상황에서의 의사결정과 대응 방법을 체계화한 매뉴얼을 보유하고 있다. Castells and Hall(1994: 113)은 이러한 측면에서 "계획에 관한 한 일본은 (계획경제 체제인) 소련보다 더 성공한 사례"라고 지적한 바 있다. 하지만 2016년 발생한 후쿠시마(福島) 원전사태는 이러한 매뉴얼식 접근의 한계와 문제점을 여실히 드러냈다. 매뉴얼은 모든 경우의 수를 담을 수 없었다. 긴급하고 위중한 상황이었지만, 매뉴얼이 적절한 지침을 제시하지 못함으로써 정부와 관련 조직들은 효율적인 대응을 하지 못했고 재난상황은 더욱 심각해졌다.

후쿠시마 원전 사태는 역설적으로 계획의 미래가 계획안(plan)이 아닌 계획과정(planning)에 있음을 보여준다. 모든 상황에 맞춘 상세하고 구체적인 행동방법의 나열이 아니라, 큰 틀에서 목표와 원칙, 방향을 설정하고 상황에 맞는 대응을 지원하는 탄력적인 가이드라인의 필요성을 확인할 수 있다. 현대사회는 복잡성의 증가와 함께 COVID－19와 같은 초유의 재난사태를 빈번하게 경험하고 있다. 하루가 다르게 발전하는 인공지능(AI) 등 기술의 진보 역시 '어제 만들어진' 계획의 한계를 여실히 보여준다. 결국 이러한 환경의 급속한 변화는 '국가안전관리기본계획' 등 비상계획(contingency plan)이 매뉴얼 형식의 상시계획(standing plan)이 아닌 원칙과 방향성을 담은 행동지침(dynamic indicator)으로 준비되어야 함을 시사한다.

5. 의사결정(decision making)

의사결정은 어떤 목적을 달성하기 위해 두 개 이상의 대안(alternatives) 중에서 하나를 선택하는 과정이다. 목표지향적인 선택과정이라는 점에서 의사결정은 계획 및 정책과 유사하다. 계획은 '합리적' 의사결정 과정이다(Alexander, 1979: 109). 계획은 의사결정 과정이지만 모든 의사결정 과정이 계획은 아니다. 즉, 계획은 의사결정 과정의 일종으로 정의할 수 있다. 의사결정 과정으로서의 계획의 특징은 다음과 같다. 첫째, 지적 사고와 결합된 합리적 의사결정 과정이다. 둘째, 장래와 관련된 일련의 결정체계이다(정환용, 2001: 12). 즉, 계획과정 전반에 걸쳐 일련의 선택이 연속적인 의사결정을 통해 이루어진다.

6. 정책(policy)

계획과 정책은 본질적으로 동일한 현상에 대한 두 개의 다른 호칭으로 볼 수 있다(백완기, 2003: 365). 하지만 현실에서는 계획과 정책이 종종 구분되어 사용되고 있는 것 또한 사실이다. 이는 정책이 지닌 이중적 성격에서 비롯된 문제라고 할 수 있다. 유훈(1990: 40)은 정책을 “각종 **정치적 · 행정적** 과정을 통해 권위있게 결정된 공적 목표”로 정의하는데, 문제는 정책을 ‘정치’의 일종으로 보느냐, ‘행정’의 일종으로 보느냐에서 기인한다. 그 연장선에서 계획론자들은 정책을 계획의 하위개념으로 보며, 정책론자들은 그 반대의 입장을 취하는 경향이 있다(이종수 · 윤영진 외, 1997: 306). 이후에서는 계획과 정책이 다른 하나를 포괄하는 상위개념인가에 초점을 맞추어 의미를 살펴보고자 한다.

1) 계획을 상위개념으로 이해하는 관점

먼저 계획을 상위개념으로 이해하는 시각에서는 정책을 공권력이 수반된 정부의 공식적 의사결정으로 정의한다(김신복, 1999: 9). 여기서 법률은 정책의 대표적인 형식이다(정정길, 2002: 83). 반면에 계획은 공권력이 없는 의사결정으로 이해된다(김수영, 1997: 8). 앞서 유훈의 정의를 준용했을 때, 여기서 정책은 행정에 가까운 개념으로 볼 수 있다.

이 정의에서 대부분의 논자들은 계획이 정책에 비해 더 보편적이고 일반적인 개념이라고 적시하고 있으나, 동시에 정책과 계획 간에 상하위 개념은 존재하지 않는다고 기술하고 있다(김수영, 1997: 8; 강태룡 · 정규서, 1999: 27; 김신복, 1999: 9; 정환용, 2001: 6; 정정길, 2002: 82). 이러한 관점은 다소 모호한 측면이 있지만, 정책 → 계획 → 정책′ → 계획′의 연속구조가 형성되므로 두 개념 간에는 상하위 구분이 없다는 설명이 가능하다. 예를 들어 「국토의 계획 및 이용에 관한 법률」은 정책이나, 이 법률에 근거를 둔 도시기본계획은 전반적인 방향성을 표현한 계획이다. 도시기본계획에 근거를 둔 도시관리계획은 구체적 규제사항을 담은 정책이나, 도시관리계획의 규제사항에 근거하여 작성된 건축계획은 계획이다.

[그림 1-1] 정책과 계획의 연속구조

그러나 이 관점의 설명을 자세히 들여다보면, 일관되게 계획이 정책보다 상위개념으로 고려되고 있음을 확인할 수 있다. 이 관점에서 계획과 정책과정의 공통점은 양자 모두 목표지향적이며 합리성을 추구하는 의사결정 과정이라는 점에서 찾아진다(김신복, 1999: 9). 차이점은 계획이 정책보다 장기적 전망 속에서 포괄적이고 일관성 있게 이루어지며 합리성이 더욱 강조된다는 것이다(김신복, 1999: 9). 이러한 특성으로 인해 계획은 결정 즉시 시행되는 정책보다 훨씬 미래지향적이라고 평가된다(정정길, 2002: 82). 그러나 장기적 관점에서 다양한 내용을 포괄하면서도 일관성을 유지해야 하므로, 실제로는 실행 가능한 수준의 구체성을 결여하는 경우가 적지 않다(강태룡·정규서, 1999: 27). 또한 계획은 전체적인 틀에서 창조적 목표에 중점을 두는 반면, 정책은 보다 구체적이고 치료적인 목표에 초점을 맞추기 때문에, 일반적으로 정책에 비해 실현 가능성이 낮은 것으로 간주된다(정정길, 2002: 83). 심한 경우 계획은 현장에서 '쓸모없는 문서'로 치부되기도 한다. 이러한 맥락에서, Lewis(1966)는 계획이 정책으로 구체화될 때에만 비로소 실행력을 가질 수 있다고 주장한 바 있다.

2) 정책을 상위개념으로 보는 관점

여기서 정책은 계획을 위한 기본적인 윤곽으로서 보다 개괄적이고 상위적인 개념으로 이해된다(강태룡·정규서, 1999: 27). 유훈의 정의에 근거해서 보면 여기서의 정책은 정치에 가까운 개념으로 볼 수 있다. 따라서 정책은 종종 정부가 큰 틀에서 제시하는 방향성이나 지침으로 해석된다(대한국토·도시계획학회, 2016: 116-118). 이러한 인식에서 정책은 물리적 계획에 지침을 제시하는 포괄적 가이드라인이나 상위계획으로 이해된다. 동일한 맥락에서 이성근(2006: 41)은 정책을 상비계획(standing plan)이라고 부르며, 장래 의사결정에 대한 일반적 지침이라고 규정한다. 그는 계획이 정책에 비해 특정성과 구체성을 띤다고 주장한다. 김수영(1997: 8)은 정책은 계획이 이루어지는 기본토대이며 계획은 목표달성을 위해 고안된 세부적인 행동방안이라고 정의한다.

도시계획에서는 종종 정책계획이라는 용어가 사용되는데, 여기서 정책계획은 상술한 '정책적' 성격이 강한 계획을 의미한다. 같은 맥락에서 권영찬·이성복(1990: 58)은 정책계획을 "계획이 추구하는 목표가 계층화되어 있다고 할 때, 최상위 계층목표를 실현하고자 하는 계획"으로 정의한다. 이러한 관점에서 도시기본계획은 공공과 시민사회가 힘을 합쳐서 도시의 장기적 발전방향을 설정하는 상위의 '정책계획'으로 정의된다(대한국토·도시계획학회, 2016: 116-118). 반면에 하위계획으로서 도시관리계획은 도시기본계획의 방향성을 실현하는 기능적 수단으로 존재하게 된다.

Friedmann(1973)은 이러한 상위계획으로서의 정책계획과 하위계획으로서의 집행계획을 각각 쇄신(규범)계획(innovative planning / normative planning)과 배분(기능)계획(allocative planning / functional planning)으로 구분한 바 있다. 쇄신계획이 목표의 설정을 통해 '무엇을' 할 것인가에 초점을 맞추는 계획이라면, 배분계획은 주어진 목표 하에서 '어떻게' 자원을 배분할 것인가에 관심을 갖는 계획이다.

3) 계획의 집행수단으로서의 정책

현대 도시계획의 개념을 정립한 켄트(T.J. Kent) 이래 미국 도시계획계에서는 정책(policy)을 또 다른 의미로 규정하고 있다. 켄트는 계획(plan)의 기본요소를 목표(goal), 목적(지표, objective), 정책(policy)으로 규정한다(Kelly and Becker, 2000: 19). 유훈의 정의를 다시 적용해보면 여기서의 정책도 행정에 가까운 개념으로 볼 수 있다.

여기서 목표는 지역사회가 추구하는 일반적이고 보편적인 방향으로, '도로 정체수준의 완화'와 같은 선언적인 문장으로 표현된다. 목적은 흔히 지표로 불리기도 하는데, 전술한 목표를 구체화시킨 것으로 종종 계량화된 중범위 전략으로 제시된다. 목적은 '특정 입지에 일정 규모의 도로 건설' 등의 형식으로 표현된다. 다음으로 정책은 목적을 실현시키는 구체적 방안을 의미한다. 즉, 행동을 실행하기 위한 단기적 집행수단이 정책으로 이해된다. 여기에는 '새로운 도로 건설에 필요한 예산, 파급효과 및 그 금전적 규모, 관련계획의 조정' 등이 포함된다.

이상 살펴본 것처럼 계획에 있어서 '정책'은 매우 다양한(때로는 상반된) 의미로 사용되므로, 문맥 속에서 그리고 사안별로 이해가 필요한 개념임을 알 수 있다.

7. 설계(design)

설계는 계획과 거의 동일한 개념으로 이해된다(Churchman, 1968). 대한국토·도시계획학회(2016: 112)가 도시계획을 "도시를 설계하는 행위이자 과정"이라고 정의하는 것처럼 많은 경우 계획과 설계는 동일한 개념으로 사용된다.

미세한 차이는 설계가 계획보다 아이디어를 보다 더 구체화시킨 행위로 인식된다는 것이다. 토목·건축 분야에서는 종종 계획 단계를 원론적인 구상으로 보고, 설계 단계를 보다 정교한 실행계획의 단계로 보는 경향이 있다. 이러한 맥락에서 국립국어원 간행 국어사전에서는 설계의 첫 번째 뜻을 계획이라고 하고, 두 번째 뜻은 "건축·토목·기계 제작 따위에서, 그 목적에 따라 **실제적인** 계획을 세워 도면 따위로 명시하는 일"로 정의하고 있다. '기본계획', '실시설계' 등의 용어는 이와 같은 개념 이해에서 나온 구분으로 볼 수 있다.

여기서 도시계획, 도시설계, 건축설계의 개념적 차이를 짚고 넘어갈 필요가 있다(Cuthbert, 2006: 13). 현장에서는 의외로 그 차이를 구분하지 못하는 경우가 많다. 다소 도식적인 구분이기는 하지만 그 특성은 [표 1-1]과 같이 설명할 수 있다.

실행주체에 있어서 도시계획은 공공이 주체이나 건축설계는 개인이 주체이다. 간혹 공공건축이 있기도 하지만 전체에 있어서 비중은 크지 않다. 도시설계는 공공과 기업이 모두 주체가 된다. 체제는 주변과의 관련성을 의미한다. 도시계획은 불특정 다수에 대해 개방된 체제인 반면, 건축설계는 클라이언트만을 위한 배타적

[표 1-1] 도시계획, 도시설계, 건축설계의 비교

	도시계획	도시설계	건축설계
실행주체	公	公 or 私	私(公)
체제	개방	개방, 연계	폐쇄, 분리
차원	2	4(3+1)	3
상세수준	약	중(외형, mass 단위)	강(건물 내외부 전체)
주요자원	법, 권력, 여론	자본+법+communication	자본
가치	공익, 형평성, 정당성	조화, 이윤, 공익	이윤, 사익, 개성
공간적 범위	도시	블록	필지
근거사상	모더니즘	(포스트모더니즘)	-
대상	집합적 인간(불특정)	집합적 인간(특정)	개별 인간(client)
제도적 근거	「국토의 계획 및 이용에 관한 법률」 상 도시계획	「국토의 계획 및 이용에 관한 법률」 상 지구단위계획	「건축법」

공간을 상정한다. 도시설계는 개방형 체제이면서 동시에 주변과의 관련성을 중시한다. 도시계획은 2차원적이다. 토지이용계획이 그 대표적인 예이다. 반면에 건축설계는 3차원 계획이다. 도시설계는 3차원이면서 동시에 주변 환경과의 연계를 중시한다는 차원에서 4차원적(3+1차원)이다. 상세 수준에 있어서는 도시계획, 도시설계, 건축설계 순으로 구체성이 높아진다.

무엇에 근거하여 계획을 추진하는가? 도시계획에서는 법, 정치가의 의지, 시민의 여론이 중요하다. 건축설계에서는 자본이 중요하다. 도시설계는 일종의 집합건축 프로젝트이므로 자본이 중요하지만 동시에 이해관계자들 간의 의사소통도 중요하다. 도시계획이 추구하는 가치는 공익, 형평성, 정당성(legitimacy)이지만 건축설계는 이윤, 사익 그리고 심미적 측면이다. 도시설계는 이윤을 추구하지만 동시에 주변과의 조화, 공공성도 고려한다. 도시계획은 도시, 건축설계는 필지, 도시설계는 블록이 계획의 공간적 범위이다. 도시계획은 모더니즘과 기능주의, 도시설계는 기능주의에 반발하여 등장한 포스트모더니즘의 영향을 받았다고 보는 것이 옳을 것이다. 도시계획은 불특정 다수, 건축설계는 개별 인간, 즉 클라이언트, 도시설계는 특정 집단을 대상으로 한다. 우리나라에서는 도시계획과 도시설계가 모두 「국토의 계획 및 이용에 관한 법률」을 제도적 근거로 삼고 있는 반면, 건축설계는 「건축법」을 근거로 한다. 제도적 차원에서 도시설계는 지구단위계획이라는 명칭으로 불린다.

8. 개발(development)

계획이 행위를 위한 준비라면 개발은 계획된 행위를 실행하는 단계라 할 수 있다. 따라서 도시계획이 도시를 어떻게 만들어 나갈지를 직간접적으로 구상하는 것이라면 도시개발은 사전에 만들어진 계획에 근거하여 절토, 성토, 매립 등 특정 토지의 형상을 바꾸는 것, 건축물이나 공작물, 도로 등을 설치하여 시가지나 단지 등을 조성하는 행위를 의미한다.

원론적으로 development는 '긍정적 변화'를 의미한다(김신복, 1999: 23). 따라서 개발은 본래 긍정적인 가치를 담지한 개념으로 이해할 수 있다. 발전이 자동(自動), 즉 스스로 긍정적 변화를 이루는 것을 의미한다면, 개발은 타동(他動), 즉 외부의 힘에 의해 긍정적 변화가 이루어지는 것을 의미한다. 따라서 두 단어는 본질적으로 긍정적 변화를 지칭한다는 점에서 차이가 없다고 볼 수 있다.

하지만 오늘날 개발은 종종 '선한 환경'을 훼손하는 부정적 이미지로 이해되곤 하는데, 이러한 배경에는 난개발이 맹위를 떨쳤던 90년대 우리 사회의 경험이 녹아 있는 듯하다. 원래 '개발'이라는 용어를 명칭으로 사용하던 공공기관들이 이름에서 모두 '개발' 자를 뺀 것은 이러한 사회인식의 변화를 반영한 것으로 이해된다. 우리는 국토개발연구원이 국토연구원이 된 것, 교통개발연구원이 교통연구원이 된 것, 한국토지개발공사가 한국토지공사가 된 것, 시도 연구원들이 앞다투어 '개발' 자를 명칭에서 제외한 예를 확인할 수 있다. 'development'를 꼭 사용해야 되는 경우, '개발' 대신 '발전'이라는 명칭을 사용하고 있음을 확인할 수 있는데, 일례로서 대한국토·도시계획학회(2016: 111)에서는 '지속 가능한 개발'이라는 통칭 대신 '지속 가능한 발전'이라는 명칭을 사용하고 있다.

발전은 종종 성장(growth)과의 비교를 통해 이해된다. 성장이 단순한 양적인 팽창을 의미한다면, 발전은 양을 뛰어넘는 질적인 도약을 의미한다. 따라서 발전은 성장+α를 의미하는 개념이다. 경제성장이 단순한 GDP의 증가를 의미한다면 경제발전은 소득의 증가에 따른 삶의 질의 개선을 의미한다고 볼 수 있다.

9. 사회공학(social engineering)

인위적이고 조직적인 노력을 통해 사회의 발전을 강제해 내고자 하는 사상적 조류를 사회공학이라고 한다. 사회공학은 사회의 바람직한 상태를 선험적으로 상정하고 이를 전문가들이 실현하기 위해 노력하는 구조를 갖는다. Friedmann(1987)은 생시몽(Saint Simon) 등 사회개혁가들에게서 그 기원을 찾지만, 사회공학이라는 개념을 본격적으로 체계화한 이는 포퍼이다(Popper, 1945). 포퍼는 플라톤 이래 나치즘, 공산주의 등 전체주의를 유토피아적 사회공학(utopian social engineering)의 전형으로 지목한 바 있다. 이러한 전체주의는 이상화된 사회 상(像)을 미리 정해놓고, 사회구성원들을 강제로 그 틀에 맞추고자 노력한다. 이들의 이념은 그리스 신화에 나오는 프로크루스테스(Procrustes)의 침대와 유사하다. 킬링필드로 유명한 크메르루즈는 캄보디아를 유토피아적 농촌공동체로 만들기 위해 200만명의 양민을 학살한 바 있다. 또한 1958~60년까지 추진된 중국의 경제부흥운동인 대약진운동(大躍進運動)은 수천만명의 아사자를 낳고 중국사회를 20년 이상 퇴보시킨 것으로 평가받는다. 이들 시도는 600만명의 유대인을 학살한 나치의 홀로코스트(Holocaust)와 함께 20세기 최악의 사회실험으로 기록된다.

사회공학은 인간의 힘으로 좋은 세계를 구현할 수 있다고 믿는 모더니즘의 일종으로, 그 극단은 전체주의라고 할 수 있다. Friedmann(1987)과 Scott(2010)은 레닌을 사회공학의 전형적인 실행자로 지목한다. 계획은 그 기저에 사회공학이 지향하는 바를 상당 부분 공유하고 있다는 점을 부인하기 어렵다. 이러한 측면에서 하이에크(Hayek)는 계획을 전체주의, 사회주의로 지칭하며 반대한 바 있다(김수영, 1997: 88−91).

도시계획가들은 종종 이상적인 도시를 만들겠다는 열정에 빠지곤 하는데, 그것이 사람들을 또 다른 감옥에 가두는 것은 아닌지 항상 스스로 경계해야 한다. 다니엘 번햄(Daniel Burnham)이나 르 꼬르뷔제(Le Corbusier), 로버트 모제스(Robert Moses) 등은 계획을 통해 더 나은 세계를 만들고자 했다는 점에서 모두 도시계획판 사회공학자들이라고 볼 수 있다. 이러한 시각에서는 심지어 에베니저 하워드(Ebenezer Howard)마저도 정도의 차이는 있지만 부드러운 사회공학자라고 할 수 있다. 제인 제이콥스(Jane Jacobs, 1961: 49)의 조어(造語)인 '빛나는 전원도시미화(Radiant Garden City Beautiful)'는 이러한 사회공학적 거대담론에 대한 신랄한 비판

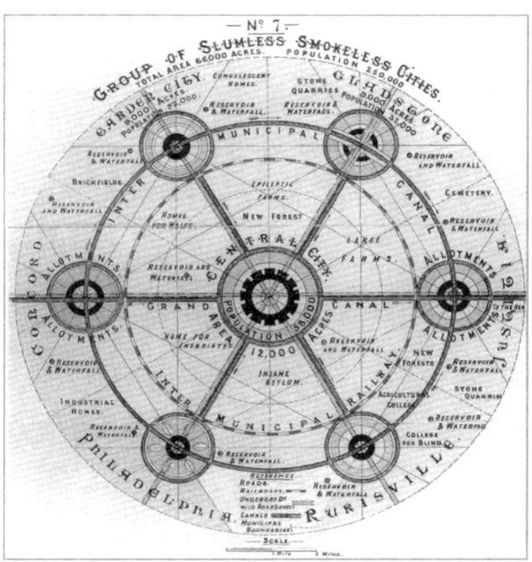

[그림 1-2] 하워드의 전원도시계획

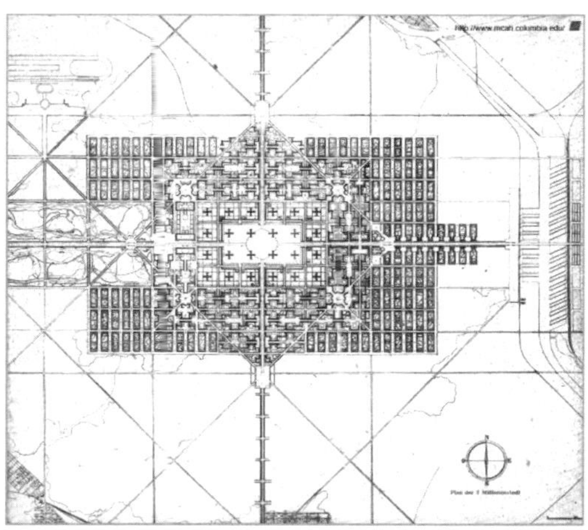

[그림 1-3] 르 꼬르뷔제의 인구 삼백만 현대 도시계획

이다. 청사진을 버리고 과정을 택한 현대 계획은 대화와 소통, 주민참여와 거버넌스의 형성을 통해 소수 전문가들이 이러한 덫에 빠지는 것을 시스템적으로 경계하고 있다. 제인 제이콥스 이래 활발하게 추진되고 있는 도시설계 조류 역시 근대 도시계획의 사회공학적 흐름에 대한 반발이라고 볼 수 있다.

10. 거버넌스(governance)

지배구조라고도 번역된다. 라틴어 *gubernare*(조종하다, 통치하다)가 그 어원이다. 이후 고대 프랑스어의 *governance*에서 통치, 관리의 뜻으로 의미가 확장되었고, 중세 영어에 차용되었다. 따라서 배의 키를 잡고 방향을 잡는다는 의미에서 출발해, 점차적으로 국가나 조직의 방향을 설정하고 조정하는 행위로 그 의미가 확장되었음을 알 수 있다.

일반적으로 국가, 기업, 조직, 공동체 등 다양한 주체들이 공공의 문제를 해결하거나 자원을 관리하고, 의사결정을 내리는 방식을 지칭한다. 전통적인 자원배분 방식인 통치(정부, government)의 틀에서 벗어나, 다양한 행위자(정부, 시장, 시민사회 등)들의 상호작용과 협력을 강조한다. 이러한 배경에서 우리나라와 일본에서는 종종 협치(協治)로도 번역하는데, 권력을 가진 정부(중앙, 지방)의 단독 결정이 아니라, 여러 주체들이 분산된 권한을 갖고 상호작용하며 공동의 문제를 해결하는 자원배분 방식으로 이해할 수 있다. 네트워크 기반의 정책결정 구조, 다층적 의사결정, 이해관계자 간 협력이 거버넌스의 핵심 요소이다.

거버넌스 개념은 오늘날 주민참여의 강조로 인해 도시계획계, 특히 도시재생 분야에서 적극 활용되고 있다(이우종, 2015). 현장에서는 "(문제 발생시) 거버넌스를 통해 문제를 해결하겠다"라는 표현을 많이 접하게 된다. 주민, 이해관계자와 긴밀히 의사소통을 하고 협력하겠다는 의미 정도로 이해되는데, 문제해결의 치트키로 오용되는 느낌이 없잖아 있다. 영국의 계획이론가 힐리(P. Healey)의 영향으로 협력적 거버넌스, 협력적 계획이라는 용어로도 많이 사용된다.

제 2 장

계획의 특성

제1절

가치지향성

1. 목표지향성(goal orientation)

계획은 장래에 달성하고자 하는 최종 상태에 대한 구체적인 기술, 즉 목표를 통해 계획의 방향과 내용을 제시한다(정환용, 2001: 10). 따라서 계획과정은 최종 목표에 도달하고자 하는 과정, 즉 목표지향적 과정이라고 볼 수 있다. 계획은 현상태에 대한 불만으로부터 시작된다. 따라서 계획이 지향하는 최종 상태인 목표는 문제가 해결된 상태, 즉 이상적인 상태라고 할 수 있다. 그런데 바람직한 미래란 주관적인 것이므로 결국 목표는 가치를 내포한 개념임을 알 수 있다. 따라서 계획은 목표지향적이며 동시에 가치지향적인(value－oriented) 행위라고 할 수 있다.

계획은 목표(ends)를 달성하기 위한 수단(means)을 찾아가는 과정으로도 정의할 수 있다. 여기서 수단은 목표를 달성하기 위한 효과적인 방안으로 설명된다. 목표가 도달하고자 하는 궁극의 지점이라면, 수단은 거기까지 이르는 길, 현실적 제약요인, 도달방법으로 이해할 수 있다. 계획이 몽상과 다른 것은 현실에 대한 분석과 목표를 실현할 수단에 대한 현실적 파악이 포함되어 있기 때문이다.

이러한 배경에서 사이먼(H. Simon)은 목표－수단 연쇄(ends－means chain) 개념을 제시한 바 있는데, 이 개념은 어떠한 행위의 합리성은 목표달성을 위한 수단이 제공되는 경우에만 인정받을 수 있다는 논지를 갖는다. 목표–수단 연쇄관계에서 목표는 상위목표(goal), 하위목표(objective), 수단(means), 하위수단(sub–means)으로 연결되는데, 하위목표는 상위목표의 수단이며 수단은 하위수단의 목표가 되는 연속적인 관계를 형성한다. 계획은 합리성의 확보를 위해 이들 목표–수단들 간에 통합성과 일관성을 확보해야 한다(김규정, 2001: 11).

여기서 한 가지 짚고 넘어갈 부분은 우리가 일상에서 업무를 수행하다 보면 어느 순간 목표는 잊어버리고 수단에만 매달리는 경우가 종종 나타난다는 것이다. 우리는 이를 '목표와 수단의 전도(displacement of goal)'라고 한다. 일례로서 우리가 학생으로서 필요한 학비를 벌기 위해 아르바이트를 하는 과정에서, 본업인 학업 대신 아르바이트 활동에 매몰되는 경우가 있는데, 우리는 이를 목표와 수단의 전도라고 할 수 있다[5].

2. 규범성

계획은 과학과 달리 묘사가 아닌 처방적인 활동이다(Alexander, 1979). 계획가의 목표는 있는 그대로의 세계를 묘사하는 것이 아니라 사상(事象)을 변화시킬 수 있는 방법을 제안하는 데 있다.[6] 이 과정에서 계획은 특정 가치를 추구한다. 종종 해당 가치의 정당성은 규범 차원에서 이해된다. 따라서 계획은 본질적으로 이데올로기적이라고 할 수 있다. 계획의 세계에서는 완전한 오답도, 완전한 정답도 존재하지 않는다(정환용, 2001: 19). 결국 계획은 최악을 피하기 위해 차선을 찾아가는 선택과정으로 정의할 수 있다. 유일해(sole solution)로서의 계획이 존재하지 않으므로 가치지향적인 계획과정은 역설적으로 다양성의 존중 위에 대화와 타협을 통해 전개되어야 한다.

---

5 이 지점에서 영화 '곡성'의 신들린 소녀가 했던 "무엇이 중한디"라는 대사가 생각난다.

6 마르크스는 그의 「포이에르바하에 관한 테제(*Thesen über Feuerbach* in 1845)」에서 "지금까지 철학자들은 세계를 여러 가지 방식으로 해석해 왔다. 그러나 중요한 것은 세계를 변혁시키는 것이다"라고 선언했는데, 이를 통해 우리는 마르크스가 최초의 근대적 계획가의 일원임을 알 수 있다.

3. 누구의 정의이고, 어떤 합리성인가?

정치윤리학자 매킨타이어(A. MacIntyre)가 쓴 『누구의 정의? 어떤 합리성?(*Whose Justice? Which Rationality?*)』이라는 책 제목이 암시하듯이 만인에게 정의로운 가치, 보편적으로 합리적인 가치란 존재하지 않는다. 정의로운 계획, 합리적인 계획을 추구하는 공공계획가의 입장에서는 당황스러운 현실이 아닐 수 없다.

만일 사회구성원들이 공유하는 보편적 가치(unitary value)가 존재한다면 계획과정에서 갈등이 일어날 이유가 없을 것이다. 그러나 현실에서 계획은 갈등의 장(場)이다. 갈등 투성이 계획 과정은 역설적으로 우리 사회가 다원화된 사회임을 분명하게 보여준다. 따라서 계획가는 무엇보다도 먼저 보편적 선, 모두를 만족시키는 목표가 존재한다는 믿음을 버려야 한다.

계획에서의 논쟁과 갈등은 계획이 비합리적이기 때문에 나타나는 것이 아니라 상이한 이해관계가 상이한 목적을 '합리적'으로 찾기 때문에 발생하는 것이다(이양수, 2013: 49). 계획과정은 선인과 악인이 만나서 투쟁을 벌이는 전쟁터가 아니라 다들 그럴듯한 이유를 가진 보통사람들이 뒤엉켜서 만들어 내는 시장과 같은 것이다. 모든 이들은 나름대로의 가치와 정당성 그리고 이해관계를 가지고 있다. 따라서 계획가는 선악을 판별하는 형사재판관이 아니라 충돌하는 가치를 조정하고 최적화하는 민사 변호사가 되어야 한다.

제2절

미래지향성

개념에서 살펴보았듯이 계획은 미래를 대상으로 하는 준비 과정이다. 하지만 미래는 불확실성 그 자체이다. 계획은 미래의 불확실성과 예상되는 미래의 문제를 제거하여 바람직한 최종 상태를 이끌어내기 위해 다양한 전략을 추구한다(정환용, 2001: 11). 이러한 과정에서 미래를 파악하기 위한 노력, 미래예측은 계획의 핵심적인 단계로서 기능한다. 통상 미래는 현재와 과거의 추이에 대한 분석을 통해 예측된다. 하지만 계획은 단순한 예측에 머무르지 않고 미래를 통제하고자 하는 행위로 이어진다. 여기서 계획과 여타 사회과학 간의 두드러진 차이가 나타난다. 대부분의 사회과학은 현상에 대한 경험적 분석 자체를 목표로 하나 계획은 미래를 예측하고 대비하는 것을 목표로 한다는 점이 차이라고 할 수 있다(정환용, 2001: 11). 따라서 우리는 계획을 '과학+α'의 행위로 규정할 수 있다.

제3절

행동지향성(action-orientation)

계획은 행동지향적이다. 계획은 순수한 지식의 탐구가 아니라 계획문제를 해결하기 위한 임상적 활동이고, 계획이론은 지식과 행위를 연결하는 매개체이다. Friedmann(1987)이 그의 저서 *Planning in the Public Domain*의 부제를 *From Knowledge to Action*이라고 명명한 것도 그러한 이유 때문이다. 도시계획사는 르네상스기에 전개되었던 도시계획 운동을 '이상도시 운동'이라고 부른다. 그런데 계획론적 관점에서 이 시기의 이상도시 운동을 과연 도시계획 활동이라고 할 수 있을지는 의문이다. 르네상스기의 이상도시는 실현과 무관하게 아름다운 회화로서만 존재했기 때문이다(그림 1-4 참조). 이 시기에는 아름다운 도시를 실현할 자원과 권력이 부재했다. 아름다운 '이상도시'는 이후 대항해 시대를 거치면서 자본이 축

[그림 1-4] *The Ideal City* by Fra Carnevale between 1480-1484

적된 17~18세기 바로크 도시를 통해 비로소 구현된다.

한 가지 짚고 넘어가야 할 점은 계획이 행동지향적인 것은 사실이지만 행동이나 집행 그 자체, 더 나아가서 실현의 담보는 아니라는 것이다. 계획안을 집행하는 것은 별개의 작업이다. 이는 도시계획과 도시개발의 관계에도 그대로 적용되는 부분이다. 즉, 도시계획안의 결정이 도시개발사업의 실행을 즉각적으로 보장하는 것은 아니라는 점을 이해할 필요가 있다. 이처럼 현실에 있어 계획과 실행의 간극은 매우 크다. 도시계획가들은 이러한 간극을 줄이기 위해 성장관리(phase of growth)나 유도지역제(incentive zoning)와 같은 다양한 방안들을 고민하고 있다.

제4절

과정지향성

1. 계속적 과정(적응적 과정)

결과지향적인 과거 계획과 달리 현대 계획은 도출된 결론을 통해 끝나는 것이 아니라 계속적인 과정(open-ended process)을 통해 이어지는 순환적 활동으로 정의된다. 이는 계획을 통해 계획문제를 완전히 해결할 수 없다는 현실적 요인에 기인한다. 계획이 다루는 계획문제는 상황변화에 따라 지속적으로 변화하기 때문에 계획이 계획문제를 완전히 해결하는 것은 현실적으로 불가능하다. 계획문제는 새로운 모습으로 계속 진화한다. 계획은 변화된 환경 속에서 대안의 집행결과를 평가하고, 평가결과를 새로운 계획과정에 반영하기 위해 환류작업(feed-back)을 수행한다. 새로운 계획과정이 시작되는 것이다. 따라서 현실적으로 어떤 계획도 최종적이지 않고, 환류과정을 통해 계속적인 수정이 이루어짐을 알 수 있다.

현실에서 대부분의 공간계획은 5년 단위 수정을 통해 변화된 상황에 적응을 하며, 국토종합계획이나 광역도시계획, 도시·군기본계획은 20년 단위로 새로운 계획안이 작성되고 있다. 새로운 계획안의 수립은 변화된 환경에 적응하기 위해 계속적인 수정과 보완을 해나가는 과정으로 볼 수 있다. 따라서 현실에서 계획이 종료되는 것은 문제가 해결되어서가 아니라 정책의 변화로 인해 나타나는 예외적인 상황으로 보아야 한다.

2. 과정으로서의 계획

전통적인 물리적 계획은 결과지향적인 청사진을 제시하는 것을 계획의 목표로 삼아 왔다. 하지만 청사진 계획이 변화하는 상황에 탄력적으로 대응하는 데 무력하다는 것이 밝혀지면서 20세기 중반 이후 계획은 과정중심의 행위로 자리잡게 된다. 계획의 과정지향성은 사회의 다원성 심화를 계기로 더욱 확고한 위상을 갖게 된다(Davidoff and Reiner, 1962). 계획의 진행과정을 통해 변화된 환경에 유연하게 대응하고 다양한 이해관계를 수렴 · 조정하는 것이 가능하다는 인식이 보편화되었다. 청사진 계획의 종말은 근대적 엘리트주의의 종언을 의미한다. 거장(guru)이 제시하는 찬란한 조감도는 현대사회에서 마케팅 수단 이상의 의미를 갖지 못한다. 따라서 장삼이사(張三李四)의 소박한 희망이 과정 속에 수렴된 현대계획은 시대정신의 체현이라 할 만하다.

2005년 *Nature*지에 게재된 브리태니커(Britannica)와 위키피디아(Wikipedia)의 정확도 비교사례는 계획이 갖는 과정지향성의 의의를 분명하게 보여준다. 무작위로 선택한 42개 항목에서 두 사전 모두 4개씩의 오류가 발견되었다. 두 사전의 차이는 논문 발표 이후에 나타났다(구본권, 2018: 29). 브리태니커는 오류를 수정할 수

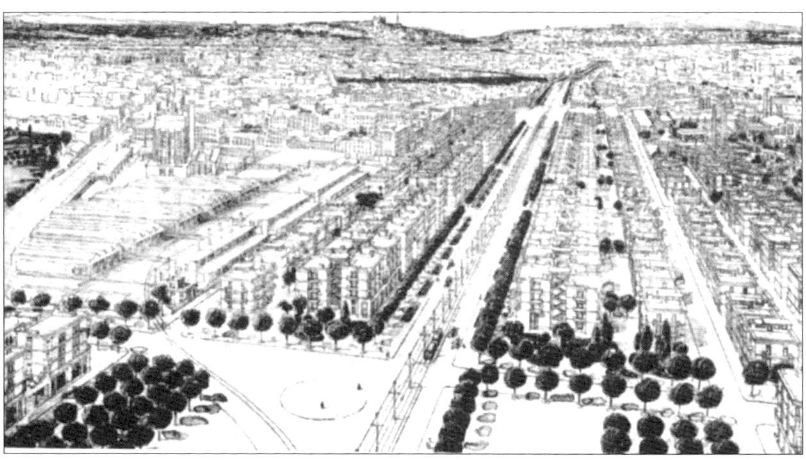

[그림 1-5] 청사진 계획의 전형: *Lyon Plan by Tony Garnier*, 1925

없었던데 반해 위키피디아는 바로 수정을 했다. 브리태니커가 결과로서 존재했다면 위키피디아는 개방형 과정으로서 존재했기 때문에 변화하는 상황에 탄력적으로 대응할 수 있었다. 브리태니커가 110명의 노벨상 수상자와 5명의 미국 대통령 역임자를 포괄하는 4천명의 최고 지식인에 의해 집필된 인류지성의 보고라면, 위키피디아는 누구나 참여할 수 있는 '자유로운 백과사전'을 표방한다. 결국 브리태니커와 위키피디아 사례는 대중의 집단지성이 엘리트의 지식권력을 압도하는 21세기의 현실과, 계획이 나아가야 할 방향을 극명하게 보여주는 예라 할 것이다.

제5절

합리성

1. 반증 가능 체제로서의 합리성

개념 정의에서 이미 살펴보았듯이 계획은 합리성에 기초한 지적 사고과정이다. 만하임(Karl Mannheim)은 계획을 "비합리성에 대한 합리성의 지배"라고 정의한 바 있다(Healey, 1992). 계몽주의는 합리성을 바탕으로 신화와 맹신이 지배하던 이전 시기(前近代)를 종식시키고 인간 이성이 지배하는 새로운 시대(近代)를 열었다. 이처럼 합리성이 계몽정신·근대정신의 정수라는 점에서 계획은 계몽주의와 근대주의(modernism)의 지적(知的) 장자라 할 만하다. 따라서 우리는 합리성을 계획의 가장 핵심적인 요소로 규정할 수 있다.

팔루디는 계획을 정책입안에 대한 과학적 방법의 적용으로 규정한다(Faludi, 1973: 1). 이러한 시각에서 계획은 과학 자체는 아니지만 과학과 유사한 행위로 이해된다. 따라서 현실분석은 계획의 매우 중요한 부분이 되며, 분석이 약한 계획은 점성술과 다를 바 없는 행위로 간주된다. 계획이 점성술과 다른 이유는 계획과정과 결과가 일정한 과학적 합리성에 기반하고 있다는 점에서 찾아진다.

포퍼(K. Popper)는 과학을 판단하는 핵심 기준으로 반증 가능성(falsifiability)을 주장한 바 있다. 즉, 어떠한 주장이 합리적 이론이 되기 위해서는 그 주장에 대한 경험적 반증이 가능해야 한다는 것이다. 따라서 과학이론의 정당성은 결과가 아닌 과정차원에서 이루어진다고 할 수 있다. 과정이 투명하고 논리적이어야 한다는 것이다. 일례로서 어떤 점술가가 사람의 운세를 제 아무리 잘 맞춘다고 해도 논리적인 과정설명이 이루어지지 못하므로 우리는 점술가의 예측을 과학적(합리적)이라고 부르지 않는다. 반대로 매일 틀리는 일기예보라 할지라도 그 예측과정이 투명하고 논리적이라면 우리는 그 일기예보를 과학적이라고 부른다. 우리는 과정이 투명하지 못하거나 설득력이 없는 신조(信條)를 도그마(dogma)라고 부른다. 도그마는 이데올로기와 신앙을 포괄하는 개념이다. 계획은 현실분석에 토대를 둔다는 점에서 과학적이고 합리적이라 할 수 있다.

2. 디싱(P. Diesing)의 합리성 정의

하지만 합리성은 다양한 학자에 의해 다양하게 정의되는 다의적 개념이다. 디싱은 합리성을 기술적·경제적·사회적·정치적·법적 합리성으로 세분하였다(Diesing, 1962). 여기서는 디싱의 개념정의가 적절하다고 판단하여 디싱에 의해 정의된 다양한 합리성 개념에 대해 살펴보도록 하겠다.

1) 기술적 합리성(technical rationality)

디싱이 정의한 기술적 합리성은 막스 베버(Max Weber)가 정의한 도구적 합리성(instrumental rationality), 칼 만하임(Karl Mannheim)이 설명한 기술(기능)적 합리성과 유사한 개념이다. 디싱은 기술적 합리성을 "객관적인 목표를 가장 효율적으로 달성하기 위한 수단을 합리적으로 선택하는 능력"으로 정의하였다. 따라서 목표달성에 있어 적절한 수단이 제공된 경우 우리는 이를 "기술적 합리성이 충족되었다"고 한다. 이러한 관점에서 목표와 수단이 부합하지 않는 경우 우리는 "비합리적"이라고 하는 반면, 이들 둘이 잘 부합할 때 "합리적"이라는 평가를 내린다.

예를 들어 시험에 합격하기를 원하는 수험생이 공부는 안 하고 매일 게임에만 열중한다면 비합리적이라고 평가할 수 있다. 좋은 학점을 원하는 학생이 공부보다 아르바이트에 열중한다면 이 역시 비합리적인 행태라고 평가할 수 있다. 우리는 목표와 수단의 관계 속에서 파악되는 기술적 합리성을 가장 대표적인 합리성으로 이해한다. 따라서 별도의 수식어 없이 '합리성'이라는 표현이 사용될 경우, 이는 바로 기술적 합리성, 기능적 합리성, 도구적 합리성을 의미하는 것으로 볼 수 있다.

기술적 합리성은 과정적이며 확률적인 개념이다. 기술적 합리성 차원에서 비합리적인 행동을 하는 것이 반드시 바람직하지 못한 결과로 이어지는 것은 아니기 때문이다. 따라서 시험공부를 하지 않은 것이 반드시 나쁜 결과로 이어지는 것은 아니다. 그러나 '합리적인' 수험생이라면 합격 가능성을 높이기 위해 시험공부를 할 것이다.

2) 경제적 합리성(economic rationality)

흔히 효율성 또는 능률성(efficiency)으로 지칭된다. 경제적 합리성은 현실에 존재하는 제반 사상(事象)을 비용과 편익의 관점에서 평가한다. 비용편익분석은 경제적 합리성을 평가하는 대표적 측정방법이다. 비용 대비 편익의 비율이 1이 넘을 때, 또는 편익에서 비용을 뺀 값이 0을 상회할 때 우리는 경제적 합리성이 있다고 평가한다.

경제적 합리성의 모든 판단기준은 화폐가치에 의해 이루어진다. 경제적 합리성의 철학적 근간은 선호공리주의(Preference Utilitarianism)이다(김명식, 1998). 선호공리주의는 행위의 옳고 그름을 관련된 모든 이들의 '선호(preference)'가 얼마나 충족되는지를 기준으로 판단하는 공리주의 이론이다. 경제학자들은 선호공리주의를 토대로 고전 공리주의의 쾌락 개념을 측정 가능한 선호의 개념으로 대체하였다. 경제학자들에게 선호는 지불용의(WTP: Willingness To Pay)와 같은 화폐가치로 표현된다. 정정길(2002: 467)은 상기 기술적 합리성과 경제적 합리성을 가장 대표적인 합리성 개념으로 분류한다.

3) 사회적 합리성(social rationality)

사회적 합리성은 개인의 이익이나 효율성을 넘어서, 공동체 전체의 이익·형평성·연대·공공성 등을 고려하는 의사결정이나 행동의 기준으로 정의된다(Lindenberg, 2001: 2-3). 따라서 사회적 합리성은 사회적 형평성과 통합, 분배의 공정과 복지의 증진을 추구한다(김신복, 1999: 47). 2층 건물에 엘리베이터를 놓아야 하는가? 경제적 합리성 관점에서는 낭비적 행위로 볼 수 있지만 사회적 합리성 차원에서는 장애인과 임산부, 노약자를 위해 설치해야 한다는 주장이 가능하다. 주차문제가 심각한 공공시설에 장애인 주차공간을 별도로 설치해야 하는가? 앞에서와 동일한 이유로 설치해야 한다는 주장이 가능하다. 지역균형발전을 위해 우리나라의 성장엔진인 수도권을 규제해야 하는가? 사회적 합리성 차원에서는 일리가 있는 주장이다. 사회적 합리성의 단점은 측정이 어렵다는 것이다. 이는 사회적 합리성을 구성하는 요소의 대부분이 심리적·주관적 요인이라는 사실에 기인한다.

4) 정치적 합리성(political rationality)

정치적 합리성은 정책 결정이나 집행 과정에서 이성적 논리나 과학적 분석뿐 아니라, 정치적 권력 관계, 이해관계자들의 타협, 사회적 정당성 등을 고려하여 실현 가능한 최적의 결정을 추구하는 합리성의 한 형태로 정의된다(국가공무원인재개발원, 2018: 87). 현실에서 정치적 합리성은 종종 여론과 유사한 개념으로 이해된다. 정치적 합리성은 특히 정책결정 과정에서 중요하게 고려된다. 우리는 종종 '정치적 판단'에 따른 의사결정이라는 표현을 접하게 되는데, 이때 '정치적 판단'은 흔히 합리적이거나 효율적인 판단에 반하는 부정적 의미로 인식된다. 하지만 여기서 정치적 판단은 민주주의 사회에서 '다수의 민의'를 반영한다는 점에서 꼭 부정적인 것만은 아님을 이해할 필요가 있다. 예를 들어서 최저임금제가 시장을 왜곡함으로써 실업률과 물가를 높인다고 할지라도, 다수의 시민이 원한다면 정치적 측면에서 합리성이 있다고 평가할 수 있는 것이다. 하지만 공공선택론적 관점에서 정치적 합리성은 종종 정치인이 추구하는 표(vote)로 이해된다는 점도 짚고 넘어갈 필요가 있다.

5) 법적 합리성(legal rationality)

법적 합리성은 정해진 법과 규정에 부합되는가의 여부를 통해 합리성 여부를 판단한다(김규정, 2001: 12). 법적 합리성은 법과 규정의 준수를 통해 합리성이 자연스럽게 달성된다고 전제한다. 절차적 합리성(procedural rationality)으로도 불리는 법적 합리성은 기술적 합리성과 마찬가지로 과정 중심의 합리성을 지향한다. 우리는 종종 민주주의는 결과 이상으로 절차가 중요하다는 주장을 듣곤 하는데, 이는 정당한 규칙(rule)의 준수가 합리적 결과를 담보한다는 철학적 인식의 표현이라고 볼 수 있다.

6) 종합

계획은 이상 다섯 가지 합리성 중 어떤 합리성을 추구해야 하는가? 계획은 이들 다섯 가지 합리성 모두를 추구한다. 전통적으로 도구적 합리성과 경제적 합리성, 법적 합리성이 중시되어 왔지만, 점점 여타 합리성의 비중이 높아지는 추세이다. 따라서 계획가는 이들 합리성의 상충 정도를 조정하면서 사회적 최적해를 구하는 작업을 수행한다고 볼 수 있다. 결국 계획이란 개별 합리성에 가중치(경중)를 부여하는 작업이라고 할 수 있다. 따라서 계획은 본질적으로 가치지향적인 작업이라고 평가할 수 있다.

제6절

통제성

오즈베칸(Ozbekhan)은 계획을 "사전에 정의된 방법으로 대상을 변화시키기 위한 행동의 설계"라고 정의한 바 있다(정환용, 2001: 13). 이러한 정의에서 계획은 계획가가 판단하는 바람직한 방향으로 미래의 모습을 바꾸고자 하는 노력으로 이해된다. 하지만 계획가가 바람직하다고 판단하더라도 일반 시민들이 이를 수용하지 않는다면 실현은 무망(無望)하다. 따라서 통제와 규제가 계획의 실현을 위한 불가피한 요소임을 알 수 있다. 일례로 용도지역제(zoning)는 토지라는 사유재산의 이용을 제한한다. 도시계획은 공공이 개별 소유자보다 더 나은 토지이용의 방향을 알고 있다는 선험적 전제에서 토지이용의 범위를 제한한다.

계획의 통제성은 다음 세 가지 미래 구분을 통해 설명된다(김신복, 1999: 15). 현재의 상태가 자연스럽게 이어지는 추세를 개연적 미래(probable future)라고 한다. 개연적 미래에 일정한 외부작용이 가해졌을 때 얻어질 수 있는 미래가 가능한 미래(possible future)이다. 가능한 미래는 발생할 수 있고, 선택할 수 있는 미래로서 복수의(plural) 시나리오로 존재한다. 가능한 미래 중 가장 바람직한 미래가 소망스러운 미래(preferable future)이다. 계획가는 미래예측을 통해 개연적 미래를 추정하고, 가치판단을 통해 이 개연적 미래를 평가한다. 공동체 차원에서 개연적 미래가 최적의 미래가 아니라고 판단할 경우 계획을 통해 도달할 수 있는 여러 대안적 미래를 도출하는데, 그것이 가능한 미래이다. 가능한 미래에 대한 가치판단을 통해 선택되는 최적의 미래가 소망스러운 미래이다.

우리가 자연상태에서 나타날 가능성이 가장 높은 개연적 미래를 가능한 미래로 끌고 가는 것, 그리고 가능한 미래 중 가장 좋은 대안인 소망스러운 미래를 선택하는 것이 바로 계획이라고 했을 때, 이러한 일련의 과정은 자연스러운 과정이 아닌 작위적이고 어느 정도 강제적인 과정으로 볼 수 있다. 이러한 맥락에서 윌다브스키(Wildavsky)는 계획의 실효성은 예측능력이 아니라 통제능력에 의해서 확보된다고 주장한 바 있는데, 이는 계획의 현실적 특성을 잘 설명한 지적이라고 할 수 있다(이성근, 2006: 38). 하지만 같은 이유에서 하이에크(Hayek) 등은 계획을 전체주의라고 부른다(김수영, 1997: 89).

그럼에도 불구하고 강제력만으로 계획을 실현할 수 있다고 생각하는 것은 나이브한 발상이다. 계획의 실현을 위해서는 현실적으로 권력 외에 설득을 위한 자원이 필요하다. 따라서 자원(예산)이 뒷받침되지 못하는 계획은 공허한 구호에 불과하다(정환용, 2001: 13). 결국 계획은 권력과 자원을 동원하여 최적해를 이끌어내는 정치게임(타협, 주고 받기)이라고 할 수 있다. 최근 들어 계획가의 커뮤니케이션 능력과 조정(협상)능력의 중요성이 주목받고 있는 것은 이러한 배경에 기인한다.

제7절

정치적 성격

1. 정치행위로서의 계획

국립국어원에서 발간한 국어사전에 따르면 정치는 "국가의 권력을 획득하고 유지하며 행사하는 활동으로, 국민들이 인간다운 삶을 영위하게 하고 상호 간의 이해를 조정하며, 사회질서를 바로잡는 따위의 역할"로 정의된다. 이 중 "국민들이 인간다운 삶을 영위하게 하고 상호 간의 이해를 조정하며, 사회질서를 바로잡는 따위의 역할" 부분은 사실상 공공계획 행위의 정의라고 보아도 무방할 것이다. 계획은 자원을 배분하는 행위로서, 자원배분 과정에서 필연적으로 나타날 수밖에 없는 이해관계를 조정하고 사회구성원 다수가 받아들일 수 있는 공공선을 도출해야 한다는 점에서 본질적으로 정치적이라고 하지 않을 수 없다. Alexander(1979)는 계획이 정치적 과정이라는 점에서 흥정, 협력, 갈등조정, 조직구성, 자원동원 등의 정치적 행위가 불가피하게 수반된다고 주장한 바 있다.

2. 조정기능

공공계획은 이중적 의미에서 조정기능을 수행한다. 첫째, 공공계획(가)은 다양한 전문가들 간의 협업을 이끌어내기 위해 조정자의 역할을 수행한다. 도시계획을 예로 들어 살펴보면 도시계획가는 건축, 토목, 조경, 교통, 환경, 법, 경제, 재무, 회계, 행정, 부동산, 보건, 복지 등 다양한 분야의 전문가와 공동작업을 수행한다. 개별 전문가는 자신의 전문성에 기초해서 좁은 시각을 견지하는데 이 과정에서 견해의 충돌이 발생할 수 있다. 도시계획가는 다양한 전문가들의 의견을 조정·총괄하여 도시 프로젝트를 이끌어가야 한다. 그 과정에서 다양한 관점과 이해관계를 조정하는 능력이 필요하다. 따라서 도시계획가에게는 자기 분야의 전문성 외에 인접분야를 포괄적으로 이해하는 제너럴리스트로서의 능력이 요구된다. 이러한 맥락에서 도시계획가는 종종 오케스트라의 지휘자에 비견된다.

두 번째 조정기능은 도시계획 현장에서 마주치는 다양한 갈등상황에서 비롯된다. 다양한 이해관계가 존재하는 현실에서 도시계획가에게는 최적해를 이끌어내기 위해 다양한 의견을 경청하고 그들과 소통하는 조정자로서의 (협상)능력이 필요하다. 이러한 맥락에서 Alexander(1979: 107－108)는 도시계획가가 설계자이자 정치가, 조정자이자 사업가로서의 역할을 수행해야 한다고 지적한다.

제 3 장

계획이 추구하는 가치

본 장에서 지칭하는 가치란 계획이 그 과정과 결과를 통해 추구하며, 실현하고자 하는 이념적 지향을 의미한다. 공공계획의 가치는 종종 행정이 추구하는 가치와 유사하다. 그러한 측면에서 사회적 형평성, 사회정의, 공공성, 민주성, 효율성, 효과성, 합법성 등의 이념을 계획이 추구하는 가치로 고려할 수 있다. 추가적으로 앞서 언급한 합리성 역시 계획이 추구하는 가치에 해당하나 여기서 다시 반복하지는 않겠다. 공공계획의 가치는 궁극적으로 계획이 달성하고자 하는 목적가치(본질가치)와 목적가치를 실현하기 위한 수단으로서 요구되는 수단가치(비본질가치)로 구분할 수 있다.

제1절

목적가치

1. 사회적 형평성

1) 개관

형평성(equity)은 소득, 부 또는 복지 배분 상의 공평성(fairness)을 의미한다(정환용, 2001: 25). 사회적 형평성은 가치 배분에 있어서의 공정성뿐만 아니라, 인간 상호관계와 사회제도 전반에서의 정당성을 포괄하는 개념으로 정의된다(김규정, 2001: 78). 이러한 이유로 사회적 형평성은 종종 사회적 정의(social justice)와 동일한 개념으로 이해되곤 한다.

형평의 원리는 "각자의 몫은 각자에게로(*Suum cuique tribuere*)"라는 고대 로마의 격언에서 유래한다. 같은 맥락에서 돌바크(d'Holbach)는 형평은 각자의 재능과 업적에 따라 대우하는 것을 의미한다면서 정의가 곧 형평이라고 주장하였다(이종수·윤영진, 1998: 153). 그는 기계적 평등은 사회정의에 어긋날 뿐 아니라 사회의 공동선과도 양립하지 않는다고 주장하였다. 이러한 사회적 형평성의 개념에는 정당한 불평등의 개념이 내포되어 있다(Perelman, 1963: 17-29). 따라서 사회적 형평성의 핵심문제는 어떤 불평등이 정의의 기준에서 용인될 수 있는가를 밝혀내는 데에 있다. 이러한 배경에서 형평성은 결과의 평등이 아닌 기회의 평등 개념으로 이해할 수 있다. 형평성을 측정하기 위한 기법으로는 통상 쿨터(Coulter) 모형이 활용된다. 기회의 형평성(비형평성)을 다루는 쿨터 모형의 기본 식은 [표 1-2]와 같다(Coulter, 1980).

[표 1-2] Coulter의 비형평성 계수 산식

$$I=\frac{100\sqrt{\sum_{i=1}^{k}\left(\frac{X_i}{S}-E_j\right)^2}}{\sqrt{1+\left(\sum_{i=1}^{k}E_i^2\right)-2\min E_i}}$$

비형평성 계수 I	해석
$I \le 1$	완전 형평
$1 < I \le 10$	거의 형평
$10 < I \le 20$	약간 비형평
$20 < I \le 30$	비형평
$30 < I \le 50$	매우 비형평
$50 < I$	극도로 비형평

I : 비형평성 계수
i : 제공되는 시설의 영역
k : 전체 지역 수
X_i : 특정 지역 i에서 제공되는 실제 시설(용량)
S : 전체 지역에서 제공되는 시설의 전체 용량
E_i : 특정 지역 i에서 기대되는 형평성 값
$\min(E_i)$: E_i의 최소 값

[표 1－2] 식에 의해 도출되는 쿨터 계수는 일정 지역 내에서 특정 서비스가 수요에 맞게 적절하게 배분되었는지를 보여주는 지표이다. 쿨터 계수는 서비스 공급량이 정해져 있는 상황을 전제로 제한된 자원이 욕구가 있는 대상자, 즉 수요자에게 얼마나 형평하게 배분되어 있는가를 측정한다(조근식·서정욱, 2023). 흔히 형평성의 측정을 위해 지니 계수를 사용하는 경우가 많은데, 엄밀히 말해 지니계수(Gini coefficient)는 '기회의 형평성'이 아닌 '결과의 형평성', 즉 평등도(equality)를 측정하는 지수이다.

2) 수직적 형평성과 수평적 형평성

수직적 형평성은 동등하지 않은 자를 동등하지 않게 대우하는 것을 의미하며, 수평적 형평성은 동등한 자를 동등하게 대우하는 것을 의미한다(김규정, 2001: 78). 즉, 장애인과 비장애인을 동일하지 않게 대우함으로써 장애인을 배려하는 것은 수직적 형평성에 해당한다. 수평적 형평성은 우리나라 국민은 그가 어디에 살든지 모두 동일한 수준의 공공 서비스를 받을 자격이 있다는 것 등을 의미한다.

3) 사회적 정의

아리스토텔레스(2013)는 니코마코스 윤리학(*Nicomachean Ethics*)에서 정의(正義)란 "동등한 사람에게는 동등한 것을, 불평등한 사람에게는 불평등한 것을 주는 것이다(τὸδίκαιον ἐστὶν τὸἴσον τοῖςἴσοιςκαὶτὸἄνισον τοῖςἀνίσοις)"라고 하여 정의를 형평성의 관점에서 설명한 바 있다. 현대적 정의론을 정립한 롤스(J. Rawls)도 같은 맥락에서 정의를 공평(fairness)으로 해석하면서 자원의 배분에 있어서의 공정성을 가장 중요한 정의의 척도로 간주하였다.

롤스는 공리주의적 정의관을 비판하면서 공리주의가 개인차원의 합리적 욕구를 전제로 하여 개인이 선택하는 원칙을 사회로 확대 적용하였는데, 이는 개인 간에 존재하는 차이를 충분히 고려하지 못한 것이라고 주장하였다(박재길 외, 2004: 36). 아래 박스는 롤스가 제안한 사회적 정의의 원칙을 제1원칙 '기본적 자유의 평등 원칙'과 제2원칙 '차등조정의 원칙' 두 가지로 나누어서 기술한 것이다(이종수·윤영진, 1998: 150).

(1) 정의의 제1원칙(기본적 자유의 평등 원칙)

"각 사람은 다른 사람이 갖는 유사한 자유를 침하하지 않는 한도 내에서 최대한의 기본적 자유에 대한 평등한 권리를 갖는다."

(2) 정의의 제2원칙(차등조정의 원칙)

제2원칙은 '차등의 원리'와 '공정한 기회균등의 원리'로 나누어진다. "사회적 · 경제적 불평등은 이들 두 가지 원리에 의해서만 분배 또는 재분배되어야 한다.'

① 차등의 원리(the difference principle)

"정당한 저축원리에 부합하는 범위 내에서 최소수혜자의 이익을 극대화할 것"[7]

② 공정한 기회균등의 원리(the equal opportunity principle)

"공정한 기회 균등이라는 조건하에서 모든 사람들에게 개방된 직책과 직위를 부여할 것"

롤스의 원칙에서 제1원칙인 '평등한 자유의 원칙'은 자유주의가 가장 강조하는 사상 · 양심 · 언론 · 집회의 자유, 보통선거의 자유, 공직을 맡고 재산을 소유할 자유 등 기본적 자유를 평등하게 보장하는 것을 의미한다(박재길 외, 2004: 37). 제2원칙은 사회에서 가장 혜택을 적게 받는 사람들에게 가장 많은 혜택이 돌아간다면 불균등한 분배가 정당화될 수 있다는 것이며(차등의 원리), 공정한 조건 하에서 모든 사람들에게 사회적 기회가 균등하게 개방되어야 한다(공정한 기회균등의 원리)는 것이다(McConnell, 1981: 176).

롤스는 이상의 두 가지 원칙 중 제1원칙이 제2원칙에 우선하며 제2원칙 중에서는 '공정한 기회균등의 원리'가 '차등의 원리'에 우선하는 서열을 갖는다고 주장하였다(박재길 외, 2004: 38). 따라서 롤스의 정의론은 자유를 가장 기본적인 가치로 상정하고 이를 보완하는 차원에서 기회의 균등과 사회적 약자에 대한 보호를 제시하였음을 알 수 있다. 롤스의 정의관은 자유지상주의와 사회주의의 양 극단을 지양하는 중도적 입장을 취하고 있는데, 이로 인해 좌우파로부터 공히 비판을 받고 있는 것이 사실이다.

---

7 저축원리(savings principle)란 사회가 생산하는 산물 중 어느 정도를 장래 세대의 복지를 위해 유보 또는 저축하는 것이 적절한가를 규정하는 원리를 말한다(이종수 · 윤영진, 1998: 150). 최소수혜자(the least advantaged)는 사회적으로 가장 약한 계층으로 사회가 생산하는 산물에 대한 이용기회가 가장 작은 계층을 의미한다.

2. 공익

1) 개관

공익은 행정활동 전반에 걸친 최고의 규범적 기준이며, 공공계획의 이념적 최고가치이다. 공익의 일반론으로서의 개념은 특수이익이나 사익을 초월한 사회전체의 공유가치로서 사회일반의 공동이익으로 정의된다(김규정, 2001: 84). 공익과 사익의 관계에 있어서 공익은 사익과 대립되는 것이 아니라 사익을 보호하는 보완적 관계에 있다는 것이 일반적인 인식이다(김신복, 1999: 37). 우리나라 「국토의 계획 및 이용에 관한 법률」 제1조 제1항은 "이 법은 국토의 이용·개발과 보전을 위한 계획의 수립 및 집행 등에 필요한 사항을 정하여 **공공복리**를 증진시키고 국민의 삶의 질을 향상시키는 것을 목적으로 한다"고 밝힘으로써 이 법이 궁극적으로 추구하는 바가 공익에 있음을 분명히 하고 있다.

하지만 용어의 일상적이고 기계적인 사용에도 불구하고 공익은 매우 모호한 개념으로, 일부 학자들은 무의미하다는 주장까지 펼치고 있다(이종수·윤영진, 1998: 151). 우리는 단일한 이익(unitary interest)으로서 공익이 존재한다면 계획을 추진함에 있어 갈등이 존재할 이유가 없지 않겠느냐는 소박한 질문을 던질 수 있다. 도시계획의 법적 근거인 「국토의 계획 및 이용에 관한 법률」이 그 존재 이유를 공익에서 찾고 있으며, 이해관계자들이 모두 악의를 가진 집단이라는 판단도 비합리적이기 때문에 이러한 의문이 터무니없는 것은 아님을 알 수 있다. 그도 아니라면 공익은 여러 개의 가치로서 존재하는 것인가, 하지만 그 가치들이 상호 충돌한다면 우리는 무엇을 선택해야 하는가? 등의 의문을 제기하지 않을 수 없다. 따라서 공익에 대한 무비판적이고 관성적인 수용이 아닌 비판적 이해가 필요함을 알 수 있다.

여기서는 공익의 개념을 여섯 가지 학설로 나누어서 살펴보고자 한다(김규정, 2001: 84-86). 이들 여섯 가지 학설은 공익긍정설(적극설, 실체설)과 소극설(과정설), 공익부정설로 분류할 수 있다. 각각의 공익 개념 옆에 병기한 한자는 공익의 올바른 한자표기가 아니라 그 의미를 잘 표현한다고 생각해서 필자가 임의로 만든 조어이다.

2) 공익긍정설

공익긍정설은 공익을 사익을 초월하는 실체적·규범적·도덕적 개념으로 간주하며 공익과 사익 사이에는 본질적으로 갈등이 존재하지 않는다는 관점을 취한다. 공익긍정설에 해당하는 학설은 규범설과 정의설 두 가지이다.

(1) 규범설(恭益)

규범설은 공익을 규범적 관점에서 전체 사회가 추구해야 할 절대적 가치, 도덕적 정언명령으로서의 사회가치의 실현으로 인식한다. 따라서 규범설에서는 공익을 사회가 추구하는 절대선으로 이해한다. 후술할 합리모형이 지향하는 단일이익(unitary interest)은 이러한 규범설에 근거한 것이다. 규범설의 관점에서는 종종 권위주의체제나 정치지도자의 구호가 '공익'으로 치부되곤 한다.

규범설에서의 공익은 사회변화를 반영하지 못하며, 논리적 증명이 불가능하다는 단점이 있다. '지역(마을)발전'이나 '아름다운 도시 조성'과 같은 슬로건이 도시가 나아가야 할 방향으로 제시되는 경우가 많은데, 이는 전형적으로 규범설에 해당하는 공익관의 표현이라 할 수 있다. 이러한 슬로건이 지역사회 구성원 각자의 이해관계와 구체적으로 어떤 관련성을 가지는지를 설명하는 일은 결코 쉬운 일이 아니다. 얼핏 보기에는 바람직해 보이지만, 그것이 나에게 어떻게, 왜 좋은 것인지 명확하게 이해하기는 쉽지 않다. 따라서 그것이 어떻게 나를 포함한 '사회 일반의 공동이익'이 되는지 논리적 설명이 불가능하다. 이처럼 논리적 근거나 실질적 설명보다는 당위론적 주장으로 설정되는 전통적 의미의 공익 개념을 규범설로서의 공익이라고 한다.

(2) 정의설(公益)

정의설은 공정성(fairness)을 정의의 핵심 개념으로 인식하는 롤스의 학설을 토대로 사회적으로 가장 불리한 위치에 있는 사람들의 이익을 극대화하는 것이 결국 사회전체의 이익을 증진시키는 길이라고 인식하는 관점이다. 사회정의 또는 사회적 형평성을 촉진시키는 것이 공익의 실현에 기여하는 것이며 정의의 원리가 의사결정과 행위에 대한 윤리적 기준을 제시한다는 입장이다.

공리주의적 관점에서 전체 사회의 효용이 아무리 증진된다고 하더라도, 그로 인해 특정 집단이 감당해야 할 비용(희생)이 증가한다면 이는 공익으로 볼 수 없다는 것이 정의설의 공익 인식이다(이양수, 2013: 66). 화학 실험 기구 중에 드레인 실린더(drain cylinder)라는 기구가 있다. 일반 실린더와 달리 하단부에 배출구가 있다(그림 1-6). 이때 배출구의 밸브가 열려 있을 경우 실린더 속에 내용물을 아무리 주입해도 실린더 내 액체의 용량은 늘어나지 않는다. 드레인 실린더의 예는 사회전체의 한계효용이 아무리 증가해도 사회적으로 가장 취약한 계층의 효용 수준이 증가하지 않는 이상 전체 사회의 총효용은 늘어나지 않음을 보여주는 좋은 비유라고 생각된다.

[그림 1-6] 드레인 실린더

도시개발이나 정비사업을 추진함에 있어 세입자나 저소득층의 이익을 옹호하고 이를 위해 소형평수와 임대주택 의무화와 같은 사회적 혼합방안 등을 제안하는 것이 정의설로서의 공익을 실현하는 방안이다. 하지만 정의설에 기반한 공익관은 사회전체 구성원이 아닌 특정집단의 이익을 옹호한다는 점에서 사회전체의 공유가치라는 공익의 대전제와 상충되는 측면이 있다는 점을 지적할 필요가 있다.

3) 소극설

소극설은 공익 자체를 부인하지는 않지만 적극설과 달리 공익의 의의를 제한적으로 평가하는 시각이다. 이 관점에서는 사익을 초월한 별도의 공익이란 존재하지 않으므로 결국 공익이란 사익의 총합이거나 사익 간의 타협 또는 집단상호작용의 산물이라고 본다(이종수·윤영진, 1998: 152). 소극설에는 공유가치설, 전체효용극대화설, 절차설이 포함된다.

(1) 공유가치설(共益)

공유가치설은 공익을 사회공동체 구성원이 공유하는 일반적 가치관으로 인식한다. 이 관점에서 공익은 공동선(common good)과 공동이익으로 이해된다. 공유가치설은 사회구성원의 가치관이 고정되어 있지 않고 유동적이므로 공익은 사회의 변화에 따라 계속적으로 재규정·재평가되어야 한다는 입장을 갖는다. 공유가치설의 문제점은 공익의 개념이 계속 변화한다는 것으로, 그로 인해 공익의 정당성이 불확실하다는 것이다. 공유가치설에서의 공익은 "지금은 맞고 그때는 틀리다"는 영화 제목처럼 상대적이고 가변적인 가치라는 문제가 있다. 결국 사회구성원의 가치가 계속 변화한다는 점에서 공유가치설의 공익은 계획을 향도하는 일관된 지침이 될 수 없다.

(2) 전체효용극대화설(功益)

전체효용극대화설은 벤담의 최대다수의 최다 행복이라는 공리주의(功利主義) 원칙에서 공익의 정당성을 찾는다. 전체효용극대화설에서는 공익을 사회구성원 각각의 효용(utility)을 모두 합한 총계로 이해한다. 이 관점에서는 사회구성원의 이익은 어짜피 갈등적이므로 합산된 가치의 총량에 의하서 판단될 수밖에 없다고 본다.

우리는 극단적인 경우로서 [표 1－3]과 같은 경우를 생각해 볼 수 있다[8]. 표에서처럼 우리에게 두 개의 대안 중에서 선택을 해야 하는 상황이 주어졌을 때, 공리주의자들은 대안 I을 선택할 가능성이 높다. 그들은 그 근거르 효용의 총량이 더 큰 대안 I이 추구하는 바가 사회구성원들이 추구하는 공익에 더 잘 부합한다고 주장할 것이다. 공리주의자들은 사회구성원 간의 이익은 본질적으로 갈등적이고 동일할 수 없기 때문에, 그 총합이 조금이라도 더 큰 대안을 선택하는 것이 합리적이라고 주장한다. 그러나 공리주의자들의 이러한 인식은 대안 II가 모든 사회구성원에게 균일한 효용을 제공하는 반면, 대안 I에서는 효용의 격차가 존재하고 일부 구

[표 1-3] 상충되는 사회구성원들의 효용 예

사회구성원	대안 I의 효용	대안 II의 효용
A	7	4
B	8	4
C	－1	4
D	0	4
E	10	4
계	24	20

성원은 오히려 손해를 본다는 사실은 간과하는 것이다. 이 과정에서 대안 I에서는 이익을 얻지 못하는 40%(C, D)가 대안 II에서는 이익을 볼 수 있다는 사실도 무시된다.

2020년 장기미집행 도시계획시설의 일몰제 시행과 관련해서 도시공원의 해제가 사회적 쟁점으로 떠올랐다. 환경단체 등 일각에서는 해제되는 공원이 민간에 의해 개발되는 것을 막기 위해 보전녹지로 편입시켜야 한다는 등의 주장을 제기하였다.[9] 그러나 이러한 주장은 전체 사회의 이익이라는 명분을 위해서라면 소수 토지소유자의 권익은 묵살되어도 무방하다는 전형적인 공리주의적 관점의 표현이라 할 수 있다. 이처럼 공리주의는 소수의 희생이 있더라도 다수에게 이익이 돌아온다면 이를 정의와 공익에 부합하는 것으로 보는 인식체계이다.

(3) 절차설(空益)

공익의 절차설을 지지하는 이들은 정당한 절차가 준수된다면, 과정 자체가 공익을 보장하게 되고, 민주정치의 특징인 타협·조정 절차를 통해 공익이 자연스럽게 표출된다고 인식한다. 즉, 민주주의의 절차가 다양한 이해관계를 조정하므로, 절차를 준수하는 한 그 결과로서의 공익은 자동적으로 얻어지는 결과물이라고 생각한다. 하지만 절차설은 실체 없는 과정만을 강조한다는 측면에서 공익의 구체적 상을 제시하지 못한다는 점, 절차만 준수되면 결과는 자동적으로 획득될 수 있다는 기계적 환원론에 빠져 있다는 점 등이 문제점으로 지적된다.

4) 공익부정설(집단이익설, 攻益)

공익부정설은 종종 공익을 공상의 산물로 파악한다. 다양한 공익부정설이 있지만 집단이익설이 가장 유력하다. Sorauf(1962: 188) 등의 학자는 공익이 특정집단의 이해관계를 합리화한 것에 불과하다고 주장하면서, 공익 개념의 모호성으로 인

8 물론 공리주의자들, 특히 선호 공리주의자들의 의사결정이 이처럼 단순하지는 않을 것이다. 하지만, 여기서는 공리주의적 의사결정의 기조를 설명하기 위해 상황을 단순화하였다.

9 서울환경운동연합(2017. 5. 22.) “공원일몰제 얼마 남지 않았다. 공원일몰제가 뭐냐고 물으신다면” http://ecoseoul.or.kr/archives/26199
서울시의 경우 보상이 이루어지지 않은 대부분의 장기미집행도시공원을 헌법재판소의 결정 취지대로 해제하는 대신, 보상이 필요 없는 도시자연공원구역으로 묶어버렸는데, 이는 위헌의 소지가 다분한 조치로 평가된다(전진원, 2025: 374).

해 행정이 공익이라는 이름 하에 사회의 공동선에 반하는 특수 이익을 추구하게 된다는 문제점을 지적한 바 있다. 집단이익설은 사회계층을 이익집단으로 파악하고, 사회를 각 계층이 추구하는 이해관계의 갈등의 장으로 이해한다.

집단이익설은 사회구성원들이 공유하는 단일이익(unitary interest)의 존재를 부정한다. 따라서 사회전체가 공동으로 추구하는 공익이라는 개념 자체를 인정하지 않는다. 이 이론에 따르면, 각 집단이 추구하는 이익이 이기적인지 이타적인지 구분하는 것은 무의미하며, 정부의 정책은 단지 다양한 집단 간의 이해관계가 충돌하고 타협하면서 형성되는 결과일 뿐이다. 다시 말해, 모든 사회구성원은 자신의 이익을 추구하는데, 자본이 있는 집단은 자본으로, 구성원이 많은 집단은 집단의 규모와 영향력으로 그 이익을 달성하고자 한다. 정부는 이러한 이해집단 간의 힘의 균형에 따라 정책을 결정하게 된다는 것이 집단이익설의 핵심 주장이다.

공익부정설은 주로 실증주의적 사회과학자들로부터 지지를 받는 학설로, 도시계획 분야에서는 포스트모더니스트들과 다원주의자들이 이 견해를 공유한다. 단일이익(unitary interest)을 부정하는 옹호계획(advocacy planning)은 그 대표적인 예이다. 옹호계획가들은 공익으로 선언되는 가치가 실상은 기득권 계층의 이익에 불과하다고 주장한다. 포스트모더니스트들 역시 공익이라는 일반적 언술은 의미가 없고 현실에서는 다양한 의견과 이익을 갖는 이질적 대중만 존재한다고 주장한다(정환용, 2001: 62). 옹호계획 이론을 정립한 데비도프(P. Davidoff)는 다원주의적 관점에서 일반론으로서의 공익과 계획의 가치중립성을 부정하고 마치 변호사처럼 자신의 고객인 흑인과 사회적 약자를 위해 계획이 역할을 수행해야 한다고 주장했다(Levy, 2006: 354; 정환용, 2001: 199－200, 448－449).

공익부정설을 비판하는 이들은 사회구성원들 사이에 공유되는 이익이 전혀 없고, 오직 사익이나 특수이익만 존재한다는 집단이익설의 주장은 현실을 지나치게 단순화한 것이라고 본다(김규정, 2001: 85). 이들은 사회 내에 일정 수준의 공동가치나 합의 가능한 이익이 존재하며, 이를 통해 공공선 또는 공익을 도출할 수 있다고 주장한다(백완기, 2003: 435). 특히 환경보호, 안전, 보건, 교육 등과 같은 분야에서는 다수의 시민이 공통된 이해관계를 갖고 있으며, 이러한 보편적 이익이 단순한 이익집단 간의 타협을 넘어서는 실질적 공익으로 간주될 수 있다고 주장한다.

5) 평가

전체적으로 공익부정설→소극설→공익긍정설로 갈수록 공익을 인정하는 정도가 강해진다. 공익에 대해 부정적이거나 유보적인 입장을 취하는 이들은, 공익은 실체가 불분명하고 확인도 어려우며, 정치적 목적에 따라 강조될 뿐 본질적인 의미는 없다고 본다. 이들의 입장은 주로 실증주의적이며 다원주의적인 세계관에 기초한다. 즉, 객관적으로 입증되지 못하는 가치는 주관적 이데올로기에 불과하므로 계획의 논리적 기준이 될 수 없다는 것이다(김규정, 2001: 86).

반면에 공익을 인정하는 쪽에서는 공익의 존재를 부정할 경우 정책과 계획에 있어서 정당성의 근거를 찾기 어렵다는 현실론을 제기한다(백완기, 2003: 435). 즉, 현실적, 규범적 차원에서 공익의 필요성이 주장된다. 일례로 만일 「국토의 계획 및 이용에 관한 법률」이 공익을 그 법의 목적으로 천명하지 않는다면 도시계획은 그 규제의 정당성을 어디서 찾아야 하는가와 같은 현실적인 문제가 제기된다. 일반적으로 가장 유력한 계획접근으로 이해되는 합리적 종합계획(rational comprehensive approach)은 단일이익을 전제로 계획과정을 전개해 나간다. 하지만 단일이익에 기초한 공익이 부정될 경우 그 계획 자체가 부인되는 문제가 초래될 수 있다. 따라서 실질적으로 경험적 검증이 불가능하다고 해도 실체적·처방적 차원에서 공공의 이익을 공동체의 이익 내지 공동선, 공공선으로 파악하는 것이 불가피하다는 것이 현실론의 관점이다(김규정, 2001: 86).

상술한 여섯 개의 학설은 공익의 다양한 모습을 보여준다. 모두 다 설득력을 가지지만, 모두 다 일정한 결함을 갖고 있는 것 또한 사실이다. 따라서 이들을 결합시킨 공익에 대한 새로운 인식이 필요하다. 이러한 관점에서 공익의 개념을 규범적으로 절대화하는 인식은 이제 더 이상 정당화될 수 없음을 알 수 있다. 공익의 현실적 필요성은 인정하되 사회구성원의 개별적 가치와 조화를 이루는 범위 내에서 그리고 민주적 절차를 통해서 가치의 구현이 이루어져야 한다. 이는 과거처럼 일방적으로 사권(私權) 위에 군림하는 토지이용 규제는 더 이상 가능하지도, 바람직하지도 않다는 것을 의미한다. 개인의 피해에 대해서는 적절한 보상이 있어야 하며, 이해당사자들이 계획과정에 참여하여 자신의 의견을 충분히 개진할 수 있는 절차적 정당성이 보장되어야 한다. 장기미집행도시계획시설에 대한 일몰제 도입

등의 조치는 만시지탄은 있지만 우리 사회가 올바른 공익 이해의 방향으로 가고 있음을 보여주는 좋은 징후라고 판단된다.

6) 도시계획에 있어서의 공익과 현실적 과제

토지이용계획 분야의 명저인 F.S. Chapin의 *Land Use Planning*은 그의 제자들에 의해 5판이 발간되기까지 미국 도시계획계가 공유하는 공익에 대한 인식의 변천을 잘 보여준다(나인수, 2012).

1950~60년대에 발간된 1, 2판은 규범적 공익관의 전형을 보여준다. 건강(health), 안전(safety), 편리함(convenience), 경제성(economy), 쾌적함(amenity)이 토지이용계획이 추구해야 할 중요한 가치로 지목된다. 1979년에 발간된 3판에서는 사회변화를 반영하여 전래의 규범적 공익관보다는 공동의 이익, 즉 공유가치설에 가까운 공익관으로의 이행을 보여준다. 그리하여 기존의 다섯 가지 가치에 더해, 에너지 보전(energy conservation), 환경의 질(environmental quality), 사회적 형평성(social equity), 사회적 선택(social choice)의 네 가지 가치가 추가되었다.[10] 새로운 가치들의 등장은 1960년대 이래 미국 사회에 큰 영향을 미친 환경문제에 대한 자각과 민권운동의 성과가 반영된 결과로 이해된다.

1995년에 발간된 4판에서는 공익 개념이 더욱 확장된다. 3판과 비교해서 추가된 개념은 헌법상의 권리보호(protection of constitutional rights), 삶의 질(quality of life), 효과성(effectiveness), 타당성(feasibility) 등이며, 기존의 효율성은 경제적 효율성으로, 에너지 보전은 에너지 효율로 대체되었고, 편리성은 경제적 효율성에 포함되었다. 4판의 특징은 토지이용계획을 다양한 이익주체 간의 게임 과정으로 이해했다는 점으로, 이는 집단이익설에 가까운 관점이다. 이 과정에서 계획가의 역할은 대립되는 이해관계의 조정자로 이해된다. 4판에서는 이와 함께 계획 내에서 고정적 목표가 아닌 과정 자체를 목표로 이해하는 절차설적 공익관의 단초도 제시되고 있다.

큰 변화는 2006년에 발간된 5판에서 이루어졌다. 채핀이 저자에서 빠지고 제자들에 의해 집필된 5판은 기존의 틀을 완전히 바꾼 전정판으로, 21세기 도시계획이 지향해야 할 가치를 선도적으로 제시한 성과물로 볼 수 있다. 5판은 4판의 성과를

10 기존의 경제성은 효율성으로 대체되었다.

바탕으로, 기존에 열거했던 공익 개념 대신 3Es+Livability(Economy, Environment, Equity, and Livability)라는 포괄적 개념의 토지이용의 가치를 제시했다. 이는 새로운 도시계획이 단일이익(unitary interest)으로 귀결되는 선험적 공익관과 가치를 부인하고, 참여적이고 개방적인 과정으로 나아가야 함을 시사한다. 나인수(2012: 73)는 이러한 변화를 '근대주의의 몰락'으로 규정했는데, 이는 곧 포스트모더니즘과 다원성의 시대가 도래했음을 의미하는 것이다. 앞으로 나올 6판이 인공지능(AI)과 같은 급속한 기술발전 앞에 선 계획의 정체성과 진로, 계획가의 역할에 의미있는 나침판이 되어주기를 기대한다.

현실에 있어서 도시계획가의 당면과제는 공익이라는 추상적 명제를 도시설계나 교통계획과 같은 구체적인 계획수단을 통해 실현해 내는 것이다. 또한 최근 강조되고 있는 조정기능으로서의 계획의 역할은 도시계획가가 공익을 실현하는 데 있어 새로운 진로를 제시한다. 형평성(동등한 보호와 기회), 공공 공간의 확보, 계획의 사회적 책무 등의 주제는 공익과 관련해서 도시계획가가 현장에서 중시하는 가치들이다(정환용, 2001: 62).

도시계획가는 동일한 조건에 대해서 동일한 규제와 보상을 적용하며, 동일한 비용의 청구와 이용의 허용을 추구해야 한다. 현실적으로 갈등은 이러한 동등성의 요건이 충족되지 않을 때 발생하는 것이므로, 이에 대한 세심한 주의가 요구된다. 하지만, 이러한 동등성의 강조는 종종 변화를 억제하고 현상유지를 선호하는 쪽으로 고착될 수 있으므로, 이에 대한 경계 역시 필요하다. 우리나라에서는 용도지역이 일단 지정되면 좀처럼 변경되지 않는 경향이 있는데, 이는 사회 변화에 유연하게 대응하지 못하는 우리 도시계획 제도의 구조적 한계를 단적으로 보여주는 사례라 할 수 있다.

도시계획가는 사적 공간보다 공공 공간을 선호하는 경향이 있다. 이러한 맥락에서 공원이나 광장, 녹지공간, 보행공간, 공개공지 등 여러 사람이 함께 누릴 수 있는 공간을 더 많이 공급하고자 노력한다. 이는 승용차보다 대중교통을 선호하는 인식에도 그대로 반영이 되는데, 장욱(1999: 23)은 이것이 일반인의 선호와 배치되는 계획가의 편견일 수도 있다고 지적한 바 있다. 따라서 계획가는 독선적 시각을 버리고 일반인들이 실제 어떤 생각을 가지고 있는지에 대해 보다 신중하고 개방적인 태도로 현실을 바라볼 필요가 있다.

도시계획가의 사회적 책임은 개발이익의 환수, 사회적 약자의 보호, 이해관계간 갈등 조정 등을 통해 구체화된다. 개발이익 환수는 공적인 계획에 의해 발생된 이익이 특정인에게 전유되는 것을 막는 것이다. 도시공간 내에서 저소득층, 장애인, 노인, 어린이, 이주자 등 사회적 약자들의 권리를 지켜내는 옹호자로서의 계획이 필요하다. 또한 현실에서 대립적 가치가 공존할 수 있음을 인정하고 의사소통(대화)을 통해 다양한 이해관계자들의 이익을 조정함으로써 공동선에 도달하고자 하는 노력이 요구된다.

3. 민주성

계획에 있어 민주성은 주민(국민, 시민)을 계획의 최종 고객으로 상정하는 인식이다. 계획의 민주성은 다음 세 가지 차원에서 고려될 수 있다(김규정, 2001: 76). 첫째는 계획의 고객인 주민의 의사와 요구를 수용하여 이를 계획에 반영하는 것이고, 둘째는 주민의 통제를 받고 주민에 대해 책임을 지는 것이다. 셋째는 계획과정의 민주화를 통해 주민의 직접적 참여를 활성화하는 것이다. 특히 도시계획을 통해 사권(私權)이 제한되는 경우가 많으므로, 당사자인 주민들의 참여를 통한 이해와 합의를 촉진해야 하며, 이를 위한 과정의 개방성과 공정성이 확보되도록 노력해야 한다(대한국토·도시계획학회, 2016: 128).

민주성의 추구에 있어서 고려되어야 할 사항은 다음과 같다(김규정, 2001: 76). 첫째, 특수이익이나 부분이익이 아니라 주민 대다수의 보편적 이익과 사회구성원 대다수의 일반적 가치관에 의해 결정되는 민주주의를 추구해야 한다. 민주주의는 다수의 지배를 전제로 하지만 이것이 '다수의 횡포'를 정당화하는 것은 아니므로, 소수의 권익을 옹호하기 위해 노력해야 한다. 둘째, 주민과의 충분한 의사소통을 통해 주민의 의견을 수렴할 수 있어야 한다. 각종 위원회, 협의체, 공청회, 설명회, 간담회 등을 통해 적극적으로 주민과 소통하고, 이를 계획과정에 반영하도록 노력해야 한다. 셋째, 주민의 알 권리 보장을 위해 계획정보가 충분히 공개되고 개방될 필요가 있다(대한국토·도시계획학회, 2016: 135). 현재는 투기방지와 계획의 효율적 진행 등의 이유로 도시계획의 내용이 충분히 공개되고 있지 못하므로 이에 대한 보완이 필요하다. 넷째, 계획고권의 분권화가 필요하다. 과거에는 중앙에서 지방의 도시계획을 모두 결정하였으나 최근에는 대부분의 수립 · 입안권이 시 · 군으로 이양되었고, 승인 · 결정권은 시 · 도로 넘겨진 상태이다. 인구 50만명 이상 대도시의 경우 도시관리계획의 결정권까지 보유하고 있으며, 지구단위계획에 관한 사항은 시 · 군 단위에서 결정이 이루어지고 있다. 주민의 중지를 모아 도시관리의 방향을 스스로 정해 나가는 것이 바람직하므로 앞으로 더 많은 권한의 지방 이양이 필요하다고 판단된다.

제2절

수단가치

수단가치는 전술한 목적가치를 실현하기 위한 수단으로서 필요한 가치들이다. 합리성, 효율성, 효과성, 합법성 등의 가치가 여기에 해당된다. 수단은 목적에 귀속되는 것이므로, 어떠한 경우에도 수단가치가 목적가치에 우선되어서는 안된다. 즉, 앞 절에서 상술한 목적가치는 절대적 가치이고, 본 절에서 서술될 수단가치는 상대적 가치라고 할 수 있다.

1. 효율성(efficiency)

흔히 능률성으로도 지칭되는 효율성은 제한된 자원으로 목표를 최대한 성취하고자 하는 경제성을 의미한다.[11] 효율성은 투입(노력, 시간, 비용)에 대한 산출(성과, 소득, 편익)의 비율로 측정된다(김규정, 2001: 79). 비용－편익 분석은 효율성을 측정하는 유력한 기법이다. 효율성은 목적의 달성을 위해 더 나은 수단을 선택하는 문제와 관련되어 있으므로 궁극적인 가치라기보다 목적달성의 과정에서 부수적으로 요구되는 수단가치로 볼 수 있다. 효율성의 측정에 대해서는 제5부에서 자세히 살펴보도록 하겠다.

11 행정학에서는 efficiency를 능률성으로 부르고, 효율성은 능률성과 효과성을 합친 개념인 생산성에 상응하는 개념으로 이해한다.

2. 효과성(effectiveness)

효과성은 목표달성도를 의미한다(김신복, 1999: 40). 효과성의 기본산식은 아래와 같다. 산식에서 볼 수 있는 것처럼 효과성의 측정을 위해서는 목표의 명확한 설정이 전제되어야 한다(김규정, 2001: 80). 따라서 효과성의 산정을 위해서는 목표와 성과를 측정 가능하도록(measurable) 조작화하는(operational) 작업이 선행되어야 한다.

$$Effectivess = \frac{\text{실제 성과}}{\text{의도된 성과(목표)}} \times 100(\%)$$

효율성과 효과성이 반드시 대립되는 개념은 아니지만 일치하지 않는 경우도 종종 있다. 효과성을 높이기 위해서는 목표달성을 위해 자원투입을 늘리는 방법을 생각할 수 있지만, 이는 효율성의 저하로 이어질 수도 있기 때문이다.

3. 합법성(legality)

공공계획은 법에 의해 그 정당성을 인정받는다. 공공계획은 본질적으로 창의적인 작업이지만 법적 테두리 안에서 자의적인 활동이 제한된다는 점에서 정책으로서의 성격이 강하다고 볼 수 있다. 물론 법적인 근거를 갖지 않는 비법정계획이 없는 것은 아니지만 그 경우 실행에 있어 한계를 가질 수밖에 없다. 우리나라 도시계획은 「국토의 계획 및 이용에 관한 법률」에 근거를 둔다. 최상위 공간계획인 국토종합계획은 「국토기본법」에 근거를 두며, 각종 개발 및 정비사업은 「도시개발법」과 「도시 및 주거환경정비법」에 근거를 둔다. 그 외 각종 관련법과 특별법이 계획 및 개발사업의 근거를 이루고 있다. 따라서 모든 공공계획은 법적 한계 속에서 운영이 되고 법에 대한 존중을 전제로 함을 알 수 있다. 도시계획의 합법성은 계획의 실현성을 제고하며 동시에 책무성을 높이는 긍정적 측면을 갖고 있다. 그러나 지나친 합법성의 강조는 계획의 현상유지와 경직성을 강화하고 주민의 권리를 침해하는 부작용을 야기할 수 있으므로 이에 대한 주의가 필요하다.

제3절

종합

계획가치가 상충될 경우 계획가는 어떠한 가치를 견지해야 하는가? 계획가는 목적가치를 우선하고 수단가치는 이를 지원하는 차원에서 고려해야 한다. 목적가치 중에서는 민주성의 우선순위가 떨어진다. 학자에 따라서는 민주성을 수단가치로 보기도 하는데(이종수·윤영진, 1998: 160), 이는 공익이나 사회적 형평성과 같은 궁극의 가치를 달성하는 수단으로서 주민의 참여가 필요하다고 보는 시각이다. 따라서 다소 모호한 개념이지만 공익과 사회적 형평성이 계획가가 가장 중요하게 견지해야 할 핵심가치이며 민주성이 그 다음이고 합리성, 효율성, 효과성, 합법성은 상기 본질적인 가치를 지원하는 수단으로 이해할 수 있다.

수단가치 중에서는 어떤 가치를 우선시해야 하는가? 본질적으로 계획이란 가치(value)에 가치(weight)를 더하는 과정이다. 따라서 정답은 없다. 현황조사에 근거해서, 상황에 따라, 또는 경험에 근거해서 우선순위를 정해야 한다. 혹자는 기준이 없다고 비난하거나, 계획 특유의 불확정성에 대해 답답해하겠지만, 기계적 접근이 어렵다는 점이 인공지능이 지배하는 오늘날에도 계획(가)을 버티게 하는 힘이라고 생각한다.

제 4 장

계획의 유형

계획은 기준과 보는 시각에 따라 다양한 분류가 가능하다. 계획이 다루는 대상에 따라 공간계획, 경제계획, 사회계획 등으로 분류할 수 있고, 계획의 공간적 범위에 따라 국가계획, 지역계획, 지방계획으로도 분류가 가능하다. 또한 강제성 정도에 따라 예시(지침)계획, 명령계획 등으로 구분할 수 있으며, 계획기간에 따라 장기, 중기, 단기 계획으로도 구분이 가능하다. 이 책에서는 계획기간에 따른 분류와 계획의 공간적 범위에 따른 분류, 계획수단에 따른 분류 등 세 가지 분류에 대해서만 살펴보고자 한다.

제1절

계획기간에 따른 분류

1. 개관

흔히 간과되지만, 계획에 있어서 '기간'은 매우 중요한 개념이다. 우선 기간은 계획이 갖고 있는 고유한 특성이다. 계획과 정책의 실질적 차이를 인정하지 않는 백완기(2003: 365)는 양자의 미세한 차이를 기간 설정에서 찾는다. 그의 견해에 따르면, 계획은 기간이 명시된 반면, 정책은 기간에 구애를 받지 않는 의사결정 행위라는 것이다.

무엇보다 기간은 계획을 계획답게 만드는 요소이다. 이는 계획에 있어서의 기간이 단순한 시간의 범위를 넘어 목표와 연계된 개념이기 때문이다. 즉, 기간은 언제까지 계획을 실현하겠다는 의지의 표현이다. 계획에 있어서 목표가 막연한 희망이 아니라 구체적인 지향점이 될 수 있는 것은 기간이라는 제약조건이 있기 때문이다. 기간이 있으므로 목표는 구체화되고, 그에 상응하는 효과적인 실현수단이 강구될 수 있는 것이다. 따라서 계획가들에게 있어 계획의 '목표년도'는 단순한 숫자가 아니라, 계획의 방향성과 실현 가능성을 규정하는 핵심적인 기준이 된다.

계획기간은 장기·중기·단기로 구분된다. 장기계획으로 갈수록 일반적이고 추상적이며 단기계획으로 갈수록 구체적이며 상세한 특징을 갖는다. 혹자는 장기계획 또는 단기계획이 더 중요하다고 하지만, 모두 쓰임새가 다르고 각기 장단점이 있으므로 장기목표와 단기목표를 구별하여 양자의 균형을 유지하는 것이 바람직하다. 상위계획일수록 장기적·지침적 성격을 가지며 하위계획일수록 단기적·구체적 성격을 갖는 것이 일반적이다.

2. 장기계획

장기계획은 10~20년의 계획기간을 갖는다. 따라서 우리나라의 국토종합계획, 도종합계획, 광역도시계획, 도시·군기본계획, 수도권정비계획, 도시·주택정비기본계획은 모두 장기계획에 해당된다. 장기계획은 일반적으로 공동체의 진로와 기본방향, 큰 틀에서의 운영지침을 제시하는 역할을 수행한다. 따라서 장기적인 비전을 제시하는 것이 주요 기능이며, 계획 자체가 목표로서의 의미를 갖는다. 종종 장기계획과 장기계획의 목표는 정치적 슬로건으로서의 의미를 갖는다. 예를 들어 우리나라의 제5차 국토종합계획(2020~2040)은 '균형국토', '스마트국토', '혁신국토'의 세 가지 기본목표를 제시하고 있는데, 이들 목표들은 실질적인 의미보다 정부가 지향하는 정치적 비전으로서의 의미가 강하다.

장기계획의 효과는 다음 세 가지로 정리된다(김수영, 1998: 116). 첫째, 중단기계획의 범위를 제시한다. 둘째, 사업전체를 바라보는 거시적 전망을 제시한다. 셋째, 부문별 상호협조와 조정을 용이하게 하는 기준이 된다.

장기계획은 계획기간이 긴 만큼 실제성이 약하고 계획기간이 경과함에 따라 실제와 유리되기 쉽다는 단점이 있다(김신복, 1999: 66). 이러한 문제점을 해결하기 위해 장기계획은 종종 여러 개의 중기 혹은 단기계획으로 나누어 추진된다. 일례로서 국토교통부에서는 제5차 국토종합계획 실천계획(2021~2025)을 작성하여 계획을 추진한 바 있다. 장기계획에서의 미래예측은 정확도가 떨어진다는 차원에서 단순한 희망의 표현으로 이해되기도 한다. 이러한 문제점을 보완하기 위해 통상 5년마다 수정계획을 수립하여 현실을 반영하는 작업이 병행된다.

3. 중기계획 및 단기계획

중기계획은 3~7년 단위 계획으로 5개년 계획이 가장 일반적이다(김신복, 1999: 65). 과거 우리나라에서 시행됐던 경제개발5개년계획이 그 대표적인 예라 할 수 있다. 중기계획의 계획기간은 의사결정자의 임기를 고려해서 설정되는 경우가 적지 않다. 중기계획은 장기계획에서 제시된 목표를 달성하기 위한 중범위 목표를 설정하고 단기계획에 대한 기준과 지침을 제공한다는 점에서 실용성이 높은 계획으로 평가된다(김수영, 1998: 116-117; 정환용, 2001: 27)

단기계획은 일반적으로 3년 미만의 기간을 대상으로 수립되는 계획을 의미한다. 그 대표적인 예가 연차계획(annual plan)이다. 특히 재정운영의 방향을 연차계획의 형태로 구체화한 예산은 단기계획의 전형으로 볼 수 있다(김신복, 1999: 65). 단기계획의 용도는 다음 세 가지이다. 첫째는 중장기계획을 집행하기 위한 운영계획으로, 구체적인 실천계획(action plan)의 역할을 담당한다(정환용, 2001: 27). 둘째는 재난처럼 예기치 못한 상황에 대응하기 위해 도입되는 비상계획(contingency plan)으로서의 역할이다. 셋째는 중장기계획을 새르 수립할 경우, 그 시행 전 과도기를 대상으로 한 조정계획(adjustment plan)으로서의 역할이다(김신복, 1999: 64). 단기계획의 장점은 실현성이 높다는 점이며, 단점은 계획을 통해 구조적 변동이나 획기적인 변화를 기대하기 힘든 관계로 현상유지를 추구하며 근시안적인 성격을 갖는다는 점이다(정환용, 2001: 28).

제2절

공간범위에 따른 분류

1. 독시아디스(Doxiadis)의 인간정주체계에 따른 공간분류와 공간계획

그리스의 건축가 독시아디스는 단위 공간의 인구수를 기준으로 인간 정주지(ekistics units)를 15개 계층으로 구분하였다. 가장 작은 단위는 인간 개체이며 가장

[표 1-4] 독시아디스의 인간정주지 개념을 원용한 단위공간과 해당 계획

Ekistics Units	인간정주단위(서순탁)	인간정주단위(필자)	인구수	계획
man	인간	사람	1	동작연구
room	방	방	2	실내디자인
dwelling	주거	단위 주택	4	건축계획
dwelling group	주거군	주택군(단지)	40	집합주택(단지)계획
small neighborhood	소근린	마을(동네)	250	마을만들기 계획
neighborhood	근린	마을(동네)	1,500	
small town	소도시	동(洞), 면(面)	9,000	생활권계획
town	도시	생활권, 읍(邑)	50,000	
large city	대도시	도시(市)	3십만	도시계획
metropolis	메트로폴리스	대도시	2백만	광역 도시계획
conurbation	연담도시	대도시권	14백만	지역계획
megalopolis	메갈로폴리스	국토공간	1억	국토계획
urban region	도시화지역		7억	국제계획
urbanized continent	도시화대륙		50억	
ecumenopolis	세계도시		3백억	

큰 단위는 세계도시(ecumenopolis)이다. [표 1-4]는 독시아디스가 영어로 표기한 것을 우리말로 풀이한 것이다. 김인(1990: 58)의 해석을 참조한 필자의 풀이와 함께 서순탁(2006: 10)의 직역을 병기하였다. 이와 함께 각 인간정주단위에 상응하는 우리나라의 공간계획을 필자 나름대로 연결해보았다. 빈칸은 해당사항이 없다고 판단하여 비워둔 것이다.

인간개체에 대한 계획으로는 테일러(Taylor)의 동작연구(motion study)를 고려할 수 있다. 테일러는 작업동작을 최소의 요소단위로 분해하여, 그 각 단위의 변이를 측정해서 표준작업방법을 도출하였다. 이러한 개별 인간의 동작과 신체단위에 대한 연구는 이미 레오나르도 다빈치에서부터 시작되었으며(그림 1-7), 르 꼬르뷔제(Le Corbusier)는 이를 모듈(module)이라는 치수 개념으로 정형화하여 그의 설계 작업에 적용한 바 있다(그림 1-8).

이후 인간정주지의 규모는 점점 커져서 집, 마을, 도시, 광역권, 국가를 넘어 세계도시로까지 연결된다. 이에 상응하는 계획은 처음에는 매우 구체적이고 상세하며 물리적인 내용에 치중하다가, 점차 구체성이 떨어지면서 지침적인 성격으로 바뀌며 물리적인 내용이 엷어지고 사회경제적 성격이 강해지는 것을 볼 수 있다.

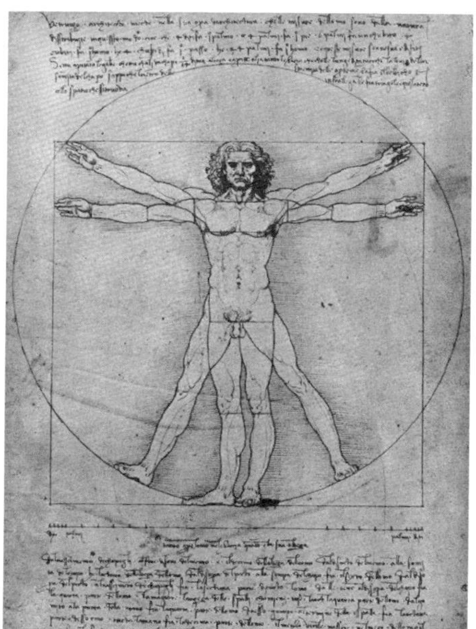

[그림 1-7] 레오나르도 다빈치의 비트루비우스적 인간

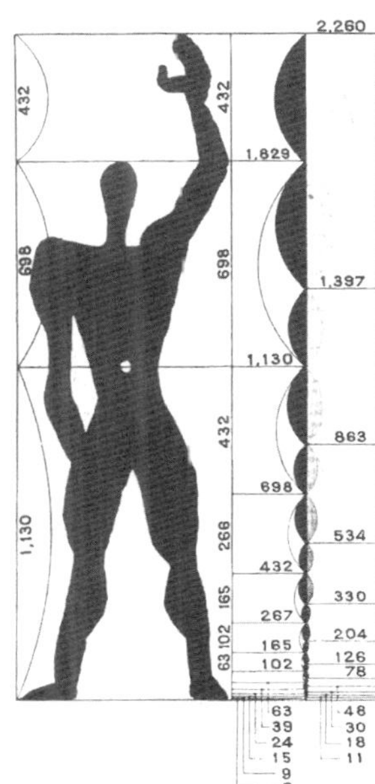

[그림 1-8] 르 꼬르뷔제의 모듈

흡사 새가 땅위에 발을 딛고 있다가 점점 하늘 위로 상승하면서 지표면을 내려다 보는 것과 같은 개념이라고 이해하면 되겠다.

2. 개념적 분류

개념적 차원에서 공간계획은 마을단위계획(community plan), 생활권 계획(dailylife-zone plan), 지방계획(local plan), 지역계획(regional plan), 국가계획(national plan), 국제계획(international plan)으로 구분된다.

1) 마을단위계획

일상 생활용품의 소비가 이루어지는 단위공간을 '마을'이라 부를 수 있다. 근대적인 의미에서의 마을 개념은 페리(Perry)의 근린주구(neighborhood unit) 개념을 통해 이해된다. 개념적으로 근린주구는 초등학교 하나를 중심으로 자족적인 생활이 이루어지는 단위공간으로 정의되는데, 반경 400m에 면적은 64ha, 인구 5~6천 명을 기준으로 설정된다. 미국의 교외 주거단지인 래드번(Radburn)과 하워드(Howard)의 전원도시(Garden City)에도 근린주구 개념이 적용되고 있음을 확인할 수 있다. 우리가 통상적으로 인식하는 마을보다 조금 큰 규모이지만 개념적인 틀은 유사하다고 볼 수 있다.

[그림 1-9] 페리의 근린주구 개념

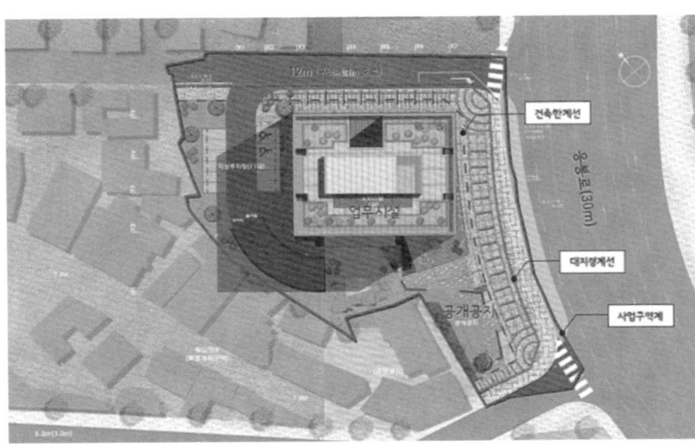

[그림 1-10] 지구단위계획의 예: 왕십리 부도심 지구단위계획

전통적으로 마을은 공동체적이며 자족적인 공간으로 인식되어 왔다. 뉴어바니즘(New Urbanism)을 주창하는 이들은 20세기 초 미국 전역에 분포했던 마을 공동체의 복원을 주장하며, 이를 물리적으로 구현하기 위해 노력하고 있다. 즉, 다양한 유형의 주택 및 주거단지의 도입, 더 넓은 보행공간의 확보와 전정(front yard)의 축소, 막다른 골목(cul-de-sac) 대신 마을 전체로 이어지는 격자형 가로체계의 도입, 차고와 주택의 분리, 골목길(alley)의 설치, 소규모 점포의 활성화, 지역공동체의 중심시설 설치, 명확한 마을경계 설정 등의 설계적 접근이 적극적으로 채용되고 있다.

마을단위계획은 대개 상세한 물리적 계획의 성격을 가지며, 3차원적인 계획으로 표현되는데, 우리는 이를 종종 '도시설계'로 이해한다. 법적인 근거를 갖는 계획으로는 「국토의 계획 및 이용에 관한 법률」 상의 지구단위계획을 마을단위계획으로 볼 수 있으며, 비법정계획으로는 마을만들기나 건축·경관협정을 지원하는 계획이 지역의 필요차원에서 작성되는 경우가 종종 있다.

기타 관련계획으로 「농어촌정비법」 상의 농어촌 생활환경 정비사업, 「지방소도읍육성지원법」 상의 소도읍종합육성계획, 「도서개발촉진법」 상의 도서(島嶼)개발사업, 「산림기본법」 상의 산촌진흥시책 등이 모두 법정 마을단위계획에 해당된다고 볼 수 있다.

2) 생활권 계획

개념적으로 생활권은 여러 개의 마을을 하나로 묶은 공간 단위이며, 동시에 하나의 도시를 동질성 기준에 따라 몇 개의 권역으로 구분한 공간이다. 생활권은 상업중심을 포함하는데 대도시의 경우 부도심 또는 지역중심이 생활권 중심의 기능을 담당한다. 하나의 생활권은 고등학교 학군과 근린공원을 포함하는 규모로 이해할 수 있다. 소비 패턴을 고려할 경우, 대형 할인점이나 백화점과 같은 선매품의 구매 권역에 해당하며, 통상 대도시의 자치구에 해당된다고 볼 수 있다.

도시·군기본계획수립지침에서는 개념적인 생활권을 보다 세분해서 일상생활권, 근린생활권, 권역생활권으로 그 위계를 구분하고 있다(4-13-1항). 거대도시인 서울의 경우 도시전역을 5개 권역생활권과 거주인구 10만명 내외, 행정동 3~5개에 해당하는 지역생활권(일상생활권)으로 나누어서 관리하는 「2030 서울생활권계획」

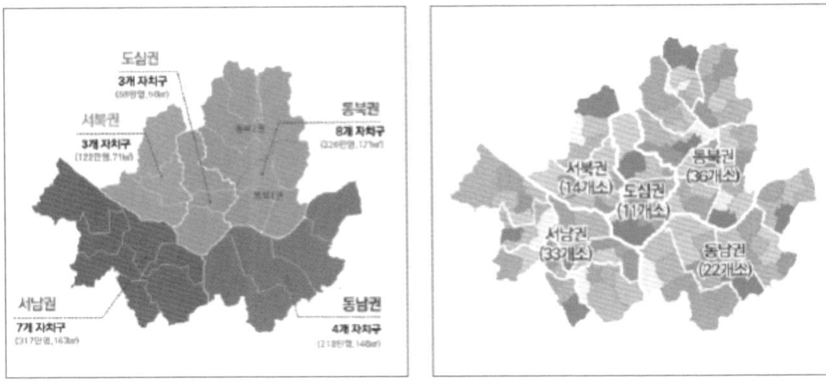

[그림 1-11] 2030 서울생활권계획 상의 5개 권역생활권과 116개 지역생활권 구분

을 제시한 바 있다(그림 1-11).

생활권계획은 도시 전역을 대상으로 하는 도시기본계획에 비해 주민과 밀착된 공간구상을 제시할 수 있다는 장점이 있다(그림 1-12). 그간 도시기본계획의 하위 부문계획으로 고려되던 생활권계획은 2024년 「국토의 계획 및 이용에 관한 법률」 개정에 따라 독립적으로 수립될 수 있는 법정계획으로 위상이 격상되었다.

[그림 1-12] 2030 서울생활권계획 상의 동남권 발전 구상도

3) 지방계획

지방계획은 시·군단위계획을 의미한다. 「국토의 계획 및 이용에 관한 법률」 상의 도시·군계획이 여기에 해당된다. 물리적 성격이 강하나 규모의 특성상 마을 단위계획과 달리 2차원적인 토지이용계획을 중심으로 작성된다. [그림 1-13]은 2030 양평군기본계획 상의 기본구상도이다.

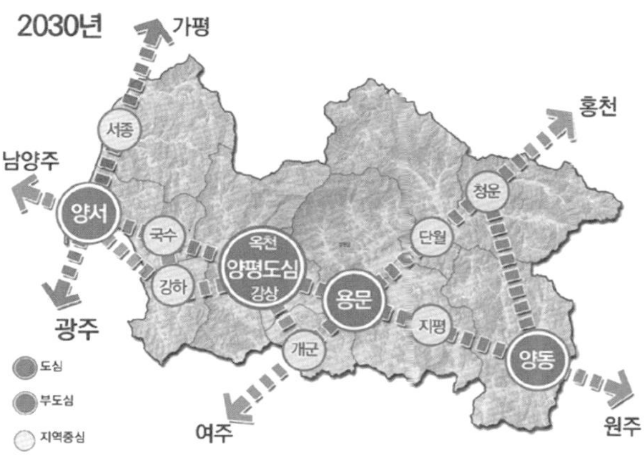

[그림 1-13] 2030 양평군기본계획 기본구상도

4) 지역계획

후술할 국가계획의 하위계획으로 권역계획이나 광역계획으로도 불린다. 2개 이상의 지방(시·군)을 대상으로 하는 계획이다. 국토를 동질성을 기준으로 수개 권역으로 구분하여 계획을 진행한다. 동질성의 기준으로는 경제적 동질성과 사회문화적 동질성이 사용되며, 측정을 위해 통근·통학권과 상권개념 등이 활용된다.

우리나라의 지역계획으로는 「국토기본법」 상의 도종합계획과 지역계획, 초광역권계획, 「수도권정비계획법」 상의 수도권정비계획, 「지역 개발 및 지원에 관한 법률」 상의 지역개발계획, 「국토의 계획 및 이용에 관한 법률」 상의 광역도시계획[12] 등이 있다.

12 이론적으로는 두 개 이상의 지방을 대상으로 한다는 점에서 지역계획으로 분류할 수 있으나, 법체계 상으로는 「국토의 계획 및 이용에 관한 법률」 상의 계획이므로 도시계획으로 구분된다.

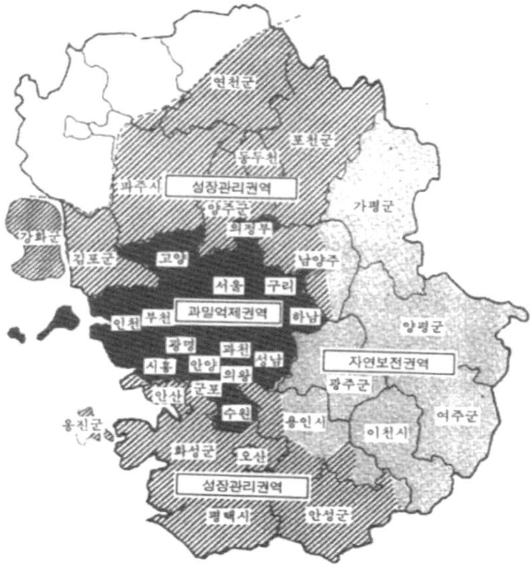

[그림 1-14] 제3차 수도권정비계획 상의 권역현황

5) 국가계획

국가전체를 대상으로 하는 계획을 국가계획이라고 한다. 국토전체가 공간적 대상이 되는 만큼 경제, 사회, 국토개발 등에 중점을 둔다. 종래에는 국가계획을 곧 경제계획으로 인식하는 경향이 강했으나 근자에는 통합적 성격이 강해졌다(김신복, 1991: 68). 국가계획은 부문별 계획으로 세분되며, 하위계획인 지역계획과도 일관성, 즉 종적 정합성을 지녀야 한다. 우리나라의 경우 제7차 경제사회발전5개년계획이 1996년 이후 중단되면서 「국토기본법」 상의 국토종합계획이 가장 대표적인 국가계획이 되었다. 국토종합계획은 공간계획이지만 국토전체를 계획대상으로 다루는 관계로 비물리적 성격이 강하고 구체성보다는 지침적이고 선언적인 내용을 많이 담고 있다.

6) 국제계획

국제계획은 복수의 국가가 관련된 계획이다. 두 가지 형태의 국제계획이 존재한다. 첫번째는 여러 국가가 인접해 있는 지역의 공동개발이다. 유엔개발계획(UNDP)의 주도하에 1991년부터 2009년까지 추진되었던 두만강개발계획이 구체적인 예이다. 두만강개발계획은 나진(북한)~훈춘(琿春, 중국)~포시에트(러시아)를 연

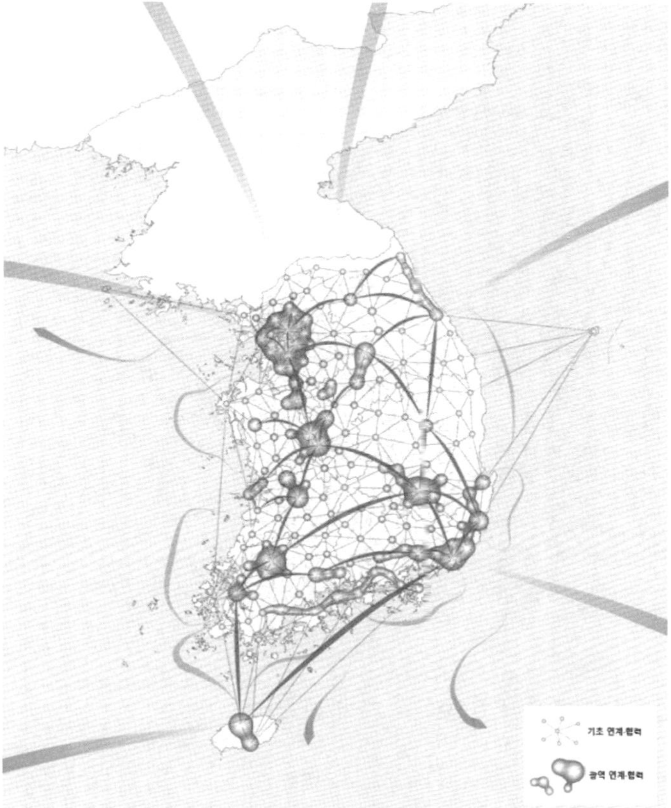

[그림 1-15] 제5차 국토종합계획 상의 국토 구상

결하는 소삼각지역(1,000㎢) 개발을 위해 중국, 러시아, 한국, 일본, 북한, 몽골 등 6개국이 참여한 계획이다.

또 다른 예는 국제 개발용역사가 타국의 프로젝트를 수주하여 사업을 추진하는 경우이다. 최근 우리나라에서도 한국국제협력단(KOICA)과 대한무역투자진흥공사(KOTRA)가 해외원조 프로젝트를 추진함에 있어 재정적 지원 외에 개발계획을 수립해주는 원조를 다수 추진하고 있는데, 이로 인해 LH나 용역사들이 해외 프로젝트에 활발히 참여하고 있는 실정이다. 개발도상국의 개발계획 수립은 향후 국내 기업의 개발사업 참여와 시장 선점 효과가 있다는 점에서 의미 있는 사업이라고 할 수 있다. 국제계획을 추진함에 있어서는 기술적 능력 외에 해당 국가의 언어, 법·제도, 경제, 정치, 문화·관습에 대한 충분한 이해가 선행되어야 한다.

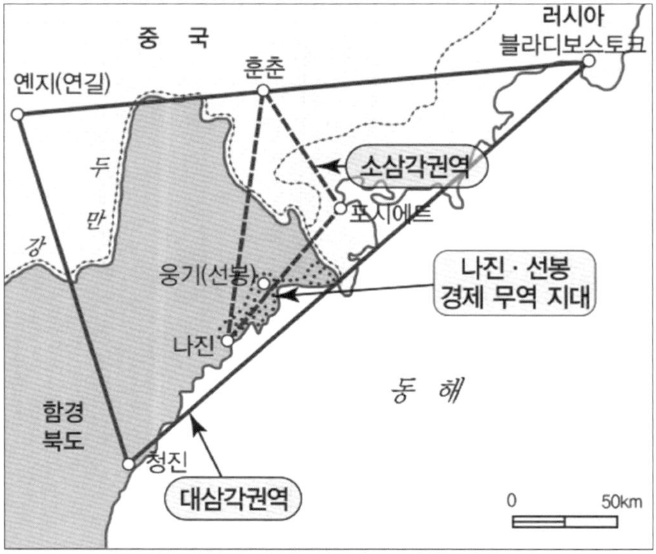

[그림 1-16] 두만강개발계획 기본구상

3. 우리나라 공간계획법 상의 공간계획 체계

우리나라 공간계획의 최상위법은 「국토기본법」이다. 국토기본법은 모든 공간계획에 지침을 제시해주는 역할과 함께 국토계획과 지역계획의 근거법 역할을 수행한다. 「국토기본법」에 의해 작성되는 법정계획(국토계획)은 국토종합계획, 초광역권계획, 도종합계획, 시·군종합계획, 지역계획, 부문별계획이다. 이 중 시·군종합계획은 「국토의 계획 및 이용에 관한 법률」 상의 도시계획으로 가름한다. 국토종합계획은 국토 전역을 대상으로 하는 국토계획이고 초광역권계획과 도종합계획, 지역계획은 개념상의 지역계획에 해당된다. 부문별 계획은 교통, 수자원, 환경, 재해 등 특정 부문에 초점을 맞춘 특화계획이다. 부문별 계획은 설정된 공간 영역에 따라 국토계획이 될 수도 있고 지역·도시계획이 될 수도 있다. 우리나라의 또 다른 지역계획은 「수도권정비계획법」에 근거한 수도권정비계획이다. 수도권정비계획은 수도권 집중 및 비대화를 억제하기 위해 마련된 계획으로서, 규제계획으로서의 성격이 뚜렷하다.

도시계획은 「국토의 계획 및 이용에 관한 법률」에 근거하여 진행된다. 도시

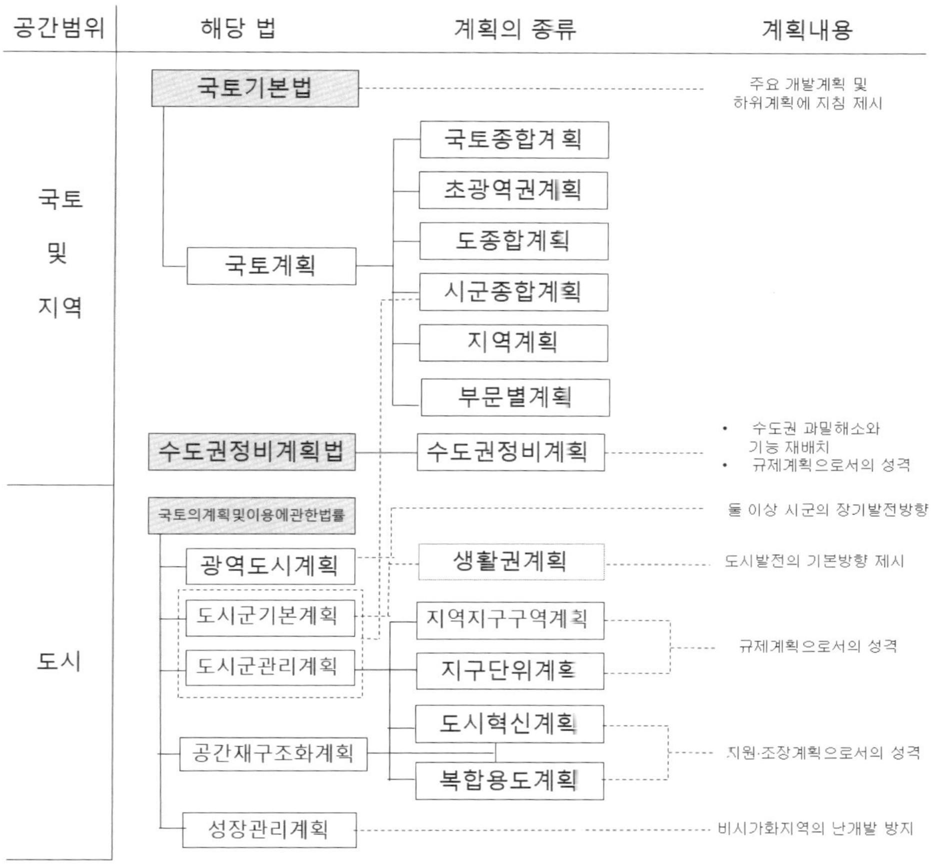

[그림 1-17] 우리나라 공간계획 체계

계획은 도시·군기본계획과 도시·군관리계획으로 구분되며, 그 외에 두 개 이상의 시군을 대상으로 하는 광역도시계획이 있다. 도시·군관리계획은 용도지역·지구·구역 관련계획, 기반시설 관련계획, 도시개발사업이나 정비사업에 관한 계획, 지구단위계획을 포괄한다. 구체적인 사항은 다음 장에서 살펴보도록 하겠다. 규제계획으로서의 도시계획 외에 개별 사업계획에 대한 내용은 다음 절을 참고하기 바란다.

제3절

계획수단에 따른 분류

계획을 실현하는 수단에 따라 규제계획과 사업계획으로 유형을 구분할 수 있다. 규제계획은 개인이나 집단의 재산권 행사나 행동의 자유를 구속·억제함으로써 반사적으로 다른 많은 사람들을 보호하려는 목적을 지닌 계획이다(강태룡·정규서, 1999: 79). 규제계획은 바람직한 최종 상태를 기술하고 이러한 상태를 실현하기 위해 승인된 범위나 한계를 벗어나는 개별적 의사결정이나 행동에 대해 규제를 가한다. 규제계획에는 도시·군관리계획 상의 용도지역·지구·구역, 지구단위계획이 포함된다. 이들 계획은 토지이용 및 개발행위의 범위를 설정하여 사전에 구상된 이상적인 도시상을 실현하고자 하는 내용을 담고 있다.

사업계획(개발계획)은 규제계획과 달리 도시를 직접적으로 만들어내는 것과 관련된 계획이다(전진원, 2025: 167－170; 정영철, 2025: 345). 혹자는 “개발계획(사업계획)은 도시계획의 일종이다”라는 전제에서 규제계획과 사업계획을 하나의 공간계획체계 안에서 설명하기도 하지만, 이 책에서는 양자를 분리된 독자적 체계로 보는 전진원(2025: 170)의 관점을 수용하여 두 계획을 구분해서 살펴보고자 한다. 규제계획에 대해서는 다음 장에서 상세히 살펴볼 것이므로 본 절에서는 사업계획에 대해서만 간략히 살펴보겠다. 사업계획은 사업의 추진을 위한 법적, 재정적 실현방안을 담고 있다. 「국토의 계획 및 이용에 관한 법률」 상의 도시·군계획사업, 허가 대상 개발행위, 「공공주택 특별법」 상의 공공주택사업, 「주택법」 상의 주택건설사업과 대지조성사업, 「산업입지 및 개발에 관한 법률」 상의 산업단지개발사업, 「도시재정비촉진을 위한 특별법」 상의 재정비촉진사업(뉴타운사업), 「도시재생 활성화 및 지원에 관한 특별법」 상의 도시재생사업 관련계획이 여기에 해당된다.

도시·군계획사업은 도시·군계획시설사업, 「도시개발법」에 따른 도시개발사업, 「도시 및 주거환경정비법」에 따른 정비사업으로 세분되는데, 도시·군계획시설이라 함은 도시·군관리계획에 의해 결정된 기반시설을 의미한다. 따라서 도시·군계획시설사업이라 함은 도시·군관리계획에 의해 기반시설을 설치하는 사업을

[그림 1-18] 우리나라 공간개발계획의 체계

말한다. 허가 대상 개발행위는 일종의 소규모 개발 사업으로서 건축물의 건축 또는 공작물의 설치, 토지의 형질변경, 토석의 채취, 토지분할 등이 여기에 해당된다.

도시개발사업은 도시개발구역에서 주거, 상업, 산업, 유통, 정보통신, 생태, 문화, 보건 및 복지 등의 기능이 있는 단지 또는 시가지를 조성하기 위하여 시행하는 개발사업을 말한다. 따라서 도시개발사업은 신도시개발 및 신시가지 개발사업으로 이해할 수 있다. 도시개발사업의 사업방식은 환지방식과 수용 또는 사용 방식, 혼용방식으로 세분된다. 환지방식은 조합 등 사업시행자가 권리관계의 변동 없이 토지이용도와 토지의 경제성을 높이기 위해 기반시설공급과 택지정형화 등 토지를 개발하는 사업방식이며, 수용 또는 사용방식은 공공 등 사업주체가 토지를 전면매수하여 개발사업을 추진하는 방식이다. 혼용방식은 양자를 결합하여 사업을 추진하는 방식이다.

정비사업은 주거환경개선사업과 재개발, 재건축 사업으로 세분된다. 주거환경개선사업은 도시저소득 주민이 집단거주하는 지역으로서 정비기반시설이 극히 열악하고 노후·불량건축물이 과도하게 밀집한 지역의 주거환경을 개선하거나, 단독주택 및 다세대주택이 밀집한 지역에서 정비기반시설과 공동이용시설 확충을 통하여 주거환경을 보전·정비·개량하기 위한 사업이다. 재개발사업은 정비기반시설이 열악하고 노후·불량건축물이 밀집한 지역에서 주거환경을 개선하거나 상업지역·공업지역 등에서 도시기능의 회복 및 상권활성화 등을 위하여 도시환경을 개선하기 위한 사업이다. 재건축사업은 정비기반시설은 양호하나 노후·불량건축물에 해당하는 공동주택이 밀집한 지역에서 주거환경을 개선하기 위한 사업이다.

흔히 '뉴타운사업'으로 불리는 재정비촉진사업은 정비사업의 개별적 진행으로 인해 나타날 수 있는 난개발을 막기 위한 광역적 재정비사업으로 정의할 수 있다. 도시재생사업은 도시재생활성화지역에서 도시재생활성화계획에 따라 시행되는 각종 도시활성화 사업을 말한다. 기타 「농어촌정비법」 상의 농어촌 생활환경 정비사업, 「지방소도읍육성지원법」 상의 소도읍 종합육성계획, 「도서개발촉진법」 상의 도서개발사업, 「산림기본법」 상의 산촌진흥시책 등의 계획도 사업계획에 해당되는 계획들이다.

제 5 장
도시계획

전통적으로 계획이론은 구체적인 장소 이슈와의 관련성이 부족하다는 비판을 받아왔다(Hague, 1991). 이는 계획이론의 의의와 실천성을 위축시키는 결과로 이어졌다. 도시계획은 현실에서 존재하는 가장 유력한 계획이므로 도시계획에 대한 이해는 계획이론의 매우 중요한 과제라 할 수 있다. 따라서 본장에서는 도시계획의 개념 및 기원, 우리나라에서의 적용 예에 대해 살펴보고자 한다.

제1절
도시계획의 개념

1. 도시계획의 개념 정의

여기서는 여러 학자들이 제시한 도시계획의 개념을 살펴보고 개념을 종합해 보도록 하겠다. Hall(2002: 3)은 도시계획을 공간적·지리적 요소에 대한 계획으로, 그 일반 목적은 몇 가지 방법을 통해 계획이 없었을 때의 패턴보다 더 나은 활동이나 토지이용의 공간구조를 만드는 것이라고 정의하면서, 물리적 계획(physical planning)이나 공간계획(spatial planning)과 동일한 개념이라고 설명한다. 같은 맥락에서 Alexander(1993: 94)는 물리적 계획이 토지와 건조환경을 다루는 계획으로서 목표(goals), 목적(objects), 기능, 활동의 공간적 배분을 수행하는 계획이라고 정의한다. 그는 물리적 계획은 공간규모에 따라 도시계획, 농촌계획, 지역계획으로 구분되며, 공간규모가 커질수록 사회경제적 측면에 대한 고려가 증가한다고 설명한다. Kent(1990: 189)는 도시계획을 장래의 물리적 개발과 관련해서 핵심 정책을 정하는 것이라고 정의한다.

이상 많은 학자들이 도시계획을 물리적 계획과 동일한 개념으로 이해하고 있음을 알 수 있다. 물리적 계획의 개념에 대해서 살펴보면, 김신복(1999: 70－71)은 물적 계획(physical planning)을 공간 및 자연의 개발과 공중편익의 증진을 위해 수립하는 도시계획, 농촌개발계획, 지역계획으로 정의하면서, 도로, 공원, 주거환경, 공공시설 등을 개발하는 계획이 지역사회 차원에서 진행되는 물적 계획이라고 설명한다. 권영찬·이성복(1990: 57)은 physical planning을 '물량적 기획'으로 번역하면서, 그 대표격인 도시계획을 도시지역 내에서 토지이용의 효율을 도모하기 위해 건축, 토목, 주택 및 도로와 같은 물량의 종합적 배치 및 장기적인 전망을 제기하는 행위로 정의한다. 이들은 또한 토지이용과 건축물에 대한 규제, 도시시설에 대한 규제 등이 도시계획의 중요한 계획수단이라고 설명한다.

대한국토·도시계획학회(2016: 84－85)는 도시계획을 상위계획에서 설정된 기본 방향에 따라 도시의 토지이용, 개발 및 정비, 개발제한, 도시시설 등에 대한 구체적인 계획을 수립함으로써, 도시의 다양한 기능이 원활히 작동하고 주민에게 안전하고 양호한 생활환경을 제공하며, 나아가 미래의 도시 발전을 도모하기 위한 계획으로 정의하고 있다. 이명훈(2014: 51－52)은 도시에 모인 사람들이 필요로 하는 각종 시설을 적절하게 배치하고 사람들이 안심하고 생활하며 자유롭게 경제활동을 할 수 있는 장소를 확보하기 위해 공간이용을 조정·유도·규제하는 하나의 시스템이라고 정의한다. 유사한 맥락에서 김철수(2008: 67－68)는 도시계획을 "시민들의 주거·생산·여가·이동 등 활동이 안전하고 건강하며 편리하고 쾌적하게 이루어질 수 있도록 장래의 목표를 예측하고, 이에 요구되는 토지시설 등의 중요한 물적 요소를 계획하는 과학이자 기술이며 정책"이라고 정의한다. 그는 도시계획을 경제·사회·행재정 등 비물적 측면과 토지이용·교통·시설·환경 등의 물적 측면으로 대별하면서, 전자가 도시의 활동계획이라면, 후자는 그 활동이 이루어지는 공간을 구성하고 시설을 배치하는 것이라고 설명한다. 그는 부연설명으로서 두 개의 측면

중 물리적 측면이 보다 큰 중요성을 갖는다고 설명한다.

이상의 논의로부터 도시계획의 개념을 종합하면 장래 도시 내 시민의 활동을 지원하기 위하여 토지와 시설의 입지(location)와 배치(allocation)를 계획하는 작업으로 정의할 수 있다. 여기서 '활동'은 아테네 헌장이 규정한 주거, 생산, 여가, 이동을 의미하며, '시설'은 이러한 활동을 수용하고 지원하는 도시 내 물리적 구조물을 지칭한다(대한국토·도시계획학회, 2016: 40－41). 도시 내 시설은 '토지' 위에 설치되는데, 이를 위해서는 시설의 입지와 배치에 대한 고려가 필요하다. '입지'는 위치를 결정하는 것이며, '배치'는 규모와 양을 할당하는 것을 의미한다. 도시계획은 물리적 계획에서 출발하였으나 점차 종합계획의 성격을 갖게 되면서, 오늘날 비물리적 측면으로까지 범위가 확장되고 있다. 그럼에도 불구하고 도시계획의 중심이 여전히 물리적 환경의 관리에 있음은 부인할 수 없는 사실이다(대한국토·도시계획학회, 2016: 112).

2. 도시계획 개념의 변천

단순히 '도시조성'을 위한 준비 작업을 '도시계획'이라고 한다면, 도시계획은 고대부터 수행되었다고 할 수 있다. 하지만, 계획을 계획문제에 대한 대응으로 규정한다면 도시계획은 '도시문제에 대한 대응'이라 할 수 있다. 그런데, 도시문제는 도시화와 함께 나타났고 도시화는 산업화의 공간적 표현이므로 본격적인 도시계획은 산업혁명 이후 수행되었다고 볼 수 있다. 우리는 산업혁명 이후 등장한 도시계획을 특별히 '근대 도시계획'이라고 부른다(Benevolo, 1967).

Friedmann(1987: 22)은 이러한 근대 도시계획 등장 이전의 도시 만들기를 '직교형 설계(orthogonal design)'라고 지칭한다. 이러한 설계들은 도시문제에 대한 대응이라기보다, 종교적·방어적 목적에서 또는 통치자의 권위 표출과 관리적 목적에서 비롯되었다는 공통점을 갖고 있었다. 그 결과물로 만들어진 도시는 지배자의 권위를 보여주는 것이 중요한 기능이었으므로, 대부분 대단히 위압적인 형상을 갖고 있었다. 방사형 가로체계가 도시의 골격을 이루었으며, 광로들이 교차하는 결절점에 광장, 공원, 대형건축물, 지배자의 동상이 설치되었다. 결국 근대 이전의 도시 만들기란 축성술의 확장이라고 볼 수 있다.

도시화는 산업혁명과 근대사회의 출발과 함께 시작되었다. 장원의 해체와 함께 토지에서 해방된(쫓겨난) 농민들이 도시로 대거 몰려들었다. 1800년 이전까지 영국은 전형적인 농업사회였다. 도시인구는 전체 인구의 20%에 불과했다. 그러던 것이 1851년 54%, 1892년 72%, 1911년 79%로 도시화율이 급속도로 증가했으며, 1801~1911년 기간 중 전체인구는 4배, 도시인구는 9.5배로 증가하였다(손세관, 1993: 226). 인구의 도시집중이 이루어지면서 도시는 심각한 주택문제를 경험했다. 주택 자체의 부족도 문제였지만 과밀로 인한 비위생적 주거환경이 큰 문제였다(Engels, 1988). 골목마다 오물과 쓰레기가 쌓여서 최악의 환경이 초래되었다. 수인성 전염병이 온 도시를 휩쓸었다. 1848년 콜레라 발생으로 런던에서만 14,789명이 사망했다(김흥순, 2017). 이 당시 영국 국민의 평균수명은 29세였으며, 신생아 6명 중 한 명은 생후 일년 이내에 사망한 것으로 보고된다(손세관, 1993: 227). 1861년에는 빅토리아 여왕의 남편인 알버트(Albert) 공이 장티푸스로 사망했다.

이러한 공동체 전체가 직면한 위협에 대응하여 자유방임주의 원칙에 대한 수정이 불가피해졌고, 1848년 일련의 규제사항을 담은 공중위생법(Public Health Act)이 제정되었다. 공중위생법에서 시작된 도시계획 제도는 이후 토지이용에 의해 발생되는 외부효과의 관리와 국가체제의 정당성을 지지하는 기능을 담당하게 된다. 많은 사람들이 전염병으로 죽어 가는데 국가체제가 손을 놓고 아무런 조치도 취하지 않는다면 그 누구도 그 체제가 정당하다고 인정하지 않을 것이기 때문이다. 산업화와 함께 나타난 도시 노동자들의 참담한 거주환경과 전염병의 증가는 고전파 경제학이 신봉하던 야경국가 원칙의 정당성에 심대한 손상을 입혔고, 도시계획을 필두로 이후 다양한 분야에서 국가개입을 촉진시키는 계기가 되었다. 이로부터 학자들은 도시계획이 자본주의 체제를 대표하는 계획으로 가장 역사가 깊고 가장 발달된 계획유형이라고 평가하게 된다(Dimock *et al.*, 1958: 357; 권영찬·이성복, 1990: 57).

이후 용도지역제와 도시설계를 포함한 다양한 정책수단을 포괄하면서 물리적 도시계획은 진화를 거듭하였고 사회발전에 부응하기 위해 비물리적인 측면까지 포괄하는 방향으로 범위를 확대시키고 있다. 초기 도시계획이 공동체의 위기에 대한 대응으로부터 시작되었다면 오늘날 도시계획은 소득 증가에 따른 삶의 질과 환경에 대한 관심, 과학기술의 발전에 따른 새로운 도시문제와 새로운 기회의 대두

등 복잡하고 까다로운 도시문제를 체계적으로 다루기 위해 지속적인 발전을 거듭하고 있다.

오늘날 도시계획은 토지이용계획과 교통계획을 양대축으로 경관, 주택, 기반시설, 환경과 같은 물리적 측면 외에 인구, 보건, 범죄, 부동산, 행재정, 경제, 지역사회(community), 복지 등 광범위한 분야에 걸쳐 다양한 도시문제를 다루고 있다. 방법에 있어서는 전통적인 설계 기법에 더해 지리정보체계(GIS), 통계, 계량경제기법이 널리 사용되고 있는데, 최근 인공지능(AI) 및 스마트 도시 기술이 급속히 발전하면서 다양한 도시문제에 대하여 보다 정교한 분석과 처방이 이루어질 것으로 예상된다.

3. '도시계획'이라는 모호성

도시계획의 개념이 다양한 방식으로 정의되는 것처럼 현실에서 도시계획은 상당히 모호한 개념으로 이해되는 것이 사실이다. 그것은 도시계획을 지칭하는 사람마다 자신의 관점에서 도시계획을 이해하고 규정하기 때문에 나타나는 현상이다.

건축에 종사하는 사람들은 도시계획을 건축의 한 분야로 이해하는 경향이 강하다. 이는 도시계획이 물리적 계획을 중심으로 발전해 온 데에서 비롯된 자연스러운 현상이다. 실제로 도시계획 역사에 이름을 남긴 많은 인물들은 건축가였다. 오늘날 도시계획학을 연구하는 학자들 역시 다수가 건축을 학문적 배경으로 하는 이들이다. 도시계획 학부과정이 발달되어 있지 않은 미국의 경우에도 건축 전공자가 대학원에서 도시계획 전문가의 교육을 받는 것이 일반적이다. 따라서, 건축이 공학분야로 이해되는 우리나라에서 도시계획이 공학의 일 분야로 이해되는 것은 자연스러운 현상이다. 일본식 명칭인 '도시공학(urban engineering)'은 여기서 유래된 명칭이다.

하지만 건축분야에서 이해하는 도시계획은 도시계획 내부의 시각에서 보았을 때는 도시설계나 단지계획에 가까운 개념이다. 현대 도시계획은 미국식 사회과학 방법론의 세례로 사회과학의 새로운 가족이 되었다(그림 1−19). 이러한 배경에서 도시계획 연구자들이 규정하는 도시계획을 건축 분야에서는 도시행정이라고 부른다. 오늘날 도시행정 연구자나 도시계획 연구자의 관심이 대동소이함을 부정하기는 어렵다. 하지만 행정에서는 도시행정을 일반행정을 도시라는 공간으로 한정시킨 것으로 이해한다. 도시계획은 도시행정을 구성하는 기술적 하위분야로 간주된다(박종화 외, 2002: 36). 따라서 행정분야의 사람들에게 도시계획은 토목기술의 일종으로 이해되는 경향이 강하다(김수영, 1998: 114; 권영찬 · 이성복, 1990: 34, 57). 실제로 도시계획 직렬이 확립되지 않은 공직 분야에서 도시계획은 오랫동안 토목의 일부분으로 간주돼 왔다. 하지만 토목에서 이해하는 도시계획은 실상 교통을 중심으로 한 기반시설계획에 가깝다. 실제로 한국 도시계획의 초창기 전문가들의 다수는 토목분야에서 훈련을 받은 환지(換地) 기술자들이었다(김흥순, 2020).

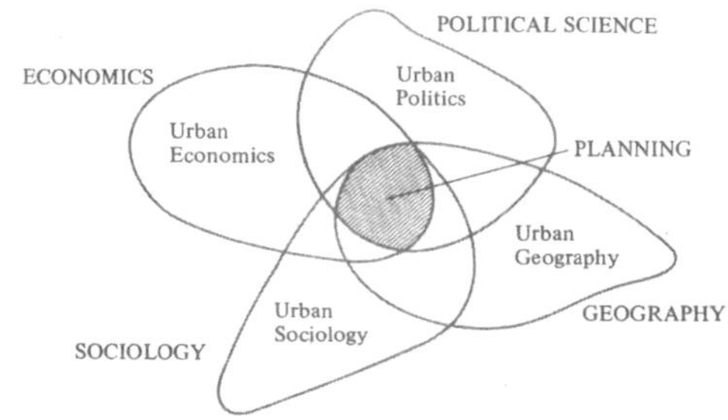

[그림 1-19] 사회과학으로서 도시계획의 위상
출처: 홍경희(1990: 28)

따라서 도시계획의 실체에 대한 이해가 매우 어려움을 알 수 있다. 분명한 것은 인접 분야에서 바라보는 도시계획은 도시계획의 일부일 뿐, 전부라고 말하기는 어렵다는 것이다. 전체의 실상은 그 모든 것을 합한 어떤 것이라고 볼 수 있다. 전술한 이해를 종합했을 때, 도시계획은 더 나은 도시공간을 만들기 위한 종합적 정책이며 기술(arts)이라고 할 수 있다. 또한 동시에 다른 기술과 달리 가능성과 다양성, 선택지가 폭넓다는 점에서 예술(art)로 지칭할 수도 있을 것 같다.

제2절

우리나라의 도시계획 제도

도시계획은 행정계획으로서 정부와 지방자치단체에 의해 추진되므로 그 제도적 체계를 이해할 필요가 있다. 우리나라의 도시계획 활동은 2003년 제정된 「국토의 계획 및 이용에 관한 법률」을 제도적 기반으로 한다. 우리나라 도시계획법의 고유 명칭이 「국토의 계획 및 이용에 관한 법률」(이후 국토계획법)인 셈이다.[13] 국토계획법은 영국의 도시·농촌계획법(Town and Country Planning Act)과 마찬가지로 도시와 농촌을 불문하고 전체 국토를 관리하는 공간계획법이다. 따라서 국토계획법은 도시계획이라는 명칭 대신 도시·군계획이라는 명칭을 법률 용어로서 사용한다. 국토계획법은 도시·군계획을 "특별시·광역시·특별자치시·특별자치도·시 또는 군[14](이하, 시군)의 관할 구역에 대하여 수립하는 공간구조와 발전방향에 대한 계획"으로 정의한다.

국토계획법은 도시·군계획을 도시·군기본계획과 도시·군관리계획으로 세분한다. 여기서 도시·군기본계획(이하 도시기본계획)이란 시군의 관할 구역에 대하여 기본적인 공간구조와 장기발전방향을 제시하는 종합계획으로서 도시·군관리계획 수립의 지침이 되는 계획을 말하며, 도시·군관리계획(이하 도시관리계획)이란 시군의 개발·정비 및 보전을 위하여 수립하는 토지이용, 교통, 환경, 경관, 안전, 산업, 정보통신, 보건, 복지, 안보, 문화 등에 관한 계획을 말한다. 즉, 도시기본계획이란 도시의 기본적인 발전방향을 제시하는 계획으로, 상세 규제계획인 도시관리계획에 지침을 제시하는 계획이며, 도시관리계획은 도시의 구체적인 규제사항을 담고 있는 계획으로서 용도지역·지구·구역의 지정 또는 변경에 관한 계획, 기반시설의 설치·정비 또는 개량에 관한 계획, 도시개발사업이나 정비사업에 관한 계획, 지구단위계획 구역의 지정 또는 변경에 관한 계획과 지구단위계획으로 세분된다.

용도지역(zoning)은 토지이용의 효율성과 공익성을 증진하기 위해 건축물의 용도·건폐율·용적률·높이 등을 제한하는 규제를 말한다(대한국토·도시계획학회, 2016: 130). 용도지역은 국토 전역에 걸쳐 지정되며, 서로 중복되지 않는다(mutually exclusive). 우리나라의 용도지역은 대분류로서 도시지역과 비도시지역(관리지역, 농림지역, 자연환경보전지역)으로 구분되며, 도시지역은 다시 주거, 상업, 공업, 녹지로 구분되고, 최종적으로 총 21개 용도지역으로 세분된다. 용도지구는 용도지역의 제한을 강화 또는 완화하여 적용함으로써 용도지역의 기능을 증진시키는 제도라는 점에서 'overlay zoning'으로서의 성격을 갖는다. 기본적으로 경관, 고도, 방화, 방재, 보호, 취락, 개발진흥, 특정용도제한, 복합용도의 9개 지구가 있으며, 세분과 조례에 의한 추가가 가능하다.

13 2003년 이전까지의 명칭은 「도시계획법」이었다.
14 광역시의 관할 구역에 있는 군은 제외한다.

[표 1-5]「국토의 계획 및 이용에 관한 법률」상의 용도지역, 지구, 구역

<table>
<tr><td rowspan="8">용도지역</td><td rowspan="5">도시지역</td><td rowspan="2">주거지역</td><td rowspan="2">전용(1,2종),
일반(1,2,3종), 준주거</td><td rowspan="10">용도지구</td><td>경관지구</td><td>자연, 시가지,
특화</td></tr>
<tr><td colspan="2">고도지구</td></tr>
<tr><td>상업지역</td><td>중심, 일반, 근린, 유통</td><td colspan="2">방화지구</td></tr>
<tr><td>공업지역</td><td>전용, 일반, 준공업</td><td rowspan="2">방재지구</td><td rowspan="2">시가지, 자연</td></tr>
<tr><td>녹지지역</td><td>보전, 생산, 자연</td></tr>
<tr><td rowspan="3">비도시지역</td><td>관리 지역</td><td>보전관리지역,
생산관리지역,
계획관리지역</td><td>보호지구</td><td>역사문화환경,
중요시설물,
생태계</td></tr>
<tr><td colspan="2">농림지역</td><td>취락지구</td><td>자연, 집단</td></tr>
<tr><td colspan="2">자연환경보전지역</td><td>개발진흥
지구</td><td>주거, 산업유통,
관광휴양, 복합,
특정</td></tr>
<tr><td rowspan="2">용도구역</td><td colspan="3" rowspan="2">개발제한구역, 시가화조정구역, 수산자원보호구역,
도시자연공원구역, 도시혁신구역, 복합용도구역,
도시 ·군계획시설입체복합구역</td><td colspan="2">특정용도제한지구</td></tr>
<tr><td colspan="2">복합용도지구</td></tr>
</table>

출처:「국토의 계획 및 이용에 관한 법률」제2절 및 동법 시행령 제30조, 31조

용도구역은 원론적으로 전술한 용도지역 및 용도지구의 제한을 강화 또는 완화하여 따로 정하는 것이 필요한 지역에 지정하는 것으로 되어 있지만, 현실적으로 그 규제내용이 기 지정된 용도지역에 우선하여 적용되는 가장 강력한 토지이용 규제이다(전진원, 2025: 157). 용도구역은 용도지역과 마찬가지로 중복하여 지정되지 않는다(김종보, 2018: 202). 용도구역에는 개발제한구역, 시가화조정구역, 수산자원보호구역, 도시자연공원구역, 도시혁신구역, 용도복합구역, 도시·군계획시설입체복합구역이 포함된다. 앞의 네 개 용도구역은 대체로 광역적인 차원에서 용도지역 · 지구의 규제를 강화한 경우에 해당된다(대한국토 · 도시계획학회, 2016: 131). 특히 개발제한구역은 구역 내 모든 개발행위를 원칙적으로 금하는 강력한 규제조치이다. 시가화조정구역은 5~20년 범위에서 시가화를 유보하는 규제조치로서 일종의 '한시적 개발제한구역'이라고 볼 수 있다.

공간재구조화계획에 의해 결정되는 도시혁신구역과 복합용도구역은 여타 용도구역 규제와 달리 토지이용, 건축물 용도, 건폐율, 용적률, 높이 등의 제한사항을 따로 정하여 개발을 촉진하기 위해 마련된 용도구역이다. 도시·군계획시설입체

복합구역은 사회변화에 발맞춰 도시·군계획시설을 입체·복합화하여 사용하기 위해 도입된 용도구역이다.

용도지역·지구·구역이 갖는 규제 권한의 근거는 일반적으로 경찰권(police power)에서 찾아진다. '경찰권'은 미국에서 지방정부가 행사하는 규제권한에 대한 직역으로 우리나라에서도 관행적으로 사용되고 있으나, 실질적으로 '경찰행정'과는 아무런 상관이 없으므로 행정법 분야에서 적절한 번역이 필요하다고 판단된다. 경찰권은 입법주체인 주정부가 공익을 위해 지방정부에게 부여한 개인의 사유재산권을 제한할 권리를 지칭한다(Schwab and Brower 2015: 66). 여기서 말하는 공익은 건강, 안전, 도덕, 복지를 의미한다. 경찰권의 중요한 특징은 사유재산권의 제한에도 불구하고 보상이 이루어지지 않는다는 것이다(Levy, 2006: 66). 따라서 수용권과 달리 지역지구제는 경찰권에 근거해서 아무런 보상 없이 사인의 재산권을 제한하고 공공이 실질적으로 그 소유권을 분점하는 역할을 담당한다.[15]

도시기반시설은 도시주민의 생활이나 도시기능의 유지에 필요한 물리적인 요소로 국토계획법에 의해 정해진 시설이다. 전체 기반시설 중 특별히 도시·군관리계획으로 결정된 기반시설을 도시·군계획시설이라 한다. 기반시설은 크게 교통시

[표 1-6]「국토의 계획 및 이용에 관한 법률」상 기반시설의 종류

구분(개수)	종류
교통(8)	도로·철도·항만·공항·주차장·자동차정류장·궤도·차량 검사 및 면허시설
공간(5)	광장·공원·녹지·유원지·공공공지
유통·공급(10)	유통업무설비, 수도·전기·가스·열공급설비, 방송·통신시설, 공동구·시장, 유류저장 및 송유설비
공공·문화체육(8)	학교·공공청사·문화시설·공공필요성이 인정되는 체육시설·연구시설·사회복지시설·공공직업훈련시설·청소년수련시설
방재(8)	하천·유수지·저수지·방화설비·방풍설비·방수설비·사방설비·방조설비
보건위생(3)	장사시설·도축장·종합의료시설
환경기초(5)	하수도·폐기물처리 및 재활용시설·빗물저장 및 이용시설·수질오염방지시설·폐차장

출처:「국토의 계획 및 이용에 관한 법률 시행령」제2조

15 지역지구제로 인해 소유자의 의도와 달리 미실현된 용도, 건폐율, 용적률, 높이가 공공이 실질적으로 분점하는 사유재산권의 내용에 해당된다.

설, 공간시설, 유통공급시설, 공공·문화체육시설, 방재시설, 보건위생시설, 환경기초시설의 7가지로 나누어지며, 국토계획법 및 동 시행령에 의해 그 종류가 세분된다(표 1-6).

도시관리계획은 또한 도시개발사업과 정비사업을 시행할 구역 내의 용도지역, 지구, 주요 기반시설 등을 결정하는 역할을 수행한다. 도시개발사업은 「도시개발법」으로 추진하는 신개발사업이고 정비사업은 「도시 및 주거환경정비법」에 의해 시행되는 재개발사업의 총칭이다. 국토계획법 제2조 제5호는 지구단위계획을 "도시·군계획 수립 대상지역의 일부에 대하여 토지 이용을 합리화하고 그 기능을 증진시키며 미관을 개선하고 양호한 환경을 확보하며, 그 지역을 체계적·계획적으로 관리하기 위하여 수립하는 도시·군관리계획"으로 정의한다. 지구단위계획에서는 용도지역에 의한 토지이용관리에서 한 걸음 더 나아가 구역 내 가구 또는 필지별로 건축물에 대한 배치, 형태, 색채, 건축선, 경관을 보다 세부적으로 제한하거나 유도할 수 있다(대한국토·도시계획학회, 2016: 133).

국토계획법 제2장은 광역도시계획에 관한 사항을 규정하고 있는데, 광역도시

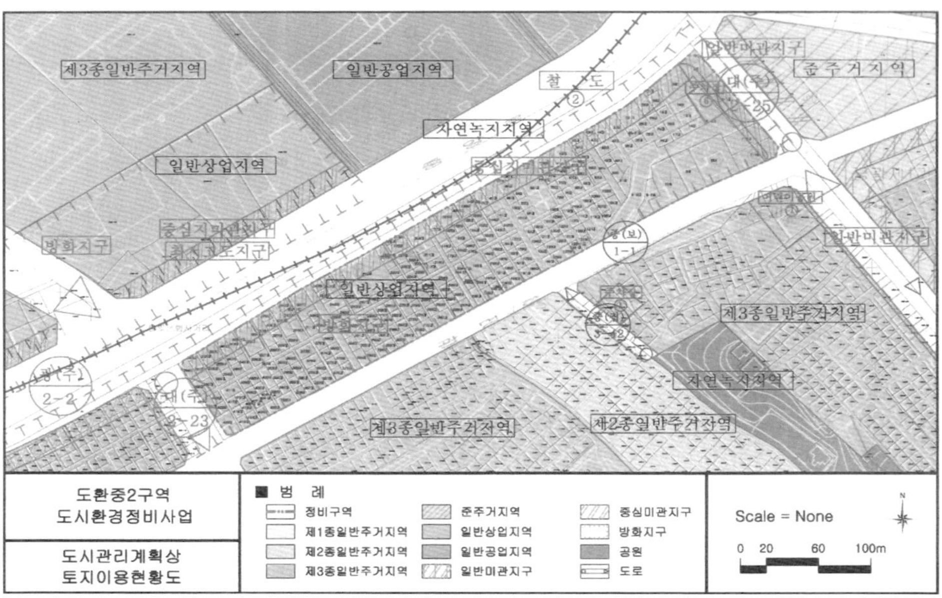

[그림 1-20] 도시관리계획 도면의 예: 성남시 도환중2구역 도시환경정비사업지구

계획은 도시의 연담화와 광역화에 따라 도시를 광역적으로 관리할 필요성이 증가하면서 도입된 제도이다(대한국토·도시계획학회, 2016: 146). 국토계획법 제2조 제1호에서는 광역도시계획을 광역계획권의 장기발전방향을 제시하는 계획으로 정의한다. 광역도시계획은 인접한 둘 이상의 특별시·광역시·특별자치시·특별자치도·시 또는 군의 공간구조 및 기능을 상호 연계시키고 환경을 보전하며 광역시설을 체계적으로 정비하는 역할을 담당한다.

이와 함께 국토계획법은 개발행위허가에 관한 사항을 규정하고 있다. 개발행위허가제도는 도시관리계획이 설정한 개발의 범위 내에서 구체화된 특정 개발행위에 대한 허가기준 및 절차를 규정하는 제도이다.[16] 허가대상 개발행위는 [표 1-7]의 다섯 가지이다. 개발행위를 하고자 하는 자는 특별시장·광역시장·특별

[표 1-7] 「국토의 계획 및 이용에 관한 법률」 상 허가대상 개발행위의 종류

1. 건축물의 건축 또는 공작물의 설치
2. 토지의 형질 변경(경작을 위한 경우로서 대통령령으로 정하는 토지의 형질 변경은 제외한다)
3. 토석의 채취
4. 토지 분할(건축물이 있는 대지의 분할은 제외한다)
5. 녹지지역·관리지역 또는 자연환경보전지역에 물건을 1개월 이상 쌓아놓는 행위

출처: 「국토의 계획 및 이용에 관한 법률」 제56조 제1항

[표 1-8] 「국토의 계획 및 이용에 관한 법률」 상 개발행위의 허가기준

1. 용도지역별 특성을 고려하여 대통령령으로 정하는 개발행위의 규모에 적합할 것
2. 도시·군관리계획 및 성장관리계획의 내용에 어긋나지 아니할 것
3. 도시·군계획사업의 시행에 지장이 없을 것
4. 주변지역의 토지이용실태 또는 토지이용계획, 건축물의 높이, 토지의 경사도, 수목의 상태, 물의 배수, 하천·호소·습지의 배수 등 주변환경이나 경관과 조화를 이룰 것
5. 해당 개발행위에 따른 기반시설의 설치나 그에 필요한 용지의 확보계획이 적절할 것

출처: 「국토의 계획 및 이용에 관한 법률」 제58조 제1항

16 개발행위허가는 개념적으로 개발계획의 일종으로 볼 수 있으나, 국토계획법에 명시된 제도이므로 법규상의 내용은 여기서 다루도록 한다.

자치시장·특별자치도지사·시장 또는 군수의 허가를 받아야 한다. 개발행위허가제는 계획기구에 재량권을 부여한 것이므로, 국토계획법 제58조는 [표 1−8]과 같이 재량의 범위를 다섯 가지로 한정하고 있다.

제 2 부

계획의 존재론적 가치

제 1 장

계획의 효용성

본 장에서는 "계획이 왜 필요한가?" 하는 질문에 대해 살펴보고자 한다. 사실 일반인들의 계획에 대한 시각은 매우 부정적이다. 계획보다는 실행이 중요하고, 모든 일은 닥쳤을 때 처리하면 그만이라는 사고가 지배적이다. 세계 복싱 헤비급 챔피언을 지낸 마이크 타이슨(Mike Tyson)의 발언은 계획에 대한 일반인들의 인식을 잘 보여준다. "다들 얻어터지기 전까지는 계획이 있지(Everyone has a plan until they get punched in the mouth)."

대부분의 계획가들 역시 일상의 산적한 업무를 처리하느라 '계획의 필요성'과 같은 근본적인 물음에 무심한 것이 사실이다. 하지만, 계획은 선택적(optional) 활동이며, 계획 대상에 대한 통제성을 갖고 있기 때문에 정당화 절차가 꼭 필요하다. 더욱이 일정한 공공자원의 투입에 의해 수행되는 공공계획의 경우, "어떻게 계획을 잘할 것인가?"하는 질문에 앞서 "계획이 꼭 필요한가?", "계획을 대신할 수 있는 보다 나은 방법은 없는가?" 하는 질문을 통해 계획의 존재론적 정당성을 벼릴 필요가 있다. 본 장에서는 전통적으로 이해되어온 계획의 효용성과 정당성에 대한 논변에 더해 이에 대한 반론을 소개하고자 한다. 논의를 위해 김수영(1997), 강태룡 · 정규서(1999), 정환용(2001), 김흥순(2006)을 참조하였다.

본 장에서는 계획의 효용을 '불확실한 미래에 대한 대비', '다층적 사회문제에 대한 대처', '자원의 최적 활용', '의사결정의 타당성 제고 및 정책수행과 행정의 안정화', '지휘와 통제의 수단', '갈등의 조정' 측면에서 살펴본다. 계획가들이 통념적으로 이해해온 효용의 내용을 살펴보고 그에 대한 반론 및 논의사항을 부기한다.

제1절

불확실한 미래에 대한 대비

1. 효용

현대사회는 매우 빠른 속도로 변화하고 있다. 계획은 급변하는 환경에 대비하기 위해 존재한다. 계획은 여러 가지 불확실한 상황에 대한 대비라고 할 수 있다. 불확실성이 없다면 계획은 불필요하다고 해도 과언이 아니다. 하지만, 미래를 대상으로 하는 계획의 특성상 대비가 쉽지 않은 측면이 있다. 미래에 대한 확실한 예측이 불가능하기 때문이다. 계획기간이 길고, 환경변화가 크면 불확실성도 증가한다. 따라서 미래의 불확실성을 현재의 시점에서 통제하고 대비하는 계획적 노력이 필요하다.

조직은 시나리오 계획이나 비상계획(contingency plan)을 수립하여 불확실성에 대응하고자 노력한다. 종종 계획이 실패했을 때 계획의 실효성에 대한 의문이 제기되지만 현실적으로 계획이 없었다면 문제는 더 커지고 결과는 더 나빠졌을지도 모른다. 계획과정의 일부인 조사와 분석을 통해 현실을 파악함으로써 문제해결을 위한 노력을 줄일 수 있다는 점도 빼놓을 수 없는 계획의 효용이다.

2. 논의

1) 미래예측의 한계

현실적으로 우리가 사전에 계획을 한다고 해서 미래를 정확히 알거나 불확실성을 제거할 수 있는 것은 아니다. 미래에 대한 예측은 계획이라는 접근이 시작된 이래 끊임없이 계획가를 괴롭혀온 주제이다(권원용, 2005). 계획에 있어 예측의 중요성에도 불구하고 정확한 예측은 사실상 불가능하기 때문이다. 우리가 가진 정보는 과거와 현재에 국한되어 있는데 우리가 알아야 하는 것은 미래의 사건이다. 과거와 현재의 추세가 미래까지 연결된다는 보장도 없는 데다 개방체제에서 어떠한 관련요소가 예상과 달리 작용하여 전혀 예상치 못한 결과를 초래할 지도 알 수 없는 일이다(김신복, 1999: 32). 결국 완전히 폐쇄된 시스템 안에서 개인행동이 통제될 때에만 정확한 예측은 가능한 것이다(권원용, 1985). 따라서, 현재까지 개발된 분석기법으로는 직관에 의한 예측보다 크게 나은 예측을 할 수 없음을 인정하지 않을 수 없다. 현실적으로 인간은 내일의 날씨나 주가조차도 정확히 맞히지 못한다. 이러한 본원적인 문제 때문에 계획작업을 거친다고 해도 불확실성은 제거될 수 없고 철저한 사전준비 역시 가능하지 않은 것이다. 이러한 배경에서 점진주의적 접근(incremental approach)이나 시나리오 계획, 예측보다 목표와 실행에 대한 비중을 제고하는 등의 방법에 대한 관심이 증가하고 있다. 하지만 점진주의적 접근이 과연 계획인가 하는 의문과, 시나리오 계획 역시 불확실성을 완전히 제거할 수 없다는 점에서 문제는 여전히 잔존할 수밖에 없다.

혹자는 미래예측의 무능력에 대한 이러한 언급이 지나친 과장이라고 반박할 수도 있다. 즉, 대부분의 예측은 맞는데, 특수한 경우에 한해서 예상이 빗나간다는 것이다. 하지만 이러한 변명은 다음과 같은 세 가지 측면에서 설득력이 떨어진다. 첫째, 예측이 맞는 대부분의 경우는 일상적이고 반복적인 사업들이다. 이러한 관례화된 사업들은 사실 특별한 예측이 필요 없는 기계적인 과정으로 계획의 영역에 포함되는지조차 의심스러운 부분이다. 둘째, 사업에 영향을 미치는 결정적인 부분은 사실상 관례화된 부분이 아니라 '특수한' 부분이라는 점이다. 계획은 사실상 이러한 상례를 벗어나는 경우에 대비하기 위해 존재하는 것이다. 그런데, 이러한 특수한 경우에 대한 대비에 무능하다면 계획은 사실상 존재할 필요가 없다고 해도 과언이 아닐 것이다. 셋째, 상당수 예측이 맞는 경우조차도 자기충족적 예언(Pygmalion effect)의 실현에 다름 아니라는 점이다(권원용, 1985). 즉, 장래에 승용차 보급이 늘어날 것이므로 도로의 신규개설이 필요하다고 진단할 경우, 결과로서의 도로 신설이 승용차 보유를 촉진시켰다는 분석이 가능하다는 것이다.

예측과 관련된 또 다른 측면은 비용과 관련된 부분이다. 결정적인 부분에 대한 정확한 예측이 불가능하다면 정밀한 예측을 위한 노력과 상시적인 계획체제를 유지하는 것이 경제적으로 타당하냐는 질문이다. 즉, 불확실한 사태가 발생한 이후에 수습하거나 발생직전에 대증요법으로 대응하는 것이 정확하지 못한 예측에 근거하여 막대한 예산과 인력 그리고 시간을 투입하는 것보다 경제적이지 않겠느냐는 질문인 것이다. 이 부분과 관련해서 공공선택론자들은 관료들과 학자들이 불확실성을 강조하고 계획체제를 유지하고자 하는 것이 실은 예산과 인력 그리고 그러한 자원으로부터 파생되는 권력을 포기하지 않으려는 시도의 정당화일 뿐이라고 설명한다(Tullock, 2005).

2) 계획의 경직성으로 인한 한계와 대안

전술한 것처럼 일상적인 상황에서는 큰 문제 없이 계획이 실행된다. 하지만 문제는 비상상황에서 발생한다. 특히 오늘날과 같이 급변하는 환경에서 경직된 상시계획(standing plan)이 문제에 효과적으로 대응할 수 있을지 의문이다. 일례로 허리케인 카트리나나 동일본 대지진, 이태원 참사에 대한 대응에 있어서 소위 매뉴얼이라고 불리는 상시계획이 얼마나 효력을 발휘했는지 의문이 아닐 수 없다. 계획은 사실 이러한 심각한 문제에 대응하기 위해 존재한다. 일상적 업무는 굳이 계획이 없어도 별 탈 없이 진행될 것이기 때문이다.

세월호 사태 이후 정부는 국민안전처[1]와 방재안전 직렬을 신설했다. 하지만 세월호 이후에도 인재(人災)로 평가되는 각종 재난은 반복되고 있다. 이는 본질적으로 모든 계획문제는 동일하지 않다는 계획문제의 특성에서 기인하는 현상이다. 계획은 과거로부터 교훈을 도출하고 그것에 근거하여 대책을 제시하지만 발생하는 계획문제는 항상 전례가 없는 것이기 때문에 그 앞에서 계획은 언제나 무력할 수밖에 없다. 그럼에도 불구하고 비상사태에 무력한 계획을 만들기 위해 예산을 투입해서 계획을 만들어야 하는가?

고려할 수 있는 대안은 계획안(plan)이 아닌 계획과정(planning)을 만드는 것이다. 지금 만들어져 있는 매뉴얼은 상황별 대처라 할 수 있지만 현실에서 발생하는 상황은 언제나 매뉴얼 속의 상황과 상이하다. 매뉴얼이 아무리 상세해도 현실과는 차이가 있을 수밖에 없다. 반면에 매뉴얼은 행위자에게 매우 구체적이고 기계적인 대처를 주문한다. 현실과 매뉴얼의 괴리는 계획문제에 대한 대응능력을 현저히 저하시킨다. 따라서 계획은 상세하게 묘사된 개별 행위를 제시하지 말고 행동의 방향과 틀을 설계해야 한다. 현장의 행위자가 창의적 재량을 발휘하여 계획이 제시

1 2014년 11월 19일 설치되었다가 2017년 7월 26일 폐지되었다. 이후 그 기능은 행정안전부로 이관되었다.

한 목표를 구현하도록 지원해야 한다.[2]

같은 맥락에서 영국과 미국 도시계획 행정의 차이점을 비교할 수 있다. 근대 도시계획이 태동한 영국의 경우 계획허가제(planning permission)를 통해 큰 틀에서의 도시개발 방향 제시와 함께 세부적인 수준에서의 계획 재량권을 폭넓게 인정하고 있는 반면, 미국의 경우 용도지역제를 통해 도시를 관리해나가는데, 사전에 결정된 경직된 계획내용이 변화하는 현실에 부합하지 못하는 경우가 많아서 매우 자주 변경되는 것이 문제로 지적되고 있다(김상조 외, 2013).

제2절

다층적 사회문제에 대한 대처

1. 효용

현대사회의 문제는 표면적인 문제에 더해서 매우 복합적인 성격을 갖는 특징이 있다. 하나의 문제는 세부적인 여러 요소로 나뉘며, 각 요소 간에 복잡하고 긴밀한 상관성이 존재한다. 따라서 하나의 사상(事象)이나 요소가 변화하면 해당 요소만 변화하는 것이 아니라 관련된 요소 모두에 영향을 미쳐 종종 체제 전체가 변화하는 결과가 나타난다.

일례로 정비사업이 주변지역의 자연환경과 사회환경에 미치는 효과를 가정해 볼 수 있다. 정비사업은 대기, 수질, 소음 등 환경요인과 인근의 토지이용 및 교통체계에 영향을 미치고 주택가격, 임대료, 공가율에 영향을 미치며, 지역의 인구구조와 경제, 교육, 지방행정과 정치 그리고 지방재정에 영향을 미친다. 작은 지역사회라면 당사자 간의 협의를 통한 해결이 가능하겠으나 현대도시는 규모가 크고 복잡하다는 점에서 이를 처리하기 위한 고도의 전문적 계획이 요구된다.

2 실제로 2025년 5월 13일 발생한 서울지하철 5호선 화재사고의 경우 승객들의 능동적이고 적극적인 대처로 인명피해를 막을 수 있었다.

2. 논의

인간인 계획가가 복잡한 문제에 대응하는 데에는 한계가 있다. 반면에 계획이 없더라도 최악의 상황으로 떨어진다는 증거는 없다. 계획문제를 조직[3]이 아닌 사회문제로 상정했을 때, 사회에는 효율적 자원배분을 이끄는 시장이 있기 때문이다. 가격기제를 통해 자원을 배분하는 시장은 일종의 집단지성이다. 반면에 계획은 몇몇 전문가의 제한된 능력에 의존한다. 따라서 계획이 시장보다 현대사회의 복잡한 문제를 더 효율적으로 다룬다는 주장은 근거가 부족하다.

후생경제학 제1정리는 개별 시장참가자들이 사리(self-interest)를 위해 일견 무질서하게 행동하지만, 그로 인해 사회전체의 후생수준이 극대화될 수 있음을 보여준다. 이러한 '보이지 않는 손'의 조화는 Heyne(1997)이 지적하고 있는 도로상황을 통해 쉽게 설명이 된다. 출근길 도로는 일견 무질서하고 복잡해 보이지만, 운전자들이 목적지 도달이라는 각자의 목표를 위해 상호 협력하는 하나의 협력적 질서로 작동한다. 시장은 도로와 마찬가지로 시장참가자들이 사리라는 목적을 위해 상호 협력함으로써 사회전체의 후생수준을 최적상태로 이끄는 기구이다. 물론 여기서의 협력은 이타적 협력이 아닌 자신의 이익을 위한 질서에의 순응을 의미한다. 이때 교통경찰이 어느 한 곳이 막힌다고 신호체계를 조작할 경우 그 파급효과로서 의도하지 않은 정체가 도로망 전체의 소통수준을 떨어뜨릴 수 있는 것처럼 계획에 의한 시장개입은 종종 뜻하지 않은 부작용을 초래할 수 있다. 결국 계획가 또는 계획기구가 '복잡한' 사회문제를 해결하기 위해 전문성과 예지를 발휘하여 일일이 개입하는 것보다 가격기구에 기초한 시장의 자기 조절 능력에 맡기는 편이 훨씬 자연스럽고 문제해결에도 효과적이며 비용이 적게 소요된다는 것을 알 수 있다.

혹자는 발전된 인공지능(AI)이 네트워크화된 기계학습(machine learning)을 통해 문제해결능력을 획기적으로 신장시킬 수 있을 것이라고 주장한다. 상당 부분 설득력 있는 견해이다. 하지만, 여기서 주목해야 할 부분은 알고리즘인 인공지능 역시 인간지능의 한계를 초월하지는 못한다는 점이다. 인간 계획가가 열심히 문제

3 조직이 사회인가 하는 질문은 본서의 관심이 아니지만, 여기서는 '조직'을 명확한 규칙을 가지고 단일한 목적을 지향하는 인위적으로 설계된 사회단위로 고려한다(Parsons, 1951).

를 뒤따라가면서 사후 약방문을 내놓는 것처럼, 인공지능 계획가 역시 선제적인 대응에는 일정한 한계를 보일 가능성이 높다. 모든 계획문제는 본질적으로 다르고 불가측한 인간이 관련되어 있기 때문에 방대한 빅데이터의 연산능력 만으로 대안을 제시하는 데에는 한계가 있을 수밖에 없다는 것이다.

제3절

자원의 최적 활용

1. 효용

우리가 살아가는 경제세계는 희소성의 원칙이 지배하는 세계이다. 자원이 풍부하다면 별다른 계획 없이 필요에 따라 자원을 이용해도 되겠지만, 현실에서는 제한된 자원이라는 제약조건 하에서 우리의 효용을 극대화하기 위해 노력해야 한다. 따라서 가장 중요하게 처리해야 할 부문에 자원을 우선적으로 투입하는 우선순위의 결정이 필요하다. 그러한 우선순위는 가치에 의해 결정되는 것으로 계획은 목표의 설정을 통해 각 사업의 우선순위를 조정한다. 또한 제한된 자원을 낭비 없이 활용하기 위해 계획은 투입 대비 산출이라는 효율성 기준을 통해 의사결정을 지원한다. 계획은 사전에 투입되는 적은 경비로 사업의 진행과정에서 나타날 수 있는 낭비와 유휴자원의 발생을 억제할 수 있다.

2. 논의

전술한 바와 같이 계획의 범위가 조직이 아니라 일반 사회라면 계획이 시장보다 효과적으로 자원을 배분한다는 증거는 없다. 시장은 가격기제를 통해 개인의 선호를 파악하는 반면, 계획기구는 이를 적절하게 파악할 방법이 없기 때문이다. 계획의 약점은 집계자료(aggregate data)를 통해 개인의 행위를 추정하는 관계로 종종 개인의 선호를 잘못 이해한다는 점이다(장욱, 1999: 23).

앞서 언급했듯이, 빅데이터와 인공지능의 발전이 이러한 계획의 한계를 극복

할 수 있을 것이라고 주장하는 견해도 존재한다. 하지만 빅데이터의 운영도 결국 사람이 하는 일이다. 2013년 구글의 독감 예측 프로젝트를 예로 들 수 있다(정하웅, 2018: 60-61). 구글은 11%의 독감 발생을 예측했으나 실제 발생은 6%에 불과했다. 이전의 정확도와 비교할 수 없는 대실패였다. 구글의 시스템 로직은 검색어를 통한 예측인데, 2013년 1월 뉴욕타임즈와 CNN이 독감백신이 부족하다고 대서특필하면서 독감에 걸리지 않은 사람까지 관련 단어를 검색했고 이것이 발생률을 과다 추정하도록 이끈 것이었다. 검색자 중 실제 독감 환자는 절반에 불과했다.

제4절

의사결정의 타당성 제고 및 정책수행과 행정의 안정화

1. 의사결정의 타당성 제고

1) 효용

계획은 목표와 수단을 연결시키는 지적작업을 거침으로써 목표를 가장 효율적으로 실현하는 방안을 강구한다. 이를 통해 계획은 의사결정의 타당성과 정당성을 제고시킬 수 있다.

2) 논의

의사결정의 타당성을 제고하기 위해 다양한 사회과학 및 경영학 모형들이 발전되어 왔다. 최근의 인공지능 기술의 발전은 그 과정 속에서 이룬 획기적인 성취라고 볼 수 있다. 계획은 그러한 사회과학의 성취를 수용하고 있을 뿐이다. 따라서 단지 의사결정의 타당성을 제고하는 것이 목적이라면 굳이 계획이라는 불확실하고 번거로운 행위를 진행할 필요가 없다. 인공지능 기술을 필두로 다양한 계량경제모형과 선형계획법, 게임이론, 비용편익분석 등을 이용하는 편이 훨씬 실질적이다.

2. 정책수행과 행정의 안정화

1) 효용

계획은 조직과 사회가 나아가야 할 일관된 정책방향을 제시한다. 계획이 있는 한 최고 의사결정권자가 바뀌더라도 정책은 일관성과 안정성을 확보할 수 있다. 이를 통해 사람이 아닌 조직과 규정을 통해 일을 수행해 나가는 것이 가능해진다.

2) 논의

이론과 달리 현실에 있어서는 계획이 정책의 일관성을 담보하는 역할을 전혀 수행하지 못한다. 정책결정자들은 이전에 수립된 계획을 계승·준수하기보다 자신의 업적을 강조하기 위해 새로운 계획을 수립하는 것을 선호한다. 기존 정책의 일관성을 유지할 경우 새로 부임한 정책결정자의 업적이나 차별성이 드러나지 않기 때문이다.

국토계획법 상의 소위 '화이트조닝' 제도에 대해 논의해보자. 정권이 바뀌면서 2024년 국토교통부는 소위 '공간혁신3종구역'이라는 것을 들고 나왔다. 기존의 입지규제최소구역을 폐지하고 도시혁신구역과 용도복합구역을 법제화했다. 입지규제최소구역의 활용도가 떨어진다는 것이 개편 사유였다(전진원, 2025: 106). 실제로 입지규제최소구역 제도는 지방자치단체 차원에서 지정·운영하는 데에 난점이 있어서 지정 실적이 미흡했고, 대안으로서 건축법상의 특별건축구역 제도가 활용되었던 것이 사실이다. 그러나 현실적으로 도시혁신구역과 입지규제최소구역의 차이를 찾기는 어렵다. 더욱이 복합용도구역의 경우에는 복합용도지구가 존재하는 상황에서 그 필요성에 의문이 든다.

제도는 그 취지와 무관하게 그 수가 많아지면 피규제자에게 부담이 된다. 잦은 변경은 피규제자를 혼란스럽게 한다. 피규제자에게는 단순명료하고 일관된 제도가 가장 좋은 제도이다. 상술한 화이트조닝은 규제제도가 아니라 유인 또는 촉진정책이라는 점에서 성격이 다르다고 주장할 수도 있지만, 빈번하게 바뀌는 제도는 의도와 무관하게 정책대상자들을 피로하게 만든다는 점을 주지할 필요가 있다. 지정 실적이 미흡하다면 지정을 저해하는 규정을 보완하는 것이 우선이다. 기

존 제도에 더해 2중, 3중으로 제도를 만드는 것은 모호성과 불확실성을 늘리는 일이다.[4]

그렇다면 '화이트 조닝'은 왜 도입되었을까? 새 정부 하에서 다른 부서에 앞서 뭔가 가시적 실적을 보여 인정받고자 하는 일종의 과잉동조화(overconformity)의 산물로 볼 수 있다. 시대를 선구하는 창의적 규제개혁과 개발촉진을 슬로건으로 내세웠지만, 기존 제도의 재탕이었음을 부인하기 어렵다.

제5절

지휘와 통제의 수단

1. 효용

현대의 대규모 조직을 관리하는 것은 쉽지 않은 일이다. 계획은 사전에 조직의 목표와 가치를 제시함으로써 관리자로 하여금 조직이 나아가야 할 방향을 파악하도록 한다. 계획은 또한 사전적 방향제시를 통해 조직원들이 질서정연하게 조직의 목표에 복무하도록 하는 데 기여한다. 이와 함께 계획은 사업의 추진 기간 중 운영상황을 점검하는 기준으로서 기능한다. 끝으로 계획은 사업 집행 후 실적에 대한 평가기준을 제시함으로써 조직구성원들에 대한 통제의 역할을 담당할 수 있다.

2. 논의

조직관리 수단의 한가지로 계획의 기능을 한정할 경우, 계획의 지휘와 통제 기능은 그 의의가 충분하다. 하지만, 사회발전을 지향하는 공공계획의 관점에서 '지휘'와 '통제'라는 용어는 부적합할 뿐 아니라 부적절하다. 사회와 그 구성주체인 시민은 관의 지휘와 통제의 대상이 아니기 때문이다.

4 현장에서는 특별건축구역 제도가 여전히 활용되고 있다.

제6절

갈등의 조정

현대사회에서 갈등은 불가피하다. 사회구성원들의 이해관계가 상이하기 때문이다. 일례로 도시개발 사업은 토지이용의 변화를 통해 편익 수혜자(winner)와 비용 부담자(loser)를 발생시킨다. 토지가 수용되어 도로가 날 경우 새롭게 만들어진 도로에 접한 토지를 소유한 사람은 우발이익(windfall)을 수혜하는 반면, 수용된 토지의 소유자는 감정가에 의한 토지보상으로 만족해야 한다. 개발제한구역의 지정은 도시관리 비용의 절감과 함께 도시민 전체에게 쾌적하고 질서 잡힌 도시공간을 제공하는 반면 토지소유자에게는 많은 손해를 부과한다. 사람들은 설사 직접적인 피해를 입지 않았더라도 타인이 이익을 볼 경우 기회비용 차원에서 손해를 입었다고 생각한다.

개발사업으로 인한 외부효과도 무시할 수 없다. 고층건물의 건설로 인한 조망권과 일조권의 차단, 프라이버시의 침해와 교통체증의 문제 등은 개발사업이 편익 수혜자와 비용 부담자를 발생시키는 분명한 예이다. 갈등은 결국 비용과 편익의 불균등한 배분으로 인해 야기되는 결과로 볼 수 있다. 계획은 구성원 모두의 편익과 비용의 합을 0으로 만드는 작업을 수행한다. 비용 부담자에게는 보상할 수 있는 방안을 강구하고 편익 수혜자에 대해서는 비용을 부과할 수 있는 방안을 생각한다. 따라서 도시계획은 공공이 토지이용의 (잠재적, 현실적) 갈등을 조정 · 해결해 가는 과정으로 규정할 수 있다. 결국 갈등이 없다면 계획도 불필요하다고 볼 수 있다. 앞서 살펴본 것처럼 자원배분에 있어서는 계획이 시장보다 우월하다는 근거가 없기 때문이다.

[표 2-1] 토지이용계획과 관련한 각 이해주체 간의 갈등

	정부·광역	지방	주민	산업
정부·광역	**관청 대 관청** • 산업행정 대 환경행정 • 도시행정 대 농림행정 • 주택행정 대 공원행정			
지방	**상위계획 대 하위계획** • 주택정책 대 도시행정 • 산업정책 대 도시행정	**도시행정 대 도시행정** • 용배수 문제 • 처리장 문제 *행정협의회*		
주민	**상위계획 대 하위계획** 고속철도, 고속도로, 국제공항	**도시시설 대 지구환경** • 도로 • 쓰레기처리장 *주민참여*	**지구환경 대 지구환경** • 신 주민 대 기존 주민 • 이웃 관계 *주민협정*	
산업	**국토개발 대 보전** • 공업개발 대 생활환경 • 관광개발 대 자연보호	**기업이익 대 도시환경** 각종 공해 *정부규제*	**기업이익 대 지구환경** 각종 공해 *정부규제*	**기업이익 대 기업이익** • 공업 대 농림수산업 • 대형 유통업체 대 소상인 *정부규제*

* 이탤릭체는 갈등관리 방안이다.

출처: 日笠端(1987: 138) 수정

제 2 장

계획의 정당성

제1절

개관

계획의 존재론적 정당성에 대한 초보적 답변은 계획이 공공복리(public welfare)를 증진시킨다는 것이다. 실제로 「국토의 계획 및 이용에 관한 법률」 제1조는 도시계획의 존재 목적을 '공공복리'에서 찾고 있다. 하지만 이러한 답변은 계획이 계획하지 않은 것보다 공공복리를 더 많이 증진시킬 수 있음을 입증해야 정당화될 수 있다(정환용, 2001: 95).

앞에서 언급했듯이 도시계획의 뿌리는 1848년 제정된 영국의 공중위생법에서 찾아진다. 공중위생법은 산업혁명기 산업도시의 비위생적 생활환경을 해결하는 방안으로 상하수도, 도로, 건축물, 각종 시설물에 대한 규제사항을 담고 있다. 공중위생법의 도입은 당시 자연질서로 이해되던 자유방임주의(laisseiz-faire) 원리를 뒤흔든 획기적인 사건이었다. 흥미로운 것은 공중위생법의 도입이 지배계급의 자발적 조치였다는 것이다. 하지만 이것이 당시 부르주아들의 자비심을 의미하는 것은 아니다. 공중위생법의 도입은 비위생적인 도시환경으로 인한 전염병으로 인해 사회의 존립자체가 위협받는 상황에서 내려진 불가피한 결정이었다. 1848년 런던에서만 콜레라로 약 15,000명의 시민이 사망한 것이나, 1861년 빅토리아 여왕의 남편인 알버트 공이 장티푸스로 사망한 것은 당시 사회를 위협하던 전염병의 성격을 극명하게 보여주는 사례이다(김흥순, 2017: 78). 전염병은 신분의 귀천, 지위의 고하, 빈부의 격차를 따지지 않기 때문에 법의 도입은 공동체를 지키기 위한 전체 사회 구성원들의 불가피한 선택이었다고 볼 수 있다.

결국 도시계획 제도의 시작은 그 이전까지 당연하다고 여겨져 온 토지이용 및 건축활동에 있어서의 무제한적 자유를 제한함으로써 공동체를 지키기 위한 조치로, 자유방임적 시장의 실패에 대한 대응이었으며 공동선에의 추구였다고 평가할 수 있다. 따라서, 계획의 초보적 존재이유로 설명되는 '공공복리'란 보다 구체적으로 공익의 추구와 시장실패에 대한 대응으로 이해할 수 있다. 공익의 개념과 논의는 제1부 제3장 '계획이 추구하는 가치'에서 다룬 바 있으므로 본 장에서는 시장실패에 집중하여 계획의 정당성을 살펴보도록 하겠다.

제2절

시장주의

이 책에서 언급하는 '시장주의(economic liberalism/ libertarianism)'는 정부나 집단에 의한 자원배분을 거부하고 개인의 자율적 자원배분을 선호하는 경제사상을 일컫는다. 시장주의에서 자유시장(free market)은 그 인식의 중심에 위치하는데, 이는 간섭받지 않는 자유시장이 자원의 효율적 배분을 보장하는 유일한 기제로 이해되기 때문이다. 고전파 경제학과 신자유주의[5]는 대표적인 시장주의 인식체계이다(정환용, 2001: 103－105). 시장주의는 자유시장, 자유무역, 정부의 최소개입과 큰 정부의 부정, 규제완화, 복지의 축소, 사유재산권을 보호하는 법치주의(rule of law)를 강력히 지지한다. 이들은 "자연질서인 시장이 인위적 기구인 정부보다 유능하다", "시장이 잘 못하는 것은 정부도 잘 못한다"는 신조를 갖고 있다.

5 시장원리주의(market fundamentalism) 경제학파에는 시카고학파와 오스트리아학파 등 다양한 학파가 포함되지만, 이 책의 관심은 경제학설사에 있지 않으므로 단순히 '신자유주의'라는 명칭으로 통칭하고자 한다.

완전경쟁시장은 시장주의가 상정하는 가장 이상적인 자원배분기구이다. 완전경쟁시장은 가격이 완전경쟁에 의해 형성되는 시장을 말하며, 다수의 생산자와 소비자, 담합의 부재, 상품의 동질성, 완전정보, 합리적 행동, 자유로운 시장진출입을 전제로 한다. 완전경쟁시장은 현실에서 존재하지 않는 이념형(ideal type)이지만, 경매시장은 그 원형에 가장 근접한 시장으로 이해된다. 시장주의자들은 현실의 시장을 완전경쟁시장화하는 것이 경제문제를 해결하는 해법이라고 주장한다(이정전, 2002: 225).

완전경쟁시장은 가장 효율적으로 재화를 생산하는 사람이 생산을 담당하고, 가장 필요로 하는 사람에게 그 재화를 배분하는 시스템으로 군더더기가 없는 가장 효율적인 자원배분체제이다. 가장 효율적으로 생산한다는 것은 상품이 동질적이라는 전제에서 가장 저렴하게 생산한다는 의미이다. 가장 저렴하다는 것은 그리고 가장 효율적이라는 것은 비용 이외에 초과이윤이 없음을 의미한다. 따라서 완전경쟁시장에서 생산자는 자신의 기회비용 외에는 이윤을 가질 수 없다. 재화를 가장 필요로 하는 사람은 경매시장의 예처럼 가장 높은 가격을 지불할 의사를 지닌 사람을 의미한다. 시장은 해당 재화에 가장 높은 가치를 부여하는 자, 즉 해당 재화를 가장 필요로 하는 자에게 재화를 배분하는 체제이다. 다만, 시장은 시장참가자가 얼마의 돈을 보유하고 있는지에 대해서는 고려하지 않는다. 이는 분배의 문제로 볼 수 있는데, 일부 완고한 경제학자들은 분배문제를 경제학의 영역이 아닌 사회정책의 영역으로 간주한다.

이러한 기조에서 시장주의자들은 자유로운 경쟁시장은 자원을 최적배분하며 시장참가자들의 효용을 극대화한다고 주장한다. '후생경제학 제1정리'는 이를 "모든 소비자의 선호 체계가 강단조성[6]을 갖고 경제 안에 외부성이 존재하지 않으면 일반경쟁균형의 배분은 파레토 효율적[7]이다"고 설명하는데(이준구, 2019), 이는 시장참가자들의 사리추구가 사회전체의 이익이 됨을 설명하는 것으로서, 아담 스미스(A. Smith)가 주장한 '보이지 않는 손(invisible hand)'의 원리를 현대적으로 재구성한 것이다. 아담 스미스는 「국부론」에서 "우리가 저녁 식사를 제대로 할 수 있는

6 소비량이 증가할수록 소비자의 총효용이 더 증가한다는 의미이다.
7 파레토 효율적(Pareto optimal) 자원배분 상태란 다른 구성원의 효용을 감소시키지 않고서는 어느 누구의 효용도 증가시킬 수 없는 최적의 자원배분 상태를 의미한다.

것은 정육점, 양조장, 빵집 주인들이 관대해서가 아니라 그들이 이익을 추구하는 사람들이기 때문"이라고 주장한 바 있다.

시장주의자들은 자유시장이 시장참가자들의 창의성을 높이고 변화하는 환경에 대한 능동성을 높임으로써 자원의 효율적 배분은 물론 공동체의 발전을 견인한다고 본다. 또한 경제주체의 자유로운 경제활동은 시장에서 가격기구를 통해 자율적으로 조정되므로 국가의 개입은 불필요하다고 본다. 이들의 관점에서 국가는 국민의 세금으로 운영되므로, 큰 정부는 국민의 부담을 의미하며, 나아가 규제와 정보수집을 통해 국민을 통제하는 부작용을 초래한다고 본다.[8]

제3절

시장실패(market failure)와 정부개입

1. 개관

시장실패란 자원배분을 시장에 전적으로 맡겼을 때, 시장의 내재적 결함으로 인해 효율적인 자원배분이 이루어지지 못하는 현상을 의미한다. 경제학자들은 시장실패를 완전경쟁시장의 전제조건이 충족되지 못해 파레토 최적(Pareto optimum)이 달성되지 못하는 현상으로 규정한다. 이처럼 경제학자들은 완전경쟁시장이라는 이상이 현실에서 구현되지 못하는 원인을 시장실패에서 찾는다. 시장실패는 종종 정부개입의 논거로 이해된다. 즉, 바람직한 시장질서를 구현하기 위해서는 정부개입이 필요하다는 것이다.

시장실패는 공공재 공급의 문제, 외부효과, 불완전경쟁, 정보의 비대칭성, 소득분배의 불공평성으로 요약된다. 이 중 불공평한 소득분배는 윤리적 문제일 뿐 "완전경쟁시장의 전제조건이 충족되지 못해 파레토 최적이 달성되지 못하는 현상"과는 거리가 있다는 점에서 시장실패로 인정하지 않는 경제학자들도 많다(Wolf, 1991: 28-29). 정부실패는 시장의 불완전성을 교정하기 위한 정부의 개입이 오히려 문제

8 2020년 코로나 사태를 경험하면서 일각에서는 팽창된 정부의 역할을 '코로나 파시즘'이라고 칭한 바 있다(Žižek, 2020).

를 야기하고 있음을 보여주는 예로서, 내부성, 비용과 수입의 괴리, 파생적 외부성, 분배의 불공평성 등의 네 가지로 설명된다.

2. 시장실패

1) 공공재 공급의 문제

(1) 재화의 성격과 사적재화

모든 재화는 배제성(excludability)과 경합성(rivalness)이라는 재화에 내재된 성격에 의해 네 가지로 구분된다(표 2-2). 배제성은 재화의 소비를 제한하는 성질로 정의되는데, 여기서 제한의 기준은 상품가격의 지불 여부로 판단된다. 즉, 가격을 지불하는 이의 재화 소비는 제한하지 않고, 지불하지 않는 이의 소비는 막는 것이 배제성이다. 경합성은 일인의 재화 소비가 타인의 소비를 제한하는 성질이다. 재화를 소비했을 때 재화의 양이 줄어듦으로써 타인이 소비할 수 없거나 소비에 제약을 받는 경우 경합성이 있다고 한다. 대부분의 재화는 배제성과 경합성이 있다. 이러한 재화를 사적재화라고 한다.

[표 2-2] 재화의 성격에 따른 분류

배제성 \ 경합성	있음	없음
있음	**사적재화** 일반재화	**요금재(클럽재)** OTT 서비스, 뷔페음식(무한리필), 정기권, 멤버십(자유) 이용권, 원활한 유료도로
없음	**공유재** 환경, 강의 물고기, 경로석, 막히는 무료도로	**공공재** 가로등, 등대, 노동쟁의의 성과, 일기예보

(2) 준공공재

배제성은 있고 경합성은 없는 재화를 요금재 또는 클럽재라고 한다. 대표적인 예가 OTT 서비스이다. 내가 해당 서비스를 이용한다고 해도 다른 사람의 이용이 제한을 받지는 않는다. 물론 요금은 지불해야 한다. 요금을 지불하는 특정인들이 그룹을 만들어서 배타적으로 사용한다고 해서 클럽재라고도 부른다. 무한리필 음식점이나 정기승차권, 놀이공원 자유이용권 등이 클럽재의 성격을 갖는 재화들이다.

한편, 공유재는 소유권과 가격이 명확하지 않으며, 누구나 접근 가능한 반면, 소비량이 증가할수록 자원의 양이나 질이 감소해 타인의 이용을 제한하게 되는 특성을 갖는 재화이다. 예를 들어 강에서 잡히는 물고기는 공유재라고 할 수 있는데, 환경 전반이 이러한 공유재에 해당된다고 할 수 있으며, 지하철 경로석 또한 노인들에게는 공유재라고 할 수 있다. 공유재는 그 특성으로 인해 '공유지의 비극(Tragedy of the Commons)'을 야기한다. 1968년 하딘(Hardin)은 *Science*지에 동명의 논문을 발표했다. 모든 사람이 목축업에 종사하고 목초지가 공유로 이용되는 고립국(孤立國)이 있다고 했을 때, 구성원들은 기르는 소의 두수를 증가시켜서 자신의 이익을 증진시키려 할 것이다. 모든 사람의 경쟁적 목초지 이용은 결국 공유지를 붕괴시킬 것이라는 것이 하딘의 결론이다.

공유지의 비극을 막는 대안은 전통적으로 두 가지가 제시되어 왔다. 첫째는 절대권력을 가진 자(Leviathan) 또는 조직이 자원이용을 통제하는 것이다. 구체적인 예로 정부를 고려할 수 있다. 하지만 이 경우 구성원의 자유가 침해당하며 조직을 운영하는 비용이 필요하다는 점을 지적할 수 있다. 두 번째 대안이 신고전파 경제학자들이 추천하는 통상적인 대안으로 토지의 사적 소유권과 상품으로서의 성격을 인정하는 것이다. 토지를 구성원들이 나누어 가지면 자기 토지를 효율적으로 이용하기 위해 자율적인 관리가 이루어질 것이라는 주장이다.

제3의 대안으로 관습이나 제도에 의한 관리방안이 제시되기도 한다. 신제도주의자들로 불리는 이들은 하딘이 개방지와 공유지를 혼동했다고 주장하면서 대부분의 공유지는 특정 집단에 의해 배타적으로 공유되는 자원으로 관습과 제도에 의한 관리가 가능하다는 주장을 제기한다. 입회권[9](right of common)을 보유한 산림조합이나 수리조합이 그러한 제도적 관리기구에 해당된다. 2009년 노벨 경제학상을 수상한 오스트롬(Ostrom)은 그러한 제도주의적 접근의 대표적인 논자이다. 하지만 환경 등 '개방자원'에 대한 남용은 실체이므로 하딘의 문제제기와 신고전파

9 한 지역에 사는 주민이 그 지방의 관례나 법규에 의하여 일정한 산림, 원야(原野), 늪, 못 따위에서 공동으로 이익을 얻을 수 있는 권리.

경제학자들의 대안은 여전히 유효하다고 판단된다.

비배제성과 비경합성이라는 공공재의 성격 중 한 가지가 결여되어 있으며, 사적재화처럼 시장에 완전히 맡겨 놓을 수 없고, 크고 작은 관리가 필요하다는 점에서 요금재와 공유재를 합쳐서 준공공재라고 부른다(이성근, 2006: 95).

(3) 공공재와 가치재(public goods and merit goods)

공공재는 비배제성과 비경합성을 특징으로 하는 재화이다. 가격이 없고 사용을 해도 타인의 사용권이 제한되지 않는 재화이다. 보다 정확히 표현하면 가격을 부여할 수 없는데, 누가 사용을 해도 다른 사용자에게 피해가 가지 않는 재화이다. 등대나 가로등은 대표적인 공공재이다. 하지만 이러한 특징 때문에 시장에서 공급되지 않는 속성이 있다. 비배제성으로 인해 공급자가 수익을 얻을 수 없기 때문이다. 따라서 무임승차(free-riding)로 인한 시장실패가 일어난다. 가격을 지불하지 않은 사람을 배제할 수 없으며, 정당한 이용자들도 가시적인 피해가 적기 때문에 무임승차 행위에 대해 크게 신경을 쓰지 않는 경향이 있다. 예를 들어 단체협상의 결과로 얻어지는 임금인상은 비조합원에게도 혜택이 제공되므로 전형적인 공공재의 성격을 갖는다. 이 경우 노동조합은 일반적으로 비조합원의 임금 인상을 차단할 수 없으며, 그로 인해 무임승차 현상이 발생하게 된다.

이러한 특성을 갖는 재화의 상당수는 사회적으로 가치재[10]로 간주된다(Musgrave, 1956). 이러한 가치재는 사회에서 많이 공급될수록 바람직하나, 통상 시장에서 공급이 되지 않으므로 정부가 나서서 직접 공급을 하게 된다. 공급비용은 세금을 거둬서 충당한다. 이로부터 비배제성과 비경합성을 갖는 재화의 이름이 '공공재'가 된 것이다. 전술한 노동쟁의의 성과처럼 '공공'과 무관한 공공재도 얼마든지 있다. 또한 엄밀한 의미에서 교육, 의료, 복지 등의 서비스는 가치재이지 공공재가 아니다. 배제성과 경합성이 있기 때문이다. 토지 더 나아가서 주택이나 의료까지 공공재라고 말하는 사람들이 있는데, 이는 공공재의 정확한 의미를 오해해서 나온 말이다. Castells(1977)은 사회가 집단적으로 소비를 한다고 해서 이들 가치재를 '집합적 소비재(collective consumption)'라 불렀으며, 일부에서는 순수공공재를 집합재

10 정부가 국민이 그것을 충분히 소비하는 것이 바람직하다고 판단하여 소비를 권장하는 재화나 서비스(이준구·이창용, 2004: 25).

(collective goods)라고 부르기도 한다(이종수, 2009).

한 가지 첨언할 부분은 과거에 공공재로 간주되던 재화들의 다수가 최근 들어 사적재화로 바뀌어가고 있다는 것이다. 이는 과거에는 배제를 할 수 없었던 것이 기술의 발전으로 배제를 할 수 있게 되면서 나타난 현상이기도 하고, 정부보다 민간이 집합재를 효율적으로 공급한다는 인식이 증가해서이기도 하다. 이러한 배경에서 배타적인 정부서비스의 영역으로 인식되어온 국방과 치안, 교정(矯正), 복지, 우정(郵政) 서비스에 민간이 진출하는 현상이 늘어나고 있다.

결론적으로 시장에서 꼭 필요한 공공재가 과소 공급되고 환경과 같은 공동체의 자산이 훼손되는 현상, 즉 시장실패를 보완하기 위해 정부개입이 이루어진다고 볼 수 있다.

2) 외부효과(externalities)

외부효과는 일인의 행동이 어떠한 대가의 교환 없이 타인에게 이익(외부경제)이나 손해(외부불경제)를 가져다는 주는 것을 말한다. 외부경제는 사회적 필요보다 재화가 적게 공급되는 문제를 말하며, 종종 공공재로 지칭된다. 지금 양봉장과 과수원이 있다고 가정해보자. 과수원 주인은 인접한 양봉장으로 인해 과일생산량을 늘릴 수 있다. 양봉장 주인 역시 과수원으로 인해 더 많은 꿀을 생산할 수 있다. 하지만, 이들 둘은 서로에게 어떠한 대가도 요구하지 않는다.[11] 이 경우 우리는 외부경제가 존재한다고 한다. 외부경제의 또 다른 예로 순수과학연구와 아름답게 조성된 경관 등을 들 수 있다.

하지만 계획에서 중요하게 고려하는 외부효과는 외부불경제이다. 외부불경제는 사회적으로 바람직한 수준보다 해당 재화가 많이 공급되는 문제를 의미한다. 공해는 전형적인 외부불경제에 해당된다. 연탄공장과 주변 거주지의 관계는 외부불경제의 전형이다. 연탄공장 공장주는 더 많은 생산을 통해 자신의 이익을 증대시키고자 한다. 이 과정에서 분진이 발생해서 주변환경을 악화시킬 수 있지만, 이는 연탄공장 공장주가 특별히 악의가 있어서 그런 것이 아니라 자신의 경제활동을 열심히 한 결과일 뿐이다. 아담 스미스 이래 경제학은 방법론적 개체주의

11 외부경제가 반드시 둘 간의 상호호혜를 의미하는 것은 아니다. 일방적인 혜택의 제공도 외부경제에 해당된다.

(methodological individualism)를 채택하므로 사회를 구성하는 개인들이 열심히 자신의 이익을 추구하면 그로 인해 사회전체의 효용이 극대화될 것이라 생각한다. 하지만, 외부불경제의 예에서 볼 수 있듯이 악의 없는 시장참가자 개인의 이윤추구가 타인에게 비용을 발생시킬 수 있는데, 우리는 이것을 '시장실패'로 지칭한다.

도시계획에서는 특히 외부불경제를 중요하게 고려한다. 주거지 주변의 부적합한 토지이용이 생활환경을 악화시킬 수 있으므로 이에 대한 제어가 필요하다는 것이다. 용도지역제(zoning)는 이러한 외부불경제를 통제함으로써 생활환경을 보호하고 결과적으로 거주자의 재산가치를 지키는 방안으로 사용된다.

외부불경제는 경제주체들이 사적비용만을 고려하고 사회적 비용을 고려하지 않음으로써 발생한다. 즉, 상품을 생산하는데 소요되는 비용으로 이자, 임대료, 급여, 기회비용만을 고려하고 사회전체가 지불해야 하는 환경적, 보건적, 심미적 비용 등을 고려하지 않기 때문에 사회가 필요로 하는 것보다 많은 양이 생산되는 것이다. [그림 2-1]에서 Q_{market}은 생산자가 자신의 생산비용만을 고려했을 때의 거래량이다. 반면에 사회적 비용까지를 고려한 거래량은 $Q_{optimum}$으로 이 경우 거래량이 $Q_{market} - Q_{optimum}$만큼 감소함을 알 수 있다. $Q_{optimum}$은 사회적으로 적정한 생산량이 된다. 따라서 사회적 비용까지를 고려하여 적정량이 생산되도록 할 필요가 있음을 알 수 있다. 우리는 이를 '외부효과를 내부화'했다고 한다.

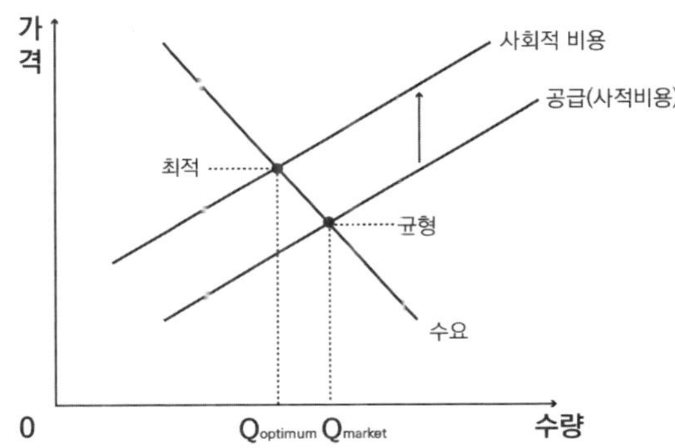

[그림 2-1] 외부불경제와 사회적 최적

외부효과의 내부화는 자발적으로 일어나는 경우가 흔치 않다. 따라서 사회적 비용분 만큼을 세금(부담금)의 형태로 부과해서 외부효과를 내브화하고 거래량을 적정량으로 감소시킬 필요가 있다. 우리는 이렇게 사적비용과 사회적 비용을 일치시키기 위해 부과하는 부담금 또는 세금을 피구세(Pigovian tax)라고 한다. 종량제 봉투나 유류세는 전형적인 피구세에 해당된다. 우리는 일상에서 생활쓰레기를 버리기 위해서는 종량제 봉투를 사서 처리해야 하므로 어떻게 해서든 쓰레기 배출량을 줄이고자 노력하는 것을 볼 수 있다. 비용을 지불하는 것이 외부효과의 내부화이며, 배출량을 줄이는 것이 생산량을 적정하게 줄이는 것에 해당된다.

1991년 노벨경제학상 수상자 코우즈(Coase)는 '코우즈의 정리'를 발표했는데, 이는 정부의 개입에 의한 외부효과의 관리가 아닌 당사자 간 협상에 의한 해결을 제안하고 있다는 점에서 흥미롭다.[12] 코우즈는 갈등이 존재하는 당사자들에게 자원에 대한 소유권을 부여하고 그 소유권의 침해 또는 유보에 대해 일방이 타방에게 보상을 하는 방법으로 협상이 가능하다고 주장했다.

층간 갈등 문제를 예로 들어 설명해보자. 아래층 사람은 자신의 집에서 쾌적하게 살 권리가 있다. 반면에 윗층에 사는 피아니스트는 생계를 위해 연습을 게을리 할 수 없다. 그런데 윗층에서 들리는 피아노 소리가 아래층 사람의 정신건강을 위협한다. 두 개의 권리가 부딪히므로 둘 중 자신의 권리를 더 소중하게(더 높은 가치를 부여하는) 생각하는 사람이 상대방에게 보상을 해서 문제를 해결할 수 있다. 아래층 사람이 윗층 사람에게 보상을 하면, 윗층 사람은 연습실을 이용하든지, 이사를 가든지 한다. 윗층 사람이 아래층 사람에게 보상을 할 경우, 아래층 사람은 음악 소리를 인내하고 살든지, 이사를 간다. 정확한 보상금액은 각자가 생각하는 효용의 크기에 의해 결정될 것이고, 이는 협상을 통해 구체화된다. 코우즈는 이처럼 정부의 개입 없이도 당사자 간 자율적 협상에 의해 외부효과를 내부화하는 것이 가능하다고 주장했다.

코우즈의 정리는 다음 세 가지 문제점을 갖고 있다. 첫째, 코우즈는 거래비용(transaction cost)[13]이 없다는 전제에서 논지를 전개하지만, 현실에서는 거래비용이 존재한다. 협상을 자신에게 유리하게 이끌기 위해 변호사를 고용하는 등의 비용이 발생할 수 있다. 이해관계자가 많을 경우 거래비용은 기하급수적으로 증가할 것이다. 둘째, 코우즈의 정리는 명확한 소유권을 전제로 하지만 현실에서는 소유권이 불분명한 경우가 대부분이다. 예컨데 층간소음 문제는 대부분 관습적 규범, 상호 간의 암묵적 기대, 공동주택관리규약 등에 기반하는 모호한 권리 구조에서 발생하는 갈등이다. 즉, "법적으로 용인되는 소음의 수준은 어느 정도인가?", "조용히 살

---

12 코우즈의 정리와는 다소 차이가 있지만 정부 개입 없는 당사자 간 협상에 의한 문제해결 원리는 도시계획 분야에서도 건축협정이나 경관협정, 마을만들기협정 등에 원용되고 있다.

13 각종 거래에 수반되는 비용을 말한다. 거래 전에 필요한 협상, 정보의 수집과 처리는 물론 계약이 준수되는가를 감시하는 데에 드는 비용 등이 여기에 해당된다.

수 있는 권리의 범위는 어디까지인가?", "피아노 연습이라는 행위는 법적으로 보호받을 수 있는 권리인가?" 등의 질문을 던질 수 있는데, 엄밀히 말해 위의 사례는 코우즈의 정리가 요구하는 '명확한 소유권'이라는 전제 조건을 충족하지 못한다. 이처럼 우리가 일상에서 겪는 대부분의 갈등은 코우즈의 전제 조건을 충족하지 못한다. 따라서 코우즈의 정리는 현실에 적용하기 매우 어려운 이상적 상황을 상정하고 있다고 볼 수 있다. 셋째, 도덕적 판단을 하지 않는 순수 공리주의적 접근이다. 가해자와 피해자를 구분하지 않고 재산권 차원에서만 접근하는 것은 문제라고 할 수 있다(Harvey, 1996: 374).

3) 불완전경쟁

전제에서 언급한 것처럼 완전경쟁시장은 무수히 많은 생산자와 소비자로 구성된다. 따라서 시장참가자 중 어떤 누구도 가격을 결정할 수 없다. 시장참가자들은 모두 시장이 결정하는 가격을 받아들이는 순응자(price-taker)들일 뿐이다. 하지만, 이러한 구조는 시장참가자들에게 무한경쟁을 요구하므로 시장참가자들은 이를 회피하고자 노력한다. 과거에는 주로 경쟁자를 시장에서 내모는 방법이 사용되었지만, 요즘에는 인수·합병을 통해 시장지배력을 확보하고자 하는 노력이 대세를 이루고 있다.

이처럼 누군가 시장에서 가격결정력을 갖는 독점이나 과점시장을 불완전경쟁시장이라고 한다. 불완전경쟁 시장에서는 소수의 생산자들이 상품을 생산하므로 가격결정력을 보유하게 되고 이로 인해 시장의 효율성이 저하된다. 즉, 경쟁시장에서 초과이윤은 0이나 독점상황에서는 초과이윤이 발생한다. 독점시장은 또한 후발자의 시장진입을 저지함으로써 혁신을 지체시키고 결과적으로 자본주의의 발전을 저해하는 결과를 초래한다.

이처럼 시장진입에 장벽을 설치하고 정상적인 경쟁을 막음으로써 획득하는 이윤, 이권을 경제학에서는 지대(rent)[14]라고 한다. 그리고 이처럼 제도적 권한을 이용하거나 진입장벽을 설치함으로써 독점적인 이윤을 얻고자 하는 행위를 지대추구행위(rent-seeking behavior)라고 한다. 지대추구행위는 생산적인 경제활동이

14 지대(地代)는 원래 토지이용에 대한 보수를 의미하는데, 토지의 가치가 사람이 노력해서 얻은 것이 아니라는 의미에서 비정상적으로 획득한 이윤 전반을 '지대'라고 총칭하게 되었다.

아닐 뿐 아니라 생산적인 경쟁행위를 저해한다는 차원에서 바람직하지 못한 행위로 이해된다. 성별, 연령, 외모는 물론, 학벌, 고시, 자격증(의사, 변호사, 약사 등)과 같은 다양한 형태의 진입장벽은 정당한 경쟁을 제한한다는 점에서 지대로 간주될 수 있으며, 이러한 장벽을 활용해 배타적 이득을 얻으려는 행위는 지대추구행위로 볼 수 있다. 용도지역제 역시 일종의 지대장벽으로 볼 수 있다. 용도지역의 결정에 의해 선택된 일부 토지가 고도 이용을 통해 높은 토지수익을 누리는 현상이 나타나기 때문이다.

정부는 반독점법 등을 만들어서 독점의 폐해를 막고자 노력한다. 하지만 이후 정부실패에서 살펴보겠지만 역으로 규제에 의한 진입장벽을 만듦으로써 정부 스스로가 지대를 생산하고 있는 것 또한 분명한 사실이다.

4) 정보의 비대칭성

완전경쟁시장은 모든 시장 참여자가 완전한 정보를 보유함을 전제로 하는데, 정보의 비대칭성은 현실에서 정보가 특정인에게 편중됨으로써 나타나는 시장실패 현상을 의미한다. 정보의 비대칭성은 정보탐색의 실패로 인해 나타나는 역선택(adverse selection)의 문제와 집행과정의 정보부재로 인해 나타나는 도덕적 해이(moral hazard) 두 가지로 나누어서 살펴볼 수 있다(김현정·고동완, 2008). 한 가지 첨언할 부분은 정보의 비대칭성이 여기서는 시장실패로 지적되지만, 이후 언급할 정부실패의 전형적인 현상으로도 이해되는 만큼 시장이나 정부만의 문제가 아니라 현대사회 전반의 문제로 지적할 수 있다는 점이다.

역선택은 악화가 양화를 구축하는 상황으로 이해할 수 있다(Akerlof, 1970). 시장에서 양호한 상품과 불량한 상품을 구분할 수 없는 관계로 양호한 상품은 시장에서 퇴장하는 반면, 불량한 상품은 더 많이 진입함으로써 불량한 상품이 시장을 지배하는 상황을 의미한다. 중고차시장은 가장 전형적인 역선택 시장이다. 동종의 차량으로서 관리가 잘된 A라는 차는 500만원의 가치가 있다. 반면에 외형만 그럴듯한 A´라는 차는 200만원만 받아도 충분하다. 이때 '외형만 그럴듯한' 재화를 레몬(lemon) 또는 개살구라고 한다. 정보가 불충분한 소비자는 350만원을 지불할 의사가 있다. 제 값을 못 받는 것에 실망한 A는 시장에서 퇴장하는 반면, 150만원의 초과이익을 누릴 수 있는 A´과 유사한 레몬들이 시장에 대거 유입하게 된다. 결과적으로 중고차 시장에는 '외형만 그럴듯한' 차량들만 남게 되고 소비자들은 제대로 된 중고차를 구하기 어렵게 된다.

분업화된 현대사회에서 개인은 모든 일을 혼자서 처리할 수 없다. 이 경우 자신의 일을 대행해 줄 전문가(대리인)를 찾게 되는데, 이 과정에서 일을 위임한 사람(주인)은 대리인이 주인의식을 갖고 일을 처리해주기를 바란다. 하지만 대리인은 주인의 이익이 아닌 자기 이익을 추구한다. 전문성과 정보가 부족한 주인은 대리인의 도덕적 해이를 충분히 감독하지 못하고 손해를 보게 되는 것이 주인-대리인 관계의 요체이다(Arrow, 1963).

흥미로운 것은 일찍이 예수도 이러한 도덕적 해이의 문제에 대해 언급했다는 점이다. 마태복음 25장 14절에서 30절까지의 내용을 보면 주인이 먼 길을 떠나면서 세 명의 종에게 자신의 재산을 맡기는 장면이 나온다. 주인이 돌아왔을 때, 두 명의 종은 재산을 몇 배로 불려서 가져왔고 주인은 이들을 크게 칭찬한다. 반면에 나머지 한 종은 받은 재산을 땅에 묻었다가 그대로 가져왔다. 태만했던 것이다. 주인은 그를 게으르고 악한 종이라 꾸짖으며 돈을 빼앗고 내쫓는다. 하지만 원금과 이윤을 모두 주인에게 돌려줘야 하는 상황에서 종이 헌신적으로 일해야 할 이유를 찾기는 쉽지 않다.

이처럼 주인-대리인 관계는 감독의 부재로 인해 주인이 원하는 결과가 나타나기 어려운 조직의 문제를 잘 보여준다. 서브프라임 모기지 사태 때 월스트리트 직원들이 보너스 파티를 했다든지, 증권회사 직원들이 내부정보를 이용해서 자신의 배를 불리는 데 사용한다든지 하는 것이 전형적인 주인-대리인 관계에 의해 나타나는 시장실패 현상이다. 최근 기업들이 우리 사주 등의 방식을 통해 사원들이 주인의식을 갖도록 애쓰는 것은 이러한 주인-대리인 문제에 의한 도덕적 해이를 극복하기 위한 기업 차원의 조치로 볼 수 있다.

5) 분배의 문제

분배의 문제는 경제학적 관점에서는 시장실패와 관계가 적지만 사회적 통합과 사회적 합리성 차원에서 해결해야 할 문제임이 분명하다. 완전경쟁시장은 자원의 최적배분에도 불구하고 부의 공평한 분배는 보장할 수 없는 체제이다. 따라서 더 많이 배분받는 자와 더 적게 배분받는 자가 발생한다. 일부 경제학자들은 오히려 불공평한 분배야말로 자본주의 발전의 원동력이라고 주장한다(Schumpeter, 1942). 더 많이 배분받는 것을 보장받지 못한다면 누가 힘들여서 경쟁하고 혁신하겠는가? 이러한 인식에서 부의 불공평한 분배는 시장이 제공하는 상과 벌로 이해할 수 있다. 또 다른 경제학자들은 모든 사람이 분배받는 몫은 동일하다고 주장한다. 단순히 금전적인 부분에서는 차이가 나지만 여가의 가치까지를 합치면 분배받는 총량은 동일하다는 것이다. 부유한 사람은 돈을 선택했고, 가난한 사람은 여가를 선택했다는 것이다(Becker, 1976).

하지만 이러한 주장은 상속, 신체적 차이, 운 등에 의해 발생하는 부의 격차를 무시한다. 형평성의 원칙에도 부합하지 않는다. 수직적 형평성의 원칙은 다른 사람을 다르게 대우할 것을 주문하지만 시장은 이에 대한 보완장치가 부재하다. 대부분의 현대 자본주의 국가들은 상속, 능력의 차이, 운 등에 의해 발생하는 부의 격차를 사회정책을 통해 보완하고 있다. 또한 교육과 복지 등의 보완장치를 통해 기회의 평등을 보장하기 위해 노력하고 있다. 우리는 이러한 체제를 혼합경제체제 또는 수정자본주의라고 부른다. 20세기초 마르크스주의자들은 자본주의가 내재된 모순으로 인해 곧 붕괴될 것이라고 예측했지만, 자본주의는 지금껏 견고하게 유지되고 있는데, 이는 자본주의의 유연한 자기쇄신 능력에 기인한다고 하겠다.

6) 정부개입

상술한 시장실패는 정부개입의 근거가 된다. 정부개입은 정책결정자가 시장실패의 범위와 내용, 규모를 정확히 안다는 과장된 전제에서 이루어진다. 하지만 현실적으로는 시장실패를 교정한다기보다 사회적 통합이나 정치적 고려에서 개입이 이루어지는 경우가 더 많다. 정부개입에 의해 시장실패가 해소되지 않는 경우가 대부분이기 때문이다. 더욱이 정부개입은 정부실패(비시장실패)로 인해 시장실패에 맞먹는 문제를 야기하는 경우가 많다.

3. 정부실패

시장실패의 존재는 정부개입의 필요조건일 뿐 충분조건은 아니다(Klosterman, 1985). 정부개입을 통해 시장실패를 해결할 수 있을 때 충분조건이 충족되는 것이다. 현실에서 정부개입은 또 다른 문제를 양산한다. 만성적인 실패로 국민들이 포기 수준에 있는 부동산 정책은 정부개입의 문제점을 잘 보여준다. 정부실패의 개념은 시장실패를 시정하기 위한 정부의 개입이 자원배분의 왜곡을 심화시키는 현상으로 정의된다(정환용, 2001: 115). 정부실패는 정부의 역할을 부인하는 신자유주의자들과 보수적 사회과학자들에 의해 강조된다. 정부실패(비시장실패) 개념을 정립한 Wolf(1991: 64-86)는 정부실패를 내부성, 비용과 수입의 괴리, 파생적 외부성, 분배의 불공평의 네 가지로 정의한 바 있다.

1) 내부성(internalities)의 문제

정부조직은 시장기준과 같은 명확한 성과기준이 없으므로 행동기준으로서 내부조직 목표를 필요로 하는데 이를 내부성이라 부른다(김규정, 2001: 35). 즉, 외부에서 목표가 부과되는 것이 아니라 조직 스스로 목표를 설정한다는 것이다. 그런데 목표 설정에 있어서 관료 자신의 개인적 이익이나 소속기관의 이익을 우선적으로 고려함으로써 사회전체의 목표와 조직내부 목표 간에 괴리가 나타나는 결과를 목격할 수 있다.

내부성의 특징은 다음 네 가지로 설명된다. 관료의 예산증액추구 성향, 공공재의 기술적 과잉반응 성향, 정보수집·관리기능의 역이용 성향, 정부규제기관과 피규제 대상 간의 밀착으로 인한 이익집단 옹호 성향(capture theory)이 그것이다. 즉, 관료조직은 실제 필요 여부와 상관없이 더 많은 예산을 확보하고자 노력하며 공공재를 수요 이상으로 공급하는 성향이 있다. 행정과정에서 수집된 정보를 국민을 감시·통제하는 데 사용하기도 하며, 특정 이익집단을 위해 규제권한을 사용하기도 한다.

2) 비용과 수입의 괴리

정부는 본질적으로 독점기업과 마찬가지이므로 시장경쟁에 노출되지 않는다(김규정, 2001: 35). 정부활동의 대부분은 조세에 의존하며 정부산출물의 가격과 가치는 생산비용과 무관하므로 정부조직은 최적자원배분에 실패할 가능성이 높다(Wolf, 1991: 65). 또한 정부 서비스에 대한 수요는 정치과정을 통해 표출되므로 계속 증가하는 경향이 있다. 즉, 생산이나 서비스 제공의 효율화를 위한 유인이 작용하지 않으므로 한계비용이 한계편익을 상회해도 서비스 제공은 계속해서 이루어진다(김규정, 2001: 35).

하지만, 이러한 문제는 지방정부 영역에서는 다소 다른 양상으로 나타난다. 지방정부는 독점기업이 아니므로 서로 경쟁하는 구조를 갖게 된다. Tiebout(1956)는 '발로 하는 투표(voting with one's feet)' 개념을 이용해 지방정부 간의 경쟁이 주민들의 효용을 증진시킬 수 있다고 주장한다. 즉, 각각의 지방정부는 나름대로 최적의 공공재 수준과 지방세 수준을 설정해서 주민들을 끌어들이기 위해 노력한다는 것이다. 어떤 주민은 낮은 세금과 낮은 공공재 서비스를 원하고 어떤 주민은 높은 세금과 높은 공공재 서비스를 원할 것이다. 또 다른 주민은 세금과 공공재 서비스 간의 균형을 원할 것이다. 티부는 이를 통해 지방정부의 효율성과 함께 새뮤얼슨(Samuelson)이 지적한 공공재의 무임승차 문제를 해결할 수 있다고 주장했다(김경환·서승환, 1996: 307). 이러한 인식에서 많은 경제학자들은 지방분권과 지방자치가 필요하다고 주장한다. 지방정부가 중앙정부에 비해 훨씬 효율적이고 고객지향적이기 때문이다. 하지만 현실적으로 우리나라 지방자치단체는 재정[15]의 대부분을 중앙에 의존하고 있으며 자치권 역시 제한적이기 때문에 우리나라 실정에는 맞지 않는 주장이라고 할 수 있다.

3) 파생적 외부성

파생적 외부성은 시장실패를 시정하려는 정부의 개입이 예상치 못한 부작용을 야기하는 경우를 일컫는다(Wolf, 1991: 78). 예를 들어 제3세계에서 아동노동을 금지하는 정책을 도입했더니 아이들이 구걸을 하거나 성매매를 하더라는 결과가 보고되는데 이는 파생적 외부성의 전형이라 할 수 있다. 파생적 외부성은 정책 효과를 미리 예측하기가 어렵기 때문에 나타나는 현상이다. 이는 전술하였듯이 계획을 통해 계획문제가 해결되지 않고 새로운 양상으로 전개되는 것과 유사한 것으로, 일찍이 Engels(1990)가 『주택문제(*Housing Question*)』에서 "자본주의 체제는 끊

15 2025년 기준 우리나라 지방자치단체의 평균 재정자립도는 48.6%이다. 광역자치단체 차원에서 재정자립도가 50%를 넘는 자치단체는 서울특별시(79.1%), 인천광역시(55.6%), 울산광역시(52.9%), 세종특별자치시(62.7%), 경기도(62.8%)에 불과하며, 상당수 자치단체가 30% 수준에 머무르고 있다. 특히 더 많은 자치권 보장을 전제로 특별자치도로 편제된 강원도와 전라북도의 재정자립도는 각각 29%와 27.1%에 불과하다.

임없이 새롭게 문제를 낳는 방식으로 주택문제를 해결한다"고 지적했던 것과 동일한 구조적 문제라고 볼 수 있다.

4) 분배의 불공평

분배정의를 실현하기 위한 정부의 개입이 각종 보조금이나 세제상의 우대조치, 특정산업의 보호·육성 등으로 인해 특정 집단에게 특혜와 특권을 부여함으로써 초래되는 현상을 분배의 불공평이라고 한다(김규정, 2001: 35). 정부가 자원배분 권한을 갖고 있는 한, 사람들은 시장에서 정당한 경쟁을 벌이기보다 정부가 부여하는 이권, 즉 지대를 얻기 위한 지대추구행위에 몰두하게 된다. 따라서 정부의 자원배분은 의도치 않게 불평등과 비효율을 초래할 가능성이 높다.

4. 정부개입으로서의 계획의 한계와 그 대안

그간 계획에 종사하는 이들은 계획의 정당성에 큰 의문을 품지 않고 어떻게 계획을 잘 만들 것인가 하는 논제에만 집중해 왔다. 하지만 앞에서 살펴보았듯이 계획의 정당성이 생각하는 것처럼 견고하지 않음을 확인할 수 있다. 우선 공익의 경우 학술적 차원에서 가치가 부족하고, 실무적 차원에서는 받아들일 수 있지만 절대적 지위가 아닌 상대적이고 다원적인 가치로서만 수용될 수 있음을 확인한 바 있다. 또한 시장실패가 존재하는 것은 분명한 사실이지만, 정부의 개입 역시도 부작용이 적지 않으므로 신중한 개입이 필요함을 확인하였다. 공공계획은 정부에 의한 '보이는 손'의 작용이라 할 수 있으므로 항시 정부실패의 존재를 인식하고 신중한 접근이 필요함을 알 수 있다.

소수 전문가와 관료들에 의한 계획은 다수 대중의 선호를 파악해서 그들의 욕구를 충족시켜주는 데에 한계가 있을 수밖에 없다. 이 과정에서 필요한 재화는 과소공급되고 불필요한 재화가 과잉공급되는 문제가 나타날 수 있다. 일례로 사람들은 일자리를 만들어줄 수 있는 관광지 개발을 원하는데, 계획가는 규범적 차원에서 해당 토지를 보전녹지로 묶어둘 수 있다.

시장은 대중의 집단지성이 모인 장으로서 필요한 재화의 종류와 양을 효과적으로 찾아내고 공급한다. 따라서 계획기구가 시장을 대신할 수 있다고 생각하는 것은 매우 잘못된 생각이다. 하지만 종종 시장은 구성의 오류(fallacy of composi-tion)를 보일 수 있다. 즉, 개인적으로나 미시적으로는 옳지만 전체적으로는 옳지 못한 결과를 초래할 수 있다. 앞서 살펴본 외부불경제의 산출은 그 전형이라 할 수 있다. 따라서 이 부분을 보완하고 수정하는 역할을 계획이 담당해야 한다. 전술한 예에서 관광지의 과도한 개발은 환경을 훼손할 수 있으므로 이에 대한 관리와 제어가 필요하다는 것이다. 따라서 계획이 주가 되어서 시장을 가이드하는 것이 아니라 시장이 주도하고 계획이 보완하는 형태의 체제가 필요하다.

아울러 계획에 종사하는 이들은 계획비용에 대한 고려가 불충분하다는 점을 지적할 필요가 있다. 계획비용은 정부실패에서 언급되는 비용과 동일한 것이다. 국민의 세금에 의해 충당되는 공적 자금인 것이다. 관행적이고 불필요한 계획은 없는지에 대해 심각한 숙고가 필요하다. 또한 토지이용 규제가 만들어내는 우발이익(windfall), 지대에 대해서도 생각해 보아야 한다. 즉, 토지이용 규제에 따라 이익과 손해의 불균등한 배분이 나타나고 있지는 않은지 진지하게 생각해 볼 필요가 있다. 시민들의 입장에서 그 배분이 불공정하다고 판단할 경우 모든 사람이 부동산 투기와 같은 지대추구에만 몰두하는 결과가 나타날 수 있음을 주지할 필요가 있다.

계획기구의 존재는 개발의 지연을 의미하며, 개발비용의 상승과 전가를 통해 최종 고객의 지불비용 상승으로 이어짐을 이해할 필요가 있다. 흔히 도시계획가들은 도시계획이 없으면 최악의 혼란이 초래될 것이라고 생각하지만, 반드시 그렇다는 보장은 없다(Pennance, 1974: 12). 도시는 도시계획가가 만드는 것이 아니라 개별 개발업자가 생산한 '제품의 합'이다. 개발업자들은 팔리는 상품을 만들어야 생존할 수 있으므로 시장에서 원하는 상품을 시의성 있게 생산해서 공급한다. 이를 통해 도시는 다양성을 유지할 수 있다. 시장을 통해 고급주택지에서부터 저소득층을 위한 주택지까지 다양한 주거지가 개발될 수 있다. 입찰지대이론(bid-rent theory)에서 볼 수 있듯이 시장, 즉 입지에 따른 임대료 수준에 의해 토지이용의 기능도 어느 정도는 조정이 이루어진다. 터무니없는 용도의 혼재는 나타날 가능성이 높지 않다. 그러한 측면에서 용도지역제는 시장을 선도한다기보다 시장을 추수하는 시스템이라고 볼 수 있다.

현실적으로 토지이용을 가장 잘 다루는 전문가는 개발업자이다. 그들은 시장의 요구를 충분히 수렴해서 정치적 압력으로부터 자유로운 효율적인 토지이용을 실현한다(Thornley, 1993: 101). 혹자는 시장주도적 도시계획이 공정성의 문제를 야기할 수 있음을 지적하지만, 오히려 조닝체제가 본원적으로 계층분리를 낳을 수밖에 없으며, 토지이용 규제가 저소득층의 주거입지를 제한함으로써 저소득층의 삶의 질을 악화시키는 반면, 개발업자는 이윤이 보장되는 한 다양한 주거공간을 공급하고자 노력한다는 주장에 주목할 필요가 있다(Fischel, 1985).[16]

Fischel(1985: 232)은 코우즈의 정리를 통해 용도지역제의 유무와 상관없이 토지이용의 결과는 유사하게 나타날 것이라고 설명했다. 코우즈는 전제조건으로서 권리(entitlement)가 완전히 정의되고 보장이 되며 거래비용이 없다면 그 권리는 배분방식과 상관없이 동일한 결과를 낳을 것이라고 주장한 바 있다. 이를 통해 용도지역제에 의한 토지배분과 사적인 거래에 의한 토지배분이 유사한 결과를 낳을 것이라는 주장이 가능해진다.

Warner(1971)는 19세기말 용도지역제가 도입되기 전 보스턴에서 이루어진 교외화 사례를 통해 피셸의 주장을 뒷받침한다. 용도지역제가 없었음에도 결과적으로 용도지역제와 동일한 토지이용 분리 패턴이 나타났다는 것이다. 소득에 의한 계층분리는 그 두드러진 결과였다. 개발업자들은 분리된 근린의 패턴을 개별적으로 조성했는데, 그 이유는 그들이 동일한 형태의 주택을 군집해서 지음으로써 규모의 경제를 확보하고자 했기 때문이다. 이러한 주택지는 동일한 소득계층끼리 뭉치고 싶어 하는 소비자들의 욕구에 의해 시장에서 좋은 반응을 얻은 것으로 평가된다.

현대 도시를 대상으로 한 관련 연구로는 Siegan(1972)이 수행한 휴스턴 사례분석이 있다. 시건은 용도지역의 부재에도 불구하고 주거와 상업·업무, 공업 용도들이 서로 섞이지 않았음을 보고한다. 우리에게는 익숙하지 않지만, 영국에는 공적 계획의 개입 없이 시장논리만으로 조성된 도시들이 쾌적하고 정돈된 환경을 제공하는 사례들(Bournville, Saltaire, Port Sunlight, Edgbaston, Westminster, Bloomsbury, Bath, Kensington 등)이 다수 존재한다(Pearce *et al.*, 1978: 304; West, 1974: 25).

하지만 이러한 선행사례의 검토가 완전한 무계획과 시장으로의 전면적 의탁

16 이 부분은 미국 용도지역제에 해당하는 부분이다. 우리나라의 경우 고급 주택지나 저소득층 거주지나 모두 일반주거지역으로 분류되므로 조닝에 의한 계층분리는 존재하지 않는다.

을 주장하는 것은 아니다. 시장이 효과적으로 작동하도록 지원하는 여러 가지 조치들이 필요하다. 미국의 휴스턴 시가 용도지역제 없이 도시를 운영하고 있는 사례는 이러한 여러 가지 조치의 예가 될 것이다. 우리가 주의해야 할 부분은 용도지역제가 없다는 것이 무규제를 의미하는 것은 아니라는 점이다(Fischel, 1985: 233). 시건의 연구결과를 비판하는 이들은 휴스턴의 주거 지역들이 대부분 사적인 협약(covenant)에 의해 관리되고 있음을 지적한다. 실제로 휴스턴은 용도지역제만 없을 뿐 도시를 관리하는 여러 가지 장치를 가지고 있다(Buitelaar, 2009). 주민협약은 그 중요한 도구인데, 휴스턴 계획당국은 협약의 내용 및 협약내용의 준수와 관련해서 적극적인 모니터링과 강제력을 발휘하고 있다(Thornley, 1993: 103). 협약의 내용은 계획을 작성한 개발업자와 외부효과에 의해 초래되는 재산가치의 변화에 관심이 높은 금융기관에 의해 주로 체결되는데, 내용의 변경을 위해서는 협약 지역 내에 거주하는 모든 소유자들의 동의가 필요하다. 지역의 주민협의체는 협약을 강제하는 기능을 담당한다.

시장주도적인 상황에서 공공계획가의 역할은 필요한 기반시설을 공급하는 것, 개발업자가 기준을 준수하도록 해서 난개발이 이루어지지 않도록 하는 것, A개발지와 B개발지가 잘 연계되고 상충되지 않도록 조정하는 역할로 한정되어야 한다(Klosterman, 1996: 158－159). 시장주도적인 도시계획은 이상적인 청사진을 미리 만들어놓고 그 방향으로 도시와 주민들을 끌고 가려고 하는 것은 옳지도 않을 뿐더러 실현도 불가능하다는 점을 우리에게 알려주는 반면교사라 할 수 있다.

제 3 장

계획문제(planning problem)

제1절

전제

단순하게 보아서 계획의 필요성은 계획문제의 존재 때문이라고 할 수 있다. 계획문제란 계획을 통해 해결하거나 완화하고자 하는 사회문제를 일컫는다. 계획가가 다루어야 하는 계획문제는 매우 복잡하고 까다로운 문제인데, 그것은 계획문제가 종잡을 수 없는 사람과 그들의 이해관계가 관련되어 있는 문제이기 때문이다. 따라서 계획문제의 해결은 사실상 불가능하고 최대한 완화하기 위해 노력하는 것이 계획이 추구하는 바라고 할 수 있다. 이 책에서는 Rittel and Weber(1973)가 정의한 10가지 계획문제의 특성 중 6개[17]에 대해 살펴보도록 하겠다.

17 원래 제시된 10가지 특성 중 "계획문제의 해결책은 심각한 검토가 필요하다", "계획문제는 가능한 해결방안을 전부 나열할 수 없다" 두 가지는 너무나 당연한 이야기(truism)라 설명에서 제외했고, "계획가는 오류를 범할 권리가 없다"는 주장은 동의하지 않기 때문에 제외했다. "계획문제는 명확한 공식(formulation)이 없다"는 "모든 계획문제는 본질적으로 독특하다"와 동일한 주장이라고 판단해서 제외했다.

제2절

계획문제의 특성

1. 모든 계획문제는 본질적으로 독특하다

모든 계획문제는 표면적 유사성에도 불구하고 시간적, 공간적, 사회적, 문화적 차원에서 독특한 속성을 갖는다. 따라서 모든 계획은 동일한 접근이 불가능하다. 예를 들어 A시의 지하철 건설과 B시의 그것은 유사해 보이지만 두 도시가 갖는 주거패턴, 통근특성, 토지이용, 지질특성 등의 차이는 각각의 지하철 설계를 다르게 만든다(정환용, 2001: 20). 계획의 이러한 특성은 계획에 있어 기계적인 접근이 불가능함을 의미한다. 따라서 상황에 맞는 문제 접근이 필요함을 알 수 있다. 이는 계획가에게 계획문제를 통찰하고 해결할 수 있는 풍부한 경험과 지식이 필요함을 시사한다.

2. 계획문제는 종료법칙이 없다

계획문제는 완벽하게 정복되지 않는 시지프스(Sisyphus)의 돌과 같은 것이다. 완벽하게 해결할 수 없다는 점에서 종료되지 않는 과정(open-ended process)이라고 할 수 있다. 계획가는 지속적인 순환과정을 통해 문제해결에 보다 근접할 수 있는 기회를 얻는다. 따라서 계획문제를 한 번에 해결하려고 하는 것은 어리석은 생각이다. 계획문제는 본질적으로 종료되지 않지만 예외적으로 계획가가 문제해결의 모색을 중지하는 것은 문제가 해결되어서가 아니라 계획자원(시간, 예산, 능력)의 한계 때문이라고 볼 수 있다.

3. 계획문제의 해결책은 선택(better-or-worse)의 문제이다

자연과학의 문제는 '정오(true-or-false)의 문제'이지만 사회문제는 '선택의 문제'이다. 사회문제인 계획문제 역시 전형적인 선택의 문제이다. 계획과정에서 사람들은 동일한 현상에 대해 서로 다른 가치체계와 이해관계로 인해 상이한 판단과 주장을 한다. 따라서 계획은 정답이 없는 선택의 문제가 된다. 여러 개의 선택으로 구성된 계획에서 의사결정을 지배하는 것은 가치판단이다. 이 과정에서 사회현상의 측정 자체는 큰 의미를 갖기 어렵다. 의사결정은 측정값이 아닌 가중치(weight)에 의해 이루어지기 때문이다. 가중치는 곧 가치를 의미한다. 따라서 계획과 계획문제는 본질적으로 규범적(normative)인 현상이 된다(김흥순, 1991).

선택의 문제인 계획문제에 있어 완전한(perfect) 해결책은 존재하지 않으며, 완전히 잘못된(wrong) 해결책도 존재하지 않는다. 개인이나 집단별로 좋거나 나쁘고(good or bad), 더 좋거나 더 나쁘고(better or worse), 보다 만족스럽거나 덜 만족스러운(more satisfied or less satisfied) 대안이 있을 뿐이다.

예를 들어 우리나라의 지역불균형을 해소하기 위해 정부가 추진한 혁신도시와 세종시 건설 사례를 살펴볼 수 있다. 모든 국민은 어디에 살든지 균등한 기회를 제공받을 권리가 있다. 그것이 「대한민국 헌법」이 추구하는 가치이다. 따라서 우리 국토의 균형발전이라는 대의에 반대하는 사람은 거의 없을 것이다. 하지만 이러한 대의명분 뒤에 존재하는 문제 역시 무시하기 어렵다. 이전기관 종사자들의 단신 부임이나 수도권에서의 출퇴근 문제, 국회와 대통령이 여전히 서울에 있는 관계로 발생하는 잦은 출장과 업무의 비효율은 일시적인 문제라고 치부할 수 있다. 더 근본적으로는 이들 개발사업이 시장의 선호에 배치되고 그로 인해 구조적 비효율을 만성화하며, 지대추구행위를 정당화한다는 것이다. 이에 더해 혁신도시의 개발효과가 인근 지역으로 파급되는 정도 역시 불확실하다는 점을 지적할 필요가 있다(임예진·조영태, 2022).

결국 모든 선택은 기회비용이 따른다는 사실을 알아야 한다. 그것이 바로 “계획에는 정답이 없다”, “계획문제는 새로운 얼굴로 돌아온다”는 금언의 의미일 것이다.

4. 계획문제의 해결책에 대한 즉각적이며 근본적인 검증은 불가능하다

사회문제에 대한 정책적 개입의 결과는 즉각적으로 나타나지 않고 일정 기간 이후에 나타나는 것이 일반적이다. 1기 신도시를 건설한 직후 다수 연구자들은

1기 신도시가 자족성을 결여한 침상도시라고 비판했지만, 30년이 경과된 오늘날 적어도 분당의 자족성은 실현이 된 것으로 평가된다(이창무 외, 2006; 장준상·이창무, 2006; 정다운·김홍순, 2010; 김홍순, 2015; 주현태 외, 2016). 앞에서 살펴본 혁신도시와 세종시의 성공 여부도 지금 단계에서 평가하기는 다소 이른 것이 사실이다.

같은 맥락에서 계획은 연속적인 과정이기 때문에 집행의 결과 역시 어느 한 시점에서 판단하는 것은 문제가 있음을 지적할 필요가 있다. 일례로 [그림 2-2]는 미국 코네티컷 주의 교통사고 단속 전후 교통 사망자 수를 시점을 달리해서 보여주는데, 좌측 그림에서는 프로그램을 시행한 1955~56년 기간에 사망자가 급감한 것처럼 보이지만, 오른쪽의 좀 더 넓은 시계에서 보면 프로그램을 시행하기 전보다 오히려 발생 건수가 많아졌음을 알 수 있다. 사망자 수는 점차 감소하여 안정세를 찾지만 이전 수준으로 회복된 것에 불과해서 사업이 정말로 효과가 있었다고 평가하기는 어렵다는 것을 알 수 있다.

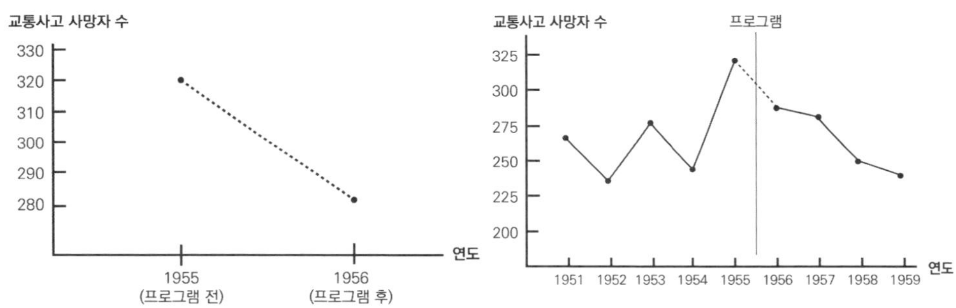

[그림 2-2] 미국 코네티컷 주의 교통속도 단속 전후 교통 사망자 수

출처: 박종화 외(2002: 162, 163)

이와 함께 사회현상은 다양한 원인에 의해 나타나는 것이므로 그것이 계획의 결과라고 단언하기 어려운 경우가 많다는 점을 지적할 필요가 있다. 역대 정부는 집값을 안정시키기 위해 많은 노력을 해왔는데, 2016년까지 이어진 집값 안정이 정부의 노력이라기보다 세계경제 침체의 결과였음을 이해할 필요가 있다.

5. 계획문제는 다른 문제의 징후일 수 있다

계획가가 직면한 문제는 보다 근본적인 사회문제의 현상적 표현일 수 있다. 전술한 집값의 경우가 그 전형적인 예이다. 해당 문제를 해결하기도 어려울 뿐 아니라 표면상의 문제를 해결한다고 해도 또 다른 문제에 직면할 수 있다. 보다 근본적인 문제는 계획가가 직면한 문제들이 계획가가 다룰 수 있는 차원의 문제가 아닌 경우가 많다는 점이다. 오늘날 우리나라의 도시계획가들은 도시쇠퇴에 대응하기 위해 여러 가지 도시재생 방안을 고려하고 있지만, 그 방안의 효과성은 비관적인 것이 사실이다. 문제의 본질은 인구감소에 있기 때문이다(마강래, 2017). 인구감소라는 본원적 문제를 해결하지 못하는 한, 화려한 수사로 장식된 도시재생 사업은 "아랫돌 빼서 윗돌 고이기"에 불과하다는 것이 냉정한 평가이다. 린드블럼(C. Lindblom)은 이처럼 까다로운 계획문제에 대응하는 방법으로 '그럭저럭 해나가기(muddling through)' 접근을 제창한 바 있다. 린드블럼의 접근은 이후 점진주의(incrementalism)를 설명하면서 살펴보도록 하겠다

6. 계획문제를 설명하는 방법은 다양한데, 설명방법에 따라 문제해결 방식이 결정된다

계획은 가치와 관점에서 출발하기 때문에 현상을 설명하는 다양한 방식이 존재한다. 결국 분석에서 강조된 문제를 해결하려 하기 때문에 문제해결의 방향은 분석단계에서 이미 결정된다고 할 수 있다. 일례로서 정체가 심한 도로사정을 보고 A는 "차가 너무 많다"고 진단하는 반면, B는 "도로가 부족하다"고 진단한다. 두 사람의 현실인식은 그대로 대응책으로 이어진다. A는 수요관리를 통한 차량운행 제한과 직주근접(jobs-housing balance)의 실현을 통한 통행량 저감을 선호할 것이고, B는 도로의 건설이나 신호체계의 개선을 통한 대응을 선호할 것이다.

제 3 부

계획이론

제 1 장

이론의 개념 및 의의

이론이란 어떤 현상에 대한 체계적인 지식을 제공하는 일련의 명제로서 변수 간의 관계를 설명하고 예측하는 것을 목적으로 한다(Kerlinger, 1986). 이론은 상호 관련되어 있는 일련의 명제로 구성되며, 이 명제는 변수들 간의 관계를 검증해 놓은 것이다(김신복, 1999: 81). 따라서 이론은 대부분 어떤 원리나 법칙으로부터 연역적으로 추출된 가설들을 경험적으로 검증하여 어느 정도 객관화, 일반화한 명제를 가리킨다. 이론은 어떤 현상이나 문제와 관련된 요인(변수)들 간의 관계를 규명함으로써, 그것이 왜 그리고 어떻게 일어나는지를 묘사할 수 있게 하며, 동일한 조건이 주어지면 미래의 다른 상황에서도 동일한 관계가 반복될 것이라는 추론을 가능하게 한다(김신복, 1999: 81-82).

현실에서는 이론을 경시하는 세태가 지배적이다. 현실과 이론의 괴리가 그 이유로 지적된다. 이론은 종종 시간낭비이거나 한가한 지적유희로 여겨진다. 하지만 합리적 인간은 이론을 근거로 행동한다(Levy, 2006: 345). 이론을 아무리 무시하는 사람이라도 의사결정에 있어서는 몇 가지 관련 이론(지식)에 따라 움직일 수밖에 없다. 결국 어떠한 행위가 합리적 행위라면 그 행위는 특정 이론에 근거한다고 볼 수 있다.

원자폭탄의 발명가인 오펜하이머(Oppenheimer)는 "이론보다 실제적인 것은 없다"고 말한 바 있다. 이론을 경시하는 이들의 생각과 달리 이론은 경험(실천)의 산물(집적)이다. 이론(theory)은 라틴어 *thesis*에서 유래하는 단어이다. 칼 포퍼(Karl

Popper)는 모든 이론은 반증 가능해야(falsifiable) 한다고 주장하면서 반증 가능하지 않은 진술을 교리(dogma) 또는 이데올로기(ideology)로 규정했다. 이러한 관점에서 모든 이론은 잠정적이고 기각될 가능성에 노출되어 있는 실제적인 명제이다. 뉴턴 역학이 양자역학에 의해 대체된 것처럼 모든 이론은 본질적으로 가설적인(hypothetical) 체계일 뿐이다. 따라서 이론은 현실과 동떨어진 피안의 것이 아니라 경험적 증거에 의해 뒷받침되며, 여러 도전을 물리친 실증적 논지라 할 수 있다. 결국 이론과 실제의 차이는 현실보다 과장된 측면이 강하다고 할 수 있다.

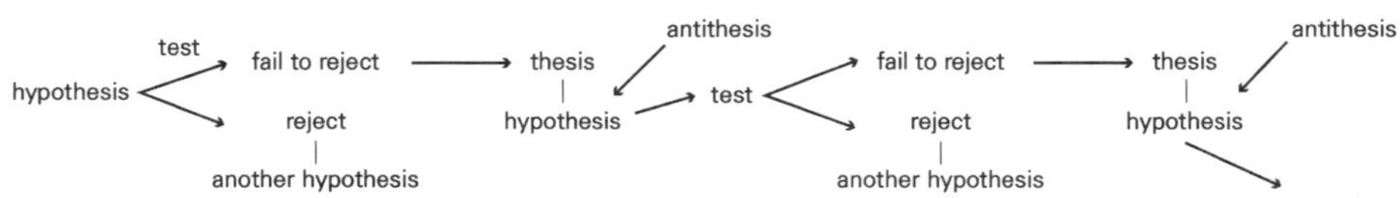

[그림 3-1] 과학 이론의 성립 체계

제 2 장

계획이론의 의의

제1절

계획이론의 인식론적 기초

1. 실증이론(positive theory, empirical theory)

경험이론이라고도 한다. 실증이론은 실제 사례와 경험적 증거를 일반화시킨 지식체계이다. 실증이론은 현상을 있는 그대로(what to be, *sein*) 분석하고 존재하는 인과관계를 발견하여 변화를 예측하는 구조를 갖는다. 통상적인 이론의 체계와 마찬가지로 가설을 설정하고 이를 현실에서 얻은 자료를 통해 검증함으로써 가설의 진위를 판단하는 구조를 갖는다(김신복, 1999: 87). 따라서 특별한 수식어 없이 '이론' 또는 '과학'이라고 하면 실증이론을 지칭하는 것이다. 실증이론은 경험적 분석을 반복하게 되면 어느 정도 보편타당한 이론에 도달할 수 있으며, 이를 통해 현실에 대한 진단과 예측이 가능해진다는 논리구조를 갖는다.

2. 규범이론(normative theory)

실증이론이 현상을 기술 · 설명 · 예측하고자 한다면, 규범이론은 일정한 가치관에 근거하여 현상이 어떻게 되어야 하는가(what ought to be, *sollen*)에 관심을 갖는 이론이다. 즉, '바람직한 상태'는 무엇이고 그것은 어떻게 달성될 수 있는가에 관심을 갖는 것이 규범이론이다. 실증이론이 가치중립적이라면 규범이론은 목표와 가치를 추구한다. 포퍼의 관점에서 이러한 규범이론은 마르크스주의나 프로이트 심리학, 점성술(풍수지리), 연금술과 유사한 '유사과학'에 해당된다고 할 수 있다. 하지만 규범이론은 실증이론이 논리적 추론을 하는 데 있어 근거가 되는 원리와 원칙을 제시한다는 측면에서 의미가 있다. 수학적 추론은 공리(axiom)에서 시작되는데, 공리는 증명이 되지 않는 논리의 출발점이다. 규범이론은 일종의 공리를 생산하는 기능을 담당한다고 볼 수 있다. 대부분의 정책이론이 규범이론에 해당되는 것처럼 계획이론 역시 규범이론에 해당되는 지식체계라고 볼 수 있다. 마르크스주의, 포스트모더니즘, 뉴라이트 이론, 의사소통적 계획론 등이 규범이론으로서의 계획이론에 해당된다.

3. 처방이론(prescriptive theory)

처방이론은 바람직한 상태를 달성하기 위한 최선의 수단 강구와 관련된 이론이다. 문제해결의 구체적인 방안을 알려주는 이론으로서 계획실무에서 가장 필요로 하는 이론이다. 처방이론과 내용이론(theory in planning)이 동일하다고 보는 학자들도 있다(Allmendinger, 2002a: 8). 비용편익분석, 비용효과분석, 정책·예산 통합기획 접근법(PPBA: Program Planning and Budgeting Approach), 선형계획법 등이 여기에 해당된다.

4. 비판이론(critical theory)

비판이론은 사실에 의해 입증되거나 반증되어야 하는 가설과 서술로 이루어진 이론체계가 아니다(이성근, 2006: 193). 비판이론은 계획과정에서 전제되는 가치중립성을 받아들이지 않고 오히려 선언적 가치중립성에 내재되어 있는 권력과 이해관계의 동학(dynamics)을 폭로하는 이론체계이다. 비판이론적 관점에서 계획은 기득권자들이 자신들의 권력을 유지하고 정당화하기 위해 사용하는 가면이며, 계획과정은 이해관계가 충돌하는 전선(front)으로 간주된다(Benveniste, 1990: 73). 비판이론은 계획가들에게 가치중립적 기술주의의 가면 뒤에 숨지 말고 진실과 가치를 추구하라고 촉구한다.

이후 논의될 하버마스(Habermas)의 의사소통적 행위이론(communicative action theory), 포스트모더니즘, 마르크스주의, 페미니즘 등이 여기에 포함된다.[18] 따라서 비판이론은 규범이론의 일종으로 볼 수 있다. 비판이론으로서의 계획이론은 주로 주류이론인 합리모형에 대한 대안으로서, 계획의 정치·사회적 측면이 강조되는 특징을 갖는다(Harris, 2002: 28).

제2절

계획이론의 개념

1. 정의

계획이론은 다른 일반적 이론과 마찬가지로 계획현상의 어떤 측면을 설명예측하기 위해서 변수들 간의 관계를 검증해 놓은 일련의 명제라고 정의할 수 있다(김신복, 1999: 82). 이러한 시각에서 계획이론의 목적은 일련의 과정을 통해서 보다 나은 계획을 실현하기 위한 요인과 전략을 탐색하는 데 있다고 할 수 있다. 그러나 오늘날 계획이론은 단편적인 명제들의 집합을 넘어 하나의 연구활동 영역 또는 학문분야를 총괄하는 수준으로 발전했다. 이 경우 계획이론은 계획에 관한 개념, 명제, 이론, 법칙, 규범 등을 포괄하는 지식체계 전반으로 이해할 수 있다(김신복, 1999: 82).

2. 의의

계획이론은 계획 일반에 대한 보편적 이론이다. 즉, 도시계획, 교통계획, 환경계획 등 모든 유형의 계획활동에 공통적으로 적용되는 메타이론(meta theory)이라

18 이는 비판이론에 대한 광의의 정의이며 협의로는 프랑크푸르트 학파(Frankfurt School)의 이론만을 비판이론으로 보기도 한다. 하버마스는 프랑크푸르트 학파의 적통으로 고려된다.

할 수 있다. 계획이론은 계획의 존재론(ontology)과 인식론(epistemology)에 대한 답을 제공한다. 즉, 계획이란 무엇인가?, 계획은 사물과 현상을 어떻게 이해하는가?에 대한 답을 추구한다. 또한 규범론으로서 어떤 계획이 좋은 계획인가?, 방법론으로서 어떻게 하면 좋은 계획을 만들 수 있는가?에 대한 답을 제공한다는 차원에서 의미를 갖는다.

흔히 실무와의 유리로 인해 계획이론의 의미가 폄하되곤 하지만 계획의 본질에 대한 숙고가 없는 상태에서의 계획기술에 대한 논의는 종종 토대가 허약한 기능적 처방으로 흐를 가능성이 높다. 정확한 표적을 모른 채, 사격기술에만 신경을 쓰는 사수와 같은 형국인 것이다.

모든 이론이 진화·발전하는 것처럼 계획이론 역시 사회의 변화에 발맞춰 진화·발전하고 있다. 특히 계획이론은 어떤 독립적인 분야라기보다 학제적 성격이 강한 특징을 갖고 있다. 인접한 정책론, 정책분석, 사회이론, 사회철학의 내용이 계획이론에 적용됨으로써 그 내용이 풍부해지고 사회변화에 더 탄력적으로 대응할 수 있는 계기가 마련되고 있다.

3. 문제점

1) 고유 이론의 결여

오늘날 계획이론으로 불리는 이론들은 대부분 사회이론을 수용한 것이다. Sorenson (1982)은 의학처럼 계획이론은 고유이론이 없다고 주장한다. 고유의 계획이론이 부재함에도 계획활동이 큰 문제 없이 전개될 수 있는 이유는 다음 두 가지 측면에서 설명된다(Allmendinger, 2002a: 30). 첫째, 계획이 국가활동이기 때문에 자체적인 정당화가 이루어지기 전에 국가에 의해 합리화가 이루어졌기 때문이다. 둘째, 대부분의 계획가들은 이론이나 이론화에 별 관심이 없고, 계획의 기술적 측면에 집중하는 경향이 있다. 따라서 계획 분야에서는 자체적으로 이론을 개발하기보다 필요에 의해 인접분야로부터 이론을 수입하는 현상이 일반적이다.

2) 이론과 실무의 괴리

이론과 실무의 괴리가 비단 계획 분야에만 한정된 것은 아니다. 성공한 정치인이 정치이론에 무지하고 유능한 부동산 투자자가 도시경제이론을 경시하며 독실한 신앙인이 조직신학에 관심이 없는 것처럼 이론과 현실의 괴리는 매우 흔한 현상이다. 하지만 계획이론은 순수이론이라기보다 임상이론이라는 점에서 그 문제가 더 심각하다고 할 수 있다.

계획에서 이론과 실무의 괴리는 다음 세 가지 이유에서 찾아진다. 첫째, 계획이론은 실무종사자들이 인정하는 이론이 아니다. 즉, 실무로부터 축적된 경험의 결과가 아닌 것이다. 의학이론은 임상의들이 필수적으로 숙지해야 하는 이론인데, 그것은 단순한 생화학적 지식의 나열이 아니라 임상으로부터 축적된 경험이기 때문에 인정되는 것이다. 둘째, 계획이론은 계획가이게 분명한 답을 제공해주지 못한다. 맞는 경우도 있지만 맞지 않는 경우도 많으며, 계획이론이라는 틀이 아니라 현장에서 익힌 경험만으로도 계획문제에 충분히 더응 가능하다는 점에서 굳이 어려운 내용을 익힐 필요가 없는 것이다(정환용, 2001: 49). 셋째, 계획이론의 교육내용은 일을 효율적으로 처리하기 위한 내용보다 비판하는 내용이 많아서 실무자들을 위한 지침 역할을 수행하지 못한다. Faludi(1973)의 과정이론(procedural theory)의 경우 내용이 어렵기는 하지만 계획을 효율적으로 수행하기 위한 일련의 체계를 제공한다는 점에서 의의가 있지만, 여타 논의들은 마르크스주의 사회이론이나 하버마스의 사회철학에 토대를 둔 비판이론이 대부분이어서 계획실무에 별다른 도움을 제공하지 못하고 있는 것이 사실이다.

3) 실증이론의 결여

전술한 것처럼 계획이론은 실무에 거의 적용되고 있지 못한 것이 현실이다. 일부에서는 이를 실증이론의 부재에서 찾는다(정환용, 2001: 48). 하지만 실증이론에 대비되는 규범이론이 당위론 차원에서 정책의 방향성을 제시하는 것이라면 특별히 실무현장에서 경원시될 이유가 없을 것이다. 문제는 규범성 자체라기보다 규범의 내용이 실무와 괴리되어 있다는 점이다. 지나치게 사변적인데다 계획실무에 도움이 되지 않는 정치철학적 논의가 상당부분을 차지하는 것이 문제라고 할 수 있다. 하지만 이는 계획의 본질을 논의하는 계획이론의 특성상 불가피한 측면이라고 생각된다. 계획이론의 숙명이라 할 수 있는 것이다.

보다 큰 문제는 학술적 차원에서의 논증 부재라고 할 수 있다. 최근 계획분야의 다수 연구들이 논리실증주의에 근거한 정교한 분석결과를 제시하는 것과 달리 계획이론 분야의 연구는 그 수도 매우 적은데다 여전히 담론 제안적 서술이 대종을 이루고 있어서 학계 전반의 추이를 따라가지 못하는 경향이 있다. 따라서 전술한 실증이론의 부재는 실무적 차원이라기보다 오히려 학술적 차원의 문제라고 볼 수 있다. 가납할 만한 증거의 제시 없이 주장만 난무하는 것이 계획이론의 큰 문제라 할 것이다. 논제들이 허위화될 수 있는 형태로 작성되지 않는다는 차원에서 '유사과학'이라는 비판을 들어도 별로 반박할 여지가 없는 것이다. 따라서 기존의 담론 설정 식의 저술에 덧붙여 사례분석과 실증분석의 비중을 늘리는 것이 계획이론의 학술적 가치를 제고하는 길이라고 생각된다.

4) 대안

Faludi(1973)가 제시한 과정이론은 뼈대만 있고 살이 없는 구조라 할 수 있다. 계획의 효과적인 수행방안을 과정에 초점을 맞추어서 설명하고 있지만, 계획의 실체가 불분명한 탓에 공허하고 이해가 잘 안 되는 것이 사실이다. 도시계획과 같은 구체적인 내용이론(substantive theory)과 연계해서 논의를 전개한다면 실무자들의 이해에 보다 큰 도움이 될 것이다. Forester(1989, 1999)나 Flyvbjerg(1998)는 계획가가 계획현장에서 직면하는 여러 가지 문제들을 여러 이해관계자들 간의 대화형식으로 풀어서 묘사하고 이를 이론과 연계해서 설명하고 있다. 또한 Barrett(2001)은 실무 계획가가 일상적으로 경험하는 구체적인 갈등상황을 시나리오별로 나열하고 이에 대한 대응방안을 고민하도록 하고 있다. 이들의 접근방식은 학술적으로 높은 평가를 받고 있는데, 이에 더해 실무자들이 이해하기 쉽고 적용하기도 용이한 접근이라고 생각된다. 결국 이를 통해 계획고유의 이론이 개발될 가능성이 증가한다고 볼 수 있다.

4. 계획이론은 유사과학인가?

앞에서 계획은 과학 자체는 아니지만 과학과 '유사한 행위'라고 규정한 바 있다. 이와 관련해서 우리는 몇 가지 질문을 던질 수 있다. 그렇다면 계획의 합리성은 과학의 합리성과 다른 것인가? 계획이론은 '유사과학(pseudo-science)'인가? 계획이론은 학술적으로 인정받을 수 있는 체계인가?

우선 가치를 다룬다는 점에서 계획을 전통적 과학(실증이론)으로 규정하기는 어렵다. 그 연장선에서 계획의 합리성은 과학의 합리성과 동일한 개념으로 보기 어렵다. 따라서 계획은 공익과 같은 계획 고유의 합리성을 찾기 위해 노력해야 한다. 하지만, 계획을 '유사과학'이라고 치부하는 것은 지나친 비약이다. 유사과학의 정의는 포퍼 이래 과학철학의 발전을 통해 지속적으로 재규정되고 있다. 오늘날 유사과학의 개념은 겉보기에는 과학처럼 보이지만, 과학적 방법론(검증 가능성, 반증 가능성, 재현성 등)을 따르지 않는 믿음 체계나 주장들에 대한 통칭으로 이해된다. 대표적인 예로 우생학이나 창조과학 등을 들 수 있다. 유사과학의 문제는 과학을 흉내 내면서도 과학적 방법론을 취하지 않는다는 점에 있다.

가치를 다루는 학문을 유사과학으로 규정하는 것은 과학 아니면 유사과학이라는 이분법적 사고에 근거한다. 오늘날의 과학철학은 이러한 이분법에 반대한다. 계획이론의 유사과학 주장은 실증이론 이외의 이론은 이론이 아니라고 하는 주장과 같다. 하지만 모든 학문과 이론이 과학일 필요는 없다. 신학, 윤리학, 미학, 문학, 법학, 정책학 등은 과학은 아니지만 명백한 분과학문이다. 계획이론도 이들 분과학문과 마찬가지의 이론체계로서 실증이론과는 다른 종류의 정당성을 갖는다. 그 정당성과 가치에 대해서는 규범이론 부분에서 설명한 바 있다.

제3절

계획이론의 분류 및 내용

1. 분류

Faludi(1973)는 계획이론을 내용(실체)이론(theory in planning, substantive theory)과 절차(과정)이론(theory of planning, procedural theory)으로 구분하였는데, 이러한 구분은 오늘날까지 계획이론의 일반적인 분류로 받아들여지고 있다. 여기에 더해서 McConnell(1981)은 계획을 위한 사회이론으로 'theories for planning'을 제창했다. 따라서 계획이론은 모두 세 가지로 그 유형을 분류할 수 있다.

2. 내용

1) 내용이론(substantive theory)

내용이론은 계획의 대상이 되는 분야별 전문지식을 의미한다(김신복, 1999: 82). 이러한 시각에서 도시계획의 계획이론은 각종 도시이론이고 교통계획의 계획이론은 교통관련 지식이 된다. 내용이론은 계획의 일반론이라기보다 특정 부문계획에서 사용되는 전문지식이라고 할 수 있다. 내용이론을 지지하는 이들은 해당 계획 문제의 분석과 해결을 위해서는 이들 전문지식이 중요하기 때문에 내용이론이 곧 계획이론이라고 생각한다(Harris, 1960). 문제는 이들 지식이 계획이론인지 타 분과학문의 이론인지가 불분명하다는 점이다. 계획문제를 해결하기 위해 경제지식이 필요하고, 그것이 해당 계획문제와 관련된 이론이라면 우리는 그것을 왜 경제이론이 아니라 계획이론이라고 불러야 하는지 설득력 있는 해답을 찾기 어렵다. 따라서 모든 계획에 적용되는 범용 이론(meta-theory)으로서 계획이론의 필요성이 제기된다.

2) 과정이론(procedural theory)

내용이론의 문제로부터 공통이론의 필요성이 제기되고, 그에 대한 대안으로 제시된 것이 과정이론이다. 과정이론은 특정 분야의 지식이 아닌 예측, 의사결정방법, 합리적 계획과정의 설계, 대안선택의 방법, 계획평가의 방법 등 계획 일반에 적용될 수 있는 지식을 그 내용으로 한다. 특히 계획과정에 중점을 두어서 '과정이론'으로 불린다.[19] 즉, 올바른 과정이 올바른 계획을 담보한다는 인식 하에 계획과정을 보다 합리적으로 설계하는 것이 이론의 핵심을 이룬다. 과정이론에서 과정의 설계는 설정된 목표에 이르는 최적의 길을 도출하는 작업으로 이해된다. 과정이론은 계획가를 과정과 수단에만 집중하는 테크노크라트로 인식한다[20](Faludi, 1973:

19 내용이론과 과정이론의 관계는 법체계에 있어 실체법과 절차법의 관계와 유사하다.

1). 이처럼 초기 과정이론은 기술적인 측면에만 초점을 맞추는 인식으로부터 출발하였다.

과정이론은 1960년대 이후 계획과정이 중시되면서, 계획이론 자체로 인식되기 시작했다(김신복, 1999: 84). 즉, 계획과정을 어떻게 효율적으로 구성할 것인가에 관한 계획을 수립하는 계획의 계획(planning of planning, meta-planning)으로 자리잡게 된다(정환용, 2001: 55). 이후 과정이론은 계획의 고유이론으로서 발전을 거듭하게 되는데, 본연의 과정 설계 및 개선 외에 계획활동의 방법과 추구하는 이념, 가치, 목적, 계획의 원칙, 절차, 기구, 제도 등으로 연구의 관심을 확장시키게 된다(김신복, 1999: 83). 이와 함께 다양한 이해관계를 계획과정 속에서 고려하기 위한 주민참여의 중요성이 강조되기에 이른다.

초기 과정이론은 계획가가 그들의 고객에 비해 상황에 대해 더 많이 안다는 가정에서 출발하였다(Chadwick, 1971: 121). 하지만 시간이 지나면서 그 같은 확신과 자만심은 불확실성과 자성으로 대체되었다(Allmendinger, 2002a: 27). 과정이론의 문제점은 분야에 상관없이 공통적으로 적용되는 이론을 추구하다보니 실체가 불분명하고 논리구조가 공허하다는 점이다. Harris(1960) 같은 학자는 그러한 일반이론은 존재할 수 없다고 주장하면서 과정이론이 아닌 내용이론이 계획이론의 중심이 되어야 한다고 주장했다. 따라서 과정이론은 내용이론과의 결합, 특히 도시이론과의 결합을 통해 실체성을 확보하지 않는다면 실무현장에서 수용되기에는 한계가 있다고 평가할 수 있다. 즉, 법이론에서 과정이론에 해당하는 절차법이 민사소송법과 형사소송법, 가사소송법, 행정절차법 등으로 구분되어 있는 것처럼 계획이론도 도시계획 과정이론, 교통계획 과정이론 등으로 특화·발전될 필요가 있다.

3) 사회이론(theory for planning)

전술한 것처럼 사회이론은 McConnell(1981)이 제창한 계획이론의 유형이다. 좀 더 분명하게 표현하면 '계획을 위한 사회이론'이 된다(김신복, 1999: 84). 사회이론은 계획의 사회적 의미와 사회적 역할에 관심을 갖는다. 과정이론의 확장에 의해 그 개념 안에 계획의 가치나 이념적 측면이 반영되었지만 맥코넬은 이를 특별

20 계획가의 비정치적 역할은 전통적 계획이 추구하는 도구적 합리성의 핵심을 이룬다. "계획가는 정책결정을 하지 않는다. 계획가의 일은 조언이고, 결정은 정치가의 일이다"(Greed, 1996: 21).

히 '사회이론'으로 따로 분리시켜서 설명하고 있다. 이는 역설적으로 과정이론을 합리적인 과정설계로 한정시키는 의미를 갖는다.

맥코넬은 롤스(Rawls)와 포퍼(Popper) 등 사회철학자의 이론을 원용하여 그의 사회이론을 전개한다. 사회이론은 계획의 정치적 성격에 초점을 맞춘다. 과정이론은 계획의 도구적 합리성과 가치중립성을 강조하는 반면, 사회이론은 계획이 본질적으로 정치적이며 가치지향적이라는 인식을 전제로 한다. 사회이론은 현실계획이 중산층과 부유층 편향적이라는 비판을 제기한다(McConnell, 1981; Beauregard, 1989). 이와 관련해서 사회이론은 계획으로부터 가장 영향을 받는 집단에 대해 책임감(responsiveness)을 가져야 한다고 주장한다(McConnell, 1981: 129−134). 따라서 사회이론은 계획의 당위론을 주장한다는 차원에서 규범적이다.

사회이론은 계획의 가치 중 형평성을 강조한다. 형평성은 누가 계획의 비용을 지불하며, 누가 계획의 편익을 수취하는가와 관련된 문제이다. 비용은 달리 표현하면, 손해로도 이해할 수 있다. 형평성의 관점에서 계획은 동일 조건에 동일 조치를 취해야 하며, 주민 개개인에게 돌아가는 비용과 편익의 합이 0이 되도록 계획을 작성해야 한다.

사회이론은 사회정의에 관심을 갖는다. 롤스의 '최소수혜자 이익설'에 기반해서 사회적 약자에 대한 관심이 계획과정에 포함되어야 한다고 주장한다. 사회이론은 또한 계획의 민주성을 강조하는데 이는 주민참여를 통해 구체화될 수 있는 주제이다.

제4절

계획이론의 연구주제

현대 계획이론이 관심을 갖는 연구주제는 큰 틀에서 규범적 차원과 기술적 차원으로 나눌 수 있다. 규범적 차원이 다섯 개, 기술적 차원이 네 개로 모두 아홉 개의 주제로 분류할 수 있다. 하지만 앞으로 변화하는 사회에 대응하여 새로운 연구주제가 지속적으로 제시될 것이다.

1. 계획의 규범적 차원

1) 계획의 역사적 근원

지금까지 어떠한 계획문제가 있었으며, 그 계획문제를 해결하기 위해 어떠한 계획이 수행되었는지 그리고 지금까지 어떠한 경로를 거쳐서 계획 패러다임이 변화해왔는지를 이해하는 것은 계획현상의 정체성 확인을 위해 매우 중요한 작업이라 할 수 있다(Campbell and Fainstein, 1996: 5). 계획에 대한 역사적 이해는 계획문제에 대한 실용적 대응방안을 제공함과 동시에, 향후 계획의 발전 방향을 모색하는 데에도 기여할 수 있다.

일례로서 Friedmann(1987)은 계획의 전통을 네 가지로 구분함으로써 계획의 정체성과 뿌리를 심도 있게 설명한 바 있다. 하지만, 근대 이래 모든 사회사상과 정치사상, 경제사상을 계획 전통 안에 포함시킴으로써 무엇이 계획이고 무엇이 계획 아닌지를 구분하기 어렵게 했다는 문제점이 있다. 따라서 도시 및 지역계획으로 한정해서 전통과 이론의 전개를 살펴보는 작업이 필요하다고 판단된다.

이러한 방향성에 부합하는 연구성과가 Benevolo(1967)와 Fishman(1982), Hall(1988)[21]의 저서이다. Benevolo는 Friedmann적 관점에서 사회동원 전통을 도시계획의 뿌리로 해석하고 있다. 그는 근대 도시계획의 기원을 오웬(Owen)이나 푸리에(Fourier) 등 다양한 공상적 사회주의자들의 시도에서 찾고 있다. 그는 이들의 지칠 줄 모르는 이상주의적 시도가 근대 도시계획을 꽃피운 하워드(Howard)에게로 연결되었다고 보고 있다(Benevolo, 1967: 84). Benevolo(1967: 84)는 또한 오웬의 시도가 라이트(F.L. Wright)의 브로드에이커시티(Broadacre City)로 계승되었고, 푸리에의 시도가 르 꼬르뷔제의 위니떼 다비따시옹(*Unite d'Habitation*)에 의해 실현되었다고 평가했는데, Fishman(1982)은 이에 화답하듯 하워드, 르 꼬르뷔제, 라이트 삼인의 사상과 계획만을 따로 떼어서 『20세기 도시 유토피아(*Urban Utopias in the Twentieth Century*)』라는 제목으로 심층 검토하고 있다. 그는 이들 삼인을 공상적 사회주의자들이 전개한 이상도시 운동의 정통 계승자로 해석한다.

Hall(1988)은 Benevolo(1967)가 다룬 이후의 역사를 서술하고 있다. 하워드 이

---

21 2014년까지 4판이 발행되었다.

래 현대 도시까지 이어지는 근현대 도시계획의 전통을 지식사적 관점에서 잘 그려내고 있다. 제목인 『내일의 도시(*Cities of Tomorrow*)』는 하워드의 『내일의 전원도시(*Garden Cities of Tomorrow*)』에게 바치는 헌사(tribute)로 읽혀진다. 혹은 이 책에서 영국 도시계획의 주류 전통(mainstream)이 하워드-게데스(Geddes)-애버크롬비(Abercrombie)-홀로 이어지는 반면, 미국의 전통은 번햄(Burnham), 미국 지역계획협회(Regional Planning Association of America), 모제스(Moses), 제인 제이콥스(J. Jacobs)를 중심으로 단속적으로 연결된다고 평가한다. 영미 전통은 미국 지역계획협회를 주도한 멈포드(Mumford)가 게데스의 제자였다는 부분에서 연결된다.

이 책의 문제점은 첫째 영미(英美) 중심적이어서 여타 나라의 계획사례는 소홀히 다뤄지고 있다는 점이다. 두 번째는 지식사 또는 사상사 중심이어서 기법 등 실용적 의미는 약하다고 볼 수 있다. 우리나라 계획 분야에서도 이러한 저술들에 필적할 만한 걸출한 역사연구서가 발간되기를 기대해 본다.

2) 계획의 이념

계획이 추구하는 '가치'로도 표현할 수 있다. 계획의 역사에 대한 고찰과 함께 계획의 철학적 논거에 대한 검토는 계획의 정체성과 관련된 주제라 할 수 있다. 이 분야의 연구는 주로 논쟁을 중심으로 발전해 왔는데, 마르크스주의, 롤스의 정의론, 하버마스의 의사소통적 합리성 개념이 이론의 중요한 축을 구성하고 있다.

McConnell(1981)의 사회이론 발표를 전후로 다수의 학자들이 계획의 철학적 이념 논쟁에 참여하고 있다. 가장 대표적인 학자는 Friedmann(1987)으로 그는 계획의 조류를 사회사상과 경제사상 차원에서 정책분석(policy analysis), 사회개혁(social reform), 사회학습(social learning), 사회동원(social mobilization)의 네 가지 조류로 구분하고 그 중 사회동원 이념에 기초한 급진계획(radical planning)을 통해 더 나은 생활세계를 건설해야 한다고 주장한 바 있다.

또 다른 논자는 Susan Fainstein이다. 초기에는 남편 Norman과 함께 그리고 1980년대 이후에는 독자적으로 마르크스주의적 관점에서 계획이론 비판을 지속적으로 진행하고 있다. 최근에는 '정의' 개념의 도입을 통해 정의도시(Just City) 논쟁에 불을 붙였다(Fainstein, 2010). 그녀의 '정의도시' 이론은 최근 계획이론계에서 지배적 담론으로 자리잡은 의사소통적 계획(communicative planning)에 대한 반론이다. 그녀는 의사소통적 계획이 구조적 불평등과 불공정한 자원배분을 치유할 수 없다고 주장한다.

의사소통적 계획은 여러 학자들에 의해 주창되었으나 가장 대표적인 논자로는 포리스터(Forester)와 힐리(P. Healey)를 들 수 있다. 의사소통적 계획은 하버마스(Habermas)의 의사소통적 합리성(communicative rationality) 개념에 기초해서 다양한 이해관계자들이 참여하여 대화를 통해 계획을 만들어내야 한다고 주장한다. 의사소통적 계획에 대한 반론은 이 이론이 시민의 다양한 얼굴, 즉 주민, 개발업자, 토지소유자 등 이해관계자로서의 관심을 무시한다는 것이다(高見沢実, 2013). 또한 현실적으로 모든 이해관계자가 계획 과정에 참여할 수 없다는 점에서, 참여자 간 정보·자원·권력의 격차가 간과되고 있다는 지적이 제기된다. 이러한 구조 속에서 합의는 본질적으로 불가능한 것이며, 실질적으로 얻어지는 것은 합의가 아니라 경쟁의 결과라는 반론도 제기된다.

이 분야의 논쟁은 아직도 매우 활발하게 진행되고 있는데, 논쟁을 어떻게 실재하는 계획작업에 접목시킬지에 대한 건설적 논의가 필요하다고 판단된다. 우리나라의 경우 도시재생사업이라는 실험적 프로젝트를 통해 그 실효성이 검토되고 있다(이우종, 2015). 현재까지는 도시재생사업의 부진한 성과로 인해 비판적인 평가가 많은 편이다(이자은, 2019; 김주일, 2022).

3) 계획의 정당성

어떻게 계획을 잘 만들 것인가를 논하기 전에 계획이라는 개입현상의 정당성을 살펴보는 작업이 필요하다(Campbell and Fainstein, 1996: 6). 이는 '왜 계획하는가', '계획이 필요한가'에 대한 답을 찾는 작업이라 할 수 있다. 계획은 보이는 손에 의한 인위적 개입이라는 차원에서 자연스러운 현상이라고 보기는 어렵다. 계획의 기능과 그 대척점에 있는 시장의 기능을 객관적으로 살펴봄으로써 계획의 효과와 한계를 면밀하게 검토하는 작업이 선행될 필요가 있다. 이는 계획가가 수행할 계획의 방향성과 수준, 계획가의 태도 등을 결정하는 데 중요한 기여를 할 것이다. 일례로서 "사유재산권을 제한하는 토지이용 규제의 경찰권(police power)은 정당한가?"와 같은 일상에서 부딪히는 문제들에 대한 숙고를 통해 계획의 수준을 제고시킬 수 있을 것으로 기대된다. 계획의 정당성에 대한 비판적 사고를 통해 계획의 한계와 시장의 유효성 등을 확인할 수 있다면 엘리트주의적 시각을 버리고 좀 더 주민 중심적인 관점에서 계획을 할 수 있을 것으로 기대된다.

4) 공익의 문제

공공계획의 목적은 공공복리의 증진에 있다. 따라서 공익은 계획의 존재론적 근거가 된다. 하지만 사회의 변화에 따라 공익의 개념도 변화하고 있으며, 과거 당연시되던 공익 개념의 정당성 또한 위협받고 있다(Campbell and Fainstein, 1996: 10). 전통적인 공익에 대한 이해는 '단일이익(unitary interest)'으로 정의된다. 공동체가 추구하는 가치가 단일하며, 공동체에 좋은 것은 구성원에게도 좋다는 사고가 이 인식의 토대가 된다. 하지만, 사회과학자들은 공익 개념이 가변적이고, 경합적이며, 때로 존재하지 않는 허구의 것이라는 연구성과를 제시하고 있다.

나인수(2012)는 5판까지 개정판이 발행된 *Urban Land Use Planning*에 대한 분석을 통해 시대의 변화에 따라 도시계획에 있어 공익 개념이 어떻게 변화해 왔는지를 살펴보고 있다. 이를 통해 도시계획 분야에서도 과거의 고정된 가치에서 다원적이고 개방적인 가치로 공익에 대한 이해가 변하고 있음을 확인할 수 있다. 계획가들은 상대적이고 다원적이며 구성원 개개인을 존중하는 계획의 가치에 눈을 뜰 필요가 있다. 궁극적으로 향후 변화될 세상에서 변화하는 공익의 개념을 지켜보는 것은 의미 있는 작업이라고 생각된다.

5) 계획가의 윤리

계획가는 단순한 기술자가 아니다(Campbell and Fainstein, 1996: 7). 사회적으로 영향을 미칠 대안이 계획가에 의해 생산되기 때문이다. 이는 의사결정에 있어 가치판단이 이루어져야 함을 의미한다. 계획가는 계획과정에서 일상적으로 딜레마 상황에 봉착한다. 하나를 선택하고 다른 하나를 포기해야 하는 상황이 반복적으로 일어난다.[22] 민주주의, 형평성, 효율성, 사회정의, 경제성장, 환경보호와 같은 가치를 동시에 실현할 수 있다면 좋겠지만 그렇지 못한 경우가 적지 않다. 모든 선택은 기회비용을 발생시킨다. 따라서 계획가는 양심과 전문성에 기초해서 판단을 해야

22 요즘 젊은이들은 이러한 상황을 '밸런스 게임'이라고 부른다. 계획의 딜레마 상황을 '게임'으로 인식한다면, 그 과정의 어려움은 고통이 아닌 즐거움으로 다가올 것이다.

한다. 어떠한 가치를 제시할 것인가? 누가 계획가의 고객인가? 사회적 비용-편익을 최적화시킨 대안을 제시하였는가? 발생되는 비용과 편익은 형평하게 배분되었는가? 특정집단이 우발이익(windfall)을 얻고 특정집단이 부당한 비용을 떠맡지는 않았는가? 계획안이 시장을 왜곡하지는 않겠는가? 공공재정을 효율적으로 사용하는 대안을 제시한 것인가? 사회적으로 불필요한 계획을 만든 것은 아닌가? 최선의 노력을 다해서 계획안을 만들었는가?

2. 계획의 방법론적 차원

1) 과정이론의 개량

계획에 공통적으로 적용되는 방법론으로서 과정이론의 체계를 개선하는 것은 여전히 계획이론의 중요한 연구주제이다. 계획 방법론의 과학적 개선과 전문성의 제고가 연구의 핵심주제를 이룬다. 다음과 같은 질문들이 과정이론의 개량과 관련된 주제들이다. 좋은 계획을 구성하는 요소는 무엇인가? 어떻게 계획문제를 포착할 수 있는가? 가장 합리적인 계획과정은 무엇인가? 즉, 무엇이 가장 바람직한 계획접근인가? 미래예측의 정확성은 어떻게 개선될 수 있는가? 의사결정의 합리성은 어떻게 제고될 수 있는가? 대안의 평가방법은 무엇인가? 어떻게 주민의견을 효과적으로 수집할 수 있는가? 계획의 실현 가능성을 제고할 수 있는 방법은 무엇인가? 사회구성원 모두가 공감하는 계획이란 무엇인가? 인공지능(AI)이 계획가를 대체할 수 있는가? 인공지능과 같은 새로운 테크놀로지를 어떻게 활용할 것인가?

주목할 부분은 기능적인 과정이론에서조차 가치판단은 분리시킬 수 없다는 점이다. 과정이론이 지향하는 '좋은', '합리적인', '바람직한', '효과적인', '공감하는' 등등의 형용사는 단순한 기술적 영역으로 축소될 수 없는 가치판단의 언어들이기 때문이다. 가치판단은 종종 계획의 과학성과 전문성을 위협하는 요인으로서 제거되어야 할 문제거리로 폄하되지만, 떨쳐버리는 것이 불가능함은 물론 실상 계획을 계획답게 하는 축복이라는 생각이 든다.

2) 주민참여

계획의 고객은 주민이다. 따라서 계획가는 계획내용에 주민들의 의견을 반영하기 위해 노력해야 한다. 전통적으로 주민참여는 계획이론에서 매우 중요하게 다루어져온 이슈로 프리드먼(Friedmann)의 교호적 계획(transactive planning)이나 포리스터(Forester) 등에 의해 제안된 의사소통적 계획(communicative planning) 모두 주민참여의 적극적인 확장으로 볼 수 있다.

주민참여와 관련해서는 몇 가지 논제가 존재하는데, 첫째는 누가 주민인가 하는 것이다. 개발업자도 주민이고 부동산투기꾼도 주민이다. 적극적으로 의견을 개진하는 사람도 한 명의 주민이고 계획에 별 관심이 없는 이도 한 명의 주민이다. 계획가는 누구의 의견을 얼마나 반영해야 하는가의 문제에 직면한다. 두 번째 논제는 주민의 의견은 무조건 따라야 하는 것인가하는 의문이다. 주민은 계획의 최종 고객이고 유권자이며, 해당 지역문제에 대한 전문가이기는 하지만, 계획에 대해서는 잘 모르는 이들이다. 계획가는 이들의 의견을 무조건 반영해야 하는가, 아니면 비전문가의 의견으로 치부하고 흘려들어야 하는가에 대해 신중한 판단이 필요하다. 더욱이 주민은 지고지순한 존재가 아니라 자기 이해에 따라 움직이는 욕망을 지닌 경제인(economic man)이라는 점을 간과해서는 안 된다. 따라서 주민 의견을 어느 기준에서 수용하고 어느 기준에서 배제할지에 대한 합리적인 판단기준이 필요하다.

셋째는 주민 의견을 잘 수용하는 방법에 대한 것이다. 설문조사나 공청회와 같은 방식은 계획가가 전통적으로 사용해온 기법이다. 최근에는 주민과 전문가가 함께 계획안을 만들어내는 시나리오 워크숍과 같은 방법이 적극 활용되고 있다(대통령자문 지속가능발전위원회, 2005: 287). SNS와 커뮤니티 맵핑, 사용자 기반 GIS[23] 등 발달된 스마트 기술의 적극적인 활용도 고려할 수 있을 것이다(김미연 외, 2010). 넷째는 전문가로서 계획가가 추구하는 가치와 의견을 주민들에게 어떻게 설득할 것인가에 관한 것이다. 이는 커뮤니케이션 및 협상 스킬과 관련된 문제라고 할 수 있다. 다섯째는 주민참여를 증진시키는 방안에 관한 것이다. 어떤 유인(incentive)

---

23 GIS를 쉽게 대중화시켜서 주민이 온라인상에서 직접 지역의 발전방향을 모색해보고 변화의 효과를 예측할 수 있도록 하는 기술이다.

을 통해 주민들의 참여를 끌어낼 것인가? 어느 시간과 어느 장소에서, 어떤 방법으로 주민참여를 진행할 것인가? 계획가는 축제와 같은 참여 행사를 기획함으로써 참여가 즐겁고 유익하다는 것을 주민들에게 주지시킬 필요가 있다.

3) 갈등관리

민주주의의 진전과 다원적 가치를 존중하는 사회분위기 속에서 사회갈등도 나날이 증가하는 추세이다. 구성원 간에 경합이 이루어지는 자원을 배분하는 계획의 특성 상 갈등관리가 계획가의 새로운 역할로 자리잡게 되었다. 예방적 차원에서 갈등이 벌어지지 않게 자원의 공평한 배분이 이루어지도록 하는 것과, 자원이 형평하게 배분될 수 없다면, 공공기여를 어떻게 유도할지, 비용 부담자에게 어떤 방식으로 보상할지를 고민하는 것이 계획가의 핵심 과제가 되었다.

특히 인구 대부분이 과밀화된 도시에 거주함에 따라, 도시계획가에게는 토지이용이나 개발 과정에서 발생하는 갈등을 조정하는 일이 중요한 임무가 되었다. 공간정의(spatial justice)와 환경정의(environmental justice)의 문제, 사회적 배제의 문제, 더 나아가서 사회적 약자에 대한 포용의 문제를 선제적으로 다룸으로써 공간문제로 인해 나타날 수 있는 사회갈등 요소를 완화하는 것이 도시계획가의 중요한 역할로 부상하고 있다.

4) 인공지능(AI)의 도전과 계획가의 역할

인공지능의 도전은 사실 어제 오늘의 일이 아니다. 인공지능의 등장은 더 이상 먼 미래도 근미래도 아닌 현재 숨가쁘게 진행되고 있는 현실이다. 인공지능(AI)의 이론적 기초는 1936년 앨런 튜링(Alan Turing)이 제안한 '튜링 기계(Turing Machine)'에서 시작되었다. 그는 이 추상적 계산 도델을 통해 기계가 인간처럼 논리적 사고를 수행할 수 있음을 증명함으로써, 인공지능의 가능성을 처음으로 제시하였다. 이후 1943년, McCulloch와 Pitts는 인간의 신경세포를 논리회로로 모델링함으로써 최초의 인공신경망 개념을 제시하였고, 이는 인공지능 구현을 위한 실질적 접근의 출발점이 되었다. 따라서 인공지능 기술은 우리 일상의 TV만큼이나 오래된 기술임을 알 수 있다. 그럼에도 불구하고 SF 영화 속에 등장하는 안드로이드들이 주는 위화감은 오랫동안 인공지능을 먼 미래의 기술처럼 느끼게 만들었다.

일반 대중에게 인공지능이 이미 우리 곁에 존재하고 있음을 실감하도록 한 결정적 계기는, 이세돌 9단과 알파고의 바둑 대결, 그리고 지브리(ジブリ) 풍 '프사(프로필 사진)' 사건일 것이다.[24] 알파고는 자기 학습을 통해 인간이 뛰어넘을 수 없는 초월적 능력을 발휘하는 기술이 바로 우리 앞에 와있음을 처음으로 대중에게 각인시켰다. 지브리는 미야자키 하야오(宮崎 駿)가 이끄는 일본 애니메이션 스튜디오의 이름으로 '지브리 풍'이란 지브리 스튜디오 특유의 그림체를 말한다. 생성형(Generative) AI인 ChatGPT가 업로드된 사진을 지브리 풍으로 바꿔주면서, 2025년 너도 나도 자신의 SNS 프로필 사진을 지브리 풍으로 바꾸는 일이 유행하였다(그림 3-2).

'지브리 프사' 사건은 하나의 해프닝이고 에피소드로 치부할 수 있지만, 오늘날 인공지능의 도전은 실로 엄중하고도 실존적이다. 앞으로 계획가가 존립할 수 있을지에 대한 물음을 던지고 있기 때문이다. 필자도 생성형 AI의 도움을 받아 이 책의 수정판을 집필하였다. AI는 편리하고 친절하다. AI는 단순하고 반복적인 작업에 능하며, 복잡한 계산이나 방대한 데이터 분석에 강점을 갖는다. 생성형 AI는 텍스트, 이미지, 소리 등 다양한 데이터를 학습하여 그 안의 패턴을 파악한 후, 이를 기반으로 새로운 콘텐츠를 스스로 만들어내는 체계이다(김홍조, 2025). AI는 산

[그림 3-2] ChatGPT가 만들어낸 고양이 이미지와 지브리 풍 및 마티스(Matisse) 풍으로 변환시킨 이미지

24 이들 두 사건이 인공지능의 엄청난 파고를 보여줬다면, 2013년 스컬릿 조핸슨이 AI 운영체제 Samantha로 음성 출연한 영화 *Her*는 인공지능의 현실성을 실감하도록 한 잔잔한 파도였다.

재된 고양이 이미지를 학습함으로써 자신만의 새로운 고양이 이미지를 만들어낸다(그림 3-2). AI는 각종 테스트 점수, 의료 진단, 회계 및 법률과 같은 전문 직무 영역에서 이미 인간의 능력을 능가하고 있다. 이전의 자동화가 미숙련 노동자를 대체했다면 인공지능 혁명은 지식노동자를 대체한다는 점에서 노동시장에 미치는 파급효과는 실로 엄청나다.

AI의 모태가 된 프로그래밍 부문도 예외가 아니다. 실리콘 밸리의 빅테크 기업들에서는 코더(coder)들의 해고가 일상화되고 있다. 코로나 시기에 구인난으로 인해 부르는 것이 몸값이던 시절이 불과 3, 4년 전인데, 격세지감이라는 표현이 사치스러울 정도다. 자연어처리(NLP: Natural Language Processing) 기술이 비약적으로 발전하면서 소위 바이브 코딩(vibe coding)[25]이 노편화되었다. 혹자는 오늘날 최고의 코딩 언어는 C도, R도, Python도 아닌 English라고 주장한다(김홍조, 2025). 상세한 상황설명과 적절한 주문이 있다면 못할 것이 없는 세상이 되었다. 이제 곧, 휴대폰 만드는 법을 몰라도 자유자재로 휴대폰을 사용하고, 프로그램 언어를 몰라도 컴퓨터나 인터넷을 사용할 수 있는 것처럼, 누구나 인공지능을 활용하는 사회가 될 것이다.

AI는 계획 및 설계 업무에 이미 깊숙이 침투해 있다. 건설기술연구원에서 수행한 설문조사(원지선, 2024)에 따르면 2024년 현재 설계사의 29%가 AI를 활용하고 있으며, 특히 기본 및 실시설계 분야에서 그 적용이 가장 많이(32.8%) 이루어지고 있는 것으로 파악되었다.

원제무(2025: 64-69)는 향후 도시계획 분야에서 활용할 수 있는 도시 AI 기술에 대해 다음과 같이 설명한다. 도시 AI 기술은 머신러닝, 컴퓨터비전, 자연어처리, 강화학습, 예측 분석, 디지털 트윈 기술의 활용을 통해 토지이용계획, 도시설계, 환경계획, 교통계획, 공원녹지계획 등 도시계획 전반에 활용된다. AI는 도시의 인구, 경제, 토지이용 등에 대한 분석을 통해 미래 추세와 영향을 예측하고 시나리오의 도출을 통해 최적안을 제시해준다. AI는 토지이용 분석을 통해 적정 규제와 인센티브 방안을 제시해준다. 환경예측을 통해 대기질 예측과 폐기물 관리 최적화 방안을 제시해주고 에너지 소비 효율화 방안을 찾아준다. 디지털 트윈 기술을 활

25 개발자가 직접 모든 코드를 작성하는 대신, 자연어 프롬프트로 AI에게 코드 생성을 지시하고, 생성된 코드를 검토·수정하여 개발을 진행하는 방식.

용하면 도시의 디지털 복제 모델을 통해 계획안을 시뮬레이션하고 검증하는 것이 가능해진다. 또한 민원 자료, 공문서, 설문조사 등의 데이터를 기반으로 주민참여를 실질적으로 지원할 수 있으며, 온라인 플랫폼을 통해 상시적이고 지속적인 주민참여를 구현할 수 있다.

이미 계획가들은 AI에 의해 제시된 계획대안을 종합하든가, 특정 대안을 수정하는 방식으로 계획안을 작성하고 있다. AI는 단지 차원에서 부지에 적용되는 규제사항을 찾아주며, 부지 특성에 맞는 계획대안을 제시해주고 있다. 조감도 만들기도 AI에게는 크게 어려운 일이 아니다. AI는 지루한 선행연구와 판례에 대한 검토도 손쉽게 수행한다. 노동집약적으로 이루어졌던 데이터의 구축도 순식간에 수행한다. 위성영상과 드론 영상, GIS 데이터를 결합해서 최적의 토지이용 분류(zoning)를 손쉽게 실행한다. 까다로운 계량경제모형의 적용도 바이브 코딩을 이용해서 손쉽게 수행해 낼 수 있다. 분석기법에 대한 지식과 프로세스에 대한 이해, 결과에 대한 모니터링만 가능하다면, 도시 AI 기술의 만족스러운 활용은 지금도 가능하다.

하지만 AI가 지닌 현시점에서의 문제점과 더 나아가 본원적인 문제점을 지적하지 않을 수 없다. 첫째, AI는 학습 데이터에 의존하므로 부정확하거나 편향된 정보를 다수 생성한다. 따라서 AI 활용이 보편화되기 위해서는 사회적으로 데이터의 품질 개선이 선행되어야 하며, 개별적으로는 사용자의 최종 검수가 필수적이다. 초기에 비해서는 많이 줄어 들었지만 아직도 그럴듯한 거짓말이 횡행하는 곳이 ChatGPT이다. 둘째, AI는 대부분의 보통사람을 무능력자로 만들 수 있다. 오늘날 전화번호 10개 이상을 기억하는 사람이 몇 명이나 될까? 휴대폰에 각종 비밀번호를 넣어서 다니고, 분실하면 일상이 마비되지는 않는가? 네비게이션 없이 운전할 수 있는 사람이 몇 명이나 될까? AI는 궁극적으로 인간의 운전하는 능력을 없애버릴 것이다. 자율주행의 가장 큰 장애요소가 인간이 운전하는 차량이기 때문이다. 근미래에 우리는 헤드셋을 쓰고 외국인과 대화를 할 것이고, 100년 동안 한국인을 괴롭혀 온 영어 콤플렉스는 역사 속으로 사라질 것이다. 지금도 평범한 일반인이 경험하는 휴대폰이 없으면 불안해지는 분리장애 수준을 넘어 AI에게 완전히 종속되는 삶이 전개될 가능성이 매우 높다.[26]

26 넷플릭스에서 공개된 *Black Mirror* 시리즈는 과학기술 발전이 초래할 수 있는 근미래의 디스토피아

셋째, AI의 '블랙박스화'는 기술의 신뢰도와 관련된 큰 문제라 할 수 있다. AI 자체는 과학기술의 산물이지만, AI를 이용하는 보통사람에게 AI는 그 과정이 전적으로 감추어진 주장에 불과하다. 오늘날 ChatGPT는 일상의 모든 행동과 의사결정에 지침을 주는 21세기 델포이 신전에 다름 아니다. 우리는 궁금한 것이 있으면 바로 ChatGPT나 Gemini에게 질문을 하고 제공되는 결과를 믿어버린다. 인간이 델포이 신전의 신탁 이유를 알 수 없듯이 AI의 결정 과정을 보통사람이 이해하기란 매우 어려운 일이다. 이제 우리의 일은 믿고 퍼 나르는 것뿐이다.[27]

넷째, 편리함의 대가로 지불해야 하는 프라이버시의 침해 문제 역시 간과할 수 없는 문제이다. 인공지능이 활용하는 방대한 데이터에는 인간의 프라이버시를 침해하는 요소가 매우 많다. 특히 CCTV로부터 진화한 지능형 눈(Intelligent Eyes)은 보통사람의 일상 전체를 지켜볼 것이다. 이미 일상에서 나눈 대화나 검색, 시청기록이 알고리즘으로 남아 추천으로 뜨는 경험을 한 적이 있을 것이다.[28]

다섯째, 아이러니하게도 AI는 우리의 업무를 줄여주거나 처리 속도를 획기적으로 높여주지 않는다. AI의 도입으로 인간은 심각한 결정장애를 겪게 된다(Mathewson, 2025). AI 이용자는 이전에는 그냥 넘어갔던 사안에 대해서도 일일이 AI의 점검을 받게 된다. 문제는 AI가 '만족'을 모른다는 점이다. AI는 '완성'이 아니라 '개선'에 최적화되어 있기 때문이다. AI가 제시한 수정 사항을 반영해서 다시 평가를 받아보라. AI는 또 다른 개선점을 제시할 것이다. 그 과정에서 내용의 개선은 이루어지겠지만, 반대로 일의 양은 많아지고, 일의 속도는 더뎌질 것이다. 이러한 맥락에서 최근 일련의 실증연구들은 AI 사용 증가에 따른 지식노동자들의 생산성 저하와 더불어 'AI 피로(AI fatigue)' 및 'AI 번아웃(AI burnout)'의 증가를 보고하고 있다(Simkute *et al.*, 2024; Wu *et al.*, 2025).

여섯째, 공개되지 않은 자료에 대한 접근에는 여전히 명확한 한계가 존재한다. 연구 논문의 경우에는 오픈 액세스(open access) 논문이 인용되는 경우가 많지

를 생생하게 그려낸다.

27 해당 문장에 대한 ChatGPT의 평가는 지나친 과장과 비관론이라는 평가였다. 그러나 빚 갚는 법을 ChatGPT에게 물어봐서 그 처방을 그대로 따라한 여성이 월 1,500만원을 벌었다는 기사나 ChatGPT가 알려준 그대로 다이어트와 운동을 해서 11kg을 감량했다는 50대 남성의 이야기는 이미 인공지능이 우리의 종교가 되고 있음을 보여주는 반례라 할 것이다(조선일보, 2025년 7월 17일, 15일자 기사).

28 넷플릭스 드라마 시리즈 *Black Mirror* 시즌 6에 나오는 "존은 끔찍해(Joan is Awful)"는 정보 유출로 인해 평범한 사람의 일상이 낱낱이 드러나고 소비되는 근미래를 풍자한 블랙코메디이다.

만, 일반 학술지나 전문 자료는 고액의 구독료나 개별 구매를 통해서만 접근이 가능한 경우가 많다. 유료로 AI 서비스를 이용하더라도 데이터원에 대한 추가비용을 지불하지 않을 경우 데이터로의 접근은 제한적이다. 이러한 상황에서 일반인이 이용하는 AI는 공개된 신문기사나 블로그 글 등을 모아서 정보를 제공해줄 뿐이다. 결국 정보의 양극화가 심화될 것이다. 무료나 저가 AI를 이용하는 사람과 고도로 발전된 유료 AI를 사용하는 사람 간에 지식 불평등이 심화될 것이다.[29]

마지막으로 가장 심각한 문제는 AI가 계획가라는 전문직을 대체할 수 있다는 점이다. 원지선(2024)의 분석에 따르면 건설분야 AI 사용자의 종사기간은 15년 이상이 가장 많아서 68.2%를 차지하는 것으로 나타났다. 즉, 중간관리자 또는 고급 기술자들이 주로 AI를 이용한다는 것이다. 이는 AI를 사용할 수 있는 한명의 관리자만으로도 대부분의 계획·설계 업무를 수행할 수 있음을 시사한다.

AI를 노예처럼 부리는 사회를 기대했던 인류에게 어느 순간 인간이 AI의 노예가 되는 상황이 도래한 것이다. 인공지능 시대에 계획가는 살아남을 수 있을까? 오늘날처럼 빠르게 변화하는 사회에서 정확한 예측은 불가능하지만, 전문가들은 비관적 전망과 희망적 전망을 함께 내놓고 있다. 우선 원제무(2025: 96−104)가 제시하는 시나리오를 살펴보자. 원제무는 AI의 계획 참여를 AI 지원계획, AI 강화계획, AI 자동화계획, AI 자율화계획의 네 단계로 구분하고 있는데, 뒤로 갈수록 AI의 참여 및 주도성이 증가하는 단계를 의미한다.[30] AI 지원계획 단계에서는 인간 계획가가 계획을 주도하고, AI는 인간 계획가가 시키는 데이터 분석 및 시각화 작업을 수행하는데, 현재가 그 초입단계라 할 수 있다. AI 강화계획 단계에서는 인간 계획가의 바이브 코딩 하에 AI계획가가 분석과 의사결정을 수행한다. AI 자동화계획 단계에서는 AI가 스스로 계획과정을 자동화하고 의사결정을 하는데, 인간의 역할은 이를 모니터링하는 정도로 축소된다. 마지막 AI 자율화계획 단계에서는 AI 계획가가 계획의 전과정을 스스로 실행한다. 향후 근미래에 계획과정은 보수적인 전망으로는 3단계, 낙관적 전망으로는 4단계까지 진화할 것으로 예상된다.

29 ChatGPT의 경우 $20/m 유료 버전이 출시된 이후 버전이 업그레이드되면서, 2025년 출시된 Pro 버전의 경우 그 가격이 $200/m까지 인상되었다.

30 원제무의 분류는 Shao *et al.*(2025)가 제시한 AI의 자동화 단계 분류와 매우 흡사하다. Shao 등은 AI의 업무 개입단계를 다음 5단계로 분류한다. 완전수동 → 인간 주도/AI 보조 → 동등한 파트너십 → 인간 감독하 자동화 → 완전 자동화

[표 3-1] 도시계획 과정에서 AI와 인간 계획가의 역할 및 관계

단계	AI 참여수준	AI 역할	인간 역할	AI와 인간 계획가의 관계
전통적 계획	없음	없음	전체	계획가 → 계획결정
1단계: AI지원 계획	낮음	데이터수집·분석, 시각화, 시민의견수렴	문제인식, 목표설정, 이해관계자소통, 대안제시, 계획결정	계획가 → (AI) → 계획결정
2단계: AI강화 계획	중간	1단계역할, 패턴발견, 시뮬레이션, 영향예측, 평가, 피드백	문제인식, 목표설정, 이해관계자소통, 초기계획, 평가, 수정, 최종안 확정	계획가 → AI → 계획결정
3단계: AI자동화계획	높음	2단계역할, 계획시나리오, 시뮬레이션, 계획확정	문제정의, 목표설정, AI 감독, 결과모니터링	(계획가) → AI → 계획결정
4단계: AI자율화계획	매우 높음	전과정 자율화·자동화	AI 감독, 결과모니터링, AI 기능유지	AI → 계획결정 (계획가?)

출처: 원제무(2025) 수정

우선 4단계로서, 계획가 역시 다른 전문직종과 마찬가지로 그 역할의 대부분이 AI로 대체될 것이라는 예측이 가능하다(Frey and Osborne, 2013; Ford, 2015). 계획이라는 기능이 남아 있는 한 계획가 자체가 없어지지는 않겠지만, 이는 오늘날 소수의 영농인이 농업 부문을 운영하는 것과 마찬가지로 소수의 계획가만 남는 형태가 될 것이다. 문제인식이나 목표 설정, 최종 의사결정과 같은 가치판단의 영역은 정치인이 AI의 도움을 받아 직접 수행할 것이고, 계획가는 매우 제한적인 기능적 역할만을 담당할 것이다. 계획가의 역할은 AI 시스템의 유지·보수, 계획과정과 결과의 모니터링, AI가 수행하기 어려운 협의·의사소통 정도로 한정될 것이다.

현재로서는 AI를 도구로 활용함으로써 더 많은 일을 더 효율적으로 해내는 사회로의 전환이 계획가에게 가장 희망적인 전망일 것이다. 앞에서 AI가 업무의 질

은 향상시키지만 양과 속도의 개선에 있어서는 한계가 있다고 지적한 바 있는데, 그로 인해 계획가의 일자리는 대체로 유지될 것이라는 낙관론이 그것이다. 학술적으로는 AI가 상당수 일자리를 대체하지만 동시에 새로운 기회도 창출한다는 Hötte *et al.*(2022)의 견해가 그 근거를 이룬다. 이러한 시나리오는 원제무(2015)의 분류에 따르면 2단계 또는 3단계에 해당되는 상황으로 볼 수 있다.

지금은 상상도 할 수 없는 일이지만 1980년대까지만 해도 계획현장에서 컴퓨터의 활용은 전혀 이루어지지 않았다. 1990년대 이후 컴퓨터가 도입되면서 다양한 계산과 분석, 도면작업이 가능해졌다. 계획현장에서 엑셀이나 파워포인트는 물론 GIS나 그래픽 기술의 사용이 보편화되었다. 그럼에도 계획가나 계획 일이 줄어들었다는 이야기는 듣지 못했다. 이전에 비해 훨씬 수준 높은 계획을 통해 한층 까다로워진 계획문제를 다룰 수 있게 되었다. 이전에는 생각할 수 없었던 난이도 높은 분석과 계획의 실행이 가능해졌다. 이러한 관점에서 AI 기술의 보편화는 오히려 계획 일의 양적·질적 증가를 가져올 것이라 희망해 본다. AI는 이전에 계획가들을 괴롭혔던 무수히 많은 단순작업들로부터 계획가를 해방시키고 보다 가치 있고 중요한 계획 본연의 일에 매진하도록 지원할 것이다.[31] [그림 3-3]은 AI에 의해 대

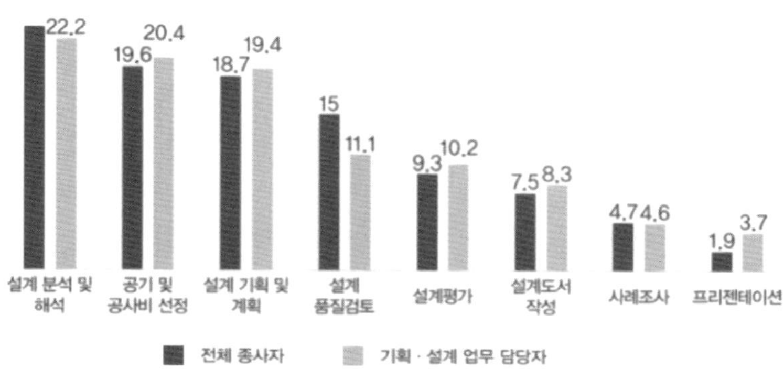

[그림 3-3] AI 도입이 가장 시급한 기획·설계 업무

출처: 원지선(2024)

---

31 필자는 1991~92년에 엔지니어링 회사에서 근무한 경험이 있다. 그때 신입직원의 계획일은 일일이 손으로 도면을 그리고 청사진을 굽고, 도면을 칼로 자르고 이어서 붙이거나 접어서 규격화하고, 마커로 색칠을 하고 글자를 따붙이는 일이 전부였다.

체되기 어려운 분야로 프리젠테이션 분야를 지곡한다. 즉, 사람을 만나서 설명하고, 설득하는 작업은 AI에 의해 대체되기 어려운 분야임을 알 수 있다. AI의 도입은 대화를 중시하는 진정한 의사소통적 계획과 실질적 주민참여로의 진전을 알리는 전조로 볼 수 있다.

제 4 부

계획의 접근모형

제 1 장

계획의 접근

접근방법이란 문제에 대한 이해방식과 해결방식을 의미한다. 따라서 계획의 접근방법이란 계획문제를 해결하기 위한 방안을 의미한다(김신복, 1999: 106). 이론적 차원에서 계획에는 다양한 접근방법이 존재한다. 여기서 유의해야 할 점은 제시되는 접근방법들은 하나의 이념형(idealtypus)으로서 극단의 모습을 보여준다는 점이다. 즉, 하나의 전형(典型)을 보여주는 것으로, 실재하는 계획접근은 양극단에 위치한 계획접근의 중간 어딘가에 위치하는 경우가 대부분이다.

팔루디(Faludi, 1973)는 계획의 접근을 청사진계획(blue-print planning) 대(對) 과정계획(process planning), 합리적 종합계획(rational comprehensive planning) 대 단절·점증계획(disjointed incremental planning), 규범계획(normative planning) 대 기능계획(functional planning)으로 구분한 바 있다. 허드슨(Hudson *et al.*, 1979)은 계획의 접근을 SITAR로 표현했는데, 이는 총괄계획(synoptic planning), 점진(증)적 계획(incremental planning), 교호(류)적 계획(transactive planning), 옹호계획(advocate planning), 급진계획(radical planning)의 앞 글자를 따서 붙인 명칭이다.

팔루디의 합리적 종합계획과 단절·점증계획은 허드슨의 총괄계획 및 점증계획과 각각 동일한 개념이다. 하나의 계획은 하나의 분류에만 해당되는 것이 아니라 여러 분류에 걸쳐서 존재할 수 있다. 즉, 합리적 종합계획이면서 청사진계획이고 동시에 규범계획일 수 있다. 본 절에서는 팔루디의 분류에 의한 설명을 먼저 살펴보고 이후 허드슨의 분류에 대해 살펴보겠다. 따라서 허드슨의 분류에 있어서 총괄계획 및 점증계획은 팔루디의 설명과 내용이 중복되므로 추가적인 설명은 생략하겠다.

제1절

팔루디의 분류

1. 청사진 계획과 과정중심 계획

청사진 계획은 우리의 전통적 '계획(plan)' 이해에 상응하는 계획으로, 결과 지향적인 성격을 갖는다. 계획내용은 집행이 이루어지기 전에 확정적이고 상세한 구상을 제시하는 형식으로 이루어진다. 구체적으로 내용이 명시되며, 수정이 불가능한 특성을 갖는다. 계획내용의 경직성으로 인해 상황변화가 심한 현대사회에는 부적합한 것으로 이해된다. 정보의 환류통제가 없기 때문에 계획의 오차나 실제와의 괴리를 바로잡기 어려운 관계로 순수한 의미의 청사진계획은 현실적으로 사멸했다고 볼 수 있다(김신복, 1999: 107). 사전확정적인 용도지역 도면이나 도면중심의 도시계획은 일종의 청사진계획이라고 볼 수 있다. 하지만, 이러한 도시계획 도면도 지속적으로 수정이 이루어진다는 점에서 순수한 의미의 청사진계획이라고 보기는 어렵다.

[그림 4-1]은 미국의 건축가 다니엘 번햄(Daniel Burnham)이 작성한 시카고 계획으로 청사진 계획의 전형이다. 20세기초까지 물리적 계획은 이처럼 도시의 미래상을 상세한 청사진을 통해 제시하는 작업으로 이해되었기 때문에 역설적으로 현실에 대한 적용이 거의 불가능해서, '실현되지 않는 계획(paper plan)'이라는 형용모순을 낳게 된다. 현대 도시계획은 사전 확정적인 물리적 형태에 대한 집착을 버리고 지속적인 변화를 과정 속에서 수용하는 방식으로 진화하고 있다.

과정중심 계획은 말 그대로 계획에 있어서 결과보다 과정을 중시하는 계획이다. 과정계획은 과정의 유연한 진행을 통해 불완전한 것을 완전한 방향으로 만들어가는 체계이다. 집행 도중 필요에 따라 계속적으로 수정·보완이 가능한 열린 체계(open-ended system)로서의 과정을 중심으로 계획이 작성된다. 과정의 진행에 있어서 지속적인 정보의 수집, 환류, 조정이 중요하게 고려된다(김신복, 1999: 107).

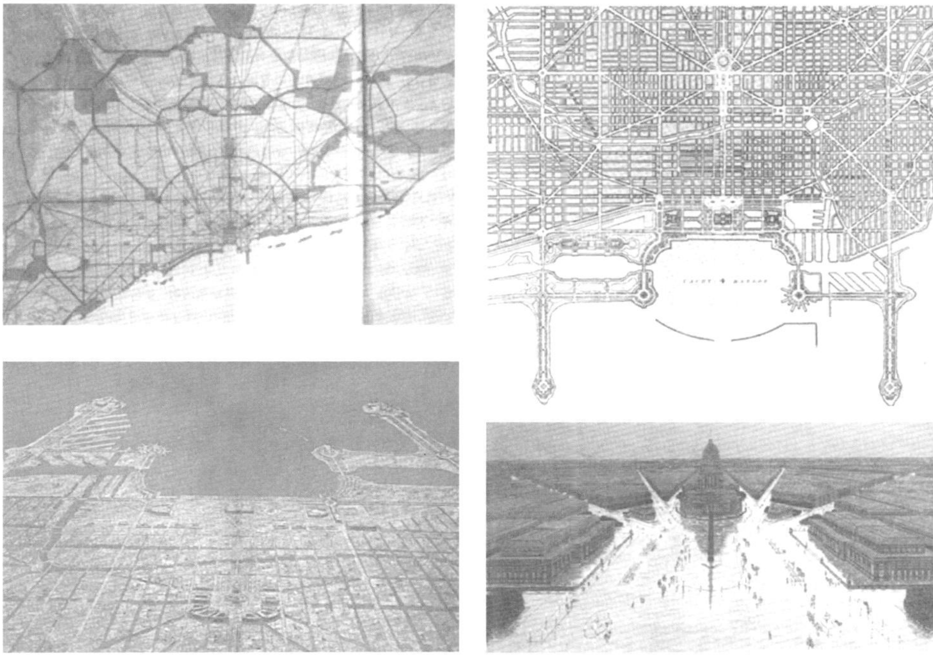

[그림 4-1] 다니엘 번햄의 시카고 계획

의견수렴과 참여를 강조한다는 점에서 다원주의 사회(분권적 민주사회)에 적합한 모델이다. 비판으로는 상황변화 시 마다 계획이 변경된다는 점, 정책의 일관성이 결여되어 있다는 점이 지적된다(김수영, 1997: 25).

현실에서는 계획과정이 중요하지만 결과로서의 계획문서 또한 중요하므로, 계획은 순수한 양극단이 아닌 중간 어디쯤에 위치하는 형태로 작성된다.

2. 합리적 · 종합적 접근과 단편적 · 점진적 접근

1) 합리적 · 종합적 접근

흔히 합리모형이라고도 한다. 합리모형은 최선의 합리적 대안을 인간이 만들어내고 선택할 수 있다는 인간 이성에 대한 낙관론에 기초하는데, 이는 르네상스 이후 정립된 근대정신의 반영이다. 이성을 토대로 더 나은 세계를 만들어내기 위해 분투한다는 점에서 계획은 본질적으로 근대적이다. 계획은 종종 스스로를 계몽정신의 진정한 후계자로 자임한다(Friedmann, 1987: 40). 이러한 배경에서 Mannheim (1940)은 계획을 "비합리성에 대한 합리성의 지배"라고 정의한 바 있다. 따라서 합리모형과 이를 신봉하는 계획은 근대정신의 구체적인 표현이라 할 수 있다.

합리모형은 근본주의적이며 이상주의적인 접근으로서 1950년대 이래 계획의 일반이론으로서 인식되어 왔다. 합리모형은 중앙집권적이고 하향적이며 엘리트주의적인 특징을 갖는다. 청사진 계획은 종종 합리적 계획의 최종 산물로 이해된다(대한국토·도시계획학회, 2016: 116). 합리모형은 여러 학자들에 의해 주창되었지만 이론으로서의 모형을 정립한 사람은 마이어슨과 반필드로 알려져 있다(Meyerson and Banfield, 1955). 합리모형에 대해서는 지금껏 여러 가지 문제점이 지적되었지만, 현실적으로 이를 대체할 만큼 유력한 대안이 제시되고 있지 못한 실정이다(Harris, 2002: 24).

합리모형은 다음과 같은 가정에 기반한다(김신복, 1999: 117; 정환용, 2001: 191-192). 첫째, 계획가는 '좋은' 계획이 무엇인지 안다. 좋은 계획은 바람직한 목표를 달성하기 위한 가장 적절한 수단의 제공을 통해 이루어진다. 따라서 목표와 수단의 분명한 규정이 필요하다. 둘째, 계획가는 완전한 정보와 지식을 가지고 있다. 셋째, 사회에는 구성원 모두에게 좋은 단일이익(unitary interest)이 존재한다. 넷째, 합리적 경제인(rational economic man) 가정에 기초하여 가치중립적이고 객관적인 의사결정이 가능하다. 다섯째, 최적안(optimal alternative)이 존재하며 계획을 통해 최적안을 도출할 수 있다. 여섯째, 분석은 관련된 모든 사항을 고려하여 종합적으로 이루어진다.

합리모형의 계획과정은 다음과 같다(김신복, 1999: 108; 정환용 2001: 192).

① 문제를 객관적·구체적으로 기술
② 목표를 세부적으로 규정(조작화)하고 계량화
③ 완전한 정보에 입각하여 상황을 분석
④ 데이터를 통해 과거의 추세를 파악하여 장래 예측
⑤ 가능한 모든 대안들을 추출
⑥ 예측한 내용을 집행함에 있어 문제가 예견되면 필요한 극복 수단 개발
⑦ 각 대안들의 비용과 효과를 종합적(근본적)으로 비교·분석

⑧ 객관적이고 합리적(가치중립적)인 기준에 의해 최적안을 선택
⑨ 선택대안을 가장 효율적·효과적으로 달성할 수 있는 집행계획 개발
⑩ 검토 및 평가

이 모형의 장점은 종합적 접근을 통해 체계적 관점을 유지할 수 있으며, 의사결정의 분명한 준거를 제공한다는 점이다. 또한 부분적 이익보다 공익에 높은 관심을 갖는다는 점에서 쇄신적 성격을 갖는다고 할 수 있다(정환용, 2001: 193).

합리모형에 대해서는 그 전제에서부터 실행에 이르기까지 광범위한 비판이 이루어지고 있다. 드로(Dror), 린드블럼(Lindblom), 사이먼(Simon) 등 다양한 학자들이 비판을 제기했다. 사실상 이후 등장하는 계획접근들은 모두 합리모형에 대한 대안이라고 할 수 있다.

다수의 학자들은 합리모형의 전제가 완전경쟁시장의 전제만큼이나 지나치게 이상적이고 규범적이어서 현실화될 수 없다고 지적한다. 극도로 단순화되고 폐쇄된 상황에서는 가능하겠지만, 대부분의 현실에서는 실현이 어렵다는 것이 일반적인 평가이다. Braybrooke and Lindblom(1963: 48－57)은 보다 구체적으로 인간능력의 한계(분석능력, 미래예측능력), 정보의 부정확성과 부족, 모든 대안의 조사에 필요한 엄청난 비용, 완전한 평가방법의 결여, 사실과 가치 간의 모호한 구분, 가치중립에 대한 회의 차원에서 합리모형은 한계를 갖는다고 지적한다. 또한, Sharkansky(1973: 53)는 주민요구의 다양성과 이질성, 정보수집의 한계, 계획가의 불완전성, 계획가 행태의 이질성으로 인해 합리모형의 이상이 실현될 수 없다고 지적한다.

노벨상 수상자인 사이먼(H. Simon)은 정보의 한계, 인지적 한계, 시간과 자원의 한계(제약)라는 현실적 이유를 들어 완전한 정보와 모든 대안의 고려라는 규범적 합리성이 실현될 수 없다고 주장한다. 그는 실제상황은 종합적이라기보다 제한적(bounded)이므로 만족화(satisficing)를 위해 노력할 수밖에 없다고 주장한다(Simon, 1957). 합리모형을 정립한 반필드까지도 장기적 미래에 대한 예측 능력 결여, 모두가 동의할 수 있는 목표의 부재, 다원적 정치체계, 목표를 달성하기 위한 효과적인 수단의 결여 등으로 인해 합리모형이 달성할 수 없는 이상에 불과하다는 비판을 제기한다(Banfield, 1961). 이성근(2006: 156)은 사회적 가치는 합의가 이루어지지 않으며 상호대립적이라는 점, 복잡한 현실환경에서 계획가가 사회적 가치를 정확히 평가하는 것은 불가능하다는 점, 계획가는 과거보다 진일보한 대안을 발견

하면 그것으로 만족하는 성향이 있다는 점, 개인적 선호에 따라 계획의 선택이 달라진다는 점, 완벽한 정보의 수집이 불가능하다는 점, 결과의 불확실성으로 인해 과거 계획으로부터 벗어나지 않으려는 성향이 있다는 점 등에서 합리모형의 실현이 불가능하다고 지적한다. 하지만 인공지능의 급속한 발전은 합리모형의 이상이 결코 실현 불가능한 꿈만은 아니라는 희망을 주고 있다.

2) 단편적 · 점진적 접근

흔히 점증(진)모형이라고도 한다. 다수의 학자들이 합리모형에 대한 비판으로 점진적 접근을 제안했지만, 이를 이론적으로 체계화한 이는 린드블럼(Lindblom)이다. 점증모형은 윤리적 일관성이나 최적의 해결책보다 계속적인 조정과 실용적 적응을 추구하는 접근방법이다(김신복, 1999: 111). Lindblom(1959)은 그의 점증모형을 muddling through(그럭저럭 헤쳐나가기)라고 호칭했다. 점증모형의 전제는 다음과 같다. 첫째, 인간의 지적능력은 한계가 있다. 둘째, 단일이익으로서의 공익은 존재하지 않는다. 셋째, 현상(현실)은 (합리모형이 생각하는 것처럼) 그렇게 나쁜 것이 아니다.

점증모형의 특징은 다음과 같다(김신복, 1999; 정환용, 2001; 정정길, 2002; 이성근, 2006: 157-158). 첫째, 인간능력의 한계와 기술적인 제약을 고려한 현실적이고 보수적인 접근방법이다. 따라서 최적의 결정이나 대안을 기대하지 않고 만족할 만한 대안을 찾아가는 방식을 취한다. 둘째, 현상을 긍정하여 현상보다 다소 개선되고 향상된 수준에서 결정이 이루어진다. 정정길(2002: 479)은 점증주의를 현존정책을 소폭 가감한 것이라고 특징짓는다. 즉, '새로운 정책=현존정책±α'라는 것이다. 셋째, 목표지향적이기보다 문제지향적이다. 따라서 완전한 사전계획 없이 그때그때의 상황에 맞춰 조금씩 문제를 개선해 나가는 접근을 취한다. 이러한 특성으로 인해, 점증주의는 근본적인 개혁을 추구하기보다 현재의 결함을 시정하는데 초점을 맞추게 된다. 넷째, 다원주의적 가치를 추구한다. 합리모형은 정책목표의 달성을 극대화하는 대안을 최선의 대안으로 보는데, 현실에서는 정책목표가 불분명한 경우가 많다. 하지만 점증주의는 정책 대안의 선택 기준으로 사회적 동의를 중시한다(정정길, 2002: 485). 보다 많은 동의를 이끌어낼수록 바람직한 대안이라고 보는 것이다. 즉, 정치적 합리성을 중시한다고 볼 수 있는데, 이는 이해관계자들의 타협에 의한 의사결정을 의미하므로 다원론적 민주주의의 이념을 배경으로 하고 있다고 볼 수 있다(정정길, 2002: 485).

다섯째, 모든 대안을 빠짐없이 검토하기보다는 한정된 수의 대안만을 선별하고, 이들에 대해서도 특징적 차이만을 고려하여 평가를 진행한다. 따라서 종합적 분석보다 새로 투입되는 비용과 그에 따른 효과만을 고려하는 한계적(marginal) 분석이 주된 분석방법으로 활용된다(대한국토·도시계획학회, 2016: 88). 여섯째, 과정계획적 성격이 강한 접근이다. 계획과정에서 이미 결정된 사항에 대해서도 지속적인 평가와 검토, 수정이 이루어지며, 필요한 경우 목표 자체도 수시로 변경된다. 또한 대안의 탐색평가 과정에서 나타나는 새로운 정보와 자료들이 지속적으로 포함된다. 점증모형은 문제를 일거에 해결하기보다는 점진적으로 개선해 나가는 구조를 가지므로, 목표설정에서 최종 선택에 이르는 분석과 평가 작업을 반복해서 연속적으로 수행하게 된다. 일곱째, 상황에 대한 대응이 중요하게 고려되기 때문에 이론에 대한 의존이 적고 실무적 차원의 비교·검토가 중시된다.

점증주의의 높은 현실성은 모형의 가장 큰 장점으로 인식된다. 점증주의 모형의 현실성은 다음과 같은 이유로 설명된다(이성근 2006: 158－159). 첫째, 계획가는 합리모형을 실행할 만큼의 시간, 정보, 능력을 보유하고 있지 못하다. 둘째, 완전히 새로운 계획결과는 높은 불확실성을 수반하므로 기존의 계획을 답습하는 것이 안전하다. 셋째, 기존 계획에는 상당한 투자(매몰비용: sunk cost)가 이루어졌으므로 이를 무시하고 근본적으로 새로운 계획을 수립하는 것은 현실적으로 쉽지 않다. 넷째, 점진적 접근은 전면적인 혁신을 꺼리는 관료사회나 정치권에서의 수용력이 높다. 다섯째, 점증모형은 일반적인 사람의 행태에 부합한다. 즉, 인간은 일반적으로 완벽함을 추구하기보다 부분적정화나 제한적 합리성을 추구하는데, 이는 점증주의의 중요한 특징이다.

점증모형에 대한 비판은 다음과 같다(김신복, 1999: 109; 정환용, 2001: 196－197; 이성근, 2006: 160). 첫째, 계획은 본질적으로 변화를 추구하는데 점증모형은 현상유지를 중시한다는 점에서 계획이라고 보기 어려운 측면이 있다. 둘째, 원칙 없이 그때그때 상황에 따른 적응이 이루어지므로, 계획이라기보다 상황모면에 가까운 임기응변이라고 평가할 수 있다. 셋째, 지나치게 보수적이고 기회주의적인 정책결정으로 평가할 수 있다. 넷째, 과거의 정책결정이 새로운 정책결정의 기준이 되곤 하는데, 과거의 결정이 타당한지에 대한 보장이 없다. 같은 맥락에서 전례가 없는 새로운 문제를 어떻게 다룰지에 대한 전략이 없다. 다섯째, 한정된 대안만을 고려하므로 중요한 대안이 간과될 수 있다. 여섯째, 정책결정 주체가 다원화된 사회에는 적합할 수 있으나 결정권이 집중된 체제에는 부적합하다. 일곱째, 결정이 타성으로 흐르기 쉬우며, 새로운 대안을 적극적으로 모색하는 노력을 소홀히 하기 쉽다. 여덟째, 현상은 강자에게 유리한 것이므로 약자의 목소리가 반영되기 어려운 측면이 있다. 아홉째, 점증주의가 추구하는 소폭 변화의 크기가 불분명하다. 열 번째, 컴퓨터의 활용과 분석기술 및 인공지능의 발전으로 합리모형에 가까운 의사결정이 가능해졌다. 열한 번째, 점증주의가 극단으로 가면 무계획으로 흐를 수 있다 (Alexander, 1979; 강태룡 · 정규서, 1999: 82).

3) 합리모형과 점증모형의 비교

합리모형이 이상적이며 근본적인 의사결정 모형이라면 점증모형은 현실적이며 지엽적인 접근이라 할 수 있다. 현실에서는 제공되는 자원과 요구되는 계획안의 심도 등을 고려하여 양 극단의 중간쯤에서 모형이 선택된다고 볼 수 있다. [표 4-1]은 두 접근의 차이점을 비교한 것이다.

[표 4-1] 합리모형과 점증모형의 비교

쟁점	합리모형	점증모형
가치관	이상주의, 엘리트주의	다원론, 실용주의
이론적 가치	높음	부족
출발점	제로 베이스에서 새로 시작 →완전실패 가능성	기존의 경험과 선례로부터 시작 →무난한 성취
자원	풍부한 자원 요구	자원의 제한성 인정
연구시간	충분한 연구시간 필요	제한된 연구시간 인정
현상에 대한 인식	의심/개선	긍정/유지
대안의 고려	포괄적 정책대안	제한된 정책대안
대안의 분석	종합적(comprehensive)	한계적(marginal)
현실성	낮음	높음

3. 규범적 계획(normative planning)과 기능적 계획(functional planning)

이 두 개념은 원래 Friedmann(1973)에 의해 제안된 계획유형이다. 규범적 계획은 목표설정과 활동영역의 개선을 주로 다루는 상위계획을 의미한다. '어떻게(how to)'보다도 '무엇을(what to)' 해야 할 것인가에 중점을 두는 계획으로, 체제가 지향하는 방향을 합리적으로 설정하는 데에 목적을 둔다(김신복, 1999: 109). Friedmann(1973)은 이에 대해 쇄신적 계획(innovative planning)이라는 명칭을 부여하였다. 우리나라의 계획으로는 국토종합계획과 도시기본계획이 여기에 해당된다고 볼 수 있다.

기능적 계획은 목표는 외부에서 주어지는 것으로 받아들이고 그 목표를 실현하기 위한 수단의 합리성만을 추구하는 하위계획을 의미한다. 주로 '어떻게' 주어진 목표를 달성할 것인가에 관심을 둔다. Friedmann(1973)은 이를 배분적 계획(allocative planning)으로 지칭하였는데, 적응적 계획(adaptive planning)으로도 불린다. 우리나라 계획으로는 도시관리계획이 여기에 해당된다고 볼 수 있다.

제2절

허드슨의 분류

이미 언급하였듯이 허드슨은 두문자(acronym) SITAR로 계획유형을 분류하였는데, 이 중 총괄계획(synoptic planing)과 점증계획(incremental planning)에 대해서는 이미 언급한 셈이므로 나머지 세 개 유형에 대해서만 논의를 하도록 하겠다.

1. 교호적(交互的) 계획(transcative planning)

교류적 계획이라고도 한다. Friedmann(1973)에 의해 제시된 계획유형으로 계획가가 계획결정에 의해 영향을 받는 사람이나 집단과의 교류 및 대화를 통해서 계획을 수립하는 접근이다. 1980년대 이후 등장하는 의사소통적 계획이나 협력적 계획과 유사하지만,[1] 그 철학적 배경은 상이하다. 다른 두 이론이 하버마스의 의사소통적 합리성에 기반을 둔 것이라면, 교호적 계획은 듀이(Dewy) 이래 발전되어 온 실용주의(pragmatism)와 사회학습(social learning) 전통의 산물이라고 할 수 있다(Friedmann, 1987). 즉, 이론적 기반에 있어 미국의 실용주의 철학과 대륙의 비판이론이라는 차이가 있다. 주창자인 프리드먼은 교호적 계획을 사회학습 모형으로 한정시키지 않고 급진계획으로까지 확장시키고 있는데, 이는 "행함으로써 배운다(learning by doing)"는 마오쩌뚱의 '실천론'으로부터 영감을 얻은 것이다(Friedmann, 1987).

이 모형은 계획가와 주민의 상호 학습을 중시하며, 주민들의 계획과정으로의 직접 참여를 고무한다. 따라서 주민들이 자신들의 복지에 관한 의사결정 및 집행과정에 참여하고 영향력을 발휘할 것을 적극 권장한다(김신복, 1999: 112). Friedmann(1992)은 이를 'empowerment'[2]라는 용어로 표현했다. 이 계획은 사회학습 모형에서 시작된 관계로 추구하는 목적도 다른 계획접근과 달리 설정된 목표의 달성뿐 아니라 개인 및 조직차원의 발전과정에 강조점을 둔다(김신복, 1999: 112). 계획의 평가 역시도 재화와 용역의 생산·배분뿐 아니라 개인의 존엄성과 가치관, 협력과 관용 등 사회심리적 차원에서의 영향을 중시한다(김신복, 1999: 112).

초기의 교호적 계획은 계획가와 주민 간의 관계 측면에서 쌍방향(two-way) 대화모형으로 이해할 수 있다. 하지만 이후 프리드먼이 '급진계획'으로 개념의 범위를 확장시키면서 이해관계자의 관련성이 다면적(multi-way) 관계로 확장되는 것을 볼 수 있다. 즉, 의사소통적 계획이 추구하는 것처럼 다양한 이해관계자의 의견을 조정하고 수렴하는 내용으로 범위가 확장되었다고 볼 수 있다(Friedmann, 1987). 따라서, 교호적 계획과 의사소통적 계획 간의 차이는 현실적으로 없다고 해도 과언이 아니다.

이 계획의 장점은 주민들에게 충분한 정보가 제공되며, 계획에 의해 영향을 받는 주민 스스로가 의사결정의 주체로 설 수 있다는 점이다. 또한 구조적 배제가 이루어지기 쉬운 사회적 약자의 이해관계가 충분히 고려될 수 있다는 점도 장점으

1 Hall(1989)은 의사소통적 계획이 옹호계획과 가깝다고 평가했지만, 필자는 의사소통적 계획의 핵심이 담화(communication)라는 점에서 교호적 계획과 가깝다고 생각한다.

2 권한 부여, 역량 강화, 자기 결정권 회복, 주체성 강화 등으로 번역할 수 있다.

로 볼 수 있다. 단점으로는 시간과 비용의 제약을 지적할 수 있다.

2. 옹호계획(advocacy planning)

창도적(唱導的) 계획이라고도 한다. 영어 advocacy는 라틴어 *vocare*(부르다)에서 유래한 단어로 '창도'라는 표현 역시 이에 근거를 둔 번역이다. 하지만 옹호계획의 advocacy는 변호사를 뜻하는 advocate에서 직접적으로 나온 단어로 보아야 한다. 옹호계획은 데비도프(Paul Davidoff)에 의해 주창되었는데, 데비도프는 University of Pennsylvania에서 도시계획 석사(MUP)와 법학박사(JD) 학위를 취득한 도시계획 전문 변호사였다. 옹호계획의 등장은 베트남 전쟁과 미국 민권운동의 부상으로부터 큰 영향을 받았다. Catanese and Snyder(1984: 38)는 옹호계획을 '미국판 사회주의 운동'이라고 칭했지만 이는 지나친 과장이다. 데비도프의 논문 제목, "Advocacy and Pluralism in Planning"이 암시하듯 옹호계획의 인식론적 기조는 다원주의에 있기 때문이다.

데비도프는 법조계의 원리처럼 도시계획가가 의뢰인을 위해 일해야 한다고 생각했다. 즉, 도시계획이 추구해야 하는 단일한 공익이 정해져 있는 것이 아니라 사회의 여러 가치 중 도시계획가가 옳다고 생각하는 가치를 선택해서 이를 옹호하는 역할을 수행해야 한다고 주장했다(Alexander, 1993: 104). 이를 통해 데비도프의 옹호계획이 다원주의적 가치관에 근거한다는 사실을 확인할 수 있다(정환용, 2001: 201). 데비도프는 백인, 부유층의 경우 특별한 도움이 필요 없지만, 사회적 약자인 흑인, 저소득층의 경우 도시계획가에 의해 이익이 옹호되어야 권익의 균형이 이루어진다는 차원에서 옹호계획가의 고객은 흑인, 저소득층이라고 주장하였다(Alexander, 1993: 105).

계획이론 분야에서 옹호계획의 가장 큰 기여는 합리모형에서 일방적으로 규정되어온 단일이익과 계획의 가치중립성을 부정하고 다원적 가치가 존재함을 보여주었다는 점에서 찾아진다. 또한 계획이 사회정의를 실현할 수 있는 구체적인 방안임을 보여주었다는 점과 계획과정을 투명하게 만드는 데 기여했다는 점 등이 계획이론에의 기여로 인정된다. 옹호계획의 부상은 계획의 기술적 측면에만 치중해온 비정치적 합리모형과의 결별을 의미한다.

옹호계획에 의해 계획과정에서 다양한 가치들이 대등한 권한을 가지고 경쟁을 벌임으로써 계획결과에 있어 이익의 균형을 이끌어낼 수 있게 되었다. 옹호계획은 또한 계획과정을 막후 협상에서 공개적인 과정으로 끌어냈다는 점에서 의의를 갖는다(김신복, 1999: 113). 이를 통해 주민의 알 권리를 신장시킴으로써 개방적이고 민주적인 의사결정이 이루어질 수 있는 토대를 마련한 것으로 평가할 수 있다. 데비도프는 옹호계획을 통해 계획가가 참여민주주의와 사회개혁을 실현하고 사회의 빈곤과 인종주의를 극복하며 빈부의 격차를 줄이는 데 기여할 것이라고 생각했다(정환용, 2001: 203).

옹호계획의 약점은 법적 옹호와 계획과정은 유사성보다 차별성이 크다는 점에서 찾아진다(정환용, 2001: 203). 계획가는 의뢰인을 위해 싸우는 변호사라기보다 정책분석가에 가깝다. 데비도프는 옹호계획가가 선험적으로 사회적 약자의 이익을 옹호해야 한다고 했지만, 그 정당성에 대해서는 언급하지 않았다. 다원론을 추구하는 옹호계획에서 사회적 약자의 이익은 여러 개의 집단이익 중 하나일 뿐이다. 경쟁에 의해 채택되는 집단이익이 사회전체적으로 옳은지 여부에 대해 옹호계획은 판단할 의지도 기준도 갖고 있지 못하다. 따라서 옹호계획가의 인식은 합리성이 아닌 당파성에 근거한다고 볼 수 있다.

옹호계획은 1960년대라는 시대적 분위기의 산물로서, 존슨(Johnson) 행정부가 추진한 '빈곤과의 전쟁'의 일환인 Model Cities Program으로 구체화되었다. 하지만, 특기할 만한 성과를 제시하지 못했고, 결과적으로 사회의식은 과잉하지만 기술적으로는 미숙한 계획가들을 양산했다는 비판을 받게 된다(Catanese and Snyder, 1984: 38).

옹호계획이 현실적으로 한계가 있는 것은 분명하지만 계획사고에 큰 영향을 미친 점은 부인하기 어렵다(정환용, 2001: 204). 선험적 공익의 정당성을 다시 한 번 재검토하도록 했고 사회적 약자의 목소리에 귀 기울이도록 했다. 이러한 옹호계획의 전통을 배경으로 형평계획(equity planning)과 앞서 언급한 교호적 계획이 등장하였다. 형평계획은 옹호계획처럼 특정 집단이익을 옹호하는 것이 아니라 지역사회 내에서 권력과 자원의 형평한 재분배를 추구했다. 특히 도시정부 내의 관료로서 이를 추구했다는 점에서 의의를 갖는다. 그 대표적 인물이 크룸홀츠(Krumholz)인데, 그는 1969년부터 1979년까지 클리블랜드(Cleveland) 시의 도시계획 국장으로

일하면서 형평계획을 구체화시켰다. 크룸홀츠는 도시계획국장으로서 세 명의 시장과 함께 일했는데, 그들은 진보적이기도 하고 보수적이기도 했지만 클리블랜드 시 도시계획국은 주택, 고용, 교통 등 도시자원의 재분배에 있어서 적극적이고 개입주의적인 활동을 일관되게 추진한 것으로 평가된다(Krumholz, 1982).

3. 급진계획(radical planning)

허드슨은 지엽적이고 현상적인 지역사회의 문제보다 사회의 구조적인 문제를 해결하고자 하는 계획을 '급진계획'으로 규정한다(김신복, 1999: 113). 급진계획의 철학적 근거는 다소 모호하지만 다음 두 가지로부터 찾을 수 있다(대한국토·도시계획학회, 2007: 122). 첫째는 알린스키(Saul Alinsky)의 급진주의로서, 개인적이고 실용적인 행동주의(spontaneous activism)로서의 성격을 갖는다. 이는 교호적 계획과 마찬가지로 개인의 발전, 협동정신, 권위로부터의 자유를 강조하지만 집단행동을 통해 구체적이고 실체적인 결과를 얻어내려고 하는 경향이 있다. 둘째는 사회경제 체제에 대한 비판적 분석에서 비롯된 조류로, 급진 사회주의 사상이 그 이론적 기반을 이룬다.

Friedmann(1987)은 급진계획을 사회적 억압으로부터 인간성을 해방시키는 작업으로 규정한다. 특히, 관료주의적 정부와 대기업으로부터의 억압에 대한 저항이 강조된다. 급진계획은 사회학습 및 사회동원 전통을 계승한 접근으로 이해되며, 그 고객은 다양한 대안 공동체들로 설명된다. 급진계획가는 현실에 대한 비판적 해석을 통해 현실을 변혁할 수 있는 대안을 제시하는 실천자로 이해된다. 결국 Friedmann(1987)이 제안하는 급진계획의 내용은 Friedmann(1973)이 이전에 주장했던 교호적 계획을 정치적으로 급진화시킨 것이라고 볼 수 있다.

급진계획의 문제점은 스스로 계획의 개념을 모호하게 만들고 있다는 것이다. 우선 실행주체와 고객, 계획대상과 실행자원의 모호성을 지적할 수 있다. 보다 근본적으로는 혁명 또는 사회를 변혁하기 위한 정치적 실천이 계획의 일부라면 인간이 수행하는 모든 행위 역시 계획이라고 규정할 수 있을 것이다.

제 2 장

합리모형의 대안

전술하였듯이 합리모형은 오랜 시간 가장 유력한 계획이론으로 자리매김해 왔다. 하지만, 지나치게 이상적인 접근으로 인해, 그 실현이 불가능하다는 점에서 다양한 대안들이 제시되었다. 따라서 합리모형은 사실상 현존하는 모든 계획이론의 모태로서 기능해 왔다고 해도 과언이 아니다. 전술한 점증주의나 옹호계획, 교호적 계획 모두 합리모형에 대한 대안으로 제시되었다고 볼 수 있다. 점증주의는 그 가장 유력한 대안이라 할 수 있다. 하지만 점증모형 역시도 많은 단점을 갖고 있다. 결국, 합리모형과 점증모형의 중간에서 두 모형의 장점을 살리고 단점을 보완하고자 하는 다양한 시도들이 이루어졌다. 본 절에서는 이미 언급한 접근은 생략하고 기타 합리모형의 대안에 대해 살펴보고자 한다.

제1절

전통적 의사결정 모형

1. 최적모형

최적모형은 드로(Dror)에 의해 주창된 규범적 모형이다. 이 모형은 계량적 요인 외에 질적 내용을 포괄하며 보다 향상된 활동을 위한 노력, 즉 환류(feed－back)

작용을 강조한다(강태룡·정규서, 1999: 123). 최적고형은 점증모형과 합리모형 양자에 대한 비판과 혼합의 성격을 갖는데, 합리모형에 보다 가까운 모형으로 평가된다(정환용, 2001: 381).

최적모형의 가장 큰 특징은 합리모형이 추구하는 경제적 합리성과 함께 초합리적 요인을 함께 고려한다는 점이다. 여기서 '초합리성(extra−rationality)'이란 직관이나 판단과 같은 인간의식 저변에 존재하는 반(半)무의식적 요소로 정의된다(정정길, 2002: 501). 드로는 두 개의 합리성이 모두 중요하며, 양자가 모두 이용되어야 보다 바람직한 계획결정이 이루어질 수 있다고 주장했다(이성근, 2006: 164). 드로는 다만 합리모형에 따라 정책을 결정했을 때 소요되는 노력, 시간, 정보수집비 등의 비용을 고려하여, 비용보다 편익이 많은 경우 순수 합리모형을 적용해야 한다고 주장했다(정정길, 2002: 500). 반면에 선례가 없는 문제이거나 매우 중요한 문제의 해결을 위해서는 경제적 합리성 외에 초합리성을 함께 고려해야 한다는 입장을 개진했다.

드로가 주장하는 초합리성의 장점은 다음과 같다(정정길, 2002: 501). 첫째, 정책결정을 위한 자원·시간·능력이 부족하고 상황이 불확실한 경우, 정책결정자의 직관이나 통찰력에 따라 결정을 내리는 것이 바람직한 경우가 많은데, 이는 정책결정자가 많은 의사결정 경험을 통해 자신만의 노하우를 갖추고 있기 때문에 가능한 것이다.[3] 둘째, 새로운 정책대안 개발시 초합리성에 의거한 창의성(idea)이 필요한 경우가 많다. 셋째, 초합리성은 발견적 방법(heuristics)을 통해 종종 합리모형보다 더 나은 결과를 제시하기도 한다. 하지만, 드로가 초합리성이 합리성보다 중요하다고 주장한 것은 아니다(정정길, 2002: 502). 그는 오히려 합리성이 더 중요하다고 주장했는데, 다만 "초합리성이 너무 무시되고 있으므로" 이를 강조하는 차원에서 초합리성을 언급한 것이라고 설명했다.

최적모형에 대한 평가는 다음과 같다(정정길, 2002: 503). 첫째, 비용과 편익을 감안하여 합리모형을 적용해야 한다는 주장은 합리적이다. 둘째, 정책분야에서 초합리적 요소가 의사결정에 기여한다는 지적은 드로의 공헌이다. 셋째, 여타 이론이 의사결정에 국한된 이론이라면, 최적화이론은 정책결정의 패러다임을 정립한 이론으로 평가된다(강태룡·정규서, 1999: 124). 문제점으로는 첫째, 초합리성의 개념이 모호하다는 점을 지적할 수 있다. 같은 맥락에서 초합리성의 달성 방법 역시 모호하다(정환용, 2001:

3 우리는 종종 이러한 노하우를 비체계적 지식이라는 점에서 '암묵지(暗默知)'라고 부른다.

383). 둘째, 초합리성을 지나치게 강조하면 신비주의에 빠질 우려가 있고, 주먹구구식 결정을 합리화할 가능성이 크다(정정길, 2002: 503). 또한 초합리성의 이름으로 엘리트 집단에 의한 비민주적 정책결정을 정당화할 위험이 있다는 점을 지적할 수 있다.

2. 혼합주사(混合走査) 모형(mixed scanning model)

절충탐색 전략이라고도 한다. 혼합주사 모형은 미국의 사회학자 에치오니(A. Etzioni)에 의해 제안되었다. 그는 합리모형과 점증모형을 양극단으로 보고 두 모형을 통합한 현실적인 모형의 필요성을 제기했다. 그는 합리모형이 지나치게 이상적이라면 그 반동으로 제기되는 점증주의 전략은 너무 보수적이고 근시안적이라고 주장했다(김신복, 1999: 120).

그는 인공위성을 이용한 허리케인 관측의 예를 들어 두 모형의 통합을 주장했다. 공간 전체를 상세하게 점검하고자 하는 합리모형이나 기존의 데이터를 기반으로 제한된 몇 개의 지역에만 초점을 맞추는 점증모형 모두 불완전하다는 것이다. 에치오니는 두 개의 다른 카메라 렌즈를 이용해 허리케인을 탐지하는 비유를 통해 혼합주사 모형을 설명한다(정환용, 2001: 197). 우선 광각렌즈를 이용해서 공간 전체를 조망한 후, 이상이 감지된 특정 영역에 대해서는 세부적인 망원렌즈를 이용해서 면밀하게 조사를 실시한다는 것이다.

이처럼 에치오니는 의사결정을 기본적(근본적) 방향을 설정하는 고차적이고 기본적인 결정과 그 안에서 세부적(지엽적)인 사항을 다루는 하부결정으로 나누어 접근방법을 달리해야 한다고 주장했다(김신복, 1999: 120). 혼합주사 모형의 틀에서, 기본적 결정을 할 때는 광범위한 영역을 종합적으로 탐색하여 전반적인 방향을 설정하나, 세부적인 문제는 고려하지 않는다. 기본적 방향설정 후에는, 그 틀 속에서 면밀한 탐색을 실시한다. 모든 관련 대안을 검토하고 문제가 있는 것을 제외하는 과정을 반복함으로써 하나의 대안만 남을 때까지 과정을 계속 진행한다(정환용, 2001: 198). [표 4-2]는 혼합주사 모형의 개념을 정리한 것이다(정정길, 2002, 494).

에치오니는 혼합주사 모형이 지엽적 결정에서의 점증주의를 통해 합리주의의 비현실적 측면을 극복하며, 근본적 결정에서의 합리주의를 통해 점증주의의 보수적 편향을 시정할 수 있다고 주장하였다. 에치오니는 그의 혼합주사 모형이 기술

[표 4-2] 혼합주사의 원리

	고려한 대안	예측할 대안의 결과
근본적 결정	중요한 대안을 포괄적으로 모두 고려(합리적 종합모형)	중요한 결과만 개괄적으로 예측, 미세한 세목은 무시 (합리모형의 엄밀성 극복)
세부적 결정	근본적 결정의 테두리 내에서 소수의 대안만 고려(점증주의)	여러 가지 결과의 세밀한 분석 (합리적 종합모형)

출처: 정정길(2002: 494)

적·경제적이면서도 규범적·처방적 성격을 지닌, 합리모형과 점증모형의 변증법적 통합 모형이라고 주장하였다(정정길, 2002: 495).

혼합주사 모형의 장점은 실무 적용 가능성이 높다는 점이다. 혼합주사 모형의 문제점으로는 첫째, 독창적인 새로운 모형이 아니라 두 유력모형의 단순한 절충에 불과하다는 지적이 제기된다. 둘째, 개념상으로는 구분이 용이하나, 실제로는 기본적 결정과 세부적 결정을 명확히 구분하기 어렵다는 문제가 있다(김신복, 1999: 121). 셋째, 정정길(2002: 497)은 에치오니가 혼합주사 모형을 합리모형과 점증모형의 변증법적 통합 모형이라고 주장했지만, 실제로는 합리모형의 일부 원칙을 완화시킨 변형에 불과하다는 지적을 한다.

3. 만족화(satisficing) 전략

만족모형은 노벨 경제학상 수상자인 사이먼(H. Simon)에 의해 제안되었다(Simon, 1957). 여기서 'satisficing'은 사이먼이 만든 조어로 satisfying+sufficing을 의미한다. 그 의미는 "그 정도면 충분하다", "충분히 만족스러운 수준이다" 정도로 해석된다(정정길, 2002: 469).

합리모형의 중요한 약점은 모든 대안을 탐색하고 결과를 예측하는 것이 사실상 불가능하기 때문에 역설적으로 합리적 판단이 어렵다는 것이다. 만족모형은 이에 대한 대안으로 '제한된 합리성(bounded rationality)'에 기준을 두는 전략을 제안한다. 만족화 전략은 모든 대안이 초래할 결과를 완전히 예측하기에는 인간의 능력에 한계가 있다는 인식에 기초한다.

현실의 의사결정자는 외부환경의 모든 문제를 완전히 이해할 수 없으므로 이를 간소화해서 중요하다고 판단되는 일부분만을 관심 대상으로 고려한다(정환용, 2001: 381). 완전한 정보를 갖기도 어렵거니와 철저히 객관적 기준에만 근거해서 결정을 내리는 것도 불가능하다(김신복, 1999: 121). 따라서 의사결정자는 최적안이 아니라 주관적으로 만족하는 대안을 선택하게 된다(김신복, 1999: 121). 즉, 미리 설정한 일정한 기준을 충족하는 대안들 중에서, 주관적으로 만족스럽다고 판단되는 대안을 선택하게 되는 것이다. 만족모형의 지지자들은 현실에서 인간은 극히 제한된 수의 대안만을 인지하고 있으며, 그나마도 각 대안의 결과를 부분적으로만 예측할 수 있기 때문에, 최적의 대안이 아닌 만족스러운 대안을 선택하는 것이 현실이라고 주장한다.

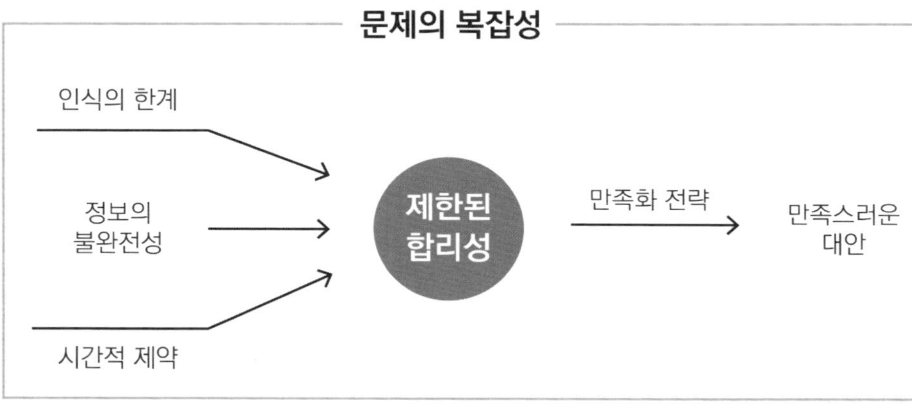

[그림 4-2] 제한된 합리성과 만족화 전략의 개념

일례로서 주가변동 시 투자자는 주식을 매도해야 할지, 계속 보유해야 할지를 고민한다. 워낙 변수가 많은 데다 완벽한 예측이 불가능한 상황에서 투자자가 할 수 있는 합리적 선택은 수용할 수 있는 적정선에서 매도를 하는 것이다. 하지만, 그 이후에 가격은 더 오를 수도 있고, 더 떨어질 수도 있다. 투자자의 판단의 근거는 단순히 만족수준을 충족했다는 것에 있다. 아주 일상적인 또 다른 예로서 주차공간과 관련된 경우도 생각할 수 있다. 되도록 적게 걷고 싶은 운전자는 목적하는 건물 가까운 곳에 주차를 하고 싶어 한다. 주차장 입구에서 안쪽으로 이동하는 동안 비어 있는 주차공간을 발견할 경우, 운전자는 의사결정을 해야 한다. 주차를 할 것인가, 더 가까운 곳으로 갈

것인가? 계속 주행을 했는데, 주차공간을 발견하지 못할 경우 지나쳐온 주차공간은 사라질 수 있다. 또한 멈추어서 주차를 할 경우에도 걸어서 건물까지 가는 동안에 비어 있는 주차공간을 발견할 수 있다. 결국 정보의 불확실성 속에서 판단의 기준은 주관적인 만족수준에서 이루어질 수밖에 없다.

만족모형은 점증모형과 전제 및 인식론적 기반을 공유한다. 실제로 일부 학자들은 두 모형을 동일한 접근으로 간주하기도 한다(Dror, 1968; Dye, 2005). 따라서, 만족모형도 점증모형과 유사하게 대안탐색에 있어서 모든 대안을 포괄적으로 탐색하지 않고, 주위에서 쉽게 찾을 수 있는 대안을 우선적으로 검토한다(정환용, 2001: 381). 또한 복잡한 상황을 단순화시키고 가장 중요하다고 생각하는 요소들만을 고려하여 대안의 결과를 예측하려고 하는 경향이 있다(정정길, 2002: 471). 이때 기준 선택이나 판단에 있어서 주관과 심리적 요인이 개재되는 것이 불가피한데, 만족모형에서는 이를 인간의 인지능력 상의 제약으로 인해 나타나는 구조적 한계로 간주한다.

사이먼의 만족모형은 합리모형에 대한 최초의 심각한 도전으로서 큰 의미를 갖는다(정정길, 2002: 471). 린드블럼의 점증모형 역시 사이먼의 이론적 영향을 바탕으로 형성된 것으로 이해된다. 만족모형의 가장 큰 의의는 의사결정이 비용(탐색비용)을 수반하는 작업임을 분명히 했다는 점에서 찾아진다(정정길, 2002: 471). 즉, 정보를 수집하고 모형을 작성하는 데 많은 시간과 경비가 소요되고 의사결정자의 노력이 요구됨을 밝혔다는 점에서 의의를 갖는다.

만족모형의 가장 큰 문제점은 의사결정을 위한 근거와 타당성이 결여되어 있어서 지나치게 주관적이라는 것이다. 따라서 개인적 의사결정에는 적합할지 몰라도 조직이나 지역사회의 문제에 적용하는 데에는 한계가 있다고 할 수 있다(정환용, 2001: 381). 같은 맥락에서, '만족안'에서 만족의 수준이 불분명하다는 점을 지적할 수 있다. 이와 함께 대안선택에 있어서 현실만족적(현실타협적)인 성향이 강해서 보수적이며 쇄신적 문제해결에 부적합하다는 점을 지적할 수 있다(정환용, 2001: 381). 또한 만족안을 찾은 후 탐색을 중단하게 되는데 이는 더 중요한 대안이 고려되지 않는 결과로 이어질 수 있다(정정길, 2002: 472). 이러한 문제점들은 점증주의에서도 공히 발견되는 한계로서, 만족모형이 점증주의와 동일한 인식체계에 기반하고 있음을 보여준다.

4. 관례화(routinization) 전략

계획과정에는 수없이 많은 대소결정이 존재하는데, 이는 인간의 의사결정 능력의 한계로 인해 합리모형이 추구하는 최적결정을 저해하는 결과로 이어진다. 관례화 전략은 이러한 합리모형의 문제를 해결하고자 전체 계획과정을 몇 개의 유형으로 구분해서, 기계적 · 관례화(routinized) 과정으로 만드는 방안이다(김신복, 1999: 122).

예를 들어 기존의 용도지역 결정이 주관적인 판단에 의존한다는 인식하에 용도지역을 기계적으로 결정하는 프로그램을 구축하는 경우를 고려할 수 있다. 독립변수로서 지목, 토지이용 현황, 표고, 식생, 건축물밀도, 주변 개발현황, 상주인구 및 유동인구 수, 통행차량 대수, 지가/임대료, 전면 가로폭, 보행로 폭, 토지적성, 역세권 여부, 생활권 위계, 도심까지의 거리 등의 자료를 입력하고 가중치를 적용한 후, 도출된 결과 값을 일정한 범위(band)로 구간화하여 용도지역을 자동 부여하는 방식이다. 가중치 적용 방법으로는 통상 AHP(Analytic Hierarchy Process)가 사용되나, 이는 인간의 주관이 개입될 가능성이 크므로, 인간의 판단을 배제하기를 원한다면, 엔트로피(Entropy), 주성분분석(Principal Component Analysis), CRITIC(Criteria Importance Through Intercriteria Correlation) 등 데이터 기반의 통계적 방법을 활용할 수 있다. 용도지역의 설정 외에도 기피시설 입지에 따른 보상범위 및 보상금액의 결정, 개발사업에 따른 우발이익의 산정 및 영향범위의 설정 등에도 헤도닉 가격 모형(hedonic price model)의 원용을 통한 관례화 전략의 적용이 가능하다.

이러한 접근은 계획가의 주관과 편향을 배제할 수 있으며, 자동화된 프로그램(SOP: Standard Operating Procedure)의 운영을 통해 투입되는 시간과 노력을 절감할 수 있다는 장점이 있다. 과거 관례화 전략은 주로 일상적이고 반복적인 사무에 제한적으로 적용되는 접근으로 치부되어 왔으나, 최근 인공지능 기술의 급속한 발전으로 인해 그 활용 가능성에 대한 관심이 증가하고 있다. 인공지능 기술의 가능성과 한계에 대해서는 제3부 2장 4절의 내용을 참고하기 바란다.

관례화 전략은 흔히 모든 계획문제는 고유하므로 동일한 접근이 불가능하다는 측면에서 비판을 받아 왔다. 그러나 인공지능 기술의 비약적 발전을 전제로 했을 때, 사회변화와 지역특성을 충분히 반영해서 투입변수를 지속적으로 개선해 나갈 수 있다면, 계획가의 직관에 의한 결정보다 합리적인 결과를 도출할 수 있을 것으로 기대된다.

5. 무계획(non-planning)

무계획을 주장하는 이들은 인간의 행위와 상호작용이 최소한의 규제를 통해 사회적인 최적상태에 도달할 수 있다고 믿는다(Alexander, 1979: 105). 여기서 유의해야 할 점은 무계획이 단어 그대로 '계획의 부재'를 의미하는 것은 아니라는 점이다. 엄밀히 말해서 무계획은 "집중화된 의사결정에 대한 의도적 거부"를 지향하는 조류로 이해할 수 있다. 무계획은 시장주의적인 뉴라이트 조류에서부터 사회주의적 성향의 아나키즘(anarchism)에 이르기까지 대단히 넓은 사상적 스펙트럼 위에 놓여 있다(Friedmann, 1987). 현상을 긍정하는 점증모형 역시도 무계획의 큰 틀 안에 포함된다(Alexander, 1979: 105). 이처럼 무계획은 다양한 인식론적 토대 위에 서 있지만 '방임주의'라는 지향점을 공유한다.

무계획론자들이 고려하는 대안은 두 가지이다. 첫 번째는 시장주의자들이 주장하는 시장에 의한 자율조절로서 이들은 '자율조절의 편익－자율조절의 비용＞계획의 편익－계획의 비용'의 부등식이 성립된다고 믿는다. 따라서 그들은 종종 시장의 결함을 교정하려고 노력하는 것보다 그대로 수용하는 편이 낫다고 주장하는데, 이는 그 과정에서 요구되는 비용과 불확실성이 얻어지는 편익보다 크다고 생각하기 때문이다(Pearce *et al.*, 1978). 용도지역제를 갖고 있지 않은 휴스턴(Houston) 시는 시장지향적 무계획의 전형으로 종종 언급된다. 두 번째는 크로포트킨(Kropotkin) 등 일부 아나키스트들이 주장하는 무계획으로서 소규모 공동체들의 자조적이고 협력적인 관리가 그것이다(Friedmann, 1987). 아나키스트들은 본질적으로 모든 권위와 위계를 거부하기 때문에 통제성을 중요한 특징으로 하는 전통적 계획은 아나키즘과 양립하기 어렵다고 할 수 있다.

[표 4－3]은 합리모형, 점증모형과 무계획의 특징을 비교한 것이다.

[표 4-3] 주요 계획 접근모형의 비교

	합리모형	점증모형	무계획
사상적 기반	계몽주의, 신고전파경제학, 체계이론(system theory)	실용주의, 자유주의, 다원주의	자유지상주의(libertari-anism), 아나키즘
계획 주체	전문가, 관료조직	조직 내 실무자, 이해관계자	없음/자치 공동체
계획 방식	목표-수단 연계에 따른 최적안 탐색	현실에서 선택 가능한 소수 대안 비교	비개입/자율적 협력
합리성의 이해	도구적 합리성	제한된 합리성 (bounded rationality)	자생성에 의한 질서
중심 가치	효율성, 객관성, 과학성	실현 가능성, 정치적 수용성	자유, 자율, 탈권위
주요 한계	현실성 부족, 다원적 가치 무시	보수성, 대증요법	공공재 공급 실패, 형평성 훼손
대표 인물	Simon, Faludi, Meyerson	Lindblom, Braybrooke, Simon	Hayek, Kropotkin, Milton Friedman

제2절

탈실증주의(post-positivist) 계획이론

1990년대 이후 다양한 대안적 계획이론들이 제시되고 있다. 이들 이론의 공통점은 탈실증주의(post-positivist) 인식론을 토대로 한다는 점이다(Allmendinger, 2002a: 33). 주류 이론으로서 실증주의 패러다임은 팔루디가 계획을 "정책입안에 대한 과학적 방법"으로 정의한 것에서 출발한다(Faludi, 1973: 1). 실증주의 모형의 중심에는 합리모형이 위치한다. 합리모형에 대한 비판은 그 모형의 등장 이후 지속적으로 제기되어 왔지만, 이를 전복시킬 만큼 유력한 대안이 제시되지 못한 것이 사실이다. 이와 함께 기존의 합리모형에 대한 대안이론들은 대부분 실증주의적 인식의 범위 내에 위치한다는 점에서 합리모형을 극복하는 데에 일정한 한계를 갖는다고 볼 수 있다. 따라서 합리모형의 지배적 위치는 여전히 강고해 보인다. 여기서는 비교적 최근에 논의되고 있는 일련의 탈실증주의적 접근들을 살펴봄으로써 합리모형의 극복 또는 개선방안을 모색해 보고자 한다.

1. 실증주의 모형의 실패

실증주의 패러다임의 한계와 그 대안의 필요성은 다음과 같은 두 가지 측면에서 찾아진다(Sandercock, 1998: 4). 첫째, 반민주적이고, 백인 남성 중심적이며, 단일 가치를 지향하는 기술지향적 접근이라는 점이다. 이 과정에서 계획이 다루는 다양한 문제들이 방기되거나 악화되고, 제시되는 해결책이 오히려 문제를 양산하는 결과를 초래해왔다. 둘째, 최근에 논의되고 있는 사회이론들은 보편적 진리에 대한 탐색 대신에 이론의 사회적·역사적 배경 등 맥락을 이해하는 방향으로 전환이 이루어지고 있다. 이로 인해 이론의 비결정성, 상대성, 다양성, 복잡성, 의도성에 대한 인정이 불가피해졌다(Allmendinger, 2002a: 28).

2. 마르크스주의 계획이론

1) 마르크스주의 계획이론은 존재할 수 있는가?

우선 마르크스주의 계획이론이 존재할 수 있는가에 대한 성찰이 필요하다. 대부분의 마르크스주의자들은 도시계획과 그 이론이 자본주의 체제를 유지하는 도구일 뿐이라고 주장한다. 이러한 시각에서 도시계획은 타도의 대상이며, 계획이론은 기성체제를 유지하기 위한 이데올로기에 불과하다(Klosterman, 1985).

실제로 다양한 대안적 접근을 통해 자본주의를 개선하려고 시도하는 모든 이들에게 마르크스주의는 냉엄한 평가를 내린다(Marx and Engels, 2003: 421-431). 엥겔스는 그의 『주택문제(*Housing Question*)』에서 "주택문제의 해결은 오로지 자본주의 생산양식의 폐지를 통해서만 이루어질 수 있다"고 주장했다(Engels, 1990: 93). 마르크스주의의 시각에서 도시문제를 해결하려고 노력하는 모든 진보적 시도들은 공상적 사회주의 혹은 그 후예에 불과하다. 사회를 개선하기 위한 도시계획적 노력은 모두 사회혁명을 지체시킴으로써 문제의 근본적 해결을 방해하는 행위로 규정된다. 하워드의 전원도시는 쁘띠 부르주아적 시도일 뿐이고, 사회주의 도시를 만들려고 하는 이들에게 붙여진 '푸리에주의자'라는 지칭은 허황된 시도를 하는 몽상가의 다른 표현일 뿐이다(김흥순, 2007). 실제로 엥겔스가 집필한 '주택문제'는 제도적·금융적 접근을 통해 노동자들의 주택문제를 개선하려 했던 '푸르동주의자'들과의 투쟁의 산물이다(Engels, 1990).

따라서 계획이론을 계획행위의 방법을 찾는 이론으로 한정한다면 마르크스주의 계획이론은 존재할 수 없다(Low 1991: 4). 그러나 포스트모던 계획이론이나 의사소통적 계획이론과 마찬가지로 기성 계획활동을 비판하고 보다 나은 계획활동이 나올 수 있는 논의의 장을 제시하는 것도 계획이론에게 부여된 역할로 인정한다면, 마르크스주의 계획이론은 존재할 수 있다. 본서에서는 이러한 시각에 기초하여 비판이론으로서의 마르크스주의를 계획이론의 일부로 보고 논의를 진행하고자 한다.

2) 마르크스주의의 계획행위에 대한 비판

종종 계획가들은 계획의 정당성을 공익에서 찾는다. 그러나 마르크스주의자들은 자본주의 내에서 언급되는 공익은 실상 '자본가의 이익'의 다른 이름일 뿐이라고 비판한다(Allmendinger, 2002a: 68). 공익 논쟁에 대해서는 이미 앞에서 살펴본 바 있다. 지금껏 무비판적으로 당연시해온 공익 개념을 다양하고 비판적인 시각에서 바라볼 필요가 있다는 점에서 마르크스주의의 비판은 경청할 부분이 있다. 그러나 공익 자체를 부인하는 것 역시 지나치게 극단적인 시각이라고 볼 수 있는데, 이는 마르크스주의의 근본주의적(radical) 세계관에서 비롯된 것으로 이해할 수 있다.

마르크스주의는 국가론을 통해 자본주의 내에서의 계획행위의 의의를 설명한다(Hay, 1999: 157). 첫째, 국가는 사유재산권을 확립하고 보호할 법체계를 제공한다. 용도지역제는 그 구체적인 방안으로, 그 작동원리에 대해서는 Babcock(1966)이 그 의의를 설명한 바 있다. 둘째, 시장에 의해 공급될 수 없는 기반시설을 공급한다. 이는 시장실패와 공공재에 대한 설명에서 논의된 부분이다. 셋째, 국가는 집합적 소비재의 공급을 통해 자본이 필요로 하는 노동력의 원활한 재생산을 실현한다(Castells, 1979). 여기서 집합적 소비재는 주택이나 기반시설, 병원, 학교, 여가시설 등 집단적으로 소비되는 재화를 말하며, 노동력의 재생산이란 개체로서의 노동자가 매일 일정한 노동생산성을 충전(充塡)하기 의한 물리적 조건과 집단으로서의 노동계급이 계급적 지속 가능성을 확보하는 것 도두를 의미한다. 까스텔은 이러한 노동력의 재생산과 집합적 소비재의 공급이 자본주의 존립의 필수적 조건이라는 점에서 도시계획의 존재 이유가 확인된다고 설명하였다. 넷째, 노자간의 계급투쟁, 갈등을 제어하고 완화시키는 역할을 담당한다. 자본주의 국가는 공공재와 집합적 소비재의 공급, 복지 시스템의 유지를 통해 갈등을 완화하고 국가의 정당성을 획득한다.

결국 마르크스주의의 시각에서 자본주의 국가는 개별 자본의 단기적 이익이 아닌 전체 자본의 장기적 이익을 실현하는 총자본의 역할을 수행한다고 볼 수 있다. 자본주의 국가는 이러한 역할 수행을 통해 자본주의에 내재된 고유의 위기를 돌파하는데, 계획은 그 유력한 수단이라고 볼 수 있다. 일례로서 공중위생법의 도입은 국가가 시장에 개입함으로써 개별 자본의 이익에 반하는 듯한 행동을 했지만, 결과적으로 자본주의 체제를 위기로부터 구해낸 조치로 볼 수 있다. 마르크스주의는 자본의 양보를 체제를 지키기 위한 총자본의 활동으로 이해한다.

국가 또는 정부는 일견 심판 또는 공정한 중재자로 보이지만 실질적으로는 전체 자본의 이익을 실현하는 자본가의 대리인에 불과하다는 것이 마르크스주의의 시각이다(Klosterman, 1985). Dear and Scott(1981), Harvey(1985), Brindley *et al.*(1989)은 현대 계획이 표방하는 공익의 자임, 전문적 분석, 대중참여의 옹호가 실제로는 대중에게 계획을 통해 사회가 발전할 수 있다는 환상을 심어주고, 이를 바탕으로 대중의 신뢰를 확보하여 궁극적으로 기성 체제를 항구화하며 자본의 이익을 실현하기 위한 상징조작에 불과하다고 주장한다. 이에 더하여 마르크스주의자들은 계획가들이 계획문제라는 사회병리의 외적 징후는 관리할 수 있지만, 그것들을 산출한 자본주의의 작동원리는 폐지하지 못한다는 점에서 한계가 뚜렷하다고 본다.

따라서 총자본의 입장에서 계획은 성가시지만 필요한 기능으로 볼 수 있는데, 그럼에도 계획의 역할과 범위가 넓어질수록 자본의 수익률이 저하되므로, 끊임없이 계획 입지의 축소와 제한을 시도하게 된다(Fogelsong, 1986; Allmendinger, 2002a). 뉴 라이트 조류에 의해 추진된 계획제도의 시장주의적 개혁은 이러한 맥락에서 비롯된 일련의 제도적 조치들로 이해할 수 있다.

3) 마르크스주의의 계획이론에 대한 비판

전술한 것처럼 마르크스주의는 사회혁명을 통해서만 도시문제가 해결될 수 있다고 보기 때문에 도시문제의 해결을 위한 대안이론에 무관심하다. 대신 매서운 비판을 보낸다. 먼저 Scott and Roweis(1977)는 계획이론이 "지엽적이고 공허하다"고 비판했다. 같은 맥락에서 Thomas(1982)는 합리모형이 기반한 체제이론(system theory)에 대해 "실체가 없다"고 비판했으며, 계획가들이 신봉하는 도구적 합리성이 몰역사적이고 비현실적이며 무책임한 행동을 산출한다고 비판했다. Camhis (1979: 6)는 합리모형의 비현실적 전제와 추상적 절차 및 방법을 비판했으며, Paris (1982: 3)는 팔루디의 합리적 종합적 접근이 계획을 사회, 정치, 경제적 맥락과 분리시켰다고 비판하였다. Pickvance(1982: 69)는 계획이 부동산 가격과 토지의 배분에 별다른 역할을 수행하지 못한다고 주장함으로써 일견 뉴 라이트 논자들과 유사한 견해를 개진하였다. 즉, 도시개발에 있어서 결정적 요소는 시장(자본)의 힘인데 계획은 이를 제어하지 못할 뿐 아니라 시장(자본)의 방향성을 추수할 뿐이라는 것이 Pickvance의 주장이다. Klosterman(1985)은 과학적 기법과 전문성에 근거한 계획가의 역할이 실은 공익, 중립적 전문성, 과학적 합리성 등의 추상적 표현을 통해, 자본의 이익을 대변하는 국가 행위를 정당화하는 것에 불과하다고 주장하였다.

마르크스주의자들은 '진보적 계획'에 대해서도 비판을 유보하지 않는다. 소외집단의 이익을 증진시키려는 계획가의 시도가 실제로는 이들 집단을 포획하고 구조적 개혁을 사전에 차단함으로써 오히려 진정한 개혁을 가로막는 결과를 초래한다는 것이다(Harvey, 1978; Beauregard, 1978; Fainstein and Fainstein, 1979). 같은 맥락에서 Healey *et al.*(1988: 244)은 계획이 특정 그룹의 이익을 구체화하며, 사회의 지배적 권력관계를 항구화시킨다고 비판했다. Healey 등의 제도주의적 시각은 여타 마르크스주의자들과 다소 차이가 있는데 그녀는 '자본' 대신 '이익집단'이라는 명칭을 사용하였다. 그녀가 지칭하는 이익집단은 토지소유자나 개발업자 등으로 구체화된다. 그녀의 시각은 기성의 계획을, 공정함을 가장하여 토지소유자나 개발업자의 이익을 옹호하는 행위로 이해한다는 점에서 마르크스주의자의 견해와 유사하다.

4) 마르크스주의자가 던지는 시사점

마르크스주의자들의 비판에도 불구하고, 계획이 없다면 현실적으로 자본의 무소불위적 움직임을 제어할 힘이 존재하지 않음을 인지할 필요가 있다. 이는 서구 마르크스주의자들이 현대 민주주의를 '부르주아 민주주의', '형식적 민주주의'로 부르면서도 그 존재 자체를 부인하지 못하는 것과 마찬가지의 경우이다. 진보적 정치관을 갖는 이들은 그들의 계획 혐오와 무관하게 계획을 적극적으로 활용함으로써 시장의 힘을 제어할 필요가 있다.

대부분의 마르크스주의자들은 계획이 언급하는 공공재, 외부효과, 분배문제 등의 시장실패 이슈에 동의한다(Harvey, 1973; Klosterman, 1985). 이러한 인식의 공유는 마르크스주의자들과 계획 간의 대화와 협력을 위한 징검다리가 될 수 있다. 이러한 인식의 공유를 기초로 시민사회나 주민조직들이 보다 민주적이며 주민친화적이고 친환경적인 요구를 통해 계획을 견인할 수 있다면 계획은 보다 전향적인 성과물을 제시할 수 있을 것이다. 김흥순(1991)과 Fainstein and Fainstein(1996)은 이러한 계획의 지향성을 '민주적 계획'으로 규정한다.

사실 마르크스주의의 주장은 환원론(reductionism)에 불과하다(Allmendinger, 2002a). 모든 사안을 생산양식과 사회혁명에 귀착시키기 때문이다. 그러나 현대 자본주의체제는 그리 단순한 체제가 아니다. 힐리의 주장처럼 자본주의 체제 내에는 다양한 이익집단이 존재하며, 그들 간에는 다양한 이해관계의 대립이 존재한다. 자본이라고 불리는 측만 그런 것이 아니라, 대항담론을 형성하고 있는 그룹 내에서도 마찬가지이다(Logan and Molotch, 1987).

마르크스주의자들의 주장과 마찬가지로 계획은 자본주의 체제의 본질에 도전하지 않으며, 오히려 체제를 공고화하는 수단일지도 모른다. 그러나 일상을 사는 시민들의 입장에서 편리한 도시생활, 쾌적한 도시환경은 대단히 중요한 관심사이다. 계획은 평범한 시민들의 삶의 질을 향상시키고 그들의 삶을 윤택하게 만드는 물적 토대를 제공한다. 이념적 지향과 무관하게 그 지점에서 계획의 존재 의미를 인정할 필요가 있다.

이러한 맥락에서 현실의 진보주의자들은 계획 이슈를 '생활정치'의 영역으로 인식하고 적극적으로 활용할 필요가 있다(遠藤晃, 1986). 계획은 주민들과의 친화성을 높여주고, 평범한 이들의 일상을 의식화하는 효과적인 계기를 제공한다. 그람시(Gramsci)의 진지전(war of position) 전략의 관점에서 보았을 때, 계획을 매개로 지방정치와 생활정치의 영역을 장악하는 것은 정당정치 및 시민운동으로서의 좌파운동에 있어 핵심적 과제임에 틀림없다. 바로 그러한 이유로 계획은 진보주의자들이 결코 놓쳐서는 안 될 중요한 가능성의 장인 것이다.

계획은 문제해결을 위한 대안을 추구하지만 마르크스주의는 그러한 대안을 부질없는 몽상으로 치부한다. 그들의 시각에서 계획은 무가치하며, 효용이 없을 뿐 더러, 비양심적이기까지 하다. 그러한 마르크스주의자들의 주장은 현실에 대한 허무주의와 냉소주의로 이어질 수 있으며, 중요한 변혁의 가능성을 스스로 포기하는 것에 다름아니다. 이러한 흐름은 이론에 있어 포스트모더니즘으로의 경도를 낳고, 그 반동으로서 뉴 라이트 조류라는 극단으로까지 치달을 수 있음을 인지할 필요가 있다.

3. 의사소통적 계획 및 협력적 계획

1990년대 이후 계획이론 분야에서는 하버마스(Habermas)의 의사소통적 합리성(communicative rationality) 개념에 기초하여 다양한 논의들이 이루어지고 있다. 오늘날 의사소통적 접근은 합리모형에 대한 가장 유력한 대안으로 간주되는데, 대표적인 논자는 포리스터(Forester)와 힐리(Healey)이다. 포리스터는 '의사소통적 계획(communicative planning)'이라는 명칭을 선호하는 반면, 힐리는 '협력적 계획(collaborative planning)'이라는 명칭을 주로 사용한다. 두 개념은 종종 동일한 개념으로 간주되지만(Allmendinger, 2002a), 동시에 미묘한 차이가 존재하는 것 또한 사실이다(Allmendinger, 2002b: 16). Forester(1989, 1999)는 주로 하버마스의 담론과 후기 구조주의 이론을 결합하여 계획현장에서 벌어지는 미시 정치현상을 분석하고 있다. 반면에 Healey(1997)는 '협력'이라는 틀을 활용하여 의사소통적 합리성을 어떻게 '실현'할 것인가 하는 처방적 측면에 많은 노력을 기울이고 있다. 결국 두 이론은 '의사소통적 행위/합리성' 개념이라는 동일한 뿌리에서 등장한 메타이론(meta theory)과 중범위 이론(middle range theory)으로서의 성격을 갖는다고 볼 수 있다.

대안적 계획이론의 등장을 고대하던 이들에게 의사소통 및 협력적 계획은 새로운 복음이었고, 1980년대 이래 도시계획이론을 지배하는 주류 패러다임이라는 데 일정한 합의가 이루어지고 있다(Innes, 1995; Alexander, 1996; Innes and Booher, 2000a). 오늘날 의사소통 및 협력적 계획이론은 계획을 위한 민주적·진보적 기초로 이해된다(Tewdwr-Jones and Allmendinger, 2002: 216). 특히 Innes and Booher (2000a)는 이 접근이 오늘날 우리가 경험하고 있는 극심한 이익과 가치의 분열을 관리할 수 있는 유일한 계획방법이라고 극찬한 바 있다. 물론 실무분야에서 통용되는 지배적 패러다임은 여전히 도구적 합리성에 기초한 합리적 접근이므로, 의사소통/협력적 패러다임은 별도로 "지배적 '이론' 패러다임(dominant theoretical paradigm)"으로 명명되기도 한다(Tewdwr-Jones and Allmendinger, 2002: 213).

1) 의사소통적 합리성

의사소통적 계획과 후술할 포스트모더니즘은 동일한 출발점을 갖는다. 그것은 기존 합리모형의 토대가 되는 '도구적 합리성'에 대한 부정이다. 도구적 합리성은 목표는 외부로부터 주어지는 것이라고 가정하고, 이를 실현하는 방안에만 초점을 맞춘다. 따라서, 탈정치적 접근이 될 수밖에 없다. 하지만, 자원의 배분을 담당하는 계획가가 어떻게 탈정치적이 될 수 있는가 하는 것이 이들 대안적 접근이 공유하는 문제의식의 출발점이다. 의사소통적 계획가들은 근대성(modernity)과 이에 의해 지지되는 도구적 합리성 개념에 문제의식을 갖고 이를 새롭게 구축하고자 하는 하버마스의 이론에 주목하게 된다.

료따르(Lyotard) 등 포스트모더니스트들과 하버마스를 중심으로 하는 후기 근대주의자(late modernist)들은 근대성에 대한 인식을 중심으로 분열하게 된다 (Allmendinger, 2002a: 183). 포스트모더니스트들은 근대성을 부인하고 극복해야 할 대상으로 간주한다. 그들은 객관적 지식은 존재하지 않으며 모든 지식은 상대적일 뿐이라고 주장한다. 그들의 인식에서 합리성이란 실재하지 않는 허상일 뿐이다. 반면에 하버마스에게 있어 근대성은 수정하고 보완해야 할 가치로 인식된다. 그들은 기존의 합리성이 억압적이고 포용적이지 못했기 때문에 합리성을 새롭게 정의해야 한다고 주장한다. 그들은 포스트모더니스트들과 달리 지식이 객관적일 수 있으며, 공통의 지식이 존재한다고 주장한다. 따라서 하버마스 등은 근대성은 폐기되어야 할 가치가 아니라 개선되어야 하는 가치이며, 그 위에 새로운 합리성이 구축되어야 한다고 주장한다.

하버마스는 우리가 이성에 기반하지 않고는 근본주의와 허무주의로부터 벗어날 수 없다고 주장한다.[4] 하버마스는 현대사회의 원칙으로서 의사소통을 통해 새롭게 형성된 개념으로 이성에 대한 인식을 변화시켜야 한다고 주장했다(Healey, 1992). 여기서 지식은 사전에 형성되어 주어지는 것이 아니라 의사소통 과정에서의 인식과 이해, 경험의 교환을 통해 새롭게 창조되는 것으로 이해된다. 이는 순수한 논리와 과학적 경험으로 한정된 개념으로부터 우리가 사물을 이해하고 알아내는 모든 방식으로 확장된 '실질적 이성'으로의 의미 확대를 뜻한다(Habermas, 1987). 실질적 합리성은 분석적 이성 외에 도덕, 문화, 미학적 측면까지를 고려함으로써 도구적, 과학적 원칙의 한계로부터의 탈출을 시도한다(Healey, 1992).

결국 합리성은 한 가지만 존재하는 것이 아니라는 것이 하버마스의 주장이다. 그 대안적 합리성이 바로 의사소통적 합리성(communicative rationality)이다(Habermas, 1984). 의사소통적 합리성이란 다양한 이해관계자들이 자유롭고 개방적인 대화를 통해 상호 동의할 수 있는 이성적 근거를 도출함을 의미한다(Allmendinger, 2002a: 184). 의사소통적 합리성에 근거하여 우리는 옳고, 좋은 행동을 판단하고 선택할 수 있다. 이를 통해 도구적 합리성의 엄격한 공리적 정의를 보완함과 동시에(Dalton, 1986: 150), 이성은 집단행동을 위한 정당한 지도원칙으로서 기능하게 된다(Healey, 1992). Innes and Booher(1999: 413-419)는 의사소통적 합리성을 근거로 진정한 지식에 이를 수 있으며, 사회적·정치적 자본을 형성할 수 있고 고품질의 합의와 혁신적 전략을 도출할 수 있다고 주장한다. 궁극적으로 하버마스의 의사소통적 행위는 실체적으로 의미있고 왜곡되지 않은, 의사소통이 가능한 공공환경의 재건을 통해, 현대사회의 계급, 인종, 성, 문화 사이의 깊은 균열을 극복하고 파괴적인 갈등의 완화와 이성에 근거한 합의를 이끌어낼 수 있다는 믿음을 제시한다(문정호 외, 2006: 31).

도구적 합리성에 기초한 현대 자본주의와 기술 관료체제는 사회의 의사소통을 왜곡한다(문정호 외, 2006: 31). 도구적 합리성은 다양한 사회집단의 가치나 욕구를 일률적인 선이나 사회적 합의로 재단하는 데 반해, 의사소통적 합리성은 대화를 통해 참여자들이 진정한 이해에 함께 도달할 수 있다고 믿는다. 바람직한 의사

4 여기서 '근본주의'는 마르크스주의, '허무주의'는 포스트모더니즘을 지칭한다.

소통은 공공영역에 참여한 주체들이 상대방의 주장을 인식하고 존중하며 상대방의 주장을 명확히 이해하는 가운데 달성된다(문태호 외, 2006: 31). 이러한 의사소통적 합리성은 궁극적으로 공유된 공간과 시간 속에서 "함께 하지만 다르게 살기(living together but differently)"를 보장하는 도구이다(Healey, 1992). 의사소통적 행위의 주된 목적이 공유된 환경에서 "함께하지만 다르게 살기"의 원칙과 규정을 만드는 것이라는 점에서 계획은 의사소통적 행위, 의사소통적 합리성을 실현하는 가장 구체적인 방안이 된다.

하버마스는 갈등이 만연한 우리 사회에서는 상호이해, 지식의 공유, 상호신뢰와 화합의 토대 위에서만이 합의에 이를 수 있다고 주장한다. 하버마스는 둘 이상의 사람이 이해 가능성(comprehensibility), 진실성(truth), 신의(sincerity/integrity), 정당성(legitimacy)이라는 '이상적 담화(ideal speech)'의 조건 위에서 대화를 할 때 의사소통적 합리성에 이를 수 있다고 주장한다(Habermas, 1984).

의사소통적 합리성에 대한 첫 번째 비판은 그 내용이 너무나 추상적이라는 것이다(Low, 1991). 학자들은 "중요하지만 접근할 수 없는 작업"(Brand, 1990: vii), "불필요하게 광범위하고 길다"(Giddens, 1985: 96), "엄청나게 복잡하다"(White, 1988: 1), "추상적이고 철학적인 작업"(Taylor, 1998: 123), "분명한 이해가 안 된다"(Friedmann, 1987: 267), "놀랍도록 단순하지만 극도로 어려운 개념"(Friedmann and Lehrer, 1998: 80) 등의 평가를 내리고 있다. 이러한 복잡성과 추상성, 비접근성은 종종 그 개념에 대한 오해와 단순화, 선택적 적용이라는 결과로 이어지고 있다(Harris, 2002: 25).

두 번째 비판은 구체적으로 사람들이 어떻게 합의에 이를 수 있는지가 불분명하다는 점이다. 이에 대해 하버마스는 의사소통적 합리성은 구체적 내용이 아닌 과정을 의미하는 것일 뿐이라고 주장한다(Habermas, 1984). 즉, 원칙과 틀이 제공되면 논쟁과 주장을 통해 그 안에서 합의에 도달하는 것이 가능할 것이라는 주장이다.

세 번째 비판은 하버마스 등 근대성에 대한 비판자들이 도구적 합리성의 약점을 밝히는 데에 많은 노력을 기울였지만, 대안을 제시하는 데에는 소홀했다는 주장이다(Healey and Hillier, 1995). 하지만 이후 제시되는 의사소통적/협력적 계획이론이 하버마스 비판이론의 실천행위로서의 의미를 갖는다는 점에서 이러한 비판에 대한 답변은 이루어졌다고 볼 수 있다.

2) 의사소통적 계획: 의사소통 행위로서 계획

(1) 개념

계획이론가들은 비판적 차원과 규범적 차원에서 도구적 합리성을 비판한다(Allmendinger, 2002a: 193). 비판적 시각에서는 기존의 계획이론이 도구적 합리성의 비민주적 특성으로 인해 현상(*status quo*)을 항구화한다고 비판한다. 규범적 시각에서는 비판적 시각의 관점을 수용하여 도구적 합리성을 대체할 대안을 개발하는 데 주력한다. 이러한 두 가지 관점은 결국 계획과정의 민주화(democratization)로 수렴된다(Kemp, 1982: 60–62).

도구적 합리성을 지지하는 계획이론가들은 계획이 객관적인 과학으로 자리매김되기를 원해 왔다(Faludi, 1973). 이러한 인식에서 계획은 문제해결과 사회적 목표의 달성을 위해 과학지식을 근거로 결정을 하고 행동하는 작업으로 이해된다(Camhis, 1979: 8). 하지만 Friedmann은 다음 여섯 가지 차원에서 '과학'으로서의 합리적 계획에 문제를 제기한다(Allmendinger, 2002a: 195).

① 도구적 합리성에 기초한 지식은 과거 사건으로부터 도출된 것이지만 계획가는 미래를 다루는 지식을 필요로 한다.

② 과학적 지식이 기반하는 가설, 이론, 모델은 세계에 대한 과도한 단순화이다. 하지만 계획은 훨씬 더 복잡한 현실세계를 다루어야 한다.[5]

③ 계획과정에서 계획가가 객관적 지식에 도달해야 한다는 주장은 근거가 없다.

④ 계획가가 그들의 세계관이 올바르다고 주장하는 근거는 특정 지식에 근거하는데, 모든 지식은 정치적이면서 동시에 이론이라는 사회적 과정의 산물이다.

⑤ 지식의 적용에 있어서 하나의 지식이 다른 지식보다 우월하다고 주장할 수 있는 뚜렷한 근거는 없다.

⑥ 계획가는 경합하는 이론 중 하나를 선택해야 한다. 다른 것을 제외하고 특정 이론을 선택한다는 것 그 자체가 정치적 행위에 다름 아니다.

---

5 프리드먼의 해당 주장은 동의하기 어렵다. 모든 사회과학은 복잡한 현실세계를 다루기 때문이다. 프리드먼의 주장은 "사회과학은 과학이 아니다"는 주장으로까지 확대 해석될 수 있다는 점에서 비판적 수용이 필요하다.

의사소통적 계획이론의 등장은 전통적 합리모형의 쇠퇴와 이로 인한 계획이론의 광범위한 위기의식을 반영한다(Harris, 2002 24). 계획이론의 비판자들은 합리적 계획이 됐든, 점증계획이 됐든 이론으로서의 계획이 현실과 동떨어진 것은 마찬가지라고 주장한다. 현실적으로 계획이론가들이 제안하는 과학적 기법은 계획실무에서 별 도움이 되지 않는 경우가 많다(이성근, 2006: 195). 일례로 과학적 분석지식은 새로운 고속도로 건설에 반대하는 주민들의 '이기주의'에 대해 별다른 대안을 제시하지 못한다. 합리모형은 생활세계를 폐쇄된 실험실처럼 이해한다. 그들은 현실을 경제적·기능적 관점에서 바라보지만, 현실은 인간의 이해를 뛰어넘는 개방성과 역동성을 지니고 있다.

의사소통행위로서 공공계획은 다른 종류의 집단들 간의 대화와 논쟁을 조정하고 실제적인 정책입안에 영향을 미치는 행위로 정의된다(문정호 외, 2006: 31). 이러한 의사소통적 계획은 합리모형으로부터의 의미있는 분기점으로 평가된다(Sandecock, 1998: 96). 하지만 포스트모더니즘처럼 고전적 합리모형을 완전히 전복시키는 것이라기보다 고전적 합리모형의 원칙과 이상을 현대적으로 계승하는 작업으로 이해된다(Taylor, 1998: 152). 따라서 의사소통적 계획의 실행은 도구적 행위와 의사소통적 행위의 결합에 의해 이루어지는 과학과 개혁의 보완적 결합으로 볼 수 있다(이성근, 2006: 194, 200). 그러한 차원에서 의사소통적 계획은 종종 허무적이고 파괴적인 포스트모던 계획이론에 대한 대안적 접근으로 이해된다(Campbell and Fainstein, 1996: 12).

비판이론으로서 의사소통적 계획은 의사소통의 왜곡을 극복하는 데 초점을 맞춘다(Forester, 1980: 276). 기득권의 정당화, 자본주의 체제 내에서 정당화된 소비자 중심주의, 전문성의 강조로 인한 대중소외, 인종 및 성별에 따른 차별로부터 기인하는 왜곡된 의사소통을 비판하고 시정하는 것을 중요한 목표로 설정한다. 이를 통해 의사소통적 계획은 합리적 종합적 접근 이래 주류 계획이론에서 결여되어온 계획의 규범적 기초를 제공한다(Allmendinger, 2002a: 206). 따라서 의사소통적 계획이론은 기술적이기보다 규범적 이론이고, 실체적이기보다 과정적인 이론으로 볼 수 있다(Alexander, 1996).

실제 계획과정에서 나타나는 불평등한 권력관계는 이상적 담화를 방해하고, 의사소통을 왜곡시켜 계획 결과에도 왜곡을 초래한다(정환용, 2001: 176). 따라서 계획 이면에 내재된 권력적 맥락과 그 불평등성을 폭로하고 이를 시정하는 것은 의사소통적 계획이론의 중요한 임무가 된다. 전문가의 중립성 또한 중요한 이슈이다. 전통적 계획과정에서는 의사소통의 왜곡으로 인해 종종 시민들이 계획과정에서 잘못 인도되고, 민주적 권리로부터 배제되는 경우가 많다(Allmendinger, 2002a: 202). 이에 대해 계획가를 정치적 존재로 이해하는 의사소통적 계획이론은 계획가에게 중립성이라는 허위의식을 벗고 당파적 민주성을 추구하라고 촉구한다(김흥순, 1991). 여기서 계획가의 역할은 왜곡된 정보를 사전에 예상하고 이에 대처하며, 정책대안을 명료화함으로써 대중의 이해도를 높이고, 자료 해석의 왜곡을 방지하는 것이다.

실행차원에서 의사소통적 계획은 형평성, 사회정의, 민주주의, 지속 가능성을 강조한다(Allmendinger, 2002a: 197). 이러한 규범적 가치를 실현하기 위해 그리고 사람들의 다양한 관점을 수용하기 위해 의사소통적 계획은 합의를 구하는 모든 이해관계자들의 '집단적 사고 형성'과 '함께 이해하기(to make sense together)' 전략을 사용한다(Healey, 1992; 문정호 외, 2006: 32). 이성근(2006: 197)은 의사소통적 계획의 이러한 접근이 실증주의적 접근보다 실제 계획과정에 더 적합할 수 있다고 주장한다.

의사소통적 계획의 의의는 계획이 비로소 의사소통의 다방향성(多方向性)에 주목하게 되었다는 점에서 찾아진다(Taylor, 1998: 122). 의사소통적 계획은 계획의 실행이 모든 참여자들로부터의 비판적 판단을 필요로 하는 논쟁의 과정이라고 전제한다(이성근, 2006: 200). 논쟁을 통해 문제의 정의가 이루어지고 해결방안이 도출된다고 생각한다. 사실 의사소통행위는 공공계획과정에서 필수적인 요소로서, 계획과정은 계획가, 정치가, 개발업자, 주민, 시민단체, 기업이 참여하여 다양한 대화와 논쟁, 협상을 거치는 숙의 과정이다. 따라서 의사소통의 틀 내에서 계획은 이제 각 이해관계자들의 '주장으로서의 계획(planning as argumentation)'으로 이해된다(Goldstein, 1984; Dryzek, 1990, 1993; Dunn, 1993). 이 과정에서 계획가는 탁상공론적 분석가가 아니라 공공적 담론과 사회적 변화에 직접적으로 참여하는 실행자, 즉 '의사소통자로서의 계획가'로 자리잡게 된다(문정호 외, 2006: 37; Campbell and Fainstein, 1996: 11). 따라서 계획가의 역할은 의사소통적 행위를 통해 관련 당사자들의 기대와 신념, 희망과 이해 등을 포괄하는 광범위한 의견을 형성하고 조율하는

[표 4-4] 합리적 계획과 의사소통적 계획의 비교

	전통적(합리적) 계획	의사소통적 계획
합리성	도구적 합리성	의사소통적 합리성
권력	집중	분산
통제의 형식	집중, 확고	느슨하고 개방적
의사소통 방향	전문가로부터 의사결정자 또는 시민으로 일방적	다차원, 다방향
지식	측정 가능한 데이터	측정 가능한 데이터 외에 경험, 직관, 상식 등
계획도구	분석	대화
계획가의 역할	기술적·분석적 전문가	협상가, 조정자
의사결정의 준거	인과적 타당성	이해관계자들의 합의
참여	선택적, 제한적	광범위한 포용적 참여
성과측정	목표 달성 정도	합의 도달 정도
정보공개	소수로 한정	개방적

것이 된다(Forester, 1989: 138). 이러한 행위는 본질적으로 정치행위에 다름 아니라는 점에서 의사소통적 계획은 종종 '정치적'이라는 평가를 받는다(Woltjer, 2000: 19).

의사소통적 계획이론은 비판이론으로서의 성격을 갖고 있음에도 불구하고, 급진적이고 진보적인 성격은 매우 엷다는 특징이 있다(Harris, 2002: 29). 의사소통적 계획이론은 참여민주주의와 자유시장경제에 대한 중도적 입장으로 이해되는데(Tewdwr-Jones and Allmendinger, 2002: 214), 이는 이론의 배경이 되는 1990년대 영국 노동당의 '신좌파(New Left)', '제3의 길(the Third Way)' 전략과 일맥상통하는 것으로, 신노동당은 "(이해관계자들의) 민주적이고 다원적인 참여와 협력"을 강조한 바 있다(Healey, 1992; Tewdwr-Jones and Allmendinger, 2002: 207). 이러한 신좌파의 전략은 후술할 신자유주의 조류에 대한 좌파의 대응이라 할 수 있다. 전통적 좌파와 달리 '신좌파'는 경제 및 사회적 지위에서 기인하는 차이보다 의사소통 상의 차이가 더 큰 사회문제라는 인식을 갖고 있었다(Healey, 1992). 이러한 시각에서 Healey(1997)는 사람들은 고정된 이해관계를 갖지 않는다는 말로 마르크스주의적 인식에 반론을 제기하였다.

(2) 협상과 의사소통적 계획

협상은 전통적 계획에서 낯선 개념이 아니다. 일찍이 프리드먼은 교호적 계획(transactive planning)을 주장함으로써 효과적인 정책과 계획의 실행을 위한 개인들 간의 대화 및 협상 기술의 중요성을 강조한 바 있다. 실제로 McAuslan(1981, 1982)은 전후(post-war) 시기 서구의 계획 모델을 계획가와 개발업자 간의 협상과정으로 설명되는 '협상정책 모델(policy-oriented model of planning)'로 규정한 바 있다. 따라서 전통적 관점에서 의사소통적 계획은 중재협상으로, 계획가는 협상자나 중재자로 이해할 수 있다(문정호 외, 2006: 32, 38).

그러나 기존의 토론은 '대중을 위한 계획'이라는 가부장적 관념에 의해 정당화되어온 협소한 전문가 집단 내에서의 작업으로 한정되어 왔다(Healey, 1992). 이러한 차원에서 Alexander(1993: 51)는 합리모형 내에서 의사소통적 부분은 분석적 측면이건 규범적·처방적 측면이건 그 중요성이 무시되어 왔다고 지적한다. 자연스럽게 계획과정에서 시민의 역할은 매우 수동적이고 제한적으로 이해되어 왔으며, 대화, 토론, 협상을 수반하는 상호적 행위 역시 계획과정에서 그 중요성을 인정받지 못하였다. 하지만 문제를 확인하고 해결책을 발견하기 위해서는 대화가 필요하다. 그것이 대화를 통한 문제해결이라는 하버마스 비판이론의 등장 배경이다.

흥미로운 부분은 대화의 중요성을 인지했던 계획이론가들이 계획과정에 보다 실용적으로 적용될 수 있는 협상기술보다 하버마스에 의해 개발된 '의사소통적 합리성'이라는 보다 추상적인 철학이론에 주목했다는 점이다. 이는 계획이론가들이 단순히 "계획을 어떻게 할 것인가?"와 같은 협소한 범위의 실무적 관심을 넘어 민주적, 참여적 계획이라는 이상에 이끌렸음을 시사한다(Taylor, 1998: 123). 하버마스의 이론은 순수하게 추상적인 이론으로, 계획 같은 실천적 행위와는 다소 거리가 있어 보이지만, 개인 간 의사소통의 중요성을 강조한다는 점에서 의미 있는 실천적 함의를 내포하고 있다(Taylor, 1998: 124). 하버마스 모델은 집중화된 관료적 수단을 거부하며 모든 관련 이해관계자들에게 말할 기회를 제공하는 보다 포용적이며 참여적인 형태의 계획기반을 제공한다(Pennington, 2002: 188). 하지만 하버마스의 의사소통은 단순한 말의 교환을 넘어 다양한 제도 간, 정치 간, 권력 간 관계를 반영하므로, 의사소통이 일어난다는 것은 이들 간에 어떤 형태로든 상호영향이 발생함을 의미한다(문정호 외, 2006: 31).

(3) 계획의 실행

Tewdwr-Jones and Allmendinger(2002: 211)가 정의하는 의사소통적 계획의 과정은 '시작', '진행', '정책결정', '합의의 유지'로 설명된다. 첫 번째, 시작(getting started) 단계에서는 논의의 왜곡이 이루어지지 않도록 상황을 정돈하는 작업이 이루어진다. 두 번째, 진행(routines and styles of discussion) 단계에서는 논의의 범위를 설정하고, 참여자들의 학습을 진행한다. 이 과정에서 모든 참여자들이 존중되는 상황을 조성하고 정당한 발언권을 보장한다. 여기서는 전술한 하버마스의 이상적 담화 조건이 적용된다. 세 번째, 정책결정(making policy discussion) 단계에서는 다양한 정보와 의견, 사실, 관점에 개방적인 태도를 취하면서 집단적 의사결정을 도출해낸다. 마지막 합의의 유지(maintaining the consensus) 단계는 상황에 대한 제도적 조정과 적응단계로, 필요하다면 법원의 조정이 이루어지기도 한다.

의사소통적 계획은 일상적 도시계획 업무에서 계획가가 직면하는 개별적 딜레마를 평가하고 대안을 강구하는 수단으로도 활용된다(Forester, 1989; Healey, 1992a, 1992b; Innes, 1992). 같은 맥락에서 의사소통적 계획은 상황에 대한 분석도구로 이해되기도 한다(Tewdwr-Jones and Allmendinger, 2002: 208). 이러한 과정을 통해 계획가는 공동체 구성원들이 효과적으로 정보를 공유하도록 함으로써 공공계획 과정 중 나타날 수 있는 잘못된 전제나 결과에 대한 기대치를 조정하고 당사자들의 불필요한 의존성을 제거한다(문정호 외, 2006: 38). 계획가는 또한 정책적 효과에 대한 효과적 홍보와 사후평가를 통해 입안된 공공계획이 제대로 수행될 수 있도록 중재하는 역할을 수행한다.

의사소통적 계획의 틀 내에서 하버마스의 이상적 담화의 조건은 계획 내용을 비판적으로 고찰하고 바람직한 계획을 작성하는 기준으로도 활용된다. 일례로서 1977년 영국 Cumbria 주 Windscale에 핵재처리공장을 건설하기 위해 제출된 제안서를 검토한 결과, 비록 계획과정에서 일반인의 참여가 이루어졌다고 홍보되었지만, 전술한 하버마스의 의사소통 원칙에 배치된다는 점에서 진정한 참여가 이루어졌다고 보기 어렵다는 평가가 제시되었다(Kemp, 1980). 재처리시설의 입지허가에 호의적인 최종보고서는 비일관성, 생략, 증거의 왜곡이 이루어졌음이 밝혀졌다.

이는 하버마스의 진실과 신의의 원칙에 위배되는 것으로 왜곡된 의사소통의 토대 위에서 의사결정이 이루어졌음을 보여준다(Taylor, 1998: 124).

사실 계획은 대단한 과학이 아니다. 따라서 의사소통적 계획의 계획이론으로서의 가장 큰 기여는 보통사람의 상식의 중요성을 재인식시켰다는 점에서 찾을 수 있다. 또한 계획의 실행에 있어서 계획과정의 민주화를 촉구했다는 점, 의사결정의 준거로서 합리성의 중요성을 재인식시켰다는 점(McGuik, 2001: 195), 의사소통의 중요성과 계획과정에서 중재협상 및 합의 구축의 중요성을 부각시켰다는 점 등이 중요한 기여로 이해된다(문정호 외, 2006). 최근 정보통신기술의 비약적 발전은 의사소통적 계획의 이상이 어렵지 않게 실현될 수 있음을 시사한다. SNS 등 정보통신기술이 대중의 집단지성을 구현하는 강력한 도구로서 기능하고 있기 때문이다. 이러한 배경에서 Innes and Booher (2000b: 4)는 의사소통적 접근이 정보화 시대의 창조적 계획모형이라고 평가한 바 있다.

(4) 의사소통적 계획에 대한 비판

첫째, 의사소통적 합리성은 현실성을 결여한 이상적 담론에 다름 아니다(Allmendinger, 2002a: 207). 일례로서 어떠한 조건 하에서 왜곡되지 않은 담화가 가능한가하는 질문을 던질 수 있다. 그것은 지배, 억압, 이데올로기가 없는 상태에서나 실현될 수 있는데, 그러한 조건은 국가계획의 틀 내에서는 존재할 수 없다. 지배는 계획가가 얽혀있는 사회 운영원리의 일부이기 때문이다(Allmendinger, 2002a: 208). Fainstein(2000: 458)은 현실에서의 권력관계가 이해관계자 간의 의사소통과 계획결과에 영향을 미친다고 주장한다. 따라서 의사소통적 합리성은 기존 권력관계를 정당화하는 또 다른 수단일 뿐이라는 비판에 직면하게 된다(Allmendinger, 2002a: 207). 같은 맥락에서 계획이 이상적 담화라는 형식논리에 몰입한다면, 현실에서의 사회경제적 지배와 갈등을 망각하는 결과로 이어질 수 있다는 지적이 제기된다(Fainstein, 2000: 455).

이러한 맥락에서 의사소통적 계획은 합리적 계획보다 더 규범적이고 비현실적이라는 평가를 받는다. 이상적 담화는 모든 관계자들에게 동등한 의사결정 능력이 부여되고, 바람직한 의사소통 특성, 즉 이해 가능성(comprehensibility), 성심성의성(sincerity), 정당성(legitimacy), 진실성(truth)이 보장된다면, 그리고 관계자들에게 완전하게 모든 정보가 주어진다면 모두에게 이익이 되는 합의를 이끌어낼 수 있다고 주장하지만, 이러한 조건은 합리모형이 전제하는 가정보다 더 비현실적이다. 그러한 조건에서 의사소통이 이루어진다면 합의는 물론 갈등도 쉽게 해소될 수 있겠지만 인간이 천사가 아닌 이상 그러한 조건의 달성은 불가능하다고 보는 것이 현실적인 판단이다. 이와 함께 모든 지역사회 구성원들이 공동체의 민주주의를 위해 노력한다는 가정 역시 지나치게 이상적이고 비현실적이라는 점을 지적할 수 있다(정환용, 2001: 178).

둘째, 의사소통적 계획은 구조와 제도적 문제를 간과하고 개별 행위자의 문제에 집중하는 경향이 있다(Harris, 2002: 32; Lauria, 1997: 40). 이는 실존하는 현실이 아닌 진공상태 속의 미시적 상황을 가정하는 것과 마찬가지라는 점에서 비현실적이다. 같은 맥락에서 의사소통적 계획이론가들은 이론과 도시지역의 제도적·구조적 현실을 통합하려는 시도가 부족하다(Healey, 1997b; Fainstein, 2000: 456). 반면에 후술할 협력적 계획은 이러한 문제에 대해 좀 더 많은 고려를 하고 있으며, 그 대안으로 현실공간과 제도적 차원을 강조한다.

셋째, 의사소통적 계획에서는 무수히 많은 말이 오고 간다. 혹자는 이러한 의사소통적 계획의 특성을 'talking shop'이라고 부른다(Fainstein, 2000: 460). 말이 중요한 것은 사실이지만 말만으로 체제를 바꿀 수는 없다(Fainstein, 2000: 458). 세계는 이상이 아닌 투쟁을 통해 바뀌며, 말의 힘은 발언자의 권력에 의해 지지된다. 따라서 사회적 힘을 동반하지 않는 말은 별다른 의미를 갖지 못한다는 사실을 인지할 필요가 있다. 이러한 측면에서 진정한 참여는 단순한 발언권의 보장이 아니라 자본과 지식에 대한 접근성, 효과적인 조직, 미디어의 주목 등에 의해 이루어짐을 주지할 필요가 있다(Fainstein, 2000: 461). 하지만 의사소통적 계획은 이러한 현실에 대한 충분한 고려가 부족하다.

넷째, 의사소통적 계획이론은 시민의 다양한 얼굴, 즉 주민, 개발업자, 토지소유자 등 개별 이해관계자로서의 관심에 주목하지 않는 경향이 있다(高見沢実, 2013). 이와 함께 현실적으로 모든 이해관계자가 계획과정에 동등하게 참여할 수는 없다는 점에서, 참여자들 간의 정보, 자원, 권력에 차이가 있을 수밖에 없다는 점을 간과하고 있다. 이러한 구조 속에서 합의는 본질적으로 불가능한 것이며, 계획을 통해 실질적으로 얻어지는 것은 합의가 아니라 경쟁의 결과라는 비판이 제기된다.

다섯째, 의사소통적 계획은 계획실무에서 전문가의 역할을 부인한다(정환용, 2001: 178). 전문가의 전문지식이 아닌 일반인들의 상식이 계획의 내용이라면 굳이 이론이라는 것도 존재할 필요가 없고, 계획이라는 영역도 존재할 필요가 없을 것이다(Allmendinger, 2002a: 206). 주민들 간의 일상적 협의에 의해 문제를 해결하면 되는 것이고, 그 조정자가 꼭 계획가일 필요도 없기 때문이다. 이 과정에서 계획가는 잘해야 주민의 의견을 뒷받침하는 기능적 컨설턴트로 자리잡게 될 것이다(Healey and Hillier, 1995). 미네소타(Minnesota) 주 미네아폴리스(Minneapolis) 시의 5년 단위 근린주구계획 작성에 있어서 계획가의 주도적인 역할을 제한하고 대안 설정을 주민들에게 전적으로 맡긴 결과, 중산층 전문직 주민들은 창의적 해결책을 제시했지만, 그 외 계층들의 경우 3년이 지나도록 계획에 있어 전혀 진전을 이루지 못한 사례가 보고된다(Fainstein and Hirst, 1996). 이러한 예는 계획가가 전문성을 유보하고 주민에게 계획권한을 넘길 경우, 소외집단의 이익이 오히려 약화될 가능성이 있음을 보여준다.

여섯째, 전체 계획 과정에서 의사소통 행위는 일부에 불과하다(Brooks, 2002). 다수의 중요한 업무들이 빠져 있으므로 의사소통적 계획이론의 틀만으로 계획을 설명하는 것은 문제가 있다.

일곱째, 의사소통적 계획은 의사소통에 기반하여 합의에 이르지 못할 경우, 그 다음 단계에서 어떻게 해야 할지에 대해 명확한 답을 제시하지 못한다(정환용, 2001: 177). 모든 이들이 나름의 합리성을 가지고 자신의 주장을 한다는 점에서 일방은 타방에게 자신의 의견을 강요할 수 없다. 의사소통적 행위이론에서 일방의 강요는 권력관계의 표현으로 이해되기 때문이다. 일각(Tewdwr–Jones and Allmendinger, 2002: 212)에서는 법원의 조정이 유용한 기능으로 작용할 수 있다고 주장하지만 이는 강요와 지배를 전제로 한다는 점에서 의사소통적 합리성의 대원칙에 반하는 것이다. 흥미로운 것은 계획의 의의를 낮게 평가하는 뉴 라이트(New Right) 논자들도 경직된 규제보다 주민, 개발업자, 토지소유자 간의 선의에 기초한 자율적 협의를 우선으로 하고, 이후 문제해결과 협의가 이루어지지 않을 경우 법원의 판단에 맡겨야 한다고 주장한다는 점이다(Pearce *et al.*, 1978: 94).

여덟째, 의사소통적 계획의 틀 내에서 합의를 이끌어내기 위해서는 많은 비용과 시간이 소요될 수밖에 없다. 따라서 의사소통적 계획은 결론 도출을 위해 필요한 높은 기회비용에 대한 고려가 충분치 않다고 할 수 있다(문정호 외, 2006: 39). 역설적으로 의사소통적 계획의 틀 내에서 합의가 원활하게 이루어진다는 것은 특정 집단이나 개인이 지배적 권력을 행사하고 있음을 의미하는 것으로 해석할 수 있다.

아홉째, 의사소통적 계획에는 내용적 측면이 결여되어 있고 절차적 측면만 존재한다(문정호 외, 2006: 39). 구체적 내용 없이 바람직한 의사소통만 이루어진다면 바람직한 결과가 도출될 것이라는 가정은 지나치게 기계적이며 낭만적인 발상이다. 끊임없는 토론이 적절한 결론과 정당성을 보장하는 것은 아니다. 의사소통적 계획의 과정을 통해 바람직하지(정의롭지) 못한 결과가 도출되었을 때 어떻게 대응해야 할지에 대해서 의사소통적 계획의 지지자들은 설득력 있는 해답을 제시하지 못한다(Fainstein, 2000: 457). 그들은 또한 권위주의적인 합리모형이 바람직한 결과를 산출할 수 있다는 사실을 의도적으로 도외시하는 경향이 있다. Fainstein(2000: 457)은 다양한 사례를 통해 유럽의 복지정책과 미국 뉴딜정책의 상당수가 대중과 단절된 관료들의 독단적 결정에 의해 이루어졌음을 보여준다.

열 번째, 담론과 대화는 의사소통적 계획의 본질인데, 현실에서는 자신의 의견을 표출할 수 없는 이들이 존재한다는 사실이 간과되고 있다. 최근 세계화의 진전으로 공간의 다국적화가 빠르게 진행되고 있는데 많은 이주자들이 언어적 장벽이나 체류 신분상의 문제로 자신들의 의견을 자유롭게 피력하는데 제한을 받고 있다. 장애인과 성적 소수자들 역시 자신의 의견을 표출하는데 제약을 받고 있는 것이 사실이다. 의사소통적 계획은 공동체 내 모든 구성원들이 자신의 의견을 제한 없이 피력할 수 있다는 가능하지 않은 상황을 상정하고 있다.

[표 4-5]는 Brooks(2002: 127-130)가 종합한 의사소통적 계획의 문제점이다.

[표 4-5] Brooks가 지적한 의사소통적 계획의 문제점

- 계획과정에 있어서 의사소통 행위의 부분적 역할
- 낭만적이고 이상적인 경향
- 합의 도출의 어려움, 합의 도출의 기회비용
- 합의 도출 이면에 내재되어 있는 정치적 영향력
- 절차적 측면에 대한 지나친 강조
- 이론과 실제의 간극

3) 협력적 계획(Collaborative Planning)

(1) 개념

'협력적 계획'은 Healey(1997a)에 의해 정립된 개념이다. 협력적 계획의 규범적 이상이 의사소통적 합리성에 기반한 합의의 도출이라는 점에서 종종 의사소통적 계획과 동일한 개념으로 이해되지만, 협력적 계획을 옹호하는 학자들은 의사소통적 계획의 실천방안이 협력적 계획이라고 설명한다(Harris, 2002: 33). 협력적 계획이론은 상대적으로 실질적인 의미를 갖는다는 점에서 지나치게 추상적인 의사소통적 계획의 한계를 보완한 처방으로 이해되기도 한다(Healey, 1997b). 특기할 만한 점은 의사소통적 계획이 도구적 합리성의 비판에 많은 역량을 집중하는 데 반해 협력적 계획은 계획실무에서 도구적 합리성의 유용성을 인정하고 하나의 근거로 활용한다는 점이다. 이처럼 협력적 계획은 특정한 지식만을 고집하지 않고 계획활동의 모든 측면과 관련된 기술 및 경험적 지식과 이성을 활용한다는 실용주의적 관점을 견지한다(Harris, 2002: 37). 이러한 배경에서 Healey(1997c: 11)는 과거의 계획이론이 계획실무와 유리되었던 것을 치유하는 것을 협력적 계획이론의 중요한 역할로 규정한다.

협력적 계획의 정의는 비교적 단순하다. Healey(1997a: xii)는 "정치공동체(political community)[6]가 그들의 장소의 질을 개선하기 위한 방안을 강구하는 것"이라고 협력적 계획을 정의한다. 이 과정에서 협력적 계획은 도시 및 지역환경의 민주적 관리와 통제 그리고 덜 억압적인 계획 메커니즘의 설계를 지향한다(Harris, 2002: 22). Healey (1992a, 1997c)는 협력적 계획이 사회정의와 환경적 지속 가능성을 추구하는 민주적이고 구체적인 방법이라고 주장한다.

하지만, 협력적 계획의 지지자들은 그 개념을 이론이라는 한정된 틀로 제한하기를 원하지 않는다. 그들은 협력적 계획이 하나의 이론이라기보다는, 맥락적 요소에 크게 의존하는 실천적 접근이라고 주장한다(Harris, 2002: 23). Allmendinger (1999: 8)는 협력적 계획은 단순한 이론이 아니라 세계관이라고 주장한다. Healey

6 단위 마을공동체와 지방정부, 국가를 포괄하는 개념으로 Friedmann(1987: 30)은 이를 '사회관계의 영토적 체계(territorially based system of social relations)'로 호칭한 바 있다.

(1997b: 72)는 협력적 계획이 맥락적 이슈(특별한 장소, 거버넌스 체계의 본질), 구조적 이슈(제도적 조직), 권력관계 실행의 이슈, 더 나은(보다 민주적인) 계획실행의 이슈라는 네 가지 이슈를 발전시키는 것에 관심을 갖는다고 설명한다. 이러한 협력적 계획의 이상(理想)은 기존의 방식, 즉 지방정부나 중앙정부의 역할(government)만으로는 실현이 어려운 것이 사실이다. 따라서 협력적 계획은 이해관계자들의 네트워크 구축을 통한 '뉴 거버넌스(new governance)[7]'의 형성으로 정의할 수 있다(이성근, 2006: 260).

일부 학자들은 협력적 계획을 단순히 "집단적 의사결정을 촉진시키는 기술"(Shiffer, 1992), "결정에 의해 영향을 받는 모든 참여자들의 집단적 의사결정"(Ester, 1998: 8)으로 정의한다. 이달곤(2005)은 협상을 다양한 이해관계를 가진 복수주체의 의사결정 과정으로 정의한다. 따라서 협력적 계획은 협상 개념의 확장이라고 볼 수 있다. 하지만 협력적 계획이 단순한 이익의 조정을 넘어서는 것은 계획의 본질적 성격 때문이다. 이해관계의 조정(협상) 방식으로 진행되는 계획과정에서 협상은 필연적으로 권력관계를 반영하게 된다. 이러한 점에서 권력관계에 대한 비판적 검토와 전복이 수반되지 않는 계획은 약자의 권리를 실질적으로 보호할 수 없다(Healey, 1992).

실천이론으로서 협력적 계획이론은 다양한 사회경제 이론의 융합물로 정의된다(Tewdwr-Jones and Allmendinger, 1998: 1987). 의사소통행위 이론은 그 기저의 원리를 이룬다. 계획에 있어서 진정한 의사소통 없이는 진정한 협력과 참여가 있을 수 없다고 보기 때문이다(Taylor, 1998: 124). 하지만 의사소통적 계획이론이 도시지역 문제에 대한 관심이 부족한 반면, 협력적 계획은 공간문제에 대한 관심이 크다는 차이가 있다(Healey, 1997a: 30; 1998: 3). 이는 비판이론을 넘어선 실천이론으로서의 협력적 계획이론의 특성을 보여주는 것이다. 이러한 맥락에서 협력적 계획이론은 종종 의사소통적 계획이론과 제도주의 정책이론, 지역경제학, 지역지리의 통합으로 이해된다.

협력적 계획은 공공의사결정과 토지이용에 있어 합리모형이라는 기술적 접근에 대한 이론적 반발로도 볼 수 있다(Pennington, 2002: 187). 합리모형이 추구하는

7 실제로 우리나라에서는 협력적 계획의 이상과 원칙이 종종 '협력적 거버넌스'라는 이름으로 실무에서 활용되고 있다(조봉경, 2021).

과학적 방법과 객관성은 심각한 한계를 지닌다. 흔히 객관적 의사결정의 준거로 제시되는 비용편익 분석이 실제로는 거의 주관적 가치판단의 결과와 다를 바 없다고 비판받는 것이 그 대표적인 예이다(Formaini, 1991). 협력적 계획은 계획활동에 이용되는 기초지식에 관한 가정에 있어서 전통적인 계획모형보다 자유롭다. 협력적 계획에서 지식은 객관적으로 존재하는 실체가 아니라 상호행위와 상호주관적(inter-subjective) 학습이라는 사회적 과정을 통해 능동적으로 산출되는 결과로 인식된다(Pennington, 2002: 188). 협력적 계획은 합리모형과 달리 객관적이고 과학적인 지식 외에 암묵지나 상식, 도덕이나 미학적 주장 등 과학적 측정과 계량화가 안 되는 여러 유형의 지식을 배제하지 않는다(Healey, 1992, 1997a). 문제해결에 있어 전문가뿐 아니라 비전문가의 기여를 존중하고 공식적 과정뿐 아니라 비공식적 협의도 중시한다(Forester, 1989: 152). 협력적 계획이론가들은 전통적 합리모형이 다양한 가치를 포괄하지 못함으로써 정책 결과의 빈곤화, 시민 권한의 약화, 나아가 계획 정체성에 대한 불신의 확산을 초래했다고 평가한다(Pennington, 2002: 187).

협력적 계획은 기존 계획의 문제로 의사소통상의 문제점을 지적한다. 계획가들의 현장에서의 용어가 실질적인 지식을 전달하지 못함으로써 지역사회를 배제시키고 있다는 점이 문제로 지적된다. 힐리는 이러한 문제를 해결하기 위해서는 서로 다른 주장을 인정하고 각각의 계획 내용을 서술하고 근거를 적시함으로써 이를 합리적으로 비교 검토하는 자리가 필요하다고 주장한다(Allmendinger, 2002a: 203).

(2) 협력적 계획의 적용

기존 계획에 대한 대안으로서 협력적 계획은 모든 사람들이 올바른 정보를 얻고 정당한 권한과 발언기회를 가질 수 있도록 계획체계를 개선해야 한다고 주장한다. Healey(1993)는 구체적으로 정보제공, 의제설정, 전략개발에서 일반인을 배제해서는 안 된다는 원칙을 제시한다. 이러한 배경에서 협력적 계획가가 수행해야 할 구체적인 작업은 다음 10가지로 정리된다(Healey, 1992). ① 다양한 분석 및 표현방법의 사용, ② 상호 이해 가능한 수준에서 논의의 전개, ③ 서로에 대한 존중을 바탕으로 토론 전개, ④ 갈등이 확인되는 논의의 장과 절차 마련, ⑤ 모든 종류의 지식과 합리성의 허용, ⑥ '이상적 담화'를 통해 참여주체들이 반성적이고 비판적인 능력을 유지하도록 고무, ⑦ 모든 이해관계자들의 포함, ⑧ 특정 주제로 관심이 고착되지 않도록 하며, 상호학습 과정을 통해 참여자들의 관심이 변화할 수 있는 기회 제공, ⑨ 기존의 권위와 권력에 대한 비판을 통해 기득권에 도전할 수 있는 기회 제공, ⑩ 계획가의 선험적 능력과 정당성 부인. 이러한 접근을 통해 현재 계획과정의 체제와 절차를 비판적으로 검토할 수 있으며, 현재의 참여과정을 개선할 수 있을 것으로 기대된다(Allmendinger, 2002a: 202).

계획과정에서 협력적 계획가가 수행하는 역할은 다음과 같다(Allmendinger, 2002a: 199): 시민과 지역사회에 대한 학습, 계획이 갖는 기술적·정치적 정보 제공, 공동체의 네트워크 구축 및 경청, 계획과정에서 과소 대표되는 이익에 대한 관심과 배려, 비전문가들의 계획문서 및 정보로의 접근 보장, 다양한 집단들의 협업체계 개발, 지역사회의 권한을 강화하는 방안 강구, 지역사회가 스스로 프로젝트를 리뷰할 수 있도록 지원, 계획에 대한 정치 및 경제적 압력을 예견하고 이에 대한 대비책 마련.

신자유주의 조류 속에서 지방의 민주적 통제가 위협받자 일부 지역의 주민들은 협력적 계획 방식을 활용하여 주민주도의 대안계획을 제시했다. 일례로 뉴햄(Borough of Newham)의 주민들은 지방자치단체에 의해 통제되지 않는 런던 도클랜드 개발공사(LDDC)의 계획에 대항해 '왕립 도클랜드 주민계획'을 작성했다(Taylor, 1998: 151). 이 계획은 단순한 반대가 아니라 대안을 제시했다는 점에서 의의를 갖는다. 뉴햄 주민의 계획은 효과적이지 못함이 입증되었지만, 런던의 코인스트리트(Coin Street) 개발과 같은 일부 다른 주민계획은 주요 개발업자의 계획에 대해 효과적으로 대안을 제시하는데 성공한 것으로 평가된다(Brindley *et al.*, 1989).

힐리는 영국에서 수립된 일련의 개발계획(development plan)에 대한 분석을 통해 계획과정에서의 의미체계와 민주성을 협력적 계획의 시각에서 검토하고, 유럽을 배경으로 한 다양한 계획 이슈에 협력적 계획 전략을 적용하는 방안을 제안하였다(Healey, 1993; Healey *et al.*, 1997a). 그녀는 기존 계획과정이 의사결정의 정당성과 그 근거를 명확히 제시하지 못했다고 비판하였다. 기존의 계획들은 협소한 도구적 합리성에 기초하거나 자본이나 정치와 같은 강력한 힘에 의해 왜곡되고 있다는 것이 그녀의 분석이다(Allmendinger, 2002a: 198).

(3) 협력적 계획에 대한 비판

의사소통적 계획이론이 지나친 이상주의, 이론과 현실 간의 괴리 차원에서 비판을 받는다면, 협력적 계획은 그 실행 과정에서 나타나는 문제로 인해 비판을 받고 있다. 하지만 상당수 비판은 의사소통적 계획에 적용된 비판과 궤를 같이 하는 것이다.

첫째, 계획은 본질적으로 무수한 이해관계의 조정이라는 점에서 협력적 계획은 전혀 새로운 내용이 아니다. 둘째, 이론과 실제와의 연결성이 부족하다. Harris (2002: 38)는 이를 "담론을 통해 도출된 전략을 현실에 적용하는 데 따르는 어려움"으로 설명한다. 즉, 거창한 이론적 전제에도 불구하고 실제 내용은 이론의 거대담론을 반영하지 못하고 지엽적인 내용을 다루고 있다는 것이다(Healey, 1992a: 159). 협력적 계획의 실천적 내용은 협상론이 견지하는 '좋은 협상의 원칙'과 크게 다를 바가 없다. 협력적 계획은 하버마스 프로젝트의 유토피아적이고 규범적인 원칙을 견지하면서 동시에 현실계획으로서의 의미를 얻고자 분투하는 복잡한 위상을 갖는다(Harris, 2002: 41). 이는 의사소통적 계획이론에 의해 부과된 규범적 요구를 실무에 있어서 협력적 계획의 성취와 조화시키는 것이 쉽지 않은 작업임을 보여준다.

셋째, 의사소통적 계획의 연장에서 현실을 지나치게 낙관적으로 바라본다(Harris, 2002: 38). 전제조건이 충족된다면 바람직한 계획을 이끌어 낼 수 있다는 인식은 대단히 낭만적인 발상이라 하지 않을 수 없다. 넷째, 처방적 측면과 절차적 측면에서 공히 규범적이다(Harris, 2002: 36). 윤리 교과서처럼 당위론적인 내용과 선험적으로 정당화된 절차를 처방으로 제시하고 있는데, 이는 협력적 계획이 갖는 낙관적 세계관에서 기인하는 결과이다.

다섯째, 계획가의 역할 규정이 모호하다는 점을 지적할 수 있다. 의사소통적 계획과 마찬가지로 계획가의 선험적 중심성을 부인하고 있지만, 동시에 실무추진에 있어서 현실성을 고려하여 계획가의 역할을 중시하는 모순적 태도를 보이고 있다. 일례로서 사회정의와 환경적 지속 가능성의 추진주체로 협력적 계획가를 상정하는데, 이는 규범적으로 계획가의 중심성을 가정하는 것이다(Allmendinger, 1996; Kaufman and Escuin, 1996).

같은 맥락에서 Fainstein(2000: 455)은 '역설적으로' 의사소통적(협력적) 계획의 주인공은 계획가라고 주장한다. 도시와 계획내용에 대한 언급이 아니라 계획가가 무엇을 해야 되고 그들이 규범적으로 왜 선해야 하는지에 대한 내용으로 채워진 것이 의사소통적 계획이라는 것이다. 그 과정에서 협력적 계획이론은 방법론적으로 계획가의 소소한 일상을 묘사하는 것에 집중하는 경향이 있다(Forester, 1989, 1999; Flyvbjerg, 1998; Tewdwr-Jones, 2002). Fainstein(2000: 455-6)은 이 과정에서 계획문제가 갖는 전체적 맥락, 인과관계, 실체적 결과에 대한 포착이 누락되고 있다고 주장한다.

여섯째, 실제 협력적 계획 과정에서 계획가의 행위는 참여라기보다 컨설팅에 가깝다(Healey and Hillier, 1995). 협력적 계획을 통해 계획가들은 일종의 지식조정자나 브로커로 전환된다(Healey, 1997a: 309).

일곱째, 협력적 계획의 내용은 실제에 있어 이해관계자들의 협소한 이익을 옹호하는 방향으로 흐를 가능성이 높다. 그런데 과연 이것이 협력적 계획이 추구하는 참여이고 공공성의 제고인지가 불확실하다. 이러한 경향은 특히 공간적 범위가 협소할 경우 사회적으로 동질적인 계층의 구성으로 인해 두드러지게 나타나는데, 님비(NIMBY)는 그 구체적인 산물로 이해된다(Fainstein, 2000: 460). 현실 계획에서 협력적 계획이 추구하는 다양한 이해관계자의 참여는 불가능하다고 해도 과언이 아니다. 이러한 문제를 극복하기 위해 다양한 계층을 포괄하는 광역적 계획을 추진할 경우 지역에 착근된 구체적인 안을 이끌어내기 어렵다는 문제가 발생한다.

여덟째, 비판이론가들의 관점에서 협력적 계획은 너무 보수적이고 체제유지적이다(Harris, 2002: 41). 거창한 슬로건에도 불구하고 협력적 계획의 실제는 계획을 통해 국가구조를 유지하는 것이며, 그 수단과 절차로서 의사소통적 합리성을 활용하는 것이다(Allmendinger, 2002a: 201). 협력적 계획은 모든 이해관계자의 제한 없는 참여를 강조하지만, 발언권을 얻지 못한 저소득층이나 소외된 자들이 계획과정에서 더 소외되는 결과가 초래될 수 있다(Hillier and van Looij, 1997). 협력적 계획은 종종 기득권과 시장의 힘을 옹호하는 결과를 초래하는데, 이는 갈등상황에서 모두가 동의하는 최대공약수의 도출은 결국 현상유지를 의미하는 정치적 타협에 의해 이루어진다는 점에서 부인하기 어려운 사실이다(Fainstein, 2000: 458-460).

아홉째, 협력적 계획은 영국과 미국의 특수한 계획환경이 낳은 산물로서 다른 나라의 상황에 적용하는 데에는 한계가 있다. 포리스터의 미국 사례가 보다 비공식적인 협상에 의존하는 미국적 상황의 반영이라면, 힐리의 분석은 참여적 과정이 제약되어 있으며, 중앙집권적인 특성이 강한 영국적 상황의 산물로 볼 수 있다(Tewdwr-Jones and Allmendinger, 2002: 208). 특히 영국의 '계획허가제'가 계획가 주도의 계획 시스템이라는 점에서, 계획가의 역할이 중시되는 계획 접근인 '협력적 계획'으로의 전개는 매우 자연스러운 귀결이라 할 수 있다.

4. 포스트모던 계획이론

1) 포스트모더니즘의 개념

Jameson(1988)은 오늘날 현대인 모두는 어느 정도 포스트모더니즘과 포스트모더니티(postmodernity)에 의해 침윤되어 있다고 지적한다. 같은 맥락에서 Dear(1988)는 21세기를 사는 우리 모두는 어느 정도 포스트모더니즘과 포스트모더니티의 세례를 받은 '포스트모더니스트'라고 주장한다.[8]

그렇다면 지금도 우리에게 영향을 주고 있는 포스트모더니즘과 포스트모더니티란 무엇인가? Duncan(1996)의 분류에 따라 포스트모더니즘과 포스트모더니티를 구분하면, 전자가 근대주의(modernism)에 대한 급진적 도전으로서의 지적운동이라면 후자는 그 산물로서의 사회적 경향과 문화체계라고 정의할 수 있다. 현대에 있어 양자는 포스트모더니즘의 지적 영향 아래 문화적·학문적 헤게모니를 신장시키고 있는데 포스트모더니티가 하나의 스타일에 관한 문제제기라면 포스트모더니즘은 사고방식과 대안적 가치에 대한 근본적 제안이라고 할 수 있다(Taylor, 1998). 하지만 두 개념은 엄격한 구분 없이 혼용되고 있는 것이 사실이다.

포스트모더니즘은 지식에 이르는 유일한 길로서 이성의 특권과 보편적이고 절대적이며 불변하는 진리가 있다는 근대론적 믿음에 대한 도전적 반대이다(Oranje, 2002). 포스트모더니즘은 또한 근대주의가 추구하는 휴머니즘, 진보, 합리

8 마르크스주의자(Marxist)가 아니면서 마르크스의 사상에 직간접적으로 영향을 받은 사람을 'marxist(소문자 m)'라고 하는 것처럼, 포스트모더니즘의 원리를 교조적으로 따르지는 않지만 그 영향을 받은 사람을 'postmodernist(소문자 p)'라고 한다. postmodernist들의 중요한 특징은 스스로를 포스트모더니스트로 인정하지 않는다는 점이다. 대표적 인물로 하비(David Harvey)가 언급된다. 다원적 공익관, 다양한 가치와 이해관계의 존중, 유일해가 아닌 다양한 해법의 가능성을 인정하는 현대 계획가들은 모두 'postmodernist'들이라고 할 수 있다.

성과 같은 거대담론(meta-narratives)에 대한 도전으로 그 인식에 있어 보편적 진리를 불신하며 진위, 선악, 미추와 같은 이원론적 사고의 폐기를 주장한다(Milroy, 1991). 이러한 포스트모더니즘은 하나의 뚜렷한 시대적 흐름으로 자리잡고 있는데, Jameson(1984)은 포스트모더니즘을 개인이 저항할 수 없는 강력한 세계적·문화적 힘으로 규정한다.

마르크스주의자들에게 이러한 포스트모더니즘은 자본주의 후기 단계 또는 후기자본주의의 새로운 축적양식으로서 자본의 문화지배를 의미한다(Jameson, 1984; Mandel, 1985; Harvey, 1989). 사회경제적으로는 탈산업사회의 부상과 정보화의 진척이 포스트모더니즘을 지탱하는 물적 토대가 된다(Beauregard, 1989; Duncan, 1996; Allmendinger, 2002a). 대량생산-대량소비체제에서 다품종소량생산체제로의 전환, 상품의 생산으로부터 소비까지의 주기를 단축시키는 기제로서의 대중문화와 상업광고의 홍수는 포스트모던한 현실을 지탱하는 원인이며 동시에 결과이다. 국가기능의 변화도 포스트모더니즘의 보편화에 한몫을 담당하고 있다. 1970년대 이전까지의 복지국가가 국민의 모든 것을 다해주는 보모국가(nanny state)였다면 현재의 국가는 방관자적인 심판으로서의 역할을 강화하고 있다(Harvey, 1989).[9] 역사발전의 체현으로 자부되던 현실 사회주의의 붕괴 역시 심각한 지적 자극이라 할 수 있는데, 체제 자체의 소멸보다 더 심각한 것은 공산주의 국가가 남긴 절망적인 유산들이다. 이러한 배경에서 다수의 좌파 지식인들이 포스트모더니즘으로 전향하였다(Allmendinger, 2002a).[10]

한편 Pepper(1993)같은 마르크스주의자는 환경, 문화, 젠더 이슈를 강조하는 포스트모더니즘을 포스트맑시즘의 시대에 '신장개업'한 아나키즘의 전통으로 해석한다. 페퍼는 이러한 포스트모더니즘이 계급갈등과 같은 본질적 투쟁의 전선을 이완시킨다고 비판하면서, 환경운동에서 마르크스주의의 헤게모니를 확립해야 한다고 주장했다. 그러나, 이러한 비판과 달리 오늘날 다양한 포스트모더니스트들이 주도하는 '무지개연합(rainbow coalition)'은 오히려 전세계적인 반자본운동의 구심

9 2020년 코로나 사태 이후 국가의 강력하고 광범위한 역할이 정당화되고 있다. 이러한 정부의 역할이 지속될지 이전의 작은 정부의 추구가 지속될지는 좀 더 지켜볼 필요가 있을 것 같다.

10 제임슨, 디어(Dear), 소자(Soja) 등은 그 대표적인 논객들이다. 하지만 그들은 포스트모더니즘에 열심히 진보적 거대담론을 갖다 붙임으로써 스스로가 포스트모더니스트가 아님을 증명해 보이고 있다 (Duncan, 1996).

으로서 기능하고 있다.

포스트모더니즘 안에서 확실한 것은 아무것도 없고 참과 거짓, 선과 악은 알 수 없는 것으로 치부된다. 신념의 자리를 유행이 대신하고 있고, 이성적 사고는 감각에 의해 대치된다. 포스트모더니스트들은 묻는다. 진보는 무엇이고, 변화를 위한 노력은 왜 가치가 있는 것이냐고(Healey, 2003). 이 과정에서 역사발전이나 사회진보와 같은 거대담론에 매달리기보다 미시적 억압에 대한 저항과 무차별적 해체(deconstruction)가 찬미된다(Allmendinger, 2002a). 주류가 아닌 타자(Others)에 대한 강조가 여성, LGBT,[11] 자연환경의 권리에 대한 강조로 구체화됨으로써 포스트모던 사회이론은 페미니즘과 급진적 생태주의, 게이 정치이론(gay politics)과 동일한 개념으로 이해된다. 포스트모더니즘의 영향으로 허무주의(nihilism), 상대주의, 개인주의, '지금 여기의 강조(now and here)'[12]와 '무엇이든 상관없다(anything-goes)'는 태도가 문화 및 사회이론 전반에서 힘을 얻고 있다(Oranje, 2002).

인식론적 상대주의는 종종 반근원주의(antifoundationalism)로 흐르는데, 이는 어떠한 진리나 기준도 거부하는 무차별적 상대주의를 의미한다. 반근원주의에서 현상은 고정된 실재가 아니라 해석에 따라 달라질 수 있는 것으로 이해된다(Sayer, 1992). 이러한 반근원주의적 인식에서는 나치즘과 같은 절대 악에 대한 반대조차도 배타적 정당성을 가질 수 없다(Duncan, 1996). 하버마스와 하비는 이러한 반근원주의 때문에 포스트모더니즘을 진보적 정치 프로그램으로 평가할 수 없다고 주장한다(Harvey, 1989).

Dear(1995)는 포스트모더니즘의 특징으로서 단일한(unitary) 설명에 의해 주장되는 모든 권위는 저항되어야 하며 모든 담론의 상대적 이점은 비결정적이므로 지적인 합의를 이루려는 어떠한 시도도 거부되어야 한다는 원리를 지적한다. 하지만 Taylor(1998)는 이러한 주장이 자기 모순을 내포하고 있음을 갈파하는데 포스트모더니즘의 주장이 사실이라면 모든 담론의 상대적 이점이 비결정적이라는 포스트모더니즘의 제안 역시 절대화될 수 없는 주장이 되기 때문이다. 같은 맥락에서 Giddens(1990)는 어떤 사람이 포스트모더니즘적 관점을 갖는다면 그가 할 수 있는 유일한 일은 지적인 활동을 멈추는 것뿐이라고 주장한다. Allmendinger(2002a) 역시 포스

11 Lesbian, Gay, Bisexual, and Transgender.
12 우리 사회에서 한때 유행했던 소확행의 강조나 SNS 열풍도 이러한 조류의 일부이다.

트모더니즘을 따르는 것은 비결정성의 심연 속으로 빠져 들어가는 것이라고 규정한다. 이러한 맥락에서 Taylor(1998)는 포스트모던 사회이론이 자기 부정적 허무주의일 뿐이라고 비판한다.

물론 포스트모더니즘에 퇴행적인 측면만 있는 것은 아니다(Eagleton, 1996; Oranje, 2002). 포스트모더니즘은 소수자의 권리에 주목함으로써 인권의 개념을 획기적으로 확장시켰다. 차이와 다양성의 가치를 부각시켰으며 "당연한 것이 당연한 것은 아니다"는 학문에 있어 중요한 발상의 전환을 촉구하였다. Duncan(1996)이 지적하는 바와 같이 포스트모더니즘의 인식 안에서 문제가 되지 않는 전망은 존재하지 않는다. 모든 제안과 정치적 지위는 의문시되고 당연하지 않은 것이 되며, 궁극적으로 해체된다. 따라서 포스트모더니즘은 기존 담론 속에 은폐되어 있었던 문제들을 드러내는 데 기여하였다고 평가할 수 있다(Harvey, 2000). 결국 화석화되고 관료화된 관행과 지식들이 포스트모더니즘적 인식 속에서 새롭게 평가될 수 있는 계기를 부여받는 것이다. 이러한 측면에서 혹자는 포스트모더니즘을 혁명적 잠재력으로 충일해 있던 근대주의의 원정신으로의 회귀로 평가하기도 한다(Lyotard, 1984). Oranje(2002) 역시 같은 맥락에서 포스트모더니즘이 근대정신으로서의 이성이 모든 전근대의(premodern) 유령들을 죽이지 못했음을 근대성에게 일깨움으로써 건강한 근대성을 회복시키는 기능을 담당하고 있다고 평가한다. 포스트모더니즘이 채용하는 해체와 전복은 그 비판적 에너지의 표현 방식이며(Duncan, 1996), 차이에 대한 강조는 계몽주의 프로젝트가 중시했던 개별화 추구의 최종적 발전양태로 이해된다(Giddens, 1990).

2) 포스트모던 계획이론은 존재할 수 있는가?

근대주의의 합리성에 대한 거부인 포스트모더니즘은 도시계획에 있어서 정형화되어온 여러 가지 가치와 규범적 원칙들에 대해 문제를 제기한다(Taylor, 1998). 그것은 주로 단일한 공익(unitary interest)의 가정에 대한 비판과 다양성 및 차이, 다원성의 강조를 통해 확인된다(Beauregard, 1989). 포스트모더니스트들에게 하워드(Howard)의 전원도시는 이상이라기보다 다양한 선택의 기회를 제약하는 억압으로 이해된다. 그들은 숨막히는 거대도시가 전원도시보다 나쁠 것이 무엇이냐고 되묻는다. 포스트모더니즘은 기존의 도시계획에서 당연시되어온 여러 가치들을 전복하고 해체함으로써 다양한 사고의 기회를 제공한다.

포스트모더니즘은 계획이 가치중립적인 방법으로 보편적인 공익을 실천해 나갈 수 있다는 오랜 신념에 대해 의문을 제기한다(Fainstein, 2005). 그들은 의사소통적 계획과 마찬가지로 그러한 합리주의적 접근이 소수의 목소리에 무관심하고 현실을 고착시킴으로써 기득권을 강화하는 데에 기여했다고 주장한다. 포스트모더니즘은 또한 소수자의 입장에서 전통적인 계획이 인식하지 못한 도시문제를 지적한다. 일례로서 가로변을 따라 식재된 가로수들이 흔히 녹지축의 형성이라는 차원에서 권장되지만 범죄에 취약한 여성들에게는 위험한 은폐물로 이해될 수 있다는 점을 지적한다(Ritzdorf, 1996). 전통적 도시계획에서 직주근접은 단순한 통행량의 감축방안으로 이해되지만, 가사와 육아에 대한 긴박 정도가 높은 여성들에게는 매우 절실한 필요사항으로 이해된다(Fainstein, 2005). 포스트모더니즘의 기존 계획에 대한 이러한 문제제기는 상당한 적실성을 지닌 문제제기라 할 수 있다.

하지만 포스트모더니즘의 문제제기를 무조건적으로 수용하는 것은 근대적 계획접근을 맹신하는 것보다 더 큰 오류를 낳을 수 있다. 본질적으로 포스트모더니즘은 부정에 능하고 처방에 취약하기 때문이다(Allmendinger, 2001). 원론으로서의 포스트모더니즘은 결코 건설적인 프로젝트가 아니다(Duncan, 1996). 포스트모더니즘은 기존의 모든 권위와 존재를 해체하고 파괴하기를 원하지만 그 위에 새로운 대안을 제시하고자 하는 의지는 전혀 없다.

결국 포스트모더니즘 하에서 옳고 그름은 존재할 수 없으므로 포스트모던 계획은 또 하나의 형용모순(oxymoron)에 불과하다. 문제를 해결하기 위해 여러 가지 대안들을 비교 검토해서 의사결정을 하고 그에 기초하여 정책집행을 하는 것이 하나의 계획과정이지만 포스트모더니즘의 시각에서는 문제는 문제가 아니며, 더 낫고 더 못한 대안도 존재하지 않고, 정책집행이 사회문제를 해결할 것으로 기대되지도 않는다. 결국 무계획주의의 후예로서 포스트모더니즘의 틀 속에서 모든 정책행동은 유보되고 의도와 상관없이 시장기구가 그것을 대신하게 된다. 린드블럼의 무행동주의(inactivism, muddling through)가 그 완곡한 형태라면, 그 과격한 형태는 자유지상주의의 시장독주에 대한 방관일 것이다.

Beauregard(1989)는 근대계획의 위기징후로서 계획의 자본으로부터의 중립성의 약화와 그로 인한 개혁적 경향의 손상을 지적한다. 그는 포스트모던 접근이 그러한 문제를 보완할 수 있다고 주장한다. 그러나, 그의 시각은 본말을 거꾸로 해석하고 있다는 점에서 현상에 대한 잘못된 이해라 할 수 있다. 계획의 중립성과 개혁동력의 약화는 근대주의의 타락을 의미하는 것이 아니라 자본주도적인 포스트모던 상황을 반영하는 것이다. 포스트모더니즘은 그것이 계획의 모더니즘적 기초를 손상시키고 거부했기 때문에 계획에 있어 위기를 창출했지만 동시에 계획을 부정하고 니힐리즘으로 경도된다는 차원에서 이성에 대한 대체품을 제공하지 못했다고 평가할 수 있다(Harper and Stein, 1995: 61). 이렇듯 일부 포스트모던 이론가들[13]이 대안으로서의 포스트모더니즘을 주창하지만 그것은 엄밀한 의미에서 포스트모더니즘이 아니다(Jencks, 1986). 그들이 언급하는 포스트모더니즘은 사실상 모더니즘이며 더 정확히 말하자면 후기 근대주의(late modernism)이고(Jameson, 1984; Harvey, 1989), 그 이상은 전술한 의사소통적 행동이론에 충분히 반영되어 있다. 그들의 그러한 대안 제시는 포스트모더니즘이 극복하려 했던 또 다른 규범과 거대담론, 이원론적(dualistic) 가치판단과 근원주의로의 회귀를 의미한다.

따라서 포스트모더니즘은 대안 없는 전복일 뿐이다. 포스트모더니즘의 해체적 접근은 일부 건설적인 자양분이 되기도 하지만 대부분의 경우 자기 파괴적인 결과를 초래한다. 일례로서 "그들의 이야기, 그들의 담론, 그들의 언어가 외부인들에 의해서는 이해될 수 없다"는 포스트모더니즘의 비교불가능성의 주장은 외부자의 비판은 타당하지 않으며 따라서 합의를 이루기 위한 대화는 공허하다는 결론으로 이어지는데 이는 개선을 위한 모든 행동의 포기를 의미하는 것이며, 동시에 권력과 억압이 합리적 대화를 대체할 수 있음을 시사한다는 점에서 매우 위험한 관점이라 할 수 있다(Rorty, 1991; Harper and Stein, 1996).

사실 포스트모더니즘의 계획에 대한 관심은 크다고 할 수 없다. 포스트모더니즘은 계획을 강요된 합의나 기존 권력관계를 고착시키는 활동 정도로 이해한다(Allmendinger, 2002a). 결국 포스트모던 사고는 최악의 경우 계획을 배제하고 잘해봐야 계획에 별 도움이 안 되는 추상적이고 난해한 이론일 뿐이라는 평가가 가능하다(Allmendinger, 2001). 하지만 더 큰 문제는 포스트모던적 사고를 '포스트모던 계획'으로 연결시키려 할 때 발생한다. 단일한 이해관계의 가정을 부정하는 포스트모더니즘적 시각에서 특수 이익에 대한 조정적 역할을 계획이 수행해야 한다는 견

13 제임슨, 포스터(Foster), 료따르(Lyotard), 하산(Hassan) 등이 여기에 해당된다.

해가 개진되지만(Beauregard, 1989; Sandercock, 1998), 비교불가능성과 반근원주의라는 포스트모더니즘의 인식 틀 속에서 견해 간의 조정은 사실상 불가능한 것이다. 합의나 조정은 포스트모더니즘보다는 오히려 근대주의적 문제해결 방식에 가까운 접근이다(Harper and Stein, 1996). 이러한 맥락에서 우리는 의사소통적 행위이론을 '후기 근대주의', '근대성의 복원'이라고 부르는 것이다.

반면에 Lyotard(1984)는 합의를 '강요된 테러'로 규정한다. 아나키즘의 전통을 계승한 포스트모더니즘이 모든 종류의 합의를 억압으로 규정하는 것은 너무나 당연한 귀결이다(Allmendinger, 2002a). 이러한 인식 틀 속에서 우리는 서로의 차이를 인정하면서 합의에 도달할 수 있을까(Healy, 2003)? 궁극적으로 우리가 포스트모더니즘을 신봉한다면 계획은 어떠한 모습이 될까? 따라서 포스트모더니즘 계획이론은 실현불가능한 대안을 대안으로서 제시하고 있는 것이다. 결국 포스트모더니즘은 전술한 마르크스주의와 마찬가지로 계획이 아닌 근대계획이라는 현상에 대한 강력한 비판이론으로서만 존재할 수 있는 것이다(Allmendinger, 2002a).

포스트모더니즘이 근대주의에 대한 비판으로서만 유효하다는 증거는 조닝과 도시계획에 의해 조성된 단조로운 경관을 비판하는 포스트모더니즘의 행보를 통해 확인된다. 공간설계에 있어서의 포스트모더니즘은 노골적으로 시장지향적이다(Fainstein, 2005). 포스트모더니즘의 시각에서 경직성과 통제성, 획일성과 단일한 가치를 추구하는 공공의 '보이는 손'은 사라져야 할 악덕이다. 그런데 그 사라진 공간은 진공으로 남지 않고 시장의 '보이지 않는 손'에 의해 채워진다. 결과적으로 시장에 모든 것을 맡기자는 주장인 셈이다. 하지만 균형 잃은 시장의 힘은 좀처럼 Jacobs(1961)가 기대했던 다양성을 산출해내지 못한다(Harvey, 1989: 77). 이는 지불능력에 기초하여 이루어진 '자연 조닝'이 계획가의 조닝을 대체함으로써 지대(rent)의 원칙에 기초한 용도배분을 이루기 때문이다(김흥순, 2005). 결국 계획으로부터 시장기구로의 이동은 단기적으로는 용도의 혼합을 이끌지만 장기적으로는 단조로움으로 귀착되고 만다. 이는 포스트모던한 자본운동으로 이해되는 젠트리피케이션이 종종 단조로운 상업 경관으로 귀결된다는 점에서 확인되는 부분이다(Harvey, 1989).[14] Jencks(1984)는 이러한 포스트모더니즘의 경향을 인정하면서도 "건축가는 상황을 바꿀 힘이 없다"고 주장하면서 애써 책임을 회피한다.

14 신사동 가로수길 등 우리나라 핫플레이스들의 성쇠는 이러한 자본운동을 잘 보여주는 예이다.

따라서 너무 성급하게 포스트모더니즘의 제안을 수용하는 것은 위험하다. 또 다른 혼란을 야기할 수 있기 때문이다. 계획이 천착해야 할 부분은 오히려 근대주의의 진정성을 강화하는 것이다. 모더니즘의 이상은 아직 충분히 실현되지 않았다는 점에서, 모더니즘은 재정의되고 재평가·재계몽화되어야 한다(Gleason and Low, 2000: 131). 따라서, 포스트모더니즘의 제안은 근대적 합리성의 약점을 보완하는 기능으로 한정되어야 한다. 결국, 문제의 해결은 포스트모던 접근을 계획에 적극 채용하는 것이 아니라 근대적 합리성을 새로운 모습으로 재건하는 것에서 찾아져야 한다. 하버마스가 제안한 의사소통적 합리성은 포스트모더니즘의 물음에 대한 근대적 합리성의 응답이라 할 수 있다.

3) 비판이론으로서 포스트모던 계획이론의 기여

계획에 있어서 포스트모더니즘의 제한적 유용성은 합리성이라는 자기 만족적 확신을 제어한다는 차원에서 찾아질 수 있다(Allmendinger, 2002a). 근대주의의 통제되지 않는 자기 확신이 전체주의와 같은 이성의 마비로 발현되었던 것처럼, 모든 담론은 견제가 없을 때 균형을 상실하기 때문이다. 구체적으로 포스트모더니즘은 합리적 계획이나 유토피아 지향적 광신에 대한 일정한 문제제기로서의 의미를 갖는다(Taylor, 1998). 근대계획이 신봉해온 몰역사적 종합계획과 갈등 없는 공익의 가정을 전복시킨다는 점 또한 중요한 의의라 할 것이다(Beauregard, 1989). 파괴적 재개발 프로젝트, 경제적 효율성의 과도한 추구, 획일적 기능 분리, 도시민의 다양성 무시, 도시가 지닌 환경적·역사적 가치의 경시 등은 근대 도시계획이 남긴 폐해로서 포스트모더니즘의 문제제기에 의해 자기 교정이 가능한 부분들이다.

공간과 시간의 강조 역시 포스트모더니즘이 계획에 기여할 수 있는 중요한 부분이다(Soja, 1997). 근대계획은 탈공간적이며 탈시간적이다(Beauregard, 1989). 국제주의(internationalism)를 추구하는 근대주의는 개별 공간의 특수성을 무시하고 모든 곳에 보편적으로 적용할 수 있는 최선의 대안이 존재한다고 생각한다. 따라서 서구의 계획방법이 개발도상국에도 무차별적으로 적용될 수 있다는 시각을 갖고 있으며 대상에 상관없는 표준화된 설계방법이 찬양된다. Ragon(1982)이 지적한 것처럼 그 결과는 '폐허화'된 일련의 현대 도시들이다. 브라질리아와 샨디갈(Chandigarh), 프룻-아이고(Pruitt-Igoe), 분당 신도시는 모더니즘이 남긴 영욕의 기록들이다.

같은 맥락에서 근대주의는 시간을 단순한 선적(線的)인 연장으로 이해함으로써 역사적 차별성을 인정하지 않는다. 이러한 근대주의의 몰역사적 시간이해는 과거와 같은 오늘, 오늘과 같은 미래를 상정한다. 근대주의의 보편적 계획방법론에 대한 믿음은 이러한 시간의 동질성에 대한 맹신에서 비롯된 것이다. 이러한 인식의 일례로서 외삽법(extrapolation)에 근거한 미래추정의 경우, 단순 추계된 인구에 원단위를 곱해서 기계적으로 도시시설을 공급함으로써 만성적인 시설과잉 또는 시설부족을 초래하게 된다. 반면에 포스트모더니즘은 시간과 공간을 사회역사적으로 이해한다. Lyotard(1984)는 시간을 초월하는 보편적인 진리가 존재할 수 없다고 생각한다. 시간을 순차적인 선적 흐름이 아닌 특정 국면에 특정한 상황으로 이해하는 것이다. 따라서 포스트모던 접근에서 외삽법에 의한 미래예측은 이루어지지 않고 맥락(context)과 사례의 특수성이 강조된다.

포스트모더니즘의 또 다른 기여는 지방성(locality)의 재발견이다(Beauregard, 1989; Cooke, 1990; Allmendinger, 2001). 근대주의가 거대담론으로서 민족과 국가를 강조함으로써 국민국가에 대한 이데올로기적 자양분을 제공했다면, 개체와 미시적 관점을 강조하는 포스트모더니즘은 지방성을 강조한다. 이러한 지방성의 강조는 푸코(Focault)와 료따르의 미시정치에 대한 강조에서 기원한다(Duncan, 1996). 1980년대 이후 국가계획의 퇴조, 지방분권의 강조, 중앙권력의 지방이양은 이러한 사회담론의 흐름을 반영하는 것이다. 원론적으로 '지방에 대한 계획'인 도시계획은 '지방화 시대'를 강조하는 포스트모더니즘적 조류 속에서 그 위상을 강화할 수 있다. 사회 전반의 포스트모던 경향 속에서 도시경영과 계획에 있어 지방의 권한은 더욱 강화되고 있는데, 지역의 고유한 전통을 강조하는 건축에서의 지역주의(regionalism)의 부상 또한 이와 맥락을 같이 하는 부분이다(Cooke, 1990).

포스트모더니즘의 차이와 다양성의 강조는 계획에 있어서 개방성과 민주적인 과정의 강조로 이해할 수 있다(Allmendinger, 2002a). 포스트모더니즘은 지배권력으로부터 소외된 소수자와 사회적 약자의 입장에 주목함으로써 다양한 정책대상 집단을 계획과정에 포함시키는 노력이 필요함을 보여준다. 북미의 계획 관련학과 교수들은 새로운 시대에 인종, 민족, 성이 가장 중요한 계획 이슈이며 문화적 다양성을 계획 속에 반영하는 능력이 가장 중요한 계획기술이 되고 있다는 데 의견을 같이 한 바 있다(Thomas, 1996). 최근 사회 전반의 성(gender) 인지 감수성 증가와 다문화 이주자의 증가는 우리 사회가 서구사회와 같은 포스트모던 단계에 진입하였음을 시사한다. 따라서 급속한 사회의 다원화를 수용하기 위해 계획과정을 어떻게 다양화하고 소수자의 목소리를 어떻게 수용할 것인가에 보다 많은 관심이 주어져야 할 것이다.[15]

이제 계획은 더 이상 기술적 합리성의 가면 뒤에 숨을 것이 아니라 스스로가 하나의 '정치과정'임을 선언할(coming out) 필요가 있다. Flyvbjerg(1998)는 덴마크의 소도시 알보르(Aalborg)에서 15년간 진행된 도시계획 과정을 분석한 사례를 통해, 계획이 결코 합리적이지 않으며 계몽주의적 이상이나 진보적 가치를 실현하는 행위가 아님을 실증적으로 보여주었다. 그가 파악한 계획의 작동원리는 마르크스주의의 계급투쟁 논리보다는 마키아벨리의 권력정치학과 니체의 권력의지 개념에 더 가깝다.[16] 현실 계획(plan)은 정보의 차별적 선택과 왜곡, 참여의 양과 범위의 제한, 정치적 거래, 특수이익의 영향, 정치권력의 결정에 대한 사후 합리화의 결과물이다.

Cullingworth(1997)는 뉴욕 시에서 조닝을 둘러싸고 벌어지는 개발업자와 시당국 간의 게임을 잘 묘사한다. 시당국은 거래를 위해 필요 이상으로 엄격한 규제를 가함으로써 의도적으로 개발업자들이 협상 테이블로 나오도록 만들고 개발업자들의 요구를 들어주는 척하면서 개발업자로부터 필요한 공공기여(기반시설과 어메니티 요소)를 얻어낸다. 개발업자는 협상 테이블에서 용적률 인센티브를 얻어내기 위해 어메니티의 추가 공급을 수용하지만, 개수만 채우고 질적으로는 형편없는 시설을 공급함으로써 채산성을 맞추고자 한다. 개발업자와 시당국은 서로 속고 속이는 게임을 진행한다. 때로는 법정에서 치열하게 싸우지만 서로의 추구하는 바를 실현하기 위해 이면거래 또한 마다하지 않는다.

기술적 전문성을 강조하는 한국의 계획은 조금은 다른 형태의 정치과정으로 진행된다. 한국의 권위주의적 행정문화에서 관은 계획결과를 되도록 공개하지 않

15 최근 주목받고 있는 포용적 계획(inclusive planning)은 그러한 관심의 구체적 표현이다.

16 Flyvbjerg(1998: 274)는 "계획은 합리적이라는 외피를 쓰고 있지만, 실제로는 권력의 전략적 실천이며, 진리는 권력에 의해 구성된다. 이런 관점은 마르크스보다 오히려 마키아벨리와 니체의 관점에 더 가깝다"고 주장했다. 그가 말한 현실계획의 '니체적' 특성은 권력의 표현으로서의 지식, 계몽주의적 이성 비판, 가치의 상대성과 역(力)관계 등이다.

으려 한다. 따라서 주민공람이나 공청회 등 법이 정하고 있는 주민참여의 기회도 형식적으로 이루어지기 일쑤이다. 대신에 한국에서의 계획정치는 주로 토지소유자와 개발업자들의 로비를 통해 이루어진다. 로비대상은 지방의원, 도시계획 당국자, 도시계획위원 등이다. 따라서 한국에서의 계획정치는 한정된 이들 간의 게임으로 제한되고 민주성의 결여라는 문제점을 회피할 수 없게 된다. 또한 일방적이고 투명하지 못하며 부패의 개연성을 많이 안고 있다고 할 수 있다.[17]

이러한 문제를 해결하기 위한 첫 단추는 계획을 더 이상 기술이 아닌 정치행위로 재규정하는 것이다. 기존의 도시계획은 계획의 결과를 기술적(공학적) 분석의 결과로 가정함으로써 일부 계층에게 전가되는 비용부담을 합리화해 왔다. 피해 계층 역시 일부 불만이 있음에도 불구하고 이러한 차원에서 계획의 결과를 마지 못해 수용해 왔다. 하지만 계획이 정치과정임이 공식화된다면 그들은 자신들의 비용부담을 쉽게 수긍하지 않을 것이고 보다 공평한 비용과 편익의 분배를 요구할 것이다. 요구의 수용은 정치과정에 모든 주민들이 공정하게 참여할 기회를 제공하는 것을 의미한다. 따라서 포스트모더니즘이 추구하는 민주주의의 실현을 위해서는 계획이 더 이상 기술적 합리성만의 결과가 아님을 고백하는 인식의 전환이 필요하다.

사회환경의 변화는 주민들의 목소리를 강화시키고 있다. 흔히 주민들의 주장은 지역이기주의로 매도당하기도 하지만 지역정책의 불합리성을 알리고 시정하도록 하며 밀실행정에 의한 그들만의 게임을 우리 모두의 게임으로 일반화하는 순기능을 수행하는 것 또한 분명한 사실이다(박종화 외, 2004). 따라서 주민들은 이미 계획과정이 정치적 과정임을 충분히 이해하고 있다고 볼 수 있다. 이제 계획은 시대의 변화를 거부할 수 없는 상황에 직면해 있다. 이러한 변화는 포스트모던한 사회적 조류의 영향으로 계획의 민주성이 강화되는 과정으로 이해할 수 있다.

17 2016년 부패방지법의 제정은 우리 사회의 투명성 제고에 크게 기여했는데, 이는 계획 분야에서도 예외가 아니다.

제3절

시장지향적 계획이론

1. 뉴 라이트(New Right) 계획

1) 뉴 라이트의 개념

Allmendinger(2002a)는 뉴 라이트의 개념을 전통적인 의미의 자유주의와 보수주의를 포괄하는 개념으로 설명한다. 같은 의미에서 Thornley(1996), McDougall(1996) 등은 '경제적 자유주의'와 '사회적 권위주의(authoritarianism)'를 뉴 라이트를 지탱하는 두 기둥으로 설명한 바 있다. 두 조류는 부분적으로 상이한 입장을 보이나 궁극적으로 뉴 라이트라는 하나의 정치적 흐름을 구성한다. 이처럼 상이한 두 조류의 동거는 현실 정치 속에 실존하는 대중정당의 정체성 때문이기도 하다. 즉, 영국의 보수당이나 미국의 공화당은 다양한 이익집단과 가치관이 공존하는 정치 결사체이지만 하나의 우파 정당으로서 기능한다는 점이 감안되어야 한다. 영국 보수당의 경우 주요 지지층이 대토지를 소유한 귀족계급과 신흥 자본가 계급으로 나뉘는데, 전자의 경우 보수주의, 후자의 경우 자유주의 성향을 보인다고 볼 수 있다(Thornley, 1998: 213). 토지와 관련해서 전자는 환경의 보호 및 계획적 관리를 선호하고 후자는 자유로운 토지개발을 선호한다. 영국 보수당의 이러한 모순적 정체성이 이후 살펴볼 뉴 라이트 정책의 비일관성과 모호성으로 이어진다고 볼 수 있다.

우선 자유주의적 조류는 상당 부분 하이에크와 밀턴 프리드먼(Milton Friedman)으로 이어지는 일군의 보수적 경제학자들의 논지에 기초한다. 자유주의적 조류는 정부기능에 대한 시장의 우월성을 기조로 1950~60년대를 풍미했던 케인즈주의적(Keynesian) 복지국가 체제의 해체를 주장한다(김수행, 1998). 그들의 시각에서 늘어난 국가의 기능은 정부의 규모와 통제를 증대시킴으로써 개인의 자유를 손상시키고 납세자의 더 많은 비용부담을 요구한다. 레이건(Reagan)의 언급처럼 자유주의자들은 "정부는 해결책이 아니라, 바로 문젯거리"라는 시각을 갖고 있다(Allmendinger, 2002a). 자유주의자들은 복지국가의 문제를 해결하고자 조세 경감을 통한 근로의욕과 투자의욕의 제고를 꾀하며, 사회복지비 지출을 삭감함으로써 노동자들의 근로규율을 강화하고 이를 통해 노동생산성을 제고해야 한다고 본다(김수행, 2001). 또한 노동의 유연성을 증대시키고 공공영역을 축소함으로써 민간자본의 영리활동 분야를 확대시키고자 한다.

반면에 보수주의적 관점은 공공정책의 중요성을 인정한다는 점에서 자유주의적 관점과 일정한 차이를 보이는데, 이는 보수주의자들이 법치주의(rule of law)와 질서(규율) 그리고 무엇보다 국가의 권위를 강조하기 때문이다(Scruton, 1980). 보수주의자들이 추구하는 궁극적 지향점인 강력한 국가에 대한 강조는 민주주의와 지방분권에 대한 혐오 그리고 중앙집권에 대한 열망이라는 형식으로 표출되는데, 이는 종종 보수주의와 자유주의를 가르는 분명한 차이점으로 인식된다(Allmendinger, 2002a). 심지어 일부 보수주의자는 자유주의가 불평등과 빈곤을 조장함으로써 사회적 안정성과 국가의 권위를 손상시킨다고 비난한다(Norton and Aughey, 1981).[18]

하지만 보수주의 역시 복지의 삭감을 주장하는데, 이는 서구의 복지 시스템이 자기 의존성과 책임, 가정의 역할을 위축시킨다고 보기 때문이다(Scruton, 1980). 일정한 차이점에도 불구하고 이 부분이 자유주의와 보수주의가 뉴 라이트라는 큰 조류에서 합류되는 연결고리로서 기능한다. 사회질서를 강조하는 보수주의자들이 근로규율의 강화를 모색하는 자유주의자들을 반대할 이유가 없는 것이다. 더욱이 자유주의자들은 사회적 불만을 억누르고 시장을 보호할 법치주의와 강력한 국가권력을 원하며, 보수주의자들은 권위주의적 국가권력을 정당화할 물적 자원이 필요하다는 점에서 상호공생적 관계가 이루어지게 된다(Allmendinger, 2002a).

뉴 라이트 조류에서 보수주의는 자유주의를 보완하는 역할을 주로 담당한다. 따라서, 많은 이들은 이러한 시장우위적 조류를 종종 '신자유주의(neo-liberalism)'로 지칭한다.[19] 하지만, 보다 엄밀히 살펴보았을 때 신자유주의가 일국적(一國的) 차원에서 작동하는 양식은 자유주의와 보수주의라는 양 날개를 통해 이루어지는 것이 분명하다(김수행, 2001). 따라서, 뉴 라이트는 신자유주의로 통칭되는 정치경제적

18 같은 맥락에서 Scruton(1980)같은 보수주의자는 "보수주의의 적은 사회주의가 아니라 자유주의"라고 주장하였으며, 하이에크같은 자유주의자는 "나는 왜 보수주의자가 아닌가"라는 글을 쓴 바 있다.

19 2025년 트럼프의 관세정책으로 인해 신자유주의의 중요한 한 축인 자유무역체제가 심대한 손상을 입었음은 부인할 수 없는 사실이다. 그러나 국가운영방식으로서의 신자유주의는 여전히 강력한 영향력을 발휘하고 있다고 평가할 수 있다.

흐름을 보다 적확하게 설명하는 개념이라 할 수 있다.

원론적 의미에서 뉴 라이트와 올드 라이트의 차이는 국가기능에 대한 평가에서 갈린다고 볼 수 있다. 둘 다 '큰 시장, 작은 정부'를 추구한다는 점에서는 동일하지만, 뉴 라이트는 올드 라이트와 달리 시장의 원활한 작동을 위해 정부가 적극적으로 나서야 한다고 본다. 올드 라이트의 이상이 자유방임적 야경국가라면, 뉴 라이트는 '작지만 강한 정부'를 추구한다고 평가할 수 있다(김수행, 1998). 이는 자유주의와 보수주의의 결합에 의해 초래된 결과라고 할 수 있다. 따라서, 올드 라이트가 소극적 자유주의라면 뉴 라이트는 적극적 자유주의라 할 수 있다(김승욱 외, 2004).

2) 뉴 라이트 공간계획

제2차 세계대전 후 서구 선진국의 경제체제는 케인즈주의에 기반한 '사회적으로 관리되는 자본주의'로 묘사된다. 이 과정에서 영국의 도시계획도 완벽하게 균형잡힌 사회민주주의 혼합경제의 산물로 이해되었다(Taylor, 1998: 132). 국가는 당연히 자본주의 토지시장을 감독하고 규제할 권한을 갖는다고 이해되었는데, 이것이 시장공급과 국가규제의 혼합원리로 이해되었다.

신자유주의 조류에 이념적 논거를 제공한 Hayek(1999)는 정부기능과 정부의 시장개입에 대하여 극단적인 회의론을 제기하였는데, 정부가 시장에 개입하는 구체적인 방식인 '계획'을 '노예의 길(The Road to Serfdom)'로 지칭하며 맹렬히 비난한 바 있다. 그러나 우리는 그가 토지시장의 불완전성을 보정하는데 도시계획이 유용하게 활용될 수 있음을 인정했다는 점에 주목할 필요가 있다(Allmendinger, 2002a). 하이에크는 근본적으로 제한 없는 시장기구 속에서의 토지이용이 야기할 수 있는 외부효과의 문제점을 인정했다(Lai, 1999).[20]

따라서 뉴 라이트 계획의 존재 가능성은 하이에크의 외부효과 인정에서 출발한다. 이러한 맥락에서 뉴 라이트 계획은 시장주의에 근거한 계획의 완전한 방기가 아니라 대안적 정책의 제안을 의미한다(Taylor, 1998). 그러나 이들이 도시지역에서의 시장실패와 시장개입의 필요성을 인정하고 있음에도 불구하고, 그 개입의 주체와 방식에 대해서는 충분한 합의에 이르고 있지 못하다는 점을 지적할 필요가

20 하이에크는 '근린효과(neighborhood effects)'라는 표현을 쓰고 있다. 한편 Klosterman(1985)은 계획의 존재이유를 설명하는 가장 소극적인 입장으로서 외부효과의 존재에 대한 수긍을 지적한 바 있다.

있다. 본 절에서는 다양한 학자들이 제기하는 뉴라이트 계획의 원칙을 정리해 보도록 하겠다.

하이에크가 도시공간에 존재하는 외부효과를 인정한 것은 사실이나 그가 제안한 문제의 해결방안은 시장에의 의탁이었다(Taylor, 1998: 134). 따라서 뉴 라이트 계획론자들이 견지하는 도시관리의 기조가 기존의 계획과 정부 주도로부터 시장과 법에 의한 자율적 토지이용 및 관리로 방향을 전환시키고자 하는 것임을 알 수 있다(Thornley, 1993: 117). 그들은 계획으로는 도시의 본질적인 문제를 다룰 수 없다고 주장한다. 도시의 진정한 문제는 빈곤인데 그것은 계획가들이 다룰 수 있는 범위 밖의 것이기 때문이다(Banfield, 1974; Banham *et al.*, 1969). 뉴 라이트론자들은 종종 규제가 토지의 이용 가능성을 저하시킴으로써 토지의 가격을 증가시키고, 이로 인해 빈곤층을 오히려 어렵게 만들 수 있다는 점을 지적한다(Thornley, 1993: 107).[21] 또한 정책가와 계획가의 선의가 빈곤층에게 잘못된 신호를 보냄으로써 그들의 자생력과 자기책임 의식을 약화시키고 이로 인해 오히려 도시의 빈곤 문제를 심화시키는 결과를 초래할 수 있다는 것이 뉴 라이트 이론가들의 인식이다. 같은 맥락에서 Jacobs(1961)는 도심(inner city)의 쇠퇴가 도시계획가들의 획일적인 계획으로 인해 도시의 다양성이 사라지고, 그로 인해 성장 동력이 상실된 결과라고 지적한 바 있다. 그녀는 나아가 도시계획가들이 슬럼화된 지역에서 개입을 중단하면, 해당 지역은 자생적으로 슬럼의 굴레로부터 벗어날 수 있다고 주장했다

이러한 이념적 원칙에도 불구하고 보수 정치인들은 현실적으로 계획을 완전히 없애지 못하는데, 그 이유는 도시계획으로부터 이익을 보는 중산층과 토지소유자들이 우파 정당의 중요한 지지자들이기 때문이다(Allmendinger and Thomas, 1998: 239). 따라서 현실에서 뉴 라이트 계획의 기조는 계획 시스템의 효율성을 개선하는 방향으로 전개된다.

세부적인 수준에서 첫 번째 원칙은 계획의 실현을 위한 수단과 기구가 시장에 의해 제공되어야 한다는 것이다. 시장주의자들은 계획가에게 외부성의 정확한 측정과 관리 가능한 외부성의 분류에만 주력하라고 주문한다(Pennance, 1974: 19). 인간인 계획가가 도시의 복잡성과 유기적 연계성을 충분히 이해할 수 없다는 점에서

21 오늘날 서민과 청년의 서울 진입이 매우 어려워진 요인 중 하나로 정부의 부동산 정책이 지목되는 것은 그 구체적인 사례라 할 수 있다.

기계적 용도지역제는 최적의 결과를 이끌어낼 수 없다는 것이 하이에크를 필두로 한 시장주의자들의 인식이다(Pearce *et al.*, 1978: 82). 시장주의자들은 자연스럽게 현실 계획을 계획가의 주관적 재량에 의해 결정되는, 예측 불가능한 비합리적 행위로 치부한다(Siegan, 1976). 그들의 시각에서 계획가들이 미래를 예측할 수 있다고 하는 주장은 좋게 말해서 과장이고, 나쁘게 말하면 거짓에 불과하다. 계획가들은 예측이 아니라 통제에 의존하며, 통제 없이는 무엇이 일어날지 알지 못한다고 비판받는다(Pennance, 1974: 13). 이 과정에서 정치적 압력과 관점, 영향력은 계획의 중요한 판단 기준이 된다. 따라서 "용도지역제 등 토지이용 규제는 계획이라기보다 정치의 도구"가 된다(Siegan, 1976: 3). 따라서 시장주의자들은 정치적 도구가 아닌 경제적 유인(incentive)이 도시문제의 해결을 위한 중요한 기제로 활용되어야 한다고 믿는다(Klosterman, 1985). 이 과정에서 수익자부담 및 원인자해결 원칙이 의사결정의 핵심기준으로 제시된다.

두 번째 원칙은 정보의 투명한 공개가 이루어져야 한다는 것이다. 이는 시장참여자들이 합리적 판단을 하기 위해서는 모든 정보가 완전하게 공유되어야 한다는 완전경쟁시장의 이상에서 출발한 논지로 이해된다. 투명한 정보의 공개는 정부의 기능과 권력을 제한함으로써 작은 정부의 실현과 시장 속의 개인에게 더 많은 자유를 부여하는(empower) 긍정적 효과를 가져온다. 이를 통해 계획가의 재량과 지역별 편차가 없어지고 시장에서의 투자수요에 대한 정확한 정보를 파악하는 것이 가능해진다(Thornley, 1993: 119).

세 번째 원칙은 유클리드 용도지역제(Euclid zoning)에 대한 거부이다. 뉴 라이트 주의자들은 전통적 용도지역제가 지나치게 경직적이며, 과거 정보에 기초하여 급변하는 미래를 제약하는 불필요한 규제라고 주장한다(中井檢裕·村木美貴, 2000). 그들은 이러한 규제가 기업의 입지결정을 제약함으로써 결과적으로 기업활동과 사회적 후생 수준을 저하시킨다고 주장한다. Siegan(1972)은 "더 나은 검열이 검열 없음에 대한 답이 될 수 없는 것처럼, 더 나은 용도지역제가 용도지역제 없음에 대한 답이 될 수 없다"고 말하면서 용도지역제의 완전한 폐지를 주장한다. 사실 입찰지대 이론(bid rent theory)의 원칙에서 볼 수 있듯이 특별한 토지이용 규제 없이도 시장은 효율적인 토지이용을 유도한다. 이처럼 계획가의 토지이용 계획이 시장에 의한 토지배분 결과와 크게 다르지 않다는 점에서 계획은 불필요한 시장개입으로 이해될 수 있다(Thornley, 1993: 117).

미국에서 네 번째로 큰 도시인 휴스턴(Houston) 시는 용도지역 조례를 갖고 있지 않으며, 매우 약하고 유연한 계획체제를 갖고 있는 것으로 유명하다(Feagin, 1988). 휴스턴은 뉴 라이트 계획론자들의 성지(聖地)이다. Jones(1982)는 "계획으로는 어떠한 문제도 해결하거나 막을 수 없다"면서 '시장에 모든 것을 맡기는' 휴스턴식 해법을 수용하라고 주문한다.

그렇다면 용도지역제에 대한 뉴 라이트 계획의 대안은 무엇인가(Thornley, 1993; Allmendinger, 2002a)? 첫째, 도시를 만드는 것은 계획가가 아니라 개발업자들이므로 그들의 주도적 역할을 신뢰해야 한다. 둘째, 분쟁과 갈등을 조정하기 위해 계획체제를 법원의 결정(tribunals)으로 대체한다. 여기서 계획내용은 판례에 의해 대체된다. 이와 함께 민법상의 생활방해(nuisance) 조항을 상세하게 규정하고 그 적용을 엄격하게 시행함으로써 외부효과를 다루도록 한다. 셋째, 계획규제를 사인(私人) 간의 계약(covenants)으로 대체시킨다. 코우즈의 정리(Coase Theorem)가 제시하는 당사자 간의 협상이 그 대표적인 방안이다(Klosterman, 1985). 넷째, 일조권 침해 등 발생할 수 있는 외부비용에 대비해서 모든 건물들이 '손해보험(third－party insurance)'에 들도록 한다. 책정되는 보험요율이 보험가입자들로 하여금 자율적으로 건물을 계획·관리하도록 유도할 것이다. 다섯째, 환경적으로 민감한 지역 등 별도의 관리가 필요한 지역에 대해서는 행정지도를 통해 바람직한 방향으로 유도해 나간다. 여섯째, 필요하다면 전역(全域)적인 용도지역제보다 선택적인 용도지역제를 유지한다. 꼭 필요한 지역에 대해서만 선택적으로 용도지역제를 적용하고 나머지 지역은 자율적인 조정을 진행한다(Pearce *et al.*, 1978: 92). 여기에는 용도지역을 단순화하는 방안이 포함되는데, 이 경우 행위제한은 제한된 지역에 한해서 매우 포괄적이고 느슨하게 부과될 것이다. 마지막으로 공개조사 등의 방식을 통해 민감한 개발사안의 효과를 검토한다.

이러한 전체 체계를 유지해나가기 위해서는 일종의 '콘트롤 타워'가 필요하다는 점에서 뉴 라이트 조류는 계획의 완전한 포기 대신 약한 계획체제의 유지를 주장한다. 따라서 뉴 라이트주의자들의 도시에 대한 시각은 '계획에서 관리로'의 중심이동으로 볼 수 있다.

네 번째 원칙은 규제가 아닌 시장의 지원기구로서의 계획기능이다(Sorenson and Day, 1981: 393). Thornley(1993)는 뉴 라이트 주의자들이 계획의 형태는 바꾸지만 골격은 그대로 남기기를 원하는데, 그것은 남겨진 계획체제가 시장을 지원하도록 하기 위함이라고 주장한다. 계획기구가 시장이 공급하지 못하는 기반시설(공공재) 공급에 주력하도록 함으로써 개발업자의 요구에 부응하여 개발을 촉진시키는 방식으로 그 성격을 변화시키는 것이 그 주된 내용이다. 지원기구로서의 계획기구가 중시하는 원칙은 '스피드'이다. 시간의 지체는 개발비용의 상승을 의미하므로 빠른 인허가와 맞춤형 서비스 제공을 통한 고객(개발업자) 지원이 강조된다. 하지만 이 과정에서 뉴 라이트 계획이 계획을 폐지하는 것이 아니라 계획권한을 강화하는 쪽으로 가게 된다고 주장하는 이들도 있다. 즉, 대처 정부 시기 시장주도의 계획서비스와 기업 지원을 위해 표면적 슬로건과 달리 공공투자가 늘어났고, 계획당국의 역할이 강화되었다는 주장이 그것이다(Brindley *et al.*, 1989).

구체적 실행방안으로서 도시개발공사(Urban Development Corporation) 등 민관협력 기구를 만들어서 이 기구가 계획가의 역할을 수행하도록 한다. 일종의 공공개발업자(developer)인 이 기구의 주된 관심은 '공공'이라는 말이 무색하게 개발사업의 수익성과 시장친화성에 맞춰져 있다. 또 하나의 접근은 엔터프라이즈 존(Enterprise Zone)이나 임파워먼트 존(Empowerment Zone)처럼 규제를 없앤 지구(regulation free zone)를 만들어서 개발사업의 활성화를 지원하는 것이다. 우리나라의 경제자유구역 역시 이러한 접근의 산물로 볼 수 있다. 마지막으로 지방자치단체 몫의 예산을 사업에 대한 경쟁 입찰 식으로 배분한다(Thornley, 1993). 지역의 창의적이고 우수한 계획을 '선택과 집중' 원칙에 다라 지원하는 것이 사업의 의도라고 설명되지만, 실상 이러한 정책의 도입은 지방의 계획 재량권을 제어하기 위한 조치로 볼 수 있다. 이 과정에서 지역이 제시하는 계획의 시장친화성이 가장 중요한 평가기준으로 고려됨은 물론이다. 이러한 모든 조치는 현재 우리나라에서도 시행되고 있는 계획상의 시도들이다.

다섯 번째는 계획체계를 단순화시키고 불필요한 규제를 없애는 것이다. 뉴 라이트 주의자들은 '법치주의'라는 뉴 라이트 원칙에 근거하여, 도시마다 다르고 사람마다 다른 계획의 불확실하고 모호한 결정체계를 분명한 법체계로 바꾸어야 한다고 주장한다(Thornley, 1993: 117). 이는 주로 영국의 경우에 해당되는 사항인데, 성문화된 제도가 아닌 사업별로 계획의 실행 여부를 판정하는 영국의 계획허가제(planning permission)가 지나치게 불확실성을 키운다는 문제점이 지적되고 있기 때문이다. 또한 이들은 부동산 가격 상승의 상당부분이 불필요한 규제로 인한 거래비용의 증가로부터 발생한다는 인식에서, 규제의 제거가 부동산 가격을 안정시키는 첩경이라고 주장한다(김홍순, 2004).

또 다른 특기할 만한 제안은 대중의 계획 참여를 제한하자는 것이다(Thornley, 1993: 118). 이들의 시각에서 주민은 또 하나의 이익집단에 불과하다. 주민참여는 정치적 의사결정을 초래하며 이 과정에서 예측 가능성을 떨어뜨리고 부패를 야기함으로써 계획의 질을 저하시킬 수 있으므로, 그 참여 수준이 제한되어야 한다는 것이다. 모두에게 공평하고 분명한 법의 준용이 가능하다면 비전문가인 주민의 참여는 불필요하다는 것이 이들의 생각이다.

여섯 번째는 계획가 역할의 축소이다. 이 주장은 우리나라 실정에는 맞지 않지만 계획허가제를 취하고 있는 영국의 실상을 알면 이해가 되는 부분이다. 영국은 계획가의 전문적 판단을 존중하는 계획허가제를 채택하고 있는데, 모든 개발행위의 승인과 수정, 기각이 계획가의 판단에 의해서 이루어진다. 뉴 라이트 이론의 제안은 계획가나 행정가에 대한 불신을 배경으로 하는데, 뉴 라이트론자들은 계획가들을 민주주의를 위협하는 관료주의 집단으로 평가한다(Kristol, 1978). 공공선택론(public choice)적 시각에서 계획가들은 불필요한 계획에 기생해서 사는 지대추구집단이다. 그들은 더 많은 계획, 더 강한 계획이 그들의 권력과 존재이유를 보장하므로 불필요하게 번잡하고 많은 계획과 규제를 양산한다. 뿐만 아니라 계획가들은 공익을 이유로 정보를 독점하는데 이것은 실상 그들의 권력과 이권을 방어하기 위한 행동에 다름 아니다. 이를 통해 계획은 직접적으로는 개발업자가 그리고 궁극적으로는 수요자와 사회가 부담해야 하는 사회적 비용을 야기한다. 계획가는 종종 자신들의 가치를 공익으로 정당화하는데 '사회적 형평성', '부의 재분배', '환경보호', '자족성', '공동체의 이익' 등 모호한 슬로건으로 부동산 가치와 저소득층의 이익을 손상시킨다(Thornley, 1993: 118). 계획가들은 토지이용 규제에 있어서 종종 '질서'나 '부정합성' 등의 추상적 이유로 소규모 자영업자들의 행위를 억누른다(Thornley, 1993: 114). 그런데 계획가들의 결정은 그들의 슬로건과 무관하게 강력한 인물이나 집단에 의해 영향을 받는 것이 일반적이다(Thornley, 1993: 119). 이러한 비판적 시각은 불가피하게 계획가의 권한이나 재량을 배제하자는 제안으로 이어진다. 지나치게 긴 심의 및 이의제기 과정과 과도하게 엄격한 평가기준은 모두 사회적 비용으로 연결된다. 따라서 뉴 라이트론자들은 심의 과정의 지연을 막기 위해 심의비용의 반환과 지연 시 보상을 명문화하고, 심의 중간에도 결정이 이루어질 수 있도록 해야 한다고 주장한다.

일곱 번째 원칙은 계획의 공간적 범위와 관련된 것인데, 여기서는 자유주의자의 시각과 보수주의자의 시각 간에 대립이 나타난다. 우선 국가나 광역적 차원의 계획은 인정할 수 없고, 소단위 공간(local) 차원의 계획만 유지해야 한다는 것이 자유주의자들의 견해이다. 그 이유는 '근린효과'의 존재에서 찾아지는데, 국가나 광역적 공간범위에서는 근린효과가 나타나지 않는다는 것이 그 논지이다. 따라서 공간계획이라도 중앙계획이나 국가계획은 인정할 수 없다는 것이 자유주의자들의 기본적인 인식이다. 이러한 배경에서 Klosterman(1985)은 레이건과 대처 집권 시기에 미국과 영국에서 국가계획은 소멸되었다고 평가한다.

하지만 국가의 통제력 강화를 강조하는 보수주의자들은 자유주의자들의 견해와 달리 지방의 재량권을 없애고 중앙에서 모든 국토관리 업무에 준용될 수 있는 원칙을 제시해야 한다고 주장한다(Allmendinger, 2002a). 1980년대 이후 일관되게 중앙정부의 지방자치단체에 대한 통제를 시도한 영국 보수당의 접근은 이러한 보수주의적 인식의 일환으로 볼 수 있다(Thornley, 1993). 이는 계획에 있어서의 일관성과 (지방)계획당국의 비대화된 재량권을 제어해야 한다는 자유주의적 시각에 일면 부합하는 의미를 갖기도 한다. 하지만 본질적으로 상충되는 양측의 시각은 기본적으로 뉴 라이트 조류의 모순적 성격을 설명하는 근거로서, 상황에 따라 국가주도 또는 지방주도의 계획으로 계획의 접근방향을 변화시키는 결과를 초래한다.

여덟 번째 뉴 라이트 주의자들이 인정하는 계획의 영역은 보전(conservation)이다. 뉴 라이트 주의자들은 계획이 환경과 역사유산의 보전을 위해 일정한 역할을 수행해야 한다고 생각한다(West, 1974: 28). 뉴 라이트 계획론자들은 그린벨트는 보전을 위해 유용한 수단이지만, 그 적용방식이 서툴러서 불필요한 지역을 너무 많이 포함하는 문제를 안고 있다고 주장한다. 따라서 이들은 보전조치의 시행에 앞서 정확한 토지의 분류가 필요하다고 주장한다(Thornley, 1993: 109). 보전 이슈는 뉴 라이트의 보수주의자들이 중시하는 가치로 뉴 라이트 내에서도 시장주의자들은 선호하지 않는 접근이다(Allmendinger and Thomas, 1998: 240). [표 4-6]은 이상의 원칙과 그 적용방향을 정리한 것이다.

[표 4-6] 공간계획에 대한 뉴 라이트의 원칙과 그 적용

원칙	적용
법치주의	계획 대신 법 규정의 명확화, 법원의 결정, 사인간의 계약, 손해 보험, 주민참여 배제
시장지향	• 개발업자의 역할 존중, 계획기구는 시장 지원기구로 역할 제한 • 최소규제와 시장이 자율결정을 하도록 투명한 정보제공 • 수익자 부담 및 원인자 해결 원칙 준용 • 개발공사의 역할 강화 및 무규제 존(zone) 운영 • 중앙정부의 사업기준에 따른 지방 예산 배분
계획에서 관리로 전환	• 조닝을 대체하는 관리체제 운용, 계획가의 역할 축소 • 보전을 위해 계획이 제한적 역할 수행
지방과 중앙의 역할	• 자유주의: 해당 지역만을 대상으로 하는 소단위 공간계획 • 보수주의: 지방의 재량을 없애고 중앙에서 지도

3) 뉴 라이트 공간계획의 적용 사례

(1) 대처 정권 하에서 영국의 계획

영국에서 뉴 라이트 계획은 주로 1980년대 대처 내각의 집권 중에 이루어졌는데, 이후 2000년대 토니 블레어(Tony Blair)의 노동당 정부를 거쳐 오늘날에 이르기까지 그 기조가 유지되고 있다. 영국에서 뉴 라이트 계획은 계획 자체를 없애거나 형해화시키기보다 단순화, 효율화, 집권화를 시도한 것이 그 특징이다. Thornley(1993)는 대처 정권 11년이 영국 도시계획에 있어서 되돌릴 수 없는 변화를 가져왔다고 평가한다. 전술한 협력적 계획은 뉴 라이트 조류의 개혁 압력에 대한 기존 계획의 대응이라고 할 수 있다. 전반적인 규제개혁 외에 대처 내각이 시행한 도시계획 관련 뉴 라이트 개혁 중 가장 대표적인 것은 개발계획(Development Plan)에 관한 개혁, 구조계획(Structure Plan)에 대한 개혁, 지방의 계획권한 축소 등이다(中井檢裕·村木美貴, 2000; Allmendinger, 2002a).[22]

22 구조계획과 개발계획은 2004년 이전까지 영국에서 운영된 계획제도이다. 구조계획은 우리나라의 도시기본계획, 개발계획은 도시관리계획에 해당하는 내용을 갖고 있었다. 2004년 이후에는 구조계획이 폐지되고 개발계획의 후신인 지방계획(Local Development Framework/ Local Plan) 단일체제로 운영되고 있다.

① 규제개혁

대처 내각의 첫 번째 환경부 장관[23]인 마이클 헤슬타인(Michael Heseltine)은 1979년 5월 300개의 정부규제를 없애거나 완화했다(Taylor, 1998: 136). 그는 개혁의 방향이 계획체제를 해체하고자 하는 것이 아니라 현대적으로 개혁하고 개선하기 위한 것이라고 전제하면서 다음 두 가지 의도를 천명했다(Heseltine, 1979).

첫째, 기존의 계획절차는 불필요하게 느리고 번거롭다. 원칙보다 지엽적인 부분에 매달리고 있다. 구조계획의 입안을 예로 들었을 때, 1974년 72개 대상 중 57개가 정부의 승인요청을 위해 제출되었는데, 이 중 27개만이 최종 승인되었다. 헤슬타인은 구조계획이 큰 틀에서의 계획방향을 정하는 것인데 계획당국이 왜 이렇게 오랜 시간을 끄는지 이해할 수 없다고 지적했다. 따라서 그는 계획과정을 보다 효율적이고 대응적(responsive)이며 신속·단순화해야 한다고 주장했다. 이를 통해 개발계획은 주요 이슈만을 다루도록 하고, 사소한 개발허가는 전체 계획위원회가 심사하지 않고 담당 공무원의 심사로 대체하는 등의 개선이 이루어졌다.

둘째, 계획당국이 계획허가에 대해 보다 우호적이고 시장친화적인 관점에서 평가를 하도록 하자고 제안했다. 헤슬타인은 계획허가에 있어서 부당한 장애가 개발을 막아서는 안 된다고 주장했다. 그는 특별한 거부 이유가 없는 한 계획허가는 언제나 승인되어야 하고, 개발은 촉진되어야 한다고 주장했다. 그는 계획이 정부의 경제정책을 지원해야 한다고 주장했다. 그는 개발승인의 지연으로 수천 개의 일자리가 계획부서의 파일 속에서 잠자고 있다고 지적했다. 이러한 헤슬타인의 정책 기조는 이후 세 번의 대처 내각에서 도시계획 운영의 핵심을 이룬다.

② 계획체제의 개혁

(가) 개발계획의 입안절차에 관한 개혁

개발계획은 1947년 제정된 도시농촌계획법(Town and Country Planning Act)이 규정하고 있는 영국 도시계획 제도의 중핵으로 잉글랜드와 웨일즈 전역에 걸쳐 적용되는 단일 도시계획 체계였다. 보수당 정권은 개발계획의 개혁과제로서 입안속도의 단축을 위한 절차의 간소화를 적극적으로 추진했다(Thornley, 1996). 절차의

23 영국의 도시계획은 대략 2001년까지 환경 관련 부처의 소관이었다.

간소화를 위해 계획 수정시 새로운 조사가 생략되었고, 초안단계에서의 시민참여는 2회에서 1회로 제한되었으며 그 기간도 '최소 6주간'에서 '6주간'으로 수정되었다. 이러한 조치들이 계획의 입안속도를 가속화시킨 것은 분명하나, 도시계획에 있어서의 민주성을 심하게 훼손시킨 것으로 평가된다(中井検裕·村木美貴, 2000). 이와 함께 참여가 제한되다 보니 특정집단의 참여 독점으로 인해 참가의 공평성과 대표성의 문제가 제기되었다(김흥순, 2005).

(나) 개발계획의 위상변화

계획허가제를 채택하고 있는 영국에서 모든 개발행위는 해당 지역 계획당국의 판단에 의해 가부가 결정된다. 이때 개발계획은 그 판단의 준거로서 기능한다. 뉴 라이트 주의자들은 계획가의 판단이 자의적이며 근거가 없을 뿐 아니라 종종 편견에 의해 왜곡되어 있다고 생각한다. 그들은 계획허가제가 부패로 이어질 가능성이 있으며, 토지개발이라는 시장의 영역을 갈등과 정치의 영역으로 이전시킨다는 부정적인 인식을 갖고 있다(Thornley, 1993: 108). 따라서 계획가가 불필요하게 시간을 끌거나 개발을 억제하는 방향으로 의사결정을 내림으로써 사회적 비용을 발생시키고 주거비용을 상승시킨다고 생각한다. 대처 내각 하에서 발간된 계획방침은 개발업자에 의해 제안된 사업계획이 명백한 거부사유가 없는 한 허가되어야 하고, 거부시에는 거부이유를 계획당국에서 입증해야 한다고 명시하고 있다(中井検裕·村木美貴, 2000). 이와 함께 대처 내각은 계획허가 없이 개발이 허용되는 영역을 확대함으로써 계획허가제의 문제점을 해결하고자 했다(Taylor, 1998: 137).

(다) 구조계획에 대한 개혁

비(非)대도시권에 적용되는 기본계획인 구조계획은 2계층의 지방정부 구조에서 상위 지자체인 카운티(county)에 의해 입안되는 계획이다. 같은 맥락에서 하위 지자체인 디스트릭트(district)에서 입안되는 계획은 지방계획(Local Plan)으로 불린다. 뉴 라이트 계획론자들은 구조계획이 불필요한 복잡성을 야기하므로 폐지해야 한다고 주장했다. 대신 시장에 보다 민감한 지방계획과 실행계획이 그 자리를 대신해야 한다고 주장하였고 이러한 주장은 2004년 이후 그대로 실현되었다.

1972년 수정된 도시농촌계획법은 지방계획이 상위계획인 구조계획에 대하여 정합성(general conformity)을 가져야 한다고 명시하고 있다. 즉, 지방계획의 내용이

상위계획인 구조계획의 내용에 배치되어서는 안 되며, 그 범위를 벗어나서도 안 된다는 것이다. 그런데 현실적으로 두 법 사이에는 입안과 수정시기의 문제로 정합성이 확보되지 않는 경우가 많았다. 대처 정부는 이러한 문제가 도시계획 행정을 복잡하게 하고 사회적 비용을 발생시키는 원인이 된다고 판단하였다. 그리하여 권한을 명확히 하고 체계를 단순화하는 구조개혁 작업에 착수하게 된다.

1980년 제정된 '지방정부 · 계획 · 토지법(LPLA: Local Government, Planning and Land Act)'은 구조계획과 지방계획의 관계를 역전시켰다. LPLA는 지방계획의 입안과 수정이 구조계획의 입안과 수정 이전에 이루어져도 무방하다고 명시하고, 구조계획과 지방계획 사이에서 모순이 있는 경우에는 지방계획을 우선하도록 규정하였다(中井檢裕 · 村木美貴, 2000). 또한 핵심적 계획권한인 허가권을 디스트릭트로 이양시켰다. 이는 기존의 카운티가 주(主)가 되고, 디스트릭트가 종(從)이 되었던 계획고권(計劃高權)의 소재가 역전된 것을 의미하는데, 상술한 자유주의 원칙이 견지하는 지방중심의 계획권의 확대를 의미한다.

앞서 언급한 것처럼 강력한 국가의 실현을 꿈꾸는 보수주의자는 지방자치와 분권을 혐오한다. 이러한 보수주의적 시각에서 대처 내각은 1986년 잉글랜드의 광역자치단체와 광역런던의회(Greater London Council)를 폐지하였다. 표면상의 명분은 행정의 비능률성을 제거한다는 것이었지만, 실제 이유는 상술한 보수주의적 시각 외에 대부분 노동당과 사회주의자들에 의해 지배되는 지방 의회와 정부가 대처의 개혁에 사사건건 저항한다고 판단했기 때문이다(Harvey, 2000). 광역런던과 잉글랜드의 6개 대도시권 카운티가 폐지되면서 단일 지자체로 지방정부 체계가 변화되었다. 이에 따라 해당 지역에서는 기존의 광역 단위 기본계획과 기초자치단체의 지방계획(Local Plan)이 통합되어 단일개발계획(UDP: Unitary Development Plan)으로 대체되었다. 이 과정에서 상위계획 요소는 최소화되어, UDP는 사실상 기존 지방계획에 소규모의 기본적 지침을 덧붙인 형태로 제시되었다. 특히 여기서 주목해야 할 부분은 기존 상위계획에 상응하는 내용에 중앙정부가 공표한 방침과 정책을 반영하도록 명문화하여 중앙정부의 통제를 강화하였다는 점인데, 이는 보수주의의 시각이 반영된 조치로 평가할 수 있다.

최종적으로 1986년에 공표된 '개발계획제도의 미래(The Future of Development Plans)'와 1989년 발간된 같은 제목의 백서가 구조계획의 폐지를 주장하였는데 주된 논거는 절차의 간소화였다. 1991년에 제정된 계획·보상법은 ‘개발계획제도의 미래’와 백서의 내용대로 구조계획을 완전히 폐지하고자 하였으나, 시민단체의 저항으로 완전히 폐지하지는 못하였다. 그러나, ‘1991년 법’을 기점으로 구조계획의 기능은 거의 소멸되었으며, 장기적이고 광역적인 전략을 기술하는 방침으로 한정되었고, 이후 2004년에 완전 폐지되기에 이른다. 1996년 스코틀랜드와 웨일즈에서도 2계층 지방정부 제도가 폐지되었는데, 이에 따라 웨일즈에서는 구조계획이 폐지되고 UDP가 입안되고 있으며, 스코틀랜드에서는 현재 전략개발계획(SDP: Strategic Development Plan) 및 지방개발계획(LDP: Local Development Plan)의 이원체제로 도시계획 시스템이 운영되고 있다.

③ 기타 관련제도 개혁

(가) 지방정부 재량권의 축소

도시계획의 입안에 있어 지방정부의 재량권을 축소하고 중앙의 지침을 수용하도록 한 것이 대처 정권 이후 영국 도시계획의 일관된 특징이다(Thornley, 1996). 정부는 지방자치단체의 계획체계를 시장친화적으로 유도하는 데에 많은 에너지를 투입했다(Taylor, 1998: 138). 이 과정에서 계획은 지방의 필요와는 점점 멀어지는 모습을 띠게 된다. 중앙의 지침이 기업과 개발업자의 이익에 초점을 맞추었으므로, 계획 역시 지역사회의 이익보다는 기업의 이익을 반영하는 방향으로 운영되었다.

도시농촌계획법은 지방계획청이 사업계획을 검토할 때 개발계획과 “그 외 임의로 고려해야 할 중요 사항”을 고려할 것을 명시하고 있다(中井檢裕·村木美貴, 2000). 이러한 근거에 기초하여 지방정부는 독자적인 허가결정 기준을 부가할 수 있었다. 물론 이러한 재량권에 대한 개발업자들의 불만은 매우 깊었다. 법에 규정되지 않은 사항을 이유로 개발행위에 제동을 거는 일이 비일비재했기 때문이다. 대처 내각은 일관되게 이 재량권을 축소하고자 노력했다. 이는 앞서 살펴본 바와 같이 기업이익의 옹호와 ‘법치주의’ 원칙의 확립, 그리고 계획관료 집단의 월권행위를 막는다는 의미 외에 지방에 대한 중앙의 통제권 강화라는 차원에서 추구된 것이었다.

중앙의 통제권을 강화한 또 다른 조치로서 Call−In 제도의 도입을 들 수 있다(강맹훈, 2005). 이 제도는 허가권을 중앙정부와 지방정부가 공유하도록 해서 필요한 경우 지방정부의 독점적 권한을 제한하는 제도이다. 이 제도는 중앙정부의 시장친화적 정책 기조에도 불구하고 계획 권한이 여전히 지역에 남아 있는 상황에서, 이를 어떻게 제어할 것인가에 대한 고민의 결과로 도입된 것이다. 이에 따라 계획 허가가 거부되었을 때, 환경부 장관에게 직접 청원할 수 있는 절차가 마련되었다(Taylor, 1998: 138). Call－In 제도의 도입으로 지방의 독자적 계획권한은 일부 약화가 이루어졌다. 일례로서 1998~1999년 기간 중 총 503,000건의 대상 사업 가운데 119건이 Call－In 되었다(Cullingworth and Nadin, 2002: 139).[24]

(나) 허용적 토지이용

경제 활성화는 뉴 라이트 정부의 최우선 관심사이다(Klosterman, 1985). 1980년대 이후 영국 정부는 경제활동에 공헌하는 개발허가 신청을 우선적으로 취급하도록 지시하였는데 이는 침체일로의 경제상황을 개선하기 위한 조치였다. 이러한 배경에서 토지이용에 있어서 허용 중심의 접근을 원칙으로 엄격한 용도분리 원칙이 폐기되었다(中井檢裕·村木美貴, 2000). 이는 용도복합계획(mixed land use)과 유사한 효과를 초래하였다. 일례로서 개발계획들은 비즈니스 개발용지를 반드시 지정해야 한다고 명시하고 있으며, 경공업 등의 사업소가 용납할 수 없는 정도의 교통량 증가와 환경오염을 야기하지 않는 한 주택지 내에 입지할 수 있도록 조치되었다. 이와 함께 주택을 다른 용도로 사용하는 것에 대한 허용범위가 확대되었다(Thornley, 1993).

(다) 도시개발공사와 엔터프라이즈 존의 도입

지방정부의 간섭을 배제함으로써 개발사업을 가속화하고 기업의 이익에 부합되는 개발사업을 추진하기 위해 사업별 도시개발공사가 설립되었다. 도시개발공사는 1980년 LPLA에 의해 도입되었는데 환경부장관이 도시개발구역을 지정하면 해당 구역에 중앙정부가 도시개발공사를 설립함으로써 기성 계획체제와 지방정부의 규제를 우회할 수 있도록 했다(中井檢裕·村木美貴, 2000). 개발사업을 정치의 영역에서 경제의 영역으로 돌려놓기를 원했던 대처 정부의 구상대로 도시개발공사는 지방정치인들의 영향력을 효과적으로 차단했다(Allmendinger and Thomas, 1998: 7).

24 Call－In 제도는 현재도 운영되고 있지만, 최근 12년 동안(2010/11~2022/23)에 장관이 Call-In한 사례는 총 198건으로, 전체 계획신청 중 0.01%에 불과해서 지방의 계획고권은 여전히 확고하게 유지되고 있다(Rankl, 2024).

놀랍지 않게도 도시개발공사들은 주민과의 관계, 주민들의 요구에도 별 관심이 없었다. 가장 대표적인 도시개발공사인 런던 도클랜드 개발공사(The London Docklands Development Corporation)는 노조와 주민의 저항, 좌파 지방정부의 반대와 같은 여러 난관을 극복하고 사업을 성공적으로 추진함으로써 대처 내각의 구상을 충실히 수행하였다(Fainstein and Young, 1992).

엔터프라이즈 존 역시 1980년 제정된 LPLA에 의해 제도화되었는데, 기업의 유치를 목적으로 지정구역 내에서 세제와 토지이용상의 규제를 완화하는 조치가 취해졌다. 엔터프라이즈 존 내에서의 개발행위 허가는 지방정부로부터 도시개발공사로 이관되었는데(강맹훈, 2005), 이를 통해 일부 정상적인 계획규제들이 유보되거나 완화되었다(Taylor, 1998: 137). 일부 극단적인 평자들은 이들 시장지향적 개발기구의 도입으로 '계획의 사망선고'가 이루어졌다고 평가하기도 한다(Allmendinger and Thomas, 1998: 2).

(라) 사회주택 개혁

영국의 사회주택 제도는 공공주택 정책의 전형으로 언급된다(하성규, 1991). 영국 사회주택의 공급주체는 지방의회였다. 관리 역시 지방의회에 의해 이루어졌으나, 재정은 중앙정부의 보조금과 지방의회의 차입으로 충당되었다. 대처정부는 노동당 정부의 복지정책의 일환으로 시작된 사회주택제도를 형해화하고자 했다. 대처정부의 사회주택 개혁의 논점은 "개인책임의 강조"와 "시장이 언제나 더 잘 한다"라는 슬로건으로 집약된다.

우선 개인책임의 강조는 '구매권(right to buy)'의 강조로 요약되는데(Thornley, 1996), 주택에 대한 책임(소유권)을 지방의회로부터 개인에게 넘기는 방식으로 이루어졌다. 사실 대처는 '사회' 또는 '사회적 책임'이라는 용어를 대단히 혐오했다(Harvey, 2000). 그녀는 이러한 개념들을 존재하지 않는 몽상으로 일축했다. 그녀에게 있어 실재하는 사회적 실체는 오직 개인과 가족뿐이었다.[25] 대처는 중앙정부의 재정지원을 삭감하고 세입자들에게 '의회주택(council houses)'을 불하함으로써 '사회적 책임'을 '개인의 책임'으로 전환시켰다. 1980년 당시 영국에는 650만호의 공공주택이 있었는데, 이는 전체 주택스톡의 1/3에 해당되는 것이었다. 그러던 것이

25 대처는 "사회 같은 것은 없다. 오직 개인과 가족만이 있을 뿐이다"라는 유명한 어록을 남겼다(Thornley, 1993: 1).

1980년대 말까지 모두 150만호의 공공주택이 가 인에게 매각되었다(Forrest, 1991). 대처는 이러한 조치가 소비자에게 선택권을 주는 것이라고 강변하였다(Thornley, 1996).

이러한 사회주택 개혁은 사회주택 정책이 관료기구의 비대화와 권력화를 낳으며, 이것이 표(votes)를 추구하는 정치인들과 지대를 추구하는(rent-seeking) 노동자들의 이해가 맞닥뜨려져서 전형적인 정부실패를 양산한다는 공공선택론자들의 인식을 반영하는 조치였다(하성규, 1991; Allemndinger, 2002a). 중앙정부는 지방정부에 대한 재정지원을 삭감함으로써 지방정부가 공급자로부터 단순한 관리·감독자로 기능을 전환하도록 이끌었다. 필요한 사회주택에 대해서는 비영리 민간단체가 공급을 담당하도록 유도했다(하성규, 1991). 비용절감은 정부가 내세운 공급체계 개혁의 가장 큰 이유였다. 사실상 주택뿐 아니라 모든 공공 서비스가 유료화를 통해 배제성을 갖는 재화로 전환되었다(Thornley, 1996). 이 과정에서 경쟁만이 더 나은 서비스를 보장할 수 있는 유일한 수단이라는 선전이 반복되었다.

(마) 철도 민영화

대처 정부는 전력, 가스, 통신, 항공 등 주요 공공서비스의 대규모 민영화를 단행했으나, 철도의 경우는 정치적·사회적 반발을 고려해서 전면 민영화는 실행하지 않았다. 대신 영국 국철(British Rail)의 구조조정, 인력 감축, 효율성 중심의 경영, 일부 서비스의 외주화 및 부분 경쟁체제를 도입했다. 그 과정에서 철도 안전 관련 투자와 유지보수 예산의 지속적인 삭감이 이루어졌다.

이 과정에서 1984년 폴먼트(Polmont) 사고와 1988년 클래햄 정션 사고(Clapham Junction rail crash) 등 대규모 사상자를 낸 열차 사고가 발생했다. 특히 클래햄 정션 사고는 조사 결과 신호 시스템 유지보수와 안전 점검 과정의 관리 부실이 원인으로 지적되었다. 조사 보고서는 숙련 인력의 부족, 정비 예산의 삭감, 안전보다 효율성과 비용 절감을 우선으로 하는 정책이 사고의 배경이라는 결론을 내렸다(Panchal, 2025).

상기 열차 사고들은, 민영화 반대론자들에 의허, 대처 정부의 효율성과 비용절감 중심 정책이 안전 투자를 경시한 결과이며, 향후 전면 민영화가 이루어질 경우 이러한 안전 위험이 더욱 심화될 수 있다는 경고 사례로 활용되었다(Gourvish,

2002). 그러나 민영화론자들은 사고의 원인으로 영국 국철의 관료적 비효율성과 관리 부실을 지적하며, 민영화를 통한 경쟁체제의 도입이 안전 및 서비스 개선에 기여할 수 있다고 주장했다. 이후 메이저 정부 시기, 1993년에 입법화된 Railways Act에 의해 철도 부문의 전면 민영화가 시행되었고, 이 과정에서 "대처 시절 사고경험"은 오히려 민영화의 명분으로 활용되었다(Transport, 1993).

(2) 미국의 예

영국에서의 뉴 라이트 계획이 주로 대처 내각에 의해 추진되었다면, 미국에서는 레이건 행정부 하에서 대대적인 추진이 이루어졌다. 여기서는 레이건 행정부 시기에 이루어진 변화를 주로 살펴보고 레이건 행정부의 등장 이전부터 뉴 라이트적 도시경영을 지속해온 휴스턴 시의 사례를 살펴보도록 하겠다.

① 레이건 행정부 시기의 변화

대처 정권과 마찬가지로 레이건 행정부도 정부개입은 불충분할 뿐 아니라 비생산적이라는 인식을 갖고 있었다(Cullingworth, 1997). 침체된 경제를 살리기 위해서는 무엇보다 기업을 옥죄고 있는 재갈을 푸는 것이 선결과제라고 판단했다. 이러한 배경에서 토지이용 규제를 포함한 각종 규제를 완화하였고, 연방정부의 권한을 적극적으로 지방으로 이전하였다(조재성, 2004).[26] 이러한 조치는 레이건 행정부가 재정보수주의(fiscal conservatism), 즉 연방정부의 재정적자를 줄이는 것을 정부운영의 제1원칙으로 삼았음에 기인한다.[27] 따라서, 국방비를 제외한 모든 재정지출이 삭감되었고, 이 과정에서 지방정부의 도시관리 노력도 위축될 수밖에 없었다. 재정사업으로 추진될 수밖에 없는 각종 국가계획이 중지되었고 광역적 지역계획에 대한 관심도 쇠퇴하였다(Gerckens, 1988).

이 과정에서 도로를 비롯한 각종 기반시설에 대한 투자 역시 극단적으로 축소되었다(Nathan, 1992). 도로에 대한 공공투자의 감소는 다음 네 가지 결과로 표출되

---

26 Fishman(2000)은 이를 연방정부 권한의 지방이양이 아니라 연방정부의 책임방기로 인해 지방이 부담을 떠안은 것에 불과하다고 평가한다.

27 Castells(1989)은 레이건 행정부의 재정보수주의가 그 적용에 있어서 모순으로 가득찬 슬로건에 불과하다고 혹평했다. 실제로 1980년대 미연방정부는 세제개혁, 복지예산 삭감, 각종 재정지출의 삭감에도 불구하고 국방비의 대대적인 증가로 인해 만성적인 재정적자를 경험했다.

었다. 첫째는 교통정체의 심화이다. 심지어 인구 20만명 이하의 중소도시에서도 교통정체가 가장 큰 도시문제로 지적되었다. 둘째는 민간에 의한 유료도로의 건설과 통행료 징수이다. 도로개통을 통해 수익을 얻으려는 건설업자도 있었지만, 대도시 외곽에 중산층을 대상으로 한 교외 주거지역을 개발하면서 거주자 전용 도로를 함께 개설하는 경향이 강하게 나타났다. 셋째는 수요관리와 수익자 부담원칙의 적용이다. 주차나 대중교통 서비스의 운영에 시장 논리를 도입함으로써, 수요자가 향유하는 편익에 상응하는 비용을 부담하도록 요구하였다. 이는 불요불급한 통행의 발생을 억제한다는 점에서 긍정적으로도 평가할 수 있지만, 미국에서 대중교통을 이용하는 계층이 대부분 빈곤층이라는 점에서 빈곤층의 이동권에 대한 심대한 공격으로 평가할 수 있다. 마지막으로 도로를 유지관리할 재원이 부족해지면서 아스팔트를 파헤치고 값싼 재료, 심지어 자갈로 고속도로를 덮는 일까지 발생했다(김광기, 2011).

이와 함께 1970년대에 활발하게 추진되었던 환경정책도 '규제개혁'의 이름하에 전반적인 퇴조가 이루어졌다(Cullingworth, 1997). 환경정책의 후퇴는 토지이용 규제의 후퇴와 긴밀한 관련성을 갖는 것으로, 1970년대에 환경을 고려하여 부과되었던 다수의 토지이용 규제가 규제 이전 상태로 되돌려졌다(조재성, 2004).

지방의 계획가들은 연방정부의 지원이 없는 상황에서 주나 지방차원의 자구노력에 몰두했고, 이 과정에서 공공개발공사(Public Development Corporations)와 같은 민관협력(public－private partnership) 기구와 비영리조직(nonprofit organizations)에 의한 개발방식이 적극적으로 도입되었다(Gerckens, 1988; Fainstein and Young, 1992). 그 결과 영국과 마찬가지로 수익적 토지개발 프로그램이 도시계획에서 가장 높은 우선순위로 다루어졌고, 자본유치를 위해 각종 인센티브와 규제완화 등의 패키지가 제공되는 엔터프라이즈 존 개념이 도입되었다.

1980년대 미국 도시계획 분야에서 주목할 만한 또 다른 움직임은 후술할 전략계획(strategic planning) 방법론의 적극적인 수용이다(김흥순, 2002). 전략계획은 원래 사기업에서 경영계획의 일환으로 활용되던 접근 방식이었으나, 공공행정을 경영적 관점에서 재편하려는 시도가 확산되면서 공공부문에도 적극 도입되었다. 전략계획 방법의 도입 배경에는 전술한 연방정부 지원의 축소와 새로운 세원개발의 압력, 지방정부 간 경쟁의 과열화, 주민참여 요구의 증대 등이 위치하고 있다

(Kaufman and Jacobs, 1987). 전략계획의 도입은 공공행정의 쇄신에 일부 기여한 것으로 평가되나, 기업의 논리가 공공부문에 무차별적으로 적용되면서 공공성의 훼손 등 적지 않은 부작용을 초래한 것으로 지적된다(김흥순, 2002).

이러한 민간화 및 탈규제화 조류에 발맞춰 '규제기구'인 도시계획 부서에 대한 대대적인 구조조정이 단행되면서 공공계획의 위상은 더욱 협소해졌다(Gerckens, 1988). 이 과정에서 대학의 도시계획학과들 역시 학과가 없어지거나 부동산개발과로 '신장개업'하는 일이 많아졌다(Beauregard, 1989).

레이건 행정부는 재정보수주의의 슬로건 하에 지방에 대한 예산지원을 대대적으로 삭감하였다. 관련 예산들은 주로 복지부문에 투입되던 예산이었다. 레이건 행정부는 일관되게 '개인의 책임'을 강조하였다. 연방정부의 도시지원 프로그램에 대한 예산배정은 총괄적으로 1982년에 10.6%, 1983년에는 추가로 8.1%가 삭감되었다(Gerckens, 1988). 1981년에는 주택보조금 제도가 폐지되었다. 공공주택을 직접 건설하는 정책은 정책 어젠다에서 완전히 제외되었다. 주택관련 예산은 1979년 320억 달러에서 1988년 80억 달러 이하로 삭감되었다(Harloe *et al.*, 1992). 그 결과 많은 도시에서 노숙자들(homeless)이 대대적으로 증가했다.

레이건 행정부가 주로 고려한 주택정책은 바우처(voucher) 제도였다(Logan and Molotch, 1987). 바우처는 시장을 왜곡시키지 않고 그 활력을 활용할 수 있으며, 간접적으로 건설자본의 활성화를 기대할 수 있다는 차원에서 다른 정책에 우선하여 고려되었다. 따라서 주택서비스의 사각지대에 있는 서민을 지원하기 위한 정책이라기보다는 주택업자들을 지원하기 위해 채택된 정책이라고 보는 것이 보다 정확한 평가일 것이다. 그러나 Harloe *et al.*(1992)은 그러한 바우처 시스템조차도 자격 및 사용조건이 극도로 제한됨으로써 현실적으로 유의미한 효과를 산출하지 못했으며 정부정책에 대한 냉소만을 가중시켰다고 평가한다.

② 휴스턴 사례

미국에서 네 번째로 큰 도시인 휴스턴 시는 미국 도시계획의 골간이라 할 수 있는 용도지역제(zoning)를 갖고 있지 않을 뿐더러 매우 약한 계획체제를 갖고 있는 특이한 도시이다. 흔히 '자유기업 도시(free enterprise city)'로 불리는 휴스턴 시는 미국에서 '가장 기업하기 좋은 도시(the city with the best business climate)'로 일컬어진다. 이러한 명성은 신자유주의 조류와 무관하게 이미 20세기 초반에 형성된 것인데, 텍사스인들의 토지에 대한 강한 집착과 보수적 기질에 기인하는 바가 크다(Kim, 1998). 휴스턴의 상층 엘리트 그룹은 도시기반시설의 공급, 용도지역제나 계획을 통한 개발규제, 공공서비스의 확대를 위한 세금증액, 빈곤층을 위한 사회주택 건설 등 모든 형태의 공공개입 프로그램에 반대함으로써 오늘날의 휴스턴 시를 건설해 왔다(Feagin, 1988). 또한 재정보수주의를 일관되게 견지함으로써 낮은 정부지출과 낮은 재산세제를 계속 유지해 왔다.[28] 휴스턴에서 발견되는 또 하나의 두드러진 현상은 낮은 주거비용으로 인해 다른 유사한 대도시들보다 저소득층의 주거여건이 상대적으로 양호하다는 것이다(Peiser 1981).

사실 휴스턴의 상황은 그리 간단하지 않다. 도시의 사회환경이 지속적으로 악화되고 있기 때문이다(Thornley, 1993: 103). 구체적으로 Feagin(1988)은 미국에서 네 번째로 큰 도시에서 홍수관리, 수질오염대책, 유해 폐기물관리, 도로관리 등과 같은 최소한의 도시관리조차 제대로 이루어지지 못하고 있음을 고발한 바 있다. 혹자는 휴스턴의 낮은 주택가격이 용도지역제가 있었으면 막을 수 있었던 생활방해(nuisance)가 존재하기 때문에 나타난 결과라고 주장하기도 한다(Fischel, 1985: 233). 이러한 과정에서 적지 않은 갈등비용이 초래되고 있음 또한 분명한 사실이다(Beauregard, 1989).

휴스턴 시당국은 '무계획 도시(planless city)'를 자임하고 있는데, 휴스턴 계획당국은 자신들의 역할을 기업과 개발업자의 요구에 대한 최소한의 단기대응으로 한정시키고 있다(Burka, 1980).[29] 휴스턴에서 계획과 공공서비스 공급은 신공공관리론[30]이 등장하기 훨씬 전부터 민간화(privatization)되었다. 기업들의 요구에 맞춰 도시기반시설을 공급하고, 필요한 재정투자를 하며 공채를 발행하는 것이 계획당국이 하는 일의 대부분이라고 해도 과언이 아니다. 텍사스의 개발업자들은 스스로 알아서 상하수도를 연결하고 도시를 개발하며, 필요하면 공채를 발행할 권한까지 갖고 있다(Kim, 1998).[31] 휴스턴의 개발업자들은 이러한 권한을 적극적으로 이용하

---

28 신용평가기관들은 휴스턴 시의 신용등급을 높은 투자등급에 해당하는 AA~AA+ 수준으로 평가하고 있다.

29 주민 1인당 금액으로 보았을 때, 휴스턴의 도시계획 관련 예산은 평균적으로 같은 텍사스 주에 위치한 달라스(Dallas)의 1/5, 오스턴(Austin)의 1/9에 불과하다(Feagin, 1988).

30 1990년대에 등장한 시장지향적 정부운영 기조.

31 채무부담 의무는 해당 지역주민들에게 돌려진다.

여 시계 내외에 위치한 개발가용지를 무차별적으로 난개발하고 있다.

휴스턴은 미국에서 최악의 대중교통체제를 지닌 대도시 지역으로 평가된다(Puentes, 2011; Tahir, 2024). 휴스턴에서 전차나 전철, 버스와 같은 대중교통 시스템에 대한 고려는 매우 부족한 실정이다.[32] 휴스턴의 지도자들은 교통정책의 방향을 승용차 중심체제[33]로 잡고 도시고속도로를 건설하는 데 모든 자원을 집중해 왔는데, 최근에는 수익자 부담원칙의 유료도로 건설에 큰 비중을 두고 있다. 이와 같은 '민간화된 계획(privatized planning)' 과정에서 일반 시민, 특히 빈곤층의 요구는 철저히 배제되어 왔다. 시민들은 과도한 환경악화, 기반시설의 부족, 교통문제 등 각종 사회적 비용을 부담하고 있다. 2017년 허리케인 하비(Harvey)로 인해 휴스턴 대도시권이 큰 피해[34]를 입었는데, 지역의 일각에서는 그 주요 원인 중 하나로 용도지역제의 부재를 지적했다(김흥순, 2018). 일각에서는 용도지역제가 문제가 아니라 스프롤(urban sprawl)이 문제라는 주장도 제기되었지만(Zhang *et al.*, 2018), 두 주장 모두 약한 계획의 부정적 결과로 볼 수 있다.

휴스턴의 지역사회단체들은 모두 세 차례에 걸쳐 용도지역제를 도입하려 시도했지만 결국 실패하였다(Saltzman, 1994). 1948년, 1962년, 1993년에 용도지역제 도입에 대한 주민투표가 실시되었으나 모두 부결되었다. 흥미로운 것은 1993년 투표에서 히스패닉과 흑인층의 용도지역제 반대 비율이 각각 58%와 71%를 기록했다는 점이다(Saltzman, 1994). 이러한 투표결과는 휴스턴 엘리트 그룹이 동의와 설득을 통해 성공적으로 지역사회를 지배하고 있음을 보여준다. 사실 미국에서 용도지역제는 백인 중산층 거주지역의 주거환경을 보호하기 위해 도입된 제도로, 진보적인 성격과는 거리가 멀다(Babcock, 1966).[35] 1993년의 용도지역제 도입 시도 역시 '휴스턴 자가 소유자 협회(Houston Homeowners' Association)'에 의해 강력히 추

32 American Community Survey 자료에 의하면, 2019년 휴스턴의 대중교통 분담률은 약 3.5~4% 수준으로 보고된다.

33 승용차는 '개인의 자유'와 '개인의 책임'을 상징한다.

34 하비의 직간접적 영향으로 휴스턴 광역권에서 88명이 사망하고 32,000명이 구호시설에 수용되었으며, 21만명 이상이 재해신고를 했다. 텍사스의 경제적 피해는 1,500~1,800억 달러에 달하는 것으로 평가된다.

35 Feagin(1988)은 조닝에 대한 반대가 휴스턴에서 하나의 이데올로기로 정착되었다는 흥미로운 견해를 개진한다. 휴스턴에서 조닝에 대한 비판은 정치적 선동의 틀 속에서 이루어져 왔기 때문이다. 반(反)조닝 그룹은 2차대전 직후인 1947년 투표에서 도시계획과 조닝을 "비(非)미국적이며 독일적"이라고 비판했으며, 냉전시기인 1962년에는 "사회주의적 또는 공산주의적"이라고 비판한 바 있다.

진되었는데, 협회는 용도지역제가 없음으로 인해 중산층의 생활환경이 심대하게 위협받고 있다고 주장하였다(김흥순, 2018).

그렇다면 휴스턴의 엘리트 그룹은 왜 자신의 이익에도 배치될 수 있는 용도지역제 반대를 끈질기게 고집하는 것일까? Feagin(1988)은 개인의 자유를 소중히 여기는 텍사스인들에게 자신의 토지에서의 행위에 타인이 제한을 가하는 용도지역제는 이데올로기적으로 받아들이기 어려운 규제라는 휴스턴 주민들의 주장을 인용한다.[36] 휴스턴의 엘리트들은 용도지역제의 거부를 통해 '규제 없는 완전한 자유'라는 휴스턴의 친기업적 이미지를 강화함으로써 기업유치와 지역개발을 추구한다고 볼 수 있다. Feagin(1988)은 휴스턴의 엘리트 그룹이 용도지역제에 반대하는 진짜 이유는 용도지역의 규제 논리가 궁극적으로 기업활동의 자유 제한으로까지 연결되는 것을 우려하기 때문이라고 설명한다. '자유기업도시'에서 기업활동의 제한은 그 제한의 정도와 무관하게 결코 있을 수 없는 일이다. 결국 휴스턴의 엘리트 그룹은 생활환경의 악화에도 불구하고, 용도지역지 도입에 반대함으로써 기업활동의 무제한적 자유를 보장하는 것이 자신들의 궁극적인 이익에 부합한다고 판단하는 것으로 보인다.

하지만 그 이면에는 현실적으로 시장이 용도지역제와 다름 없는 토지이용상의 조화를 이끌어 낼 수 있다는 믿음이 자리잡고 있다. 휴스턴의 엘리트들은 용도지역의 유무와 상관없이 토지이용 관리는 이루어질 수 있으므로 '규제 없는 자유'라는 상징자본을 획득하는 것이 훨씬 이익이 된다고 생각하고 있는 듯하다.[37] Siegan(1972)은 시장이 제어하는 도시가 정부에 의해 통제되는 도시보다 '더 잘 계획(better planned)'되어 있다고 주장한다. 휴스턴은 미국에서 보기 힘든 용도의 혼합(mixed land use)을 이루고 있다. 휴스턴의 토지이용은 종종 '용도의 혼재', '난개발' 등으로 불리기도 하나, Siegan(1972)은 이것이 주민들의 필요(시장 수요)가 야기한 자연스러운 결과일 뿐이라고 설명한다. 여기에 덧붙여서 휴스턴의 저렴한 주택가격은 반(反)조닝론자들의 입지를 강화시켜주는 확고한 물적 토대를 이룬다

36 Feagin(1988)은 "내 뒤뜰에 돼지우리를 두건 말건 무슨 상관이야, 그건 신이 내게 준 권리라구"라는 표현으로 휴스턴 사람들의 조닝에 대한 정서를 설명한다.

37 실제로 '무계획도시 휴스턴'은 그저 이미지에 불과하다는 주장도 많다(Buitelaar, 2009). 조닝이 없을 뿐 사적 협약과 획지분할(subdivision regulation), 용적률, 건축선, 높이 제한 규정을 두고 있는 건축조례를 통해 조닝과 동일한 효과를 누릴 수 있다는 평가가 적지 않다.

(Peiser, 1981). 도시 인구 230만명, 대도시권 인구 700만명의 휴스턴은 미국 대도시 중 가장 저렴한 주택가격을 유지하고 있다.[38] 저소득층이 용도지역제의 도입에 반대하는 이유는 주거비용의 상승을 우려하기 때문이고 같은 맥락에서 중산층이 용도지역제의 도입을 원하는 이유는 재산가치의 보호와 상승을 원하기 때문이다. 결과적으로 휴스턴에서 용도지역제는 주택의 공급비용을 증가시킴으로써 주택가격을 상승시키는 규제로 인식되고 있다(Saltzman, 1994).

용도지역제의 부재와 느슨한 계획체제는 사업실현에 소요되는 시간을 극적으로 단축시킨다. 물론 시정부의 관료주의(red taping)에 의한 시간지연도 단축시킬 수 있다. 개발사업을 추진함에 있어 같은 텍사스 주에 위치해 있음에도 상대적으로 엄격한 계획체제를 보유한 달라스(Dallas)에 비해 휴스턴은 약 1/2의 사업기간이 소요되는 것으로 보고된다(Peiser, 1981). 이는 건설자본의 자본회전률을 높여줄 뿐 아니라, 종종 '기업하기 좋은 휴스턴'이라는 평판을 확인시켜주는 증거로 제시된다.

(3) 뉴 라이트 계획의 원칙과 적용

[표 4－7]은 앞서 논의된 뉴 라이트 계획의 원칙이 실제 계획 또는 계획제도의 개혁에 어떤 식으로 반영되었는지를 정리한 것이다. 표를 통해 같은 뉴 라이트 조류임에도 불구하고 미국보다는 영국에서 보수주의의 성향이 강하고, 미국에서는 자유주의적 특성이 강하게 표출되었음을 확인할 수 있다.

(4) 뉴 라이트 공간계획에 대한 평가

① 긍정적 측면

뉴 라이트 계획은 관료화된 계획체제에서 비롯된 기존 계획의 문제점을 개선할 수 있는 단초를 제공하였다. 기존 계획의 문제로는 불필요하고 복잡한 규제, 계획기구의 권한남용, 지나친 형식주의, 급변하는 환경에 대한 적응노력 부족, 반(反)시장적 규제, 낮은 비용대비 효과 등을 지적할 수 있다. 대처 및 레이건의 뉴 라이

38 휴스턴의 2025년 상반기 주택중위가격은 $320,000~350,000로, 미국 전체 평균인 $368,000나 뉴욕의 $797,000, 달라스의 $469,000, 오스틴의 $550,000, LA의 $980,000에 비해 훨씬 저렴하다.

[표 4-7] 뉴 라이트 계획의 원칙과 적용 예

구분	원칙의 정향	적용 예		
		영국 (대처 정권 시기)	미국	
			레이건 시기의 개혁	휴스턴 사례
법치주의	자유주의, 보수주의	지방정부의 계획에 대한 재량권 축소		
규제완화 및 구조개혁	자유주의	• 개발계획의 절차 단순화 및 위상 약화 • 엔터프라이즈 존	• 토지이용 규제 완화 • 환경관리의 약화 • 도시계획부서 구조조정 • 엔터프라이즈 존	• 조닝 체제의 부재 • 약한 계획규제 • 사인 간 협약에 의한 토지이용 자율규제
경제 우선주의	자유주의	기업의 이해를 우선으로 하는 토지이용	• 재정 보수주의: SOC 건설 침체 • 엔터프라이즈 존	조닝 체제의 부재
복지약화	자유주의, 보수주의	• 사회주택 개혁 • 공공 서비스의 유료화, 민영화	• 재정 보수주의: 공공주택 건설 침체 • 수요관리, 수익자 부담 원칙	재정 건전성의 유지: 공공주택, 대중교통 등 복지 프로그램의 부재
중앙집권	보수주의	• 지방정부의 계획권한 축소 • 구조계획의 약화		
지방분권	자유주의	구조계획 약화 및 지방계획의 구조계획에 대한 우선	• 연방정부 권한의 지방이전: 도시관리의 책임을 지방으로 이전 • 국가계획 중지	
계획의 기업화	자유주의	• 민관협력(도시개발공사)에 의한 개발 • 엔터프라이즈 존	• 민관협력(공공개발공사)에 의한 개발 • 민간에 의한 SOC 공급 • 엔터프라이즈 존 • 전략계획 방법의 도입	• 조닝 체제의 부재 • 기업 요구에 따른 공공계획 • 개발업자 주도의 도시개발

트 정부는 불필요한 규제를 없애고 규제절차를 단순화하였으며, 시장의 활력을 공공부문에 도입하려고 노력하였다. 또한 공공부문에 경영 마인드를 도입함으로써 행정의 생산성과 수요자 지향성을 제고하기 위해 노력하였다. 또 다른 긍정적 측면은 이러한 노력들이 단순한 이론적 논의가 아니라 모두 현장에서 실제로 추진되었다는 점이다. 따라서 이 모든 시도들 자체는 결코 부정될 수도 부정되어서도 안 될 성과라 할 수 있다. 뉴 라이트 계획의 정당성은 오늘날까지도 그 계획원칙이 적극적으로 채용되고 있음을 통해 확인된다.

사실 뉴 라이트 계획의 원칙은 신자유주의라는 시대조류와 무관하게 계획체제 내부에 잠재되어 왔다고 볼 수 있다. 1960년대 미국에서 등장한 일련의 유연한 조닝기법(non−Euclidean zoning)들은 시장기구의 활력과 유인체계를 중시하는데, 그 기본원리가 뉴 라이트 계획이 추구하는 시장에 대한 신뢰라는 기본 원칙에 닿아 있기 때문이다. 또한 옹호계획 이래 계획이론이 일관되게 주창해온 정보공개의 원칙 역시 뉴 라이트 계획이 추구하는 바에 다름 아니라는 점에서 뉴 라이트 계획은 계획의 전통과 조류 속에서 자연스럽게 진화되어 온 이론체계로 평가하는 것이 타당하다. 이와 함께 뉴 라이트 계획이 비대화된 정부권한의 축소를 유도함으로써 민주성의 제고에 기여하였다는 점 역시 간과해서는 안 될 부분이다.

② 부정적 측면

(가) 계획고권

뉴 라이트 계획에서 가장 문제가 되는 부분은 자유주의와 보수주의의 불안한 동거이다. 두 사상은 정치적 필요에 의해서 동거를 시작했지만, 상반된 입장이 해소되지 않는 이상 내재된 갈등은 언젠가는 문제로 표출될 수밖에 없다. 계획과 관련해서 자유주의와 보수주의의 갈등은 중앙집권과 지방분권의 문제로 표출되었는데, 이는 주로 계획권한의 소재와 관련된 문제였다.

자유주의의 입장에서 큰 정부는 언제나 골치거리이다. 큰 정부는 유지비용이 많이 들뿐더러, 비대해진 권한을 조직이기주의와 관료 자신들의 이익을 위해 사용하기 때문이다. 당연히 자유주의적 시각에서 정부의 규모와 권한은 축소되어야 하고, 축소된 기능은 주로 민간으로 이전되어야 한다. "시장은 언제나 정부보다 효율적"이기 때문이다. 하지만 그래도 남는 기능이 있다면 지방정부로 이전되어야 한다. 지방은 중앙보다 고객지향적이고 지역의 변화하는 상황을 잘 이해하고 있기 때문이다(Kim, 1998). 레이건 행정부는 일관되게 연방정부의 사업을 축소했다. 그러면서 필요하다면 지방이 맡아서 할 것을 주문했다. 물론 연방정부 차원의 재정지원은 없었다. 중앙과 지방의 관계에 있어서 레이건 행정부의 정책방향은 일관되게 자유주의를 지향했다.

하지만, 대처 정권의 방향은 달랐다. 강한 국가를 추구하는 보수주의자들의 시각이 반영되었기 때문이다. 규제개혁의 방향은 지방에 부여되어 있던 규제권을 중앙에서 일괄하여 통제하는 방향으로 나갔다. 지방이 권한을 너무 많이 갖고 재량권을 행사하다보니 일관성이 없다는 것이 표면적 이유였지만, 실은 사회주의자들에 의해 지배되는 지방정부를 통제하고자 하는 의도가 더 컸다. 대처 정권의 개혁은 법치주의의 원칙을 분명히 했지만, 민주주의의 원칙을 심대하게 훼손한 것 또한 분명한 사실이다(中井檢裕·村木美貴, 2000). 따라서, 대처 내각의 계획제도 개혁은 실상 정부의 규제라는 본질을 개혁하는 방향으로는 나가지 못했다고 평가할 수 있다. 그보다는 오히려 규제주체가 지방에서 중앙으로 바뀌었고, 절차가 단순화되었을 뿐이라고 평가하는 것이 합당할 것이다. 그 과정에서 중앙정부가 지방의 사정과 특수성을 얼마나 이해할 수 있는가 하는 문제가 야기되었다. 따라서 대처 내각의 계획체제 개혁은 잘못된 방향성 위에서 이루어진 조치였다고 평가할 수 있다.

(나) 일관성의 부재

일관성 없음은 뉴 라이트 계획의 중요한 특징이다. 일관성 있는 '법치주의'를 외치면서 한편으로는 일관성 있는 계획이나 용도지역제를 거부한다. 일관성이 담보된 계획 대신 사안별로 법원의 결정이나 사인 간의 계약, 행정지도를 통해 문제를 해결하자고 주장한다. 뉴 라이트 조류는 계획이나 용도지역제가 변화하는 환경에 유연하게 대응하지 못하고 지나치게 경직적이라고 비판한다. 하지만 유연한 대응은 언제나 '법치주의'의 원칙을 훼손할 수밖에 없다. 일관성 결여의 구체적인 예로는 대처 정권시기 영국에서의 정책집행 예를 들 수 있다. 잉글랜드 지역에서의 대대적인 계획포기와 달리 정정이 불안했던 북아일랜드에서는 시장주도의 원칙이 전혀 반영되지 않고 온정주의적이며 재정지출적인 계획이 다수 추진되었다(McDougall, 1996).

결국 논점은 법치주의든 유연한 대응이든 무엇이 자본의 궁극적 이해에 부합하는가에 있다고 판단된다. 기업의 입장에서 기존의 법을 강제하는 것이 이익이라면 법의 지배가 주장되고, 정책이나 계획이 기업의 이익에 손상을 가한다면 유연한 상황적응이 필요하다고 주장되는 것이다. 결국 '일관성의 부재'는 '솔직함의 부재'라고 평가하는 것이 보다 적절할 것이다. 하지만 지나치게 솔직해서는 정당성을 확보할 수 없으므로 논리적 모순을 감수하면서도 무원칙한 주장을 계속 펼 수밖에 없다. 앞서 언급한 자유주의와 보수주의가 모순된 동거를 할 수 있는 것도 실상 자본의 이익이라는 대원칙이 상호 모순된 양날의 검을 필요로 하기 때문이다. 자유주의가 기업의 이익에 부응한다면 자유주의가 선택될 것이고 보수주의가 총자본의 이익에 부합한다면 보수주의의 원칙이 채용될 것이다.

(다) 기업이익의 대행과 주민복리 및 민주성의 후퇴

이미 언급한 바와 같이 뉴 라이트 계획이 내걸고 있는 슬로건들은 기업이익의 반영에 다름 아니다. 이렇듯 시장의 독주가 계획의 기조로 정립된다는 것은 자본주의 국가권력은 지배계급인 총자본의 이익의 반영에 다름 아니라는 도구주의 마르크스주의(Instrumentalist Marxism)의 견해를 연상시킨다(Feagin, 1988). 일반적으로 도구주의 마르크스주의는 국가권력을 지나치게 기계론적으로 해석한다는 비판을 받는데, 이러한 비판은 자본주의 국가의 정책은 계급간의 역(力)관계에 의해 조절·형성되고, 자본가 계급 내에서도 상이한 이해관계가 존재한다는 구조주의 마르크스주의(Structuralist Marxism)의 논지에 기초한다. 하지만 구조주의 마르크스주의는 케인즈주의(포디즘)적 복지국가 시기의 자본주의 국가 분석에는 적합하나, 현재처럼 복지부문이 위축되고 자본의 이해가 일방적으로 관철되는 시기에는 분석틀로서의 타당성이 감소되고 있다는 해석이 일반적이다.

기업이익을 대행하는 뉴 라이트 계획은 등장부터 자본의 입장에서 비용요소로 판단되는 모든 측면을 과감하게 철폐하는 방향으로 계획구조를 개혁해 나갔다. 1980년대말에 이르러 영국의 계획가들은 시장과 개발업자의 파트너로 일하는 자신들을 발견하게 되는데(Taylor, 1998: 139), 일각에서는 그들의 작업이 계획이라기보다 마케팅에 가깝다는 평가를 내렸다(Allmendinger and Thomas, 1998: 6). 이는 불가피하게 주민복리와 민주성의 후퇴로 표출되었다. 자본의 입장에서 번거로운 비용이며 규제에 다름 아닌 공공주택 건설, 대중교통 시스템의 구축, 환경친화적 토지이용, 공공성에 기초한 도시개발, 주민참여 등의 사업은 자연스럽게 모두 약화되거나 폐지될 수밖에 없었다.

이 과정에서 나타난 공공 안전과 보건 수준의 악화는 뉴 라이트 계획이 초래한 가장 큰 문제점으로 지적된다. 안전 점검과 환경영향평가 등의 절차 완화와 면제로 인해 산업재해, 환경오염, 교통 및 철도 안전사고가 빈번하게 발생했으며, 주거지 인근의 유해시설 입지가 확대되었다. 35명의 사망자와 484명의 부상자를 발생시킨 클래햄 철도 사고는 그 가장 비극적인 사례로 기억된다.

(라) 실패한 현실계획으로서 뉴 라이트 계획

이상의 논거에서 다수의 비평가들은 뉴 라이트 계획을 실패한 계획으로 평가한다(Harris, 1996; Allmendinger, 2002). 1980년대말 대처의 실각 이전부터 이미 강경시장중심주의는 퇴조하는 징후가 나타났다(Taylor, 1998: 137). 메이저(John Major) 내각의 등장 이후 영국의 도시계획은 신자유주의라는 일관된 정치경제 조류 속에서도 지속 가능성에 대한 관심과 환경계획의 제도화를 배경으로 일정 부분 계획권 강화의 방향으로 선회하는 양상을 보였다(中井檢裕·村木美貴, 2000). 일부 학자들은 이러한 조치를 '계획의 르네상스'로 평가하기도 한다(Allmendinger and Thomas, 1998: 9). 하지만 일각에서는 이러한 변화가 단순한 스타일의 변화일 뿐, 정책의 근본적인 변화는 아니라고 평가한다(Riddell, 1991: 220). 그들은 메이저가 '인간의 얼굴을 한 대처'일 뿐이라고 주장한다(Crewe, 1994). 하지만 환경문제에 대한 중시나 개발계획의 위상 재강화 등에서 볼 수 있는 것처럼 분명한 변화가 이루어진 것 또한 부인할 수 없는 사실이다(Thornley, 1998). 같은 맥락에서 공화당 정권 12년 이후 등장한 클린턴 행정부는 일관된 신자유주의 정책방향 속에서도, 부통령 고어(Al Gore)의 주도하에 환경 이슈를 강조하며 토지이용계획의 방향을 일정 부분 강화해 나간 바 있다.

하지만 우리가 눈여겨보아야 할 부분은 1980년대 이후 현재에 이르기까지 서방 선진국들에서 신자유주의의 원칙이 일관되게 관철되고 있다는 것이다(Allmendinger and Thomas, 1998: 4). 사실 대처가 추구한 정책의 내용은 좌파를 포함한 대부분의 선진국 정부들이 추진한 정책들과 크게 다르지 않았다(Kavanagh, 1987). 메이저 내각 등장 이후 철도 민영화가 완성된 것이라든지, 클린턴 행정부에서 영국의 Enterprise Zone을 원용한 Empowerment Zone이 도입된 것 등은 계획에 있어 신자유주의 기조가 거스를 수 없는 대세로 자리 잡았음을 시사한다. 이러한 조류 속에서 1990년대 영국 노동당은 공공 서비스의 대응성과 효율성 제고, 자원배분에 있어 시장 활용의 강조 등의 내용이 담긴 수정된 정강정책을 발표했다(Kavanagh, 1994). 이 원칙은 2000년대 블레어(Tony Blair)가 이끄는 신 노동당의 정책에도 그대로 계승되었는데, 블레어의 노동당 정부에 의해 대대적으로 추진된 자본주도적 도시재생 사업은 대처 시대 유산의 계승으로 평가된다(Wright and Geer, 2013).

사실 대처 퇴진 이후 영국에서 이루어진 환경에 대한 강조는 대토지를 소유한 보수주의자들이 선호하는 어젠다로 뉴 라이트 원칙의 연장으로 볼 수 있다(Allmendinger, 2002a). 실제로 대처 내각 역시 환경보전을 제2차 세계대전 이후 영국 도시계획이 이룬 중요한 성취로 평가하고, 이를 계승하고자 했음을 주지할 필요가 있다(Heseltine, 1979). 따라서 총체적 관점에서 뉴 라이트 계획은 실패했다기보다 유연한 모습으로 방향전환이 이루어졌다고 볼 수 있다.

혹자는 화려한 수사에도 불구하고 대처주의가 영국의 계획체계를 근본적으로 변화시킨 것은 없다고 평가한다(Taylor, 1998: 138). 즉, 1979년 대처 집권 이전부터 이미 계획체계는 시장중심으로 운영되고 있었다는 것이다. 그러한 관점에서 보았을 때, 뉴 라이트 조류는 특별한 시기, 특별한 인물에 의한 특별한 사건이라기보다 오늘날까지 도도하게 이어지는 하나의 시대정신으로 볼 수 있다. 신자유주의라는 시대적 조류 속에서 큰 틀의 대세를 거스르지 않는 의사소통적/협력적 계획이론이 계획의 주류 담론으로 득세하게 된 것은 이러한 상황의 반영으로 볼 수 있다. Taylor(1998: 145)는 오늘날 계획활동의 내용이 거래, 네트워킹, 협상, 조정으로 바뀐 것이 신자유주의의 조류를 반영하는 것이라고 했는데, 이러한 계획내용은 의사소통적/협력적 계획이 추구하는 방법론에 다름 아니라는 점에 주목할 필요가 있다.

신자유주의라는 시대적 흐름 속에서 뉴 라이트 계획이 보다 완화된 모습으로 전환된 이유는 무엇인가? 첫째는 개혁속도와 내용의 문제이다. 대처와 레이건 시기 급진적 개혁을 지나치게 빠르게 추진함으로써 그에 대한 격렬한 반발이 일어났다는 점에서 일종의 속도 조절이 이루어졌다고 볼 수 있다. 둘째는 뉴 라이트 조류 속에 내재된 자유주의와 보수주의의 갈등이 뉴 라이트 계획의 방향을 전환시켰다고 볼 수 있다. 이는 특히 영국에서 두드러진 현상으로(Allmendinger, 2002a), 보수주의가 선호하는 환경 이슈의 수용은 이러한 측면을 반영한다.

세 번째 이유는 점차 심해지고 있는 환경문제와 그에 대한 사회적 관심의 증가이다(Taylor, 1998: 152). 환경 이슈가 보수와 진보를 나누는 정치적 입장이라기보다 생존의 문제로 전화되면서, 계층의 구분 없이 환경을 위한 규제를 당연하게 받아들이는 상황이 도래했다. 이 과정에서 신자유주의에 저항하는 좌파와 반세계화 운동가들이 환경문제를 전면에 내걸고 투쟁함으로써 뉴 라이트 계획의 조류가 큰 저항에 부딪혔다고 볼 수 있다(Norberg-Hodge and ISEC, 2000; 조명래 외, 2005). 이에 맞서 새롭게 '변신한 뉴 라이트(Newer Right)' 역시 환경 이슈를 자신들의 어젠다로 적극 수용하게 된다. 이러한 상황변화 속에서 선진국에서의 도시계획은 '친환경적'이라는 접두사(prefix)를 달고 변화된 환경에 빠르게 적응하고 있다. 특히 환경산업에서 비교 우위를 갖는 선진국들에게 '신재생에너지' 등으로 표현되는 환경 분야는 또 다른 기회의 땅으로 여겨진다. 선진국들은 교토 의정서와 파리 협정 등 국제협약을 매개로 자신들의 시장우위를 전세계적으로 관철시키고자 노력하고 있다.

넷째, 오늘날 좌파 정치인들조차 뉴 라이트 이데올로기로부터 자유롭지 못하다는 점에서 현실적으로 좌우 진영의 구분이 사실상 무의미해졌다는 점을 지적할 수 있다. 1980년대 이후 구조조정이 일상화되면서 많은 도시들이 산업체를 잃었고 이는 심각한 실업사태로 이어졌다. 오늘날 모든 지방정부는 그들의 역량을 지역경제를 재생시키는 일에 집중시키고 있다. 따라서 좌파와 우파가 현실적 실용주의로 수렴되고 있는데, 그 확고한 울타리가 신자유주의라는 점을 인식할 필요가 있다. 런던 시장으로 영국 '지방 사회주의(local socialism)'의 대표주자로서 한때 '붉은 켄(Red Ken)'으로 불렸으며, 대처 정부에 대한 가장 강력한 반대자였던 리빙스턴(Ken Livingstone)은 2008년 Fainstein(2010: 2)과의 인터뷰에서 다음과 같이 말했다.

> 나는 런던철도(Crossrail London)가 없다면 런던이 세계도시들 가운데서 금융기관을 유치하는 데 경쟁력을 상실할 것이라고 주장했다. 건설을 멈추면 바로 기업들을 잃을 것이다. 런던의 지가는 사실상 이윤율이 높지 않은 모든 기업을 쫓아낸다. 비용문제를 해결하기 위해서 나는 런던에 대한 투자가 국가에 가장 큰 이익이 된다는 사실을 보여주었다. … 성장을 낳을 수 있는 특별한 정책을 만들지 못한다면 우리는 아무것도 얻지 못할 것이다.

리빙스턴의 주장은 사실 1991년 총선에서 보수당의 선거 슬로건이었다. Thornley

(1993: 242)는 이러한 지방정부와 계획의 변신을 미국에서 시작된 신자유주의 현상의 하나인 '성장기구(growth machine)' 개념의 보편화로 설명한다. 성장이라는 공통관심사를 중심으로 제세력들이 뭉치고 있다는 것이다. 성장이 멈추면 좌파의 전통적 지지층인 노동계층이 직접적인 타격을 입는다는 점에서 좌파도 성장 이데올로기를 배격할 수 없게 되었다. 일자리 수로 표현되는 '성장'이라는 단어가 가히 우리 시대의 종교가 되었다고 해도 과언이 아닌 것이다.

2. 전략계획(strategic planning)

뉴 라이트 계획과 유사한 배경에서 등장한 계획접근이 전략계획이다. 전략계획의 원칙은 경영학 분야에서 전략경영(strategic management)이라는 이름으로 오랫동안 활용되어 왔다. 전략경영은 기업이 성과를 극대화하기 위해 전략을 수립, 실행 및 평가하는 모든 과정으로 정의된다. 뉴 라이트 계획과의 원론적 차이는 전략계획이 뚜렷한 이념적 지향성을 가지고 시작되었다기보다 실용적인 필요에 의해서 채용되었다는 점이고, 계획대상이 지역사회가 아닌 조직이라는 점이다.[39]

1) 전략계획의 개념

전략계획의 개념은 학자에 따라 다양하게 정의된다. 그러나 대부분의 정의가 공통적으로 포함하고 있는 핵심적 화두는 조직의 목적을 달성하기 위해 조직과 조직 구성원들이 전략적으로 사고하고 행동해야 한다는 것이다. 이러한 개념적 정의의 배경에는 조직 간의 경쟁이 과거에 비해 훨씬 심화되었고, 조직 내외의 환경이 빠르게 변화하고 있으며, 불확실성의 정도가 증폭되고 있다는 상황적 인식이 자리잡고 있다. 구체적으로 전략계획은 조직을 환경과 조화시키는 방법(김정호, 2000), 그리고 조직이 무엇이고, 무엇을 해야 하며, 왜 그것을 해야 하는지를 설명하고 지시해주는 기본적 결정과 행동을 위한 훈련된 노력(Bryson, 1995) 등으로 정의된다. 전략계획은 이러한 기본적 방향을 성취하기 위해 의사소통과 참여, 다양한 이해관계와 가치의 조정, 순차적 의사결정과 이의 성공적 집행을 촉진시키는 기능을 수

39 오늘날 지역사회에 전략계획 기법을 적용하려는 다양한 시도들이 확산된 배경에는 신자유주의라는 시대적 조류가 있음을 부인할 수 없다.

행한다.

같은 맥락에서 김신복(1999)은 전략계획을 조직이 생존과 발전을 위해 반드시 생각하고 수행해야 할 일들이 무엇인가를 찾아내는 데 활용할 수 있는 개념, 절차 및 도구로 정의한다. 또한 김인호(1984)는 전략계획을 조직의 사명과 목표를 달성하기 위해 미래의 환경조건을 예측·활용하고 조직내부의 능력을 정확히 진단하여 계획과정과 집행성과의 극대화를 추구하는 계획과정으로 정의한다. 이러한 맥락에서, 전략계획은 조직의 효과성, 효율성을 제고시키며, 정치적 지지와 공공관계(public relations)를 개선시키는 데에 유용한 수단으로 평가되곤 한다. 결국 '조직'을 중심에 둔 상술한 개념 정의들은 대동소이한 내용을 담고 있다고 평가할 수 있는데, 그 핵심은 급변하는 치열한 경쟁환경 속에서 조직이 살아남기 위한 상황적응 전략의 개발과정으로 집약된다.

전략계획이 민간부문에서 처음으로 회자된 것은 1950년대였으나, 현재처럼 경영자들의 필수적인 관리기법으로 자리잡게 된 것은 1970년대 경으로, 불확실성의 증가, 치열한 시장경쟁, 신기술의 혁신적 발전, 사회적 가치관의 변화, 장기불황의 지속과 같은 급변하는 환경에 대한 기업들의 대응에 기인한다. Steiner(1969)는 1960년대에 이미 미국 대기업의 3/4이 공식적 전략계획을 갖게 되었다고 보고하고 있으며, Denhardt(1985)는 1980년대 중반까지 상장된 기업의 절반 이상이 일정한 유형의 전략계획을 활용하고 있다고 보고한 바 있다.

2) 공공 전략계획의 도입배경

1950년대 이래 민간부문에서 시작되어 발전하온 전략계획은 1980년대 이후 공공부문에서도 적극적인 도입이 이루어지게 된다. 도시계획을 포함한 지방행정 전반에 전략계획이 도입된 배경은 정치·사회·경제적 환경의 급변에서 찾아지는데, 개괄해서 '지방화와 지방행정 환경의 변화,' '지방행정개혁의 요구증대 및 기업가적 지방자치단체의 지향,' '지역발전을 위한 협력체제의 구축,' '전통적 계획의 한계와 문제점 보완'의 네 가지로 그 이유가 설명된다(안태환, 1996; 김정호, 2000; 안영훈·장은주, 2000).

우선, 세계화와 병행해서 부각되고 있는 지방화는 돌이킬 수 없는 시대적 흐름으로 판단된다. 이러한 지방화의 논리 속에서 개별 지역은 국경을 넘어선 경쟁의 기초 단위로 작동하게 된다. 안태환(1997)은 이러한 지방화의 추세 속에서 전략계획적 접근방식의 유효성이 더욱 부각된다고 역설하는데, 그 이유는 전략계획이 지방자원의 효율적 이용과 주민참여를 고무하며 주민의 소망을 구조적으로 검토하고 반영하는 '풀 뿌리적 계획접근'이라는 점에서 찾아진다.

같은 맥락에서 제기되는 '지방행정 환경의 변화'는 신자유주의와 지방화의 대세 속에서 지방 자신의 책임이 증대되는 변화된 현실로부터 출발한다. 이러한 환경의 변화는 지방정부에 대한 중앙정부 지원의 대폭적 감소, 재정자립의 필요성 증가와 새로운 세원개발의 압박, 지출의 증가와 수입원의 감소, 감세에 대한 지역 내외로부터의 압력, 지방정부간 경쟁의 증대 그리고 주민참여 요구의 증대 등으로 표현된다(Kaufman and Jacobs, 1987; Squires, 1991). 이러한 변화에 대해 개별 지방정부는 전략계획이라는 '기업모형'을 도입함으로써 위기를 탈출하려고 하는데, 그것이 '공공 전략계획'의 출발점이라고 할 수 있다. 우리나라에서도 IMF 구제금융 체제 이래 이러한 흐름이 '고효율·저비용 자치행정체제의 구축' 그리고 '주민참여의 증대'라는 슬로건 하에 점진적으로 그 정당성을 확보하고 있다(안영훈·장은주, 2000).

둘째, 전술한 지방행정의 환경변화가 조직외적인 환경의 변화를 의미하는 것이라면 '지방행정개혁의 요구증대'는 조직 내부로부터의 변화에 대한 요구로 해석할 수 있다. 즉, 기존 지방행정이 변화하는 외부 환경에 효과적으로 대응할 역량을 결여하고 있다는 인식에서 지방행정 개혁의 필요성이 제기된 것이다. '개혁'의 초점은 조직의 경쟁력과 생산성 향상에 맞춰지며, 이 과정에서 전략계획은 개혁을 실현하기 위한 유력한 수단으로 간주된다. 이를 위해 전략계획은 전통적 계획이 결여하고 있는 평가시스템을 강화함으로써 결과에 중점을 두는 성과중심체제로의 조직전환을 도모하게 된다.

지방행정개혁의 구체적 방안으로서 제기되는 '기업가적 지방자치단체의 지향'은 앞서 언급한 신자유주의적 조류와 조직환경의 변화 그리고 조직개혁의 필요성 속에서 지방자치단체가 나아가야 할 방향을 '기업가적 정부'로 상정한다. 이는 지방자치단체가 효율적인 공공서비스를 제공함으로써 주민들의 증대된 요구를 충족시키고 지역사회의 삶의 질을 향상시켜야 한다는 당위론으로부터 도출된 제안이다. 이를 위해 지방자치단체는 민간의 활력을 적극적으로 도입하면서, 조직의 지향을 규제적 역할보다는 주민을 고객으로 대하고 성과와 임무에 초점을 맞추는, 경영 마인드에 충실한 효율적인 정부로 다시 태어나게 된다. 이 과정에서 다양한 서비스공급체계의 개발, 조직구조의 재설계, 권한배분, 규제완화, 민관협력, 공공부문으로의 경쟁체제의 도입 등의 방안이 고려된다. 이러한 조직 재구조화(organizational restructuring)를 위해, 기업의 경쟁력 강화 차원에서 개발된 전략계획이 도입되는 것은 당연한 수순이라고 할 수 있다.

세 번째로 제기되는 배경은 앞서 언급한 제약조건 속에서 지역개발을 도모하기 위해서는 지역차원의 협력적·참여적(collaborative participatory) 계획방법론의 채용이 절실하다는 것이다(Storper and Scott, 1995; 김두환, 2000). 제안되는 방법론은 지방자치단체가 협력의 중심에 서며, 지역에 위치한 기업, 시민단체, 노동조합, 기타 공사조직이 공동의 번영을 위해 힘을 모으는 새로운 유형의 성장연합(growth coalition)의 구축으로 이해할 수 있다. 전략계획의 핵심 방법론으로 제시되는 이해관계자 관리(stakeholder management)는 이러한 지역공동체의 참여와 협력을 구체화하는 수단으로 활용될 수 있다.

마지막으로 제기되는 '전통적 계획의 문제점 보완'이라는 명제는 기존의 합리모형의 다양한 문제점을 극복하는 기제로서 전략계획의 채용을 의미하는 것이다. 많은 전략계획의 옹호론자들은 전략계획의 적용을 통해 합리모형의 문제를 해결할 수 있다고 믿고 있다.

3) 전략계획의 절차

전략계획의 절차에 대해서는 학자들 간에 합의된 단일 과정이 존재하지 않는다. 하지만, 대부분의 연구자들(So, 1988; 김신복, 1999; 김정호, 2000; 안영훈·장은주, 2000)이 Bryson(1995)이 제시한 10단계 과정을 공공 전략계획 과정의 완결판으로 평가하고 있으므로 본서에서도 이를 따르기로 한다(그림 4-3 참조). 브라이슨이 제안한 과정은 여타 연구자들이 제시한 과정과는 달리 모든 연구자들이 주장하는 단계들을 빠뜨리지 않고 모두 포괄한다는 특징을 갖고 있다. 각 단계의 상세한 내용에 대해서는 김홍순(2002)을 참조하기 바란다.

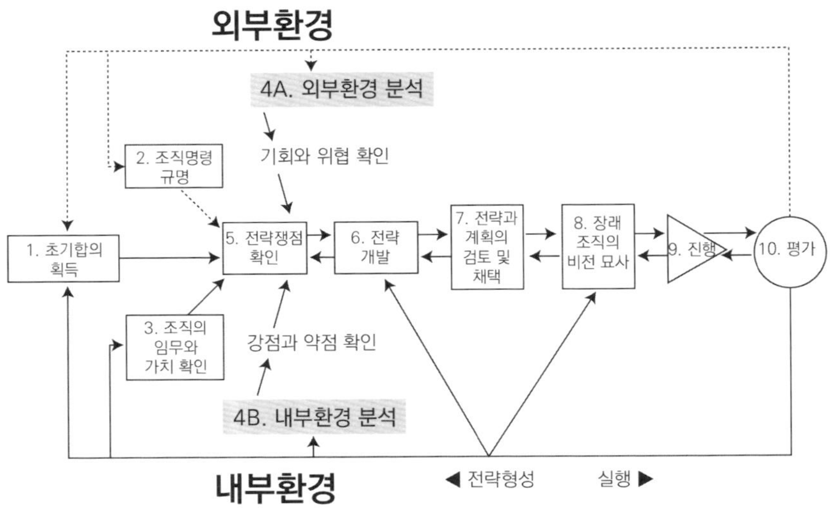

[그림 4-3] 전략계획의 10단계 과정

출처: So(1988)와 Bryson(1995)을 재구성.

4) 전략계획의 도시계획 분야에의 적용[40]

(1) 도시계획에 있어 채용 가능한 전략계획 방법

① 설득력 있는 목표의 설정

기존 계획문헌에서 계획목표는 선출직 공무원의 정치적 고려나 몇몇 전문가의 선험적 결정에 의해 주어지는데, 피상적인 장밋빛 일색의 미래상 제시로 일관하는 경우가 대부분이다. 왜 그러한 목표가 설정되었는지, 지역주민의 소망(vision)과 제시된 목표의 관계는 무엇인지에 대한 설명이 부족하다. 게다가 대부분의 계획보고서가 거의 유사한 목표를 슬로건으로 제시하고 있다. 모든 보고서들이 '첨단산업 유치,' '쾌적한 생활환경 조성' 등의 유사하고 피상적인 슬로건을 목표로 제시하고 있다. 목표란 계획이 최종적으로 성취해야 할 결과물이라는 점에서 이러한 부실한 목표설정은 계획 자체를 무의미하게 만들 수 있다.

40 전략계획은 계획문제를 풀어나가는 하나의 접근방식이나, 현실적으로 필요에 의해 부정기적으로 작성되는 비법정계획의 별칭으로 불리곤 한다. 이러한 배경에서 이후 전략계획과 비교되는 '기존 계획'이나 '전통적 계획'은 법정계획을 지칭하는 것으로 이해해주기 바란다.

전략계획은 설문조사, 포커스 그룹 인터뷰(FGI) 등의 방법을 통해 지역사회와 전문가 조직으로부터의 충분한 의견수렴과 쟁점도출, 내외환경분석을 수행하고 이를 통해 해당 지역사회에 반드시 필요한 핵심 목표를 구체적으로 설정한다. 그 목표는 지나치게 피상적이거나 이상적이지도 않고 현상이 지속될 경우 자동적으로 성취될 수 있을 정도로 안이하지도 않다. 더 나아가서 집행을 강조하는 전략계획은 성과에 대한 계속적인 평가작업을 통해 목표관리(MBO: Management by Objectives)를 수행함으로써 목표의 현실화를 이끌어내는 구조적인 틀을 지니고 있다.

② 참여의 확대

이해관계자의 참여증대는 계획이 직면한 커다란 숙제라고 할 수 있다. 기존 도시계획은, 도시기본계획의 예를 통해서 볼 때, 주민 또는 조직 외부인이 의견을 제시할 수 있는 통로로서 주민 설문조사, 전문가 자문, 지방도시계획위원회 심의, 1~2회의 공청회, 지방의회의 의견청취, 일반인 공람 등의 장치를 갖고 있다. 하지만, 이 정도로 충분한 주민참여가 이루어졌다고 평가하기는 어렵다.

반면에 전략계획은 그 특성상 다양한 이해관계자의 참여와 원활한 의사소통을 구조적으로 보장한다. 계획과정에서 이해관계자의 참여를 확대하게 되면 계획에 다양한 의견을 반영함으로써 계획내용의 타당성을 높일 수 있다. 또한, 관련자들의 이해관계 조정을 통해 형평성을 확보함으로써 결과적으로 정책실현성을 높이고 사회학습을 통해 지역주민의 민주적 태도형성에 기여하는 효과를 기대할 수 있다. 안태환(1996)은 전략계획이 이와 같이 참여와 동의에 기반하기 때문에 '시민지향적'이라고 주장한다.

이해관계자로는 우선 지방자치단체를 들 수 있다. 계획수립의 주체인 지방자치단체 내 하위조직 전체가 '최초합의'에 의해 계획에 참여하는 것은 상징적으로나 실질적으로 대단히 중요한 의미를 갖는다. 구체적인 예로서 서울시 도시기본계획인 「2030 서울플랜」의 사례를 들 수 있는데, 「2030 서울플랜」은 전략계획으로서의 성격을 강조하면서 서울시 전 부서가 참여하는 계획을 추진한 바 있다(김인희, 2020).

그러나 대부분의 도시계획은 도시계획 담당부서의 지엽적이고 반복적인 과업에 불과하다. 이러한 상황에서는 부서 간 협조가 제대로 이루어지지 않고 타부서의 책임감 있는 참여를 요구하기도 어렵다. 결과적으로, 종합계획이라는 이름이 무색하게 계획은 각 부서의 사업과 쟁점을 유기적이고 통합적으로 다루지 못함으로써 여타 계획에 대한 상위계획으로서의 정책적 지침의 역할을 수행하지 못하게 된다. 우리는 현실에 있어서 도시계획과 교통계획, 도시계획과 공원녹지계획, 도시계획과 산업정책 등의 관계에서 다양한 상충이 일어나고 있음을 잘 알고 있다. 참여의 확대는 전체 조직으로 도시계획의 주무부서를 확대시키는 효과를 갖는다. 이러한 과정을 통해 전체 조직은 계획에 대해 책임과 관심을 갖게 되고, 계획은 가장 핵심적이고 필요한 쟁점을 이끌어낼 수 있게 된다. 기존의 계획보고서가 각 부문계획을 병렬적으로 묶어놓은 사업별계획(project-by-project plan)의 수준을 크게 넘어서지 못했다면, 전략계획은 전체조직의 참여를 이끌어냄으로써 부문계획의 유기적 통합을 기대할 수 있는 통합적 공공투자계획(integrated public investment plan)이나 실질적 의미로서의 종합계획의 내용을 갖출 수 있게 된다

다음으로 강조되는 참여주체는 조직의 장(長)이다. 시장, 군수와 같은 지방자치단체의 장들은 선출직 공무원으로서 주민들의 요구(needs)에 무관심할 수 없다. 전략계획 보고서는 사실상 지역사회의 이러한 요구를 집약해서 어떻게 성취할 것인가를 풀어낸 문서라고 할 수 있다. 따라서, 단체장들의 전략계획에 대한 관심과 집행에 대한 책임감은 매우 높을 수밖에 없다. 반면에 기존의 계획들은 특정부서가 주기적으로 생산하는 일상적인 보고서로 인식될 뿐이다. 따라서, 단체장의 관심이나 책임감이 전략계획에 비해 현저히 떨어지는 것은 당연한 이치이다. 이러한 단체장의 관심과 책임감의 차이는 후술할 집행력의 차이로 나타난다.

이와 같이 계획실행 조직과 조직의 장의 적극적 참여를 이끌어낸다는 것이 전략계획의 일차적인 특징이지만, 이해관계자의 범위는 거기에 그치지 않고 주민, 지방의회, 지방 및 중앙 도시계획위원회, 지역재계, 시민단체, 노동조합, 지방언론, 종교계, 정당, 중앙정부, 용역연구기관으로까지 넓어진다. 다양한 관련주체의 참여는 통찰력 있고 반응적인(responsive) 계획을 도출하는 데 도움이 된다. 각 관련주체들이 참여하는 방법으로는 공청회, 위원회, 공론조사, 시민대표자회의, 매스 미디어의 활용, 지방의회의 역할 강화 등을 고려할 수 있다.

③ 전략쟁점의 도출을 통한 과제의 우선순위 부여

전략계획은 제한된 자원을 가장 큰 효과를 기대할 수 있는 한정된 쟁점에 투입하는 것을 기본 원리로 한다. 따라서, 기존의 계획처럼 모든 계획 분야를 지침에 의거해 백화점식으로 다루기보다는 지역사회의 핵심 이슈만을 전략쟁점으로 도출하는데, 이때에도 여론(공론)조사 등 합의에 의한 방법을 활용함으로써 지역사회의 의견을 최대한 반영하기 위해 노력한다.

그 밖의 쟁점 도출방법으로는 시민배심제(citizen juries)와 포커스그룹 조사 등이 있다. 시민배심제는 주민의 대표성을 지닌 소그룹이 심사위원이 되어 특정 과제를 심사하고 결과를 의회에 제출하는 방식이며, 포커스그룹 조사는 관계가 있는 특정그룹의 의견만을 수렴하는 방식이다(안영훈·장은주, 2000). 외국의 선례를 보면 하나의 전략계획 당 4개에서 10개의 한정된 쟁점을 다루는 것이 일반적인데, 주요 이슈는 주택, 교통, 환경, 복지, 재정, 공공서비스와 관련된 것이 보통이다(안태환, 1996; 안영훈·장은주, 2000).

전략쟁점의 파악은 지역사회에서 가장 시급한 사업이 무엇인가, 즉 주민들이 가장 바라는 것이 무엇인가를 파악하는 과정이며, 동시에 쟁점 간에 우선순위를 부여하는 과정이다(김신복, 1999). 한정된 자원을 핵심적인 부문에 집중할 수밖에 없는 현실에서 쟁점을 도출하고 도출된 쟁점 간에 우선순위를 정하는 것은 '최적의 자원배분'을 통해 전략계획의 실천력을 제고하는 유력한 방안이 된다.

④ 변화와 환경에 민감한 계획

전통적인 계획은 예측된 미래가 기계적으로 달성 가능하다는 전제하에 환경적 요인의 변화와 영향 가능성에 대해서는 거의 고려를 하지 않는다고 해도 과언이 아니다(안영훈·장은주, 2000). 부분적으로 고려되는 환경변화 요인조차도 상위계획이나 법적인 규제측면의 검토로 한정되고 있는 실정이다(이용헌, 1992).

하지만, 변화하는 환경에 능동적으로 대처하기 위해서 계획은 모든 상황변인을 고려하여야 한다. 계획은 진공상태 속에서 제시되는 완결된 희망의 표현이 아니라 구체적인 현실과 상황에 반복적으로 수정, 대응하는 '동태적 과정'이기 때문이다. 종종 PEST(Political, Economic, Social, and Technological) 또는 STEEPLE(Social,

Technological, Economic, Environmental, Political, Legal, and Ethical)이 분석대상 환경 요인으로 제시된다. 전략계획은 기존의 계획과 달리 이러한 요소들을 포괄적으로 검토함으로써 변화의 추이(trend)를 우선적으로 감지하고 변화에 보다 능동적으로 대처하고자 노력한다.

전략계획의 높은 환경적응성을 보여주는 또 다른 예는 실제 수행된 내용과 당초 계획을 지속적으로 비교함으로써 계획이 수정·보완될 수 있는 '점검'을 강조한다는 것이다. 이는 현실 적합성과 집행력을 제고하기 위해, 개발된 전략을 그대로 수행하는 것이 아니라, 변화된 상황과 환경에 맞추어 지속적으로 수정을 하고 추가적인 자원을 투입하는 것을 의미한다. 수정과 점검의 대상에는 계획의 전제, 가정, 환경변화, 쟁점, 각종 지표, 방법론 등이 모두 포함된다.

⑤ 지역 특성의 반영

앞에서도 언급했지만 대부분의 기존 계획보고서는 대상 지역과 무관하게 천편일률적인 체제를 갖고 있다. 상세하게 규정된 중앙으로부터의 지침에 의해 계획을 작성한 탓에 목표, 계획과정, 계획문서의 구조(부문계획), 분석방법 등이 모두 대동소이하다(이용헌, 1992; 안태환, 1997; 안영훈·장은주, 2000). 도시규모에 따른 차이도 없고 기반산업의 특성에 대한 고려도 부재하다. 지역명만 바꾸면 어느 지역의 계획보고서가 다른 지역의 보고서가 될 수 있다는 비판이 제기되기도 한다. 게다가, 상위기관(정부, 도 등)의 승인을 거쳐야 한다. 관료제의 틀 속에서 계획보고서는 하나의 일관된 양식을 갖추는 것이 선호되므로, 현실적으로 지역의 특수성을 반영한 개성 있는 계획안이 작성되기가 어려운 것이 현실이다.

반면에 전략계획은 일정하게 고정된 틀이 없다. 지역의 특성에 맞추어 계획을 작성하면 그만이다. 목표 역시 연역적으로 주어지는 것이 아니라 지역사회의 여론을 충분히 수렴해서 이끌어낸다. 계획 내용에 있어서도 토지이용, 교통, 시설, 생활환경 등의 체제를 따라 모든 부문을 망라하는 것이 아니라 지역에 꼭 필요한 부문에 집중할 수 있다. 하지만, 역으로 필요시에는 어떠한 부문도 다룰 수 있기에 오히려 '종합적'이라고도 평가할 수 있다(안태환, 1996). 따라서, 법정계획이면서도 활용도가 떨어지는 도시기본계획 등에 비해 특별한 필요에 의해 작성되는 전략계획이 지역사회의 발전지침으로 활용하는 데에 보다 큰 효용을 갖는다고 할 수 있다. 또한 비법정계획인 전략계획은 상위기관의 승인을 득하지 않아도 되므로 특별한 형식이나 구조, 내용에 얽매임으로써 핵심을 놓칠 필요가 없다는 장점을 갖는다.

⑥ 집행력의 제고

기존의 계획보고서에서는 누가 어떠한 수단과 자원을 가지고 제안된 아이디어를 실현할 지에 대한 언급이 극히 부족하다. 실제로 집행은 계획의 소관이 아니라는 '협의의 계획관'(김신복, 1999)이 계획계를 지배하는 주된 인식으로 자리잡고 있다. 이는 계획을 단지 아이디어나 막연한 희망의 집합 정도로 인식하는 사고의 소산으로, 이러한 사고 속에서 계획의 집행력을 기대하는 것은 애초부터 무리라고 할 수 있다.

기존 도시계획 보고서에서 가장 부실한 부분이 행재정계획 부문이다. 특히 계획의 집행과 직결되는 재정계획이 소홀히 다루어지고 있는 것은 큰 문제라고 하지 않을 수 없다. 단순히 지침상의 구색을 맞추기 위해 포함되어 있을 뿐 투자 소요금액의 추정치조차도 정확하지 못한 것으로 보고된다(김흥순, 2002). 이러한 부정확성은 주먹구구식 추세분석과 증가율의 자의적 적용에 기인하는 결과이다. 결국, 제시된 계획을 추진할 수단과 추진정도를 평가할 구체적인 방안이 없는 것이나 마찬가지이다. 도시계획을 통해 그림만 그렸지 실질적으로 어떻게 그 그림을 실현할 지에 대한 방안은 전혀 강구되고 있지 못한 셈이다. 실제로 상당수 계획관련자들은 계획수립시 재정규모를 고려하지 않는 것으로 보고된다(김흥순, 2002).

이러한 계획의 집행수단 부재가 낳은 대표적인 문제가 '장기미집행 도시계획시설'이다. 1999년 10월 21일 헌법재판소는 도시계획시설 결정 고시 후 10년 이상 보상 없이 행위제한이 가해진 '장기미집행 도시계획시설'과 관련하여 종전의 도시계획법 제4조(행위 등의 제한)가 헌법에 합치되지 않으므로 2001년 12월 31일까지 도시계획법을 개정하라는 판결을 내렸다. 유예기간을 거쳐 2020년 8월부터 도시계획시설 결정 후 20년이 경과된 장기미집행 도시계획시설은 자동 실효되는 일몰제가 적용되고 있다. 이러한 '장기미집행 도시계획시설'의 발생원인은 무엇보다도 자치단체의 재원조달능력 부족에 기인하는 것으로, 그 책임의 상당 부분은 재정규모를 고려하지 않은 채 계획을 작성한 계획입안자에게 돌아가야 한다.

이에 반해 집행계획을 강조하는 전략계획은 누가(책임, 역할분담), 언제, 얼마나(비용) 등의 사항을 구체적으로 명시함으로써 계획의 집행력을 제고한다(안태환, 1996). 집행력을 제고하기 위해 전략계획은 한정된 핵심 쟁점에 집중하며 계획체제 속에 구체적인 운영계획 항목을 반드시 포함시킨다. 또한, 예산과의 연계성을 고려하여 예산담당부서와의 유기적인 협조체제를 유지하는 것이 일반적이다. 이후 언급할 전략계획의 단기계획적 성격 그리고 전술한 전부서의 계획 참여 및 한정된 쟁점에의 집중 역시 계획의 집행력을 제고하는 측면으로 이해할 수 있다.

⑦ 계획기간의 단기화를 통한 현실성의 제고

전략계획의 단기계획 지향성은 전략계획의 현실성을 제고하는 유력한 요인이다. 장기계획은 불가피하게 불확실한 먼 미래를 예측해야 하고, 그 기반 위에 실현가능성이 불투명한 청사진적 비전을 제시해야 한다. 이러한 측면에서 장기계획의 효용은 정치적인 선전효과 외에는 별로 없다고 해도 과언이 아니다. 더구나 치밀한 목표관리나 예산에 대한 고려가 이루어지지 못하고 있는 상황에서 장기계획은 조감도 이상의 역할을 하기 어렵다. 전통적인 종합계획의 문제점은 상당 부분 이러한 장기적 시각에서 기인한다고 볼 수 있다.

반면에 단기계획은 불확실성이 대폭 줄어든 상황에서 구체적인 사안에 대해 구체적인 대안을 제시할 수 있으며, 이는 결과적으로 제고된 집행력으로 연결된다. 물론 이러한 단기적 시각을 견지하는 전략계획이 계획이라기 보다는 '관리/경영'에 가깝다고 보는 시각도 있다(안태환, 1996; 안영훈·장은주, 2000). 하지만 이러한 '관리로서의 전략계획'이 청사진으로서의 계획보다 현대 대도시의 관리에 있어 보다 큰 효율성을 발휘할 수 있음을 주지할 필요가 있다. 결국, 계획의 기간을 단기화하는 방법은 계획의 현실성을 제고하는 구체적이고 유력한 방안이라고 할 수 있다.

(2) 공공 전략계획의 문제점

① 개요

Kaufman and Jacobs(1987)가 지적한 것처럼 기업전략계획과 공공계획은 오랫동안 공통의 과제를 가지고 개별적으로 연구를 진행해왔다. 그러던 것이 1980년대 들어 서로의 존재를 인지하면서 서로를 평가하게 되었고, 공공부문에서 전략계획을 받아들이는 것이 하나의 유행처럼 되었다. 하지만, 전략계획의 접근방법은 기실 오래 전부터 공공계획이 고민해 왔던 사항이고, 그 결과로서 전략계획의 방법과 유사한 대안들이 적지 않게 제시되어 온 것이 사실이다.

공공부문에서 전략계획의 도입은 사실 시대적 상황에 기인하는 바 크다. '국가계획의 도살자'로 불리는 레이건 행정부가 전략계획의 강력한 옹호자였기 때문이다(Gerckens, 1988; Fishman, 2000). 1980년대 들어 레이건 행정부는 지역사회가 연방정부의 지원을 기대하지 말고 민간 전략계획 모형을 채용함으로써, 발전의 길을 스스로 모색할 것을 요구했는데, 그 내용은 1982년 발간된 국가도시정책 보고서(National Urban Policy Report)에 잘 나와 있다. 결국 경쟁력 우선주의, 효율성 우선주의라는 시대적·이데올로기적 유행 속에서 전략계획은 그 실체가 과대평가되면서 공공부문에 무비판적으로 도입되었다고 평가할 수 있다. 이후에서는 전략계획의 옹호자들이 공공계획에 대해 제기한 비판의 허상과 실상을 살펴보도록 하겠다.

② 전략계획이 언급하는 '전통적 계획'이란 무엇인가?

전략계획의 옹호자들이 묘사하는 전통적 공공계획은 합리모형에 기초한 청사진 계획에 다름 아니다(Kaufman and Jacobs, 1987). 그런데, 합리모형의 문제점은 이미 공인된 사항이고, 현재 시점에서 합리모형을 교조적으로 채용하는 공공계획가는 '멸종'되었다고 해도 과언이 아니다. 따라서, 전략계획의 옹호자들은 현재의 공공계획이 아닌 구시대의 화석을 공격함으로써 공공계획 전체를 부당하게 폄하하고 있다고 말할 수 있다.

③ 공공계획은 행동전략이 결여된 장밋빛 비전에 불과한가?

합리모형이 계획의 집행을 위한 장치를 충분히 마련하고 있지 못한 것은 사실이다. 하지만 현대의 계획가들이 현실에 천착하면서 집행력 제고에 보다 많은 노력을 기울이고 있는 것 또한 사실이다. 우선 다양한 비법정계획이 수립되고 있는데, 이는 전략계획의 영향으로 보는 것이 타당하다. 하지만 이와 별개로 미국의 각종 비(非) 유클리드 조닝이나 일본의 총합설계제도(總合設計制度), 우리나라의 특별계획구역제도, 도시계획변경 사전협상제도 등은 제도적 틀 내에서 도시계획의 집행력을 제고하기 위한 노력의 산물들이라고 볼 수 있다. 이와 함께 모든 법정계획들을 5년 단위로 재정비하도록 함으로써 계획의 현실성과 집행력을 제고하고자 하는 노력이 이루어지고 있다.

이러한 모든 노력들이 전략계획의 영향으로부터 기인하는 것이라고 평가하기는 어렵다. 이들은 자체적으로 집행력과 현실성을 보완하기 위해 기존 계획 내에서 고안된 개선책들이다. 따라서, 공공계획이 행동지향성을 결여한 공허한 과정에 불과하다는 지적은 심각한 왜곡이라고 할 수 있다. 결론적으로 공공계획이 지속적으로 변신을 모색하고 있음에도, 전략계획은 과거 일시점에서의 상(像)만으로 공공계획을 평가하고 있다는 점에서 그 비판의 내용이 지나치게 정태적이라고 평가할 수 있다.

④ 공공계획은 이해관계자의 참여를 무시하는가?

공공계획은 다양한 이해관계자들의 참여를 강조한다. 이는 Davidoff(1965) 이래 진보적 도시계획의 강력한 전통으로, 미국 계획협회(APA) 윤리강령(Ethical Principles in Planning)은 모든 이해관계자의 참여를 분명히 밝히고 있다. 우리 도시계획법도 1981년 개정에서 공청회에 대한 내용을 포함시켰으며, 「국토의 계획 및 이용에 관한 법률」은 주민의 도시·군관리계획 입안 제안권과 주민의 의견 개진 및 청취 권한을 폭넓게 부여하고 있다.

물론, 전략계획에 비해 공공계획이 이해관계자에 대한 고려가 부족하며, 앞서의 참여 또는 공청회 역시 실행 상에 어려움이 존재하는 것은 사실이나, 이는 공공계획 자체가 이해관계자의 참여를 배제하고 있기 때문이 아니라, 다양한 목표와 가치, 그리고 민간부문에 비해 훨씬 다양하고 복잡한 이해관계자의 존재에 기인하는 것이다. 그럼에도 불구하고, 공공계획에 있어서 참여의 폭은 점진적으로 넓어지고 있다. 특히 인공지능 기술의 발전은 도시계획 과정에 이해관계자의 참여를 획기적으로 신장시킬 것으로 기대된다. 따라서, 공공계획을 정태적으로 파악하고 그 변화와 변화를 위한 노력 자체를 폄하하는 것은 부당하다고 할 수 있다.

⑤ 공공계획은 환경에 대한 고려를 결여하고 있는가?

전통적인 합리모형은 내부와 외부의 모든 변수들을 고려하여 최적의 대안을 제시한다는 원칙을 갖고 있다. 이러한 전통적 도형에서 환경에 대한 철저한 검토는 필수적 과정이다. 하지만, 현실적으로 이는 실현 불가능한 이상에 불과하다. 이에 대한 대안으로 제기된 것이 린드블럼의 점증주의 이론으로 제한된 범위의 변수만을 고려하는 것을 원칙으로 한다. 하지만, 이것이 지나치게 현실추수적이고 근시안적이라는 비판에서 합리모형과 점증주의를 절충한 에치오니의 혼합주사 방법론, 즉 근본적인 결정을 할 때는 광범위한 영역을 포괄적으로 탐색하고 세부적인 결정을 할 때는 치밀한 탐색을 수반하는 방법이 제기되었다. 결국, 모든 유형의 계획이 정도의 차이는 있지만 환경에 대한 검토를 중요하게 고려하고 있음을 알 수 있다.

구체적인 예로서, Krumholtz(1982)는 전략계획에서 개발된 방법론인 SWOT 분석과 유사한 방법론이 공공계획 분야에서 독자적으로 개발·활용되어 왔음을 미국 클리블랜드(Cleveland) 시의 사례를 통해 보고한 바 있다. 그의 연구에 따르면, 1970년대 클리블랜드 시의 계획가들은 지역의 강점과 약점을 객관적으로 분석하고 강점을 극대화하는 방향으로 계획을 운용하였다. 따라서, 환경에 대한 검토가 전략계획만의 고유한 방법이 아님을 알 수 있다.

(3) 도시계획에 전략계획 방법론 도입 시의 문제점

① 민간조직을 위한 계획으로서의 전략계획의 본질

본질적으로 전략계획의 관심은 조직에 있다. 따라서, 그 메커니즘을 지역사회에 그대로 적용하는 데에는 무리가 따를 수밖에 없다. 물론 안영훈·장은주(2000)가 지적한 것처럼 '지역사회기반의 전략계획'이 전혀 불가능한 것은 아니지만, 조직을 지역사회로 치환하다보니 여러 가지 무리한 적용이 불가피하다.

구체적으로, 모든 유형의 조직은 비교적 응집된 조직목표를 갖고 있지만, 지역사회는 '공동의 이해관계'를 도출하는 것 자체가 불가능에 가깝다는 점을 지적하지 않을 수 없다. 단위 공간 내에 존재한다는 이유만으로 이질적인 계층들이 '공동체'라는 이름으로 묶여 있기 때문이다. 일부 계층은 성장과 변화를 원하지만 또 다른 계층은 현상과 안정을 선호한다(Logan and Molotch, 1987). 따라서, 목표설정이나 이해관계자 관리가 불가능하지는 않지만 훨씬 어렵고 많은 자원을 요구하게 된다. 이러한 현실에서 전략계획의 적용은 역설적으로 전략계획이 강조하는 계획의 경제성을 대폭 감소시키게 된다. 현실 도시계획이 기존 계획관행의 문제를 알고 있으면서도 그 문제점을 해결하지 못하는 것은 상당 부분 이러한 구조적 한계에 기인하는 것이다.

② 참여와 이해관계자의 문제

과연 누가 공공 전략계획에 적극적으로 참여할 것인가를 판단할 때, 동원 가능한 자원을 보유한 직접적인 이해당사자들일 가능성이 높다는 사실을 부인할 수 없다(권원용, 1985). 과연 그들이 주민의 대표성을 갖는가에 대해서는 비판적인 검토가 필요하다. 침묵하는 다수를 끌어들이기 위해 다양한 방안이 제시되고 있지만, 참여라는 투자에 대한 편익이 분명치 않은 상황에서 일반 시민들을 참여시킬 확실한 묘안이 없다는 것이 고민거리이다. 결국, Klosterman(1985)의 지적처럼 다수 대중의 분산된 이익은 소수집단의 협소하고 분명히 정의된 이익 앞에 번번이 무릎을 꿇게 마련이다.

같은 맥락에서 서울시의 경우처럼 시외에 거주하면서 주간(晝間)의 경제활동은 서울에서 하는 사람들의 경우 이해관계자로 고려해야 하는가 하는 문제가 제기된다. 시설공급에 있어 그들은 중요한 관련자이지만 투표권이나 지방세와 관련해서는 국외자들이다. 하지만, 분명한 이해관계자인 그들을 배제한 채 공간계획을 입안할 수도 없는 노릇이다. 이를 고려한 광역도시계획과 광역도시계획협의회가 있지만, 현실에서는 지역할거주의의 높은 벽을 넘지 못하고 있는 것이 사실이다.

③ 단체장 관여의 문제

단체장의 높은 관심이 계획의 집행력을 제고하는 동력이 되는 것은 사실이지만, 단체장은 4년에 한 번씩 선거를 통해 신임평가를 받는 선출직이라는 점에 주목할 필요가 있다. 이러한 구조 속에서 단체장의 관여도가 높은 전략계획은 지속성을 담보하기가 오히려 어렵다는 문제점을 갖는다. 어렵게 작성된 계획이 현직 단체장의 재임기간에만 효력을 갖는 한시적 지침으로 이해됨으로써, 임기말에는 오히려 집행력이 떨어지는 문제를 야기할 수 있기 때문이다.

더욱이 전략계획의 작성에 많은 시간이 소요된다는 점을 고려하면 작성 후 곧 임기 말에 도달한다는 문제점도 결코 간과할 수 없는 측면이다. 현직 단체장이 낙선할 경우 계획이 해결하려 했던 문제는 계획입안 이전으로 돌아가게 되고, 예산 낭비와 정책의 혼선만을 초래하는 결과를 야기할 수 있다. 더욱이, 단체장의 높은 관심은 자신의 재선을 위한 정치적 고려의 소산이므로 공공계획이 특정인의 정치적 목적을 위해 사용된다는 문제제기로부터 자유로울 수 없게 된다.

제 5 부

계획과정

제 1 장

과학으로서의 계획과정

과정으로서의 계획에 가장 먼저 주목한 이는 게데스(P. Geddes)였다. 그는 그 이전까지 건축가들의 '놀이터'에 불과하던 도시계획을 학문으로 정립했다. 그는 도시계획에 있어 다양한 스케일의 도면으로 표현되는 계획안(plan)보다 계획과정(planning)이 중요하다는 인식에서 조사(survey) → 분석(analysis) → 계획(plan)으로 이루어지는 계획과정을 제시했다. 게데스가 제시한 계획과정은 영국에서 대런던계획(Greater London Plan)과 1947년 도시농촌계획법(Town and Country Planning Act)에 실질적으로 적용되었다. 현대적 시각에서 게데스의 계획과정은 지나치게 단순하고 초보적이라고 평가할 수 있지만, 게데스의 통찰력은 시대를 뛰어 넘는 탁월함이 있는 것이 사실이다.

우선 그는 최초로 계획을 동태적·계속적 과정으로 이해함으로써 계획이 결과(plan)가 아닌 과정(planning)으로서 존재해야 함을 설파했다. 둘째, 그는 계획이 다양한 경관 스케치를 통해서가 아니라 철저한 현황 조사에 기초한 견고한 분석 위에서 이루어져야 함을 주장했다. 이를 통해 도시계획가들은 비로소 '과학으로서의 계획'을 주장할 수 있게 되었다. 셋째, 오늘날의 계획과정은 사실상 게데스가 주장한 계획과정에 살을 붙인 것에 불과하다고 해도 과언이 아니다. 따라서 게데스는 현대 계획과정의 기본 틀을 정초했다고 볼 수 있다.

제 2 장

순환적 과정으로서의 계획

게데스가 주장한 계획과정과 현대계획의 가장 두드러진 차이는 게데스가 단선적이고 종말론적인(linear and close-ended) 계획과정을 주장한 반면, 현대의 계획과정은 순환적이고 지속적인 구조를 갖는다는 점이다. 정책학자인 윌답스키(Wildavsky)는 과정으로서의 계획의 의의를 다음과 같이 설명한다. "만일 계획이 결과에 의해서만 평가된다면, 계획은 할 때마다 실패할 수밖에 없다. 공공정책 분야에서 이루어지는 행위와 반응(reaction)이 어떻게 전개될지에 대해서 그 어느 누구도 예측할 수 없으며, 어느 누구에게도 복종을 강요할 수 없기 때문이다." 따라서 계획은 결과물인 계획안으로 종결되는 것이 아니라 집행은 물론 평가와 환류(feed-back)까지를 포함하는 동태적 순환과정으로 이해된다. 이 과정에서 계획은 연속적인 정보수집과 문제에 대한 시정조치 및 통제활동을 수반하게 된다.

문제는 계획은 원론적으로 집행과는 독립된 별개의 행위인데, 불가피하게 집행이 계획과정에 포함된다는 것이다. 집행 없이는 사후평가가 안 되고, 사후평가 없이는 환류가 이루어질 수 없기 때문이다. 따라서 우리는 집행 이후의 과정까지를 포함하는 계획과정을 '광의의 계획과정'이라고 하며, 집행 이전 대안선택까지의 과정을 '협의의 계획과정'으로 부른다(김신복, 1999: 128-129). 협의의 계획과정은 게데스가 주창한 원론적 계획과정과 크게 다를 것이 없다.

제 3 장

광의의 계획과정

제1절

개관

다수의 학자들이 [표 5-1]과 같이 계획과정에 대해 다양한 견해를 개진했다. 하지만, 다양한 주장 속에서도 일정한 공통점이 있음을 확인할 수 있다. 학자에 따라 순서에 다소 차이가 있지만 그 프로세스가 대체로 문제확인, 목표설정, 조사분

[표 5-1] 학자별 계획과정 비교

<table>
<tr><th>단계
학자</th><th>문제
확인</th><th>목표
설정</th><th>조사
분석</th><th>미래
예측</th><th>대안
작성</th><th>대안
평가</th><th>대안
선택</th><th>계획
집행</th><th>계획
평가</th><th>환류
수정</th></tr>
<tr><td>Anderson</td><td>1</td><td></td><td></td><td></td><td>2</td><td></td><td>3</td><td>4</td><td>5</td><td></td></tr>
<tr><td>Banfield</td><td></td><td>2</td><td>1</td><td></td><td>3</td><td>4</td><td>5</td><td>6</td><td></td><td></td></tr>
<tr><td>Galloway</td><td></td><td>1</td><td>2</td><td></td><td>3</td><td></td><td>4</td><td>5</td><td></td><td></td></tr>
<tr><td>Lasswell</td><td colspan="4">1</td><td>2</td><td></td><td>3</td><td>4, 5</td><td>6</td><td>7</td></tr>
<tr><td>Lichfield</td><td>1</td><td>2, 4</td><td colspan="2">3</td><td>5, 6</td><td>7</td><td>9</td><td>10</td><td>8</td><td>11</td></tr>
<tr><td>Mayer</td><td></td><td>1</td><td></td><td>3</td><td>2</td><td></td><td>4</td><td>5</td><td>6</td><td>7</td></tr>
<tr><td>McLoughlin</td><td></td><td>1</td><td>2</td><td>3</td><td>4</td><td colspan="2">5</td><td>6</td><td></td><td>7</td></tr>
<tr><td>Meyerson</td><td>1</td><td>2</td><td>3</td><td></td><td>4</td><td>5</td><td>6</td><td>7</td><td>8</td><td>9</td></tr>
<tr><td>Sarley</td><td>1</td><td>3</td><td>2</td><td></td><td>4</td><td>5</td><td>6</td><td>7</td><td></td><td>8</td></tr>
</table>

출처: 정환용(2001: 298)

석, 미래예측, 대안작성, 대안평가, 대안선택, 계획집행, 계획평가, 환류수정의 과정으로 전개됨을 알 수 있다. 우리는 전체 계획과정을 문제확인 및 목표설정의 목표설정 단계, 조사분석 및 미래예측의 조사분석 단계, 대안작성, 대안평가, 대안선택의 대안작성 및 선택 단계, 계획집행, 계획평가, 환류수정의 계획집행 및 관리 단계의 네 단계로 구분할 수 있다. 여기서 대안작성 및 선택단계까지가 협의의 계획과정이고 계획집행 및 관리 단계는 광의의 계획과정에 포함된다고 볼 수 있다. 이상의 계획과정은 [표 5－2]와 [그림 5－1]과 같이 정리가 가능하다. 이러한 계획과정을 합리적으로 설계하는 것을 목표로 하는 계획이론 상의 논의가 앞에서 서술한 과정이론이라고 할 수 있다.

[표 5-2] 10단계 계획과정

<table>
<tr><th colspan="2"></th><th>단계</th><th>세부 과정</th></tr>
<tr><td rowspan="4">광의의 계획과정</td><td rowspan="3">협의의 계획과정</td><td>1. 목표설정</td><td>① 사회 내에 존재하는 문제를 인지
② 목표설정</td></tr>
<tr><td>2. 조사분석</td><td>③ 목표와 관련된 정보와 자료·통계 수집 및 분석
④ 미래예측: 사상(事象)의 전개방향과 개연성 예측, 전망 제시</td></tr>
<tr><td>3. 대안작성 및 선택</td><td>⑤ 대안작성: 목표달성을 위해 가능한 모든 대안을 모색
⑥ 복수의 대안에 대한 비교·검토를 통한 대안 선택
⑦ 선택의 검증</td></tr>
<tr><td></td><td>4. 계획집행 및 관리</td><td>⑧ 집행계획: 효과적인 집행을 위한 세부계획 수립
⑨ 상위계획 및 책정된 예산에 의한 지시와 조정 및 통제 과정을 거치면서 계획을 집행
⑩ 사업의 진행과 집행 완료 후 평가를 통해 시정조치, 환류</td></tr>
</table>

전술한 것처럼 협의의 계획과정은 ⑦번까지이고 이후 단계는 광의의 계획과정으로 보는 것이 일반적이다. 혹자는 이러한 광의의 계획과정이 계획이라기보다 행정활동 전반이 아닌가 하는 문제를 제기한다(김신복, 1999: 129). 그러한 문제 제기가 타당성이 있지만, 현실적으로 계획의 집행과 평가 없이는 순환과정이 이루어질 수 없는 관계로, 계획과정으로 인정하는 것이 일반적이다. 이후에서는 세부 계획과정의 내용을 살펴보도록 하겠다.

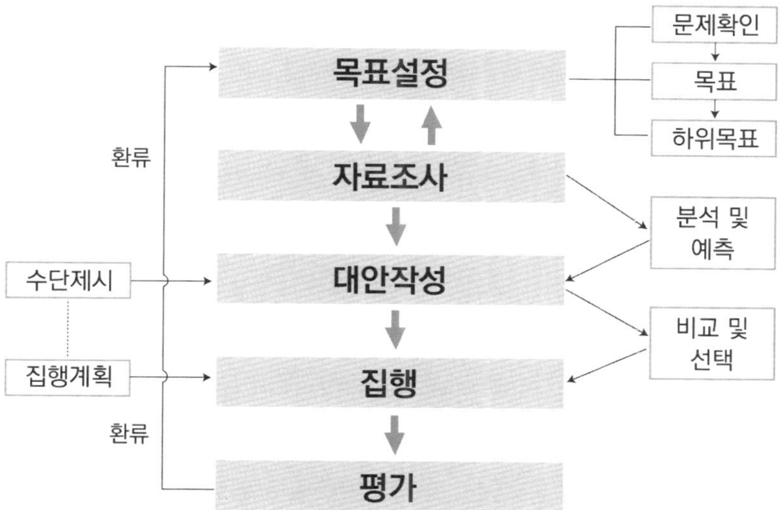

[그림 5-1] 일반적인 계획과정

제2절

목표 설정 단계

목표 설정은 계획가 자신에 의해서 이루어지기보다 하향식으로 결정되어 내려지는 경우가 대부분이다. 계획가들은 종종 목표(Goal)를 달성하기 위한 하위목표(Objective) 설정에 관여하는 것이 일반적이다. 여기서는 현실에서 정치인이나 고위 관료에 의해 이루어지는 목표 설정도 계획과정의 일부라고 보고 논의를 진행하고자 한다.

1. 문제의 인지

계획의 첫 번째 단계는 문제의 인지이다. 학자에 따라서는 목표 설정을 첫 번째 계획 단계라고 주장하는 이도 있으나 문제가 없는 상태에서 목표를 설정한다는 것이 논리적이지 않으므로 문제인지를 첫 번째 단계로 설정한다. 실상 목표 설정을 첫 번째 단계로 보는 학자들 역시 목표 설정이라는 큰 틀 안에 문제 인식을 포함시키고 있다고 볼 수 있다(표 5-1 참조).

현실적으로 계획은 현상태에 대한 불만으로부터 출발한다(Alexander, 1993: 75). 우리는 그러한 불만을 계획문제로 규정할 수 있다. 따라서 계획은 변화에 대한 욕구로 정의할 수 있으며, 문제인식이 없다면 계획도 없다고 볼 수 있다.

하지만 모든 문제가 계획에서 문제가 되는 것은 아니다. 계획은 계획문제만을 문제로 인식하기 때문이다. 계획이 관심을 갖는 문제는 당사자는 물론 제3자에게도 영향을 미치는 사회문제 중, 특별히 계획주체(정부)가 해결하고자 다루는 문제로 한정된다. 따라서 계획주체에 의해 선택되지 않은 문제는 계획문제가 될 수 없다. 이는 사안의 경중, 시급성 등에 따라서도 결정되지만, 계획으로 다룰 수 있는 문제인지 여부도 중요한 판단요소가 된다. 즉, 지나치게 근본적인 이슈를 다루거나 해결에 방대한 자원(예산)을 필요로 하는 사안은 계획문제가 되기 어렵다.

문제는 정확하게 정의가 이루어져야 한다. 문제는 문제 자체로서가 아니라 이후 목표 설정과 연결되는 과정 속에서 의의를 갖기 때문이다. 모호한 문제 정의는 명확한 목표 설정을 저해한다. 또한 많은 경우 문제 정의 자체가 문제의 해결책을 내포하고 있다는 점에서 문제정의의 중요성을 인식할 필요가 있다(정환용, 2001: 300). 가령 "**갑작스런** 승용차 증가로 교통정체가 심각하다"고 문제를 정의한다면, 최근 들어 승용차가 급증했다는 의미이므로 자연스럽게 승용차 통행을 제어할 수 있는 통행수요관리와 같은 해법을 생각할 수 있다. 만일 "**개발사업의 시행**으로 갑작스럽게 승용차가 증가하여 교통정체가 심각하다"고 문제를 정의한다면 특정 사업이 문제이므로 해당 지역 도로 신호체계의 개선, 대중교통시설의 신설방안을 고려할 수 있다.[1] 현장에서 계획가들은 과업지시서를 통해 프로젝트를 처음 접하게 되는데, 이러한 시각에서 경험이 많은 계획가들은 과업지시서만으로도 문제를 인지할 수 있다고 볼 수 있다. 이는 역으로 계획 프로젝트를 발주하거나 지시를 내리는 측에서도 계획문제에 대한 인식이 분명해야 함을 의미하는 것이다.

문제 설정은 계획의 첫 번째 단계로서 계획의 방향성을 결정하는 중요한 의미를 갖고 있으나, 현실 계획과정에서는 상대적으로 소홀히 다루어지고 있는 것이

1 이 경우 개발계획과 병행해서 개발부담금의 부과와 도로의 건설, 대중교통시설 설치계획이 사전에 마련되었어야 한다. 여기서는 문제인식과 관련해서 단순하게 사후적 상황을 예시한 것이다.

사실이다. 그 이유는 현실에서 계획가는 문제 도출의 주체가 아니라 주어진 문제에 답을 찾는 주체로 이해되기 때문이다. 하지만 문제인식 과정이 소홀하게 다루어지는 것은 결과적으로 계획의 부실화로 이어질 수 있음을 유념할 필요가 있다.

계획문제는 소수의 정치인이나 고위 관료 등에 의해 하향식으로 설정되는 것보다 다수 구성원들의 집단지성에 의해 만들어지는 것이 바람직하다. 따라서 계획문제는 전문가 브레인스토밍이나 델파이 분석, 전문가나 선별된 주민에 대한 포커스 그룹 인터뷰, 주민들에 대한 개방형 설문조사, 주민들과의 토론회(시나리오 워크샵) 개최, 공론조사의 실시 등을 통해 설정하는 것이 가능한데, 비용이나 계획의 성격 등을 고려하여 방법을 선택할 수 있다.

2. 목표 설정

원론적으로 목표(goal)는 장래에 달성하고자 하는 바람직한 최종 상태를 의미한다(정환용, 2001: 314). 이전 단계에서 설정된 문제는 다음 단계인 목표와 유기적으로 연결되는데, 목표는 계획과정에서 제시된 문제가 해결된 상태를 묘사한다. 따라서 계획은 근본적으로 계획안으로 표현되는 목표를 설정하는 과정이며, 그 목표가 성취되도록 하는 실행 수단을 설계하는 과정이라고 볼 수 있다. 다른 표현으로 계획은 수단을 목표에 연결시키는 지적 과정이라고 할 수 있다(정환용, 2001: 314).

목표는 가치판단적 요소로서, 사람마다 다른 층위에서 인식되는 주관적인 인식의 대상이므로 정치적 판단이 고려되지 않을 수 없다. 따라서 계획과정에서 목표는 정치인이나 고위 관료에 의해 설정되는 것이 일반적이다. 계획가들은 정치인이 선택을 할 수 있도록 다양한 목표후보를 제시하고 계획의 실현을 위한 하위목표를 작성하는 역할을 담당하는 것이 일반적이다.

계획에 있어 목표는 계획 작성은 물론 향후 계획 집행의 준거가 되며, 집행결과에 대한 평가의 기준이 된다. 또한 목표는 주민과 기업의 합리적 의사결정을 돕는 기준이 된다. 가령 대상 지구를 친환경적으로 관리한다는 목표가 제시된다면 주민과 기업들은 대상 지구에서 토지를 구매하거나 개발을 시도하는 행위를 자제할 것이다.

목표가 의의를 갖기 위해서는 모호한 미사여구보다 실행력을 담보할 수 있는 구체성이 필요하다(김신복, 1999: 132). 그런데 목표는 지역사회의 욕구와 가치를 구체화한 것이므로, 다소간의 추상성은 불가피하다고도 볼 수 있다. 이러한 문제에 대응해서 계획목표를 상위목표와 하위목표로 세분할 필요가 있다. 목표는 포괄적이고 추상적인 상위목표를 구체화하는 과정에서 여러 계층의 하위목표로 구체화가 이루어진다. 상위목표일수록 추상적 · 원론적 · 가치담지적인 반면, 하위목표일수록 구체적 · 특수적 · 실제적이다. 상위목표는 종종 Goal이나 Vision으로 표현되고, 하위목표는 목적(Objective)으로 표현된다. 목표는 다소 추상적인 차원에서 지역사회의 비전을 서술할 수 있으나, 목적은 조작적으로(operationally) 정의될 필요가 있다. 따라서 계량적 척도나 지표로 표시되는 것이 일반적이다. 일례로 주거안정과 주거복지가 상위목표라면 2030년까지 재개발을 통해 서울시 성동구 행당동 17번지에 60㎡형 공공임대아파트 1,000호를 공급하는 것이 하위목표라고 할 수 있다.

사실 계획초기 단계에서 목표의 실현 가능성에 대한 정확한 평가가 이루어지기는 어렵고, 대안분석 단계에 가서 이루어지는 것이 일반적이다(김수영, 1997: 237). 따라서 그 이전까지의 목표는 잠정목표라고 볼 수 있으며, 대안선택 단계에 가서야 비로소 구체적인 목표가 확정된다고 할 수 있다. 하지만 처음부터 지나치게 이상적이고 추상적인 목표를 설정하면 계획과정 자체에 낭비가 초래되므로 잠정적이지만 처음부터 되도록 실현 가능한 목표를 설정하는 것이 바람직하다. 이는 초기 단계에서는 수정가능한 목표를 설정하는 융통성이 필요함을 의미한다. 결국 수정을 통해 최종 목표를 확정하는 과정에서 점증주의의 '목표 재조정의 원칙'이 적용되어야 함을 알 수 있다.

각 층위별 목표의 성격과 역할을 살펴보면 다음과 같다. 상위목표는 규범적 수준에서 체제의 기본방향을 설정할 수 있어야 한다(김수영, 1997: 237). 현재의 실현 가능성에 크게 구속받지 않고 지역사회가 소망하는 바람직한 미래상을 구상하는 것이 상위목표의 방향성이다. 중간목표에서는 전략적으로 실현 가능한 테두리 속에서 가능한 목표를 제시한다. 마지막으로 하위목표에서는 운영적 수준에서 직면한 실제적 목표를 구상하고 구체적인 행동방향을 제시한다. 이들 3단계 목표 설정은 연속적인 계획과정에 상응하는데, 예를 들어 살펴보면 교통정체 완화라는 상위목표 하에서 추가도로 건설이라는 중간 목표가 제시될 수 있으며, 최종적으로 연차별 토지매입 및 시공구간의 설정과 같은 하위목표(수단)가 제시될 수 있다.

계획목표는 종적 위계에 따라 하위목표가 상위목표의 수단이 되는 연쇄관계를 갖는다. 목표는 하위목표에 대한 목표이면서 동시에 상위목표에 대한 수단이라는 이중적 정체성(ends－means chain)을 갖는다. 계획가는 상하위목표가 상호 정합성을 갖도록 목표를 체계적으로 설계해야 하며, 횡적으로 병립하는 목표들이 상충되지 않도록 전체적 일관성에 유의해야 한다. 가령 계획의 토지이용 부문에서 쾌적한 저밀개발을 목표로 설정하면서, 주택부문에서는 수익성을 고려하여 높은 건폐율과 용적률을 개발목표로 제시한다면 이는 하위목표들 간에 상충이 일어나는 것이라고 볼 수 있다. 하지만 현실에서 목표 간에는 횡적으로 경쟁적 상충이 일어나는 경우가 매우 많다(정환용, 2001: 317). 따라서 상호모순적인 목표 간에 우선순위를 부여하여 목표 간의 관계를 조정하는 것이 목표설정의 중요한 의미라고도 볼 수 있다. 우선순위의 기준은 사회적 수요, 경제성, 시기, 실현 가능성 등이지만 본질적으로 가치판단이 중요하다. 따라서 시민들의 인식과 정치적 고려가 판단의 중요한 요소라고 볼 수 있다.

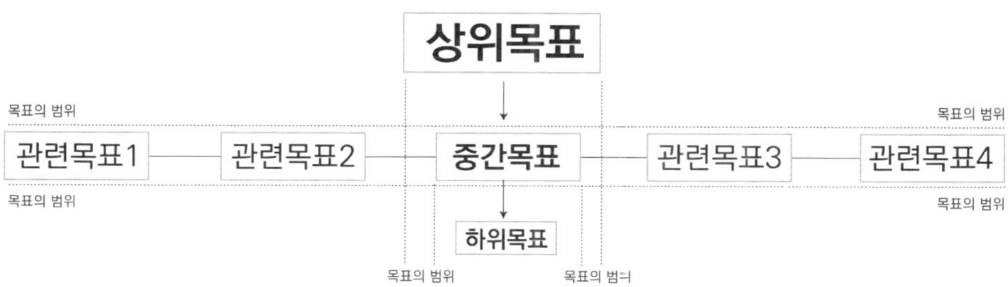

[그림 5-2] 목표의 체계와 정합성

목표 설정의 방법은 전술한 문제 인식의 방법과 대동소이하다. 따라서 문제인식과 목표설정을 연속적으로 동시에 진행하는 것이 통상적인 작업방식이라 할 수 있다. 목표설정 역시 문제인식과 마찬가지로 정치가에 의해 주도적으로 작성되는 것이 일반적이다. 계획가는 광범위한 상황인식을 통해 중요한 계획문제와 목표가 누락되지 않도록 하는 것이 중요하다.

제3절

조사분석 단계

1. 조사분석

1) 개요

이 단계에서는 현황에 대한 조사를 통해 현실에 대한 정확한 파악이 이루어진다. 특히 현황조사에서는 목표달성에서 예상되는 장애요인과 문제점에 대한 분석이 이루어져야 한다(김수영, 1997: 239). 따라서 현황조사가 없다면 계획은 막연한 희망으로 귀착될 것이다. 전술한 문제확인과 목표설정은 현황에 대한 정확한 진단 없이 이루어진 것이므로 잠정적인 성격을 지닌다고 볼 수 있다. 따라서 문제확인과 목표설정은 조사 및 분석과 병행해서 반복적이고 순환적인 수정 과정을 거쳐 구체화된다.

조사분석 단계에서는 정보 및 자료를 수집하여 분석을 진행한다. 자료는 1차 자료와 2차 자료로 구분된다. 1차 자료는 계획가나 연구자가 스스로 생성한 자료로서 면접, 현장조사, 설문조사에 의해 만들어진다. 2차 자료는 타인에 의해 생성된 1차 자료를 사용하는 것으로 국공립기관에서 발간된 통계자료가 대표적이다. 3차 자료는 연구문헌이나 보고서 등에 수록된 정보로, 대체로 차수가 낮을수록 자료로서의 가치가 높다고 보나 국공립기관에서 발간한 자료는 1차 자료에 상응하는 신뢰도와 가치를 갖는다. 이들 자료를 통해 과거추이와 현황, 미래전망에 대한 정보를 이끌어낼 수 있다.

양적 자료의 경우 샘플 수가 많을수록 분석결과의 신뢰도가 제고된다. 이는 중심극한정리에 따라 표본평균의 분포가 정규분포에 가까워지고, 그에 따라 추정의 정확도와 안정성이 증가하기 때문이다. 따라서 샘플 수는 많을수록 좋다. 샘플 수를 결정하는 원리는 모집단의 분산 값을 알 때는 $n=Z^2\sigma^2/e^2$ 또는 $n=(Z/2e)^2$의 식을 이용한다. 이때 Z는 표준점수로 95% 신뢰수준에서는 1.96이다. σ^2는 모집단의 분산, e는 오차 값이다. 한편 모집단의 분산 값을 모를 때는 $n=t^2s^2/e^2$ 의 식을 따른다. 이때 t는 분산 값을 모를 때의 표준점수이고, s^2는 표본의 분산, e는 오차 값이다. [표 5－3]은

[표 5-3] 최대 허용오차와 신뢰수준에 따른 표본 크기

최대 허용오차	신뢰수준	
	95%	99%
±1%	9,604	16,587
±2%	2,401	4,147
±3%	1,067	1,843
±4%	600	1,037
±5%	384	663
±6%	267	461
±7%	196	339
±8%	150	259
±9%	119	205
±10%	96	166

출처: 성태제 · 시기자(2006: 111)

표본 크기를 결정할 때 참고할 수 있는 기준이다.

조사·분석을 위해서는 사회과학 분야에서 개발된 다양한 분석방법을 활용할 수 있다. 그 내용이 방대하고 다양하므로, 이 책에서는 별도의 논의를 생략한다. 홍경희(1987), 日本建築學會(1992)에서 편찬한 「건축 · 도시계획 · 조경을 위한 조사 분석방법」과 원제무(1998), 노화준(2004), 한국도시계획가협회(2021: 125-162), 윤정중 · 이상호(2025)가 계획분야에서 활용될 수 있는 조사와 분석에 대한 상세한 기법을 담고 있으므로 이를 참고하면 좋을 듯하다.

2) 조사항목

도시계획에서의 조사영역은 크게 관련계획 및 제도, 사회경제적 요인, 토지이용, 교통현황, 지역자원 현황 등으로 구분할 수 있다. 조사영역을 항목별로 보다 구체화하면 다음과 같다. 계획은 일련의 종적 체계를 가지므로 해당 계획이 포함된 상하위계획에 대한 조사가 필요하다. 또한 관련 법제도에 대한 검토와 횡적인 관련계획에 대한 검토가 필요하다. 사회경제적 요인에 있어서는 인구 및 가구, 소득, 주택, 지역경제 현황이 조사되어야 하는데, 구체적으로 상주인구, 활동인구, 연령대별 인구, 성별인구, 경제활동인구, 주택소유 현황, 주거유형, 산업(업종, 매출액

등), 고용, 재정현황, 지가, 임대료 등 다양한 자료가 수집되어야 한다.

토지이용에 있어서는 지목, 용도지역·지구·구역, 도시계획시설 등 비물리적 요인과 함께 토지이용 및 건축물 현황, 지형·지세(표고, 경사), 환경적 요인(침수지역, 토질, 식생, 수계) 등 물리적 요인이 조사되어야 한다. 토지이용 자료는 대부분 GIS를 이용하여 도면자료로 구축함으로써 분류와 분석을 용이하게 할 수 있다. 교통에 있어서는 도로체계, 도로 및 교차로 통행량, 보행량, 기종점(O－D) 통행 자료, 통행목적, 통행수단, 주차장 현황 등이 조사된다. 지역자원에 있어서는 문화관광적 측면에서 활용 가능한 지역자산과 수자원, 산림자원, 지하자원 등 다양한 유무형 자원이 포함된다. 그 외에 설문조사를 통해 주민의 의식 및 니즈, 행태를 파악할 수 있다. 상기 조사항목은 최소한의 것으로 상세한 내용은 대한국토·도시계획학회(2016: 180－181; 2021: 157－179)를 참조하기 바란다.

3) 자료 수집

통계 및 제도에 관한 한 거의 모든 자료가 인터넷에 공개되어 있으므로, 이를 적극 활용할 필요가 있다. 통계자료의 경우 대한민국 통계청에서 제공하는 KOSIS 국가통계포털(https://kosis.kr/index/index.do)이 가장 대표적인 자료이며, 지리정보의 경우 국토교통부에서 제공하는 브이월드(https://www.vworld.kr/v4po_main.do)와 국토정보플랫폼(https://map.ngii.go.kr/mn/mainPage.do), 건축데이터 민간개방(https://open.eais.go.kr)으로부터 다양한 자료를 얻을 수 있다. 또한 행정안전부의 지방행정인허가데이터(www.localdata.kr), 공공데이터포털(https://www.data.go. kr)도 유용한 정보원이다.

그 밖에 각 자치단체 홈페이지 상에서 접속이 가능한 통계연보 및 계획보고서도 유용한 자료인데, 특히 서울시의 경우 다양한 디지털 정보를 제공하는 별도의 사이트를 운영 중이다. 대표적으로 서울 열린데이터광장(https://data.seoul.go.kr/), 서울시 상권분석서비스(https://golmok.seoul.go.kr/main.do)에서 유용한 공간정보를 제공받을 수 있다. 서울특별시 빅데이터캠퍼스에서는 서울시가 수집한 각종 공공데이터와 민간의 미공개데이터를 이용하여 분석을 진행할 수 있다. 그 외에 각 부처별 홈페이지 상에 각종 제도와 보고서, 통계 자료가 업로드되어 있으므로 이를 활용할 수 있다. 또한 국토연구원 등 국책연구기관, LH 등 개발공사, 시도연구원의 홈페이지에도 연구보고서를 포함하여 유용한 자료가 많이 있으므로, 이를 적극 활용할 필요가 있다. 소상공인시장진흥공단에서 제공하는 빅데이터 상권분석시스템(https://bigdata.sbiz.or.kr/#/)도 유용한 데이터 원이다. 법규의 경우 법제처의 국가법령정보센터(http://www.law.go.kr/)에 과거부터 현재까지 공포된 모든 법규가 수록되어 있으므로 이를 활용할 수 있다.

2. 미래예측

1) 개요

계획은 과거와 현황에 대한 분석을 통해 미래를 예측하고 대응 방안을 제시하는 작업이라고 할 수 있다. 따라서 미래예측은 계획과정에서 대단히 중요한 단계라고 볼 수 있다. 과거에는 미래예측의 정확성 여부에 따라 계획의 내용이 현격한 차이가 발생하므로 미래예측이 가장 중요한 계획단계로 인식되었다. 오늘날에도 중요성은 여전하나 과거보다는 탄력적인 접근을 통해 경직성을 탈피하고자 하는 노력이 이루어지고 있다. 즉, 인구예측을 하고 이를 기반으로 수용인구와 주택, 기반시설의 양을 결정하는 식의 폐쇄적이고 결정론적인 접근을 탈피해서 계획에 있어 환류와 조정을 통해 수정을 할 수 있는 여지를 두어 빠르게 변화하는 현실에 탄력적으로 대응하고자 노력하고 있다.

도시계획에 있어 미래예측의 주 대상은 인구이다. 인구에 기초해서 도시의 토지이용, 주택, 기반시설 배분이 이루어진다. 물론 지역경제나 환경요인도 미래예측의 대상이 되나 인구예측만큼 중요하게 다루어지지는 않는다. 따라서 여기서는 인구예측에 대한 내용으로 한정해서 미래예측 과정을 살펴보고자 한다.

2) 인구예측

(1) 개요

통상적으로 도시계획에서 지칭하는 인구는 상주인구[2]를 의미하는데, 미래 상

2 최근 인구가 감소하면서 상주인구 이상으로 활동인구의 중요성이 강조되고 있다. 활동인구는 과거 토지이용에 따른 원단위를 통해 추정해 왔으나, 최근에는 이동통신자료를 이용해서 현황을 파악하고 예

주인구는 생잔모형에 의한 조성법(조성법)이나 추세연장법에 의해 추정하는 것이 일반적이다. 추세연장법은 다시 선형모형, 곰페르츠모형, 로지스틱모형 등으로 세분된다. 본서에서는 인구추정 방법으로 실무에서 많이 쓰이는 조성법, 선형모형, 로지스틱모형을 소개하고자 한다.

(2) 조성법

조성법은 그 원리의 합리성이 인정되어 가장 널리 사용되는 인구추정방법이다. 조성법의 기본원리는 5년을 단위로 인구집단을 나누고, 성별을 고려하여 시간의 경과에 따라 출생/사망의 자연증감분을 적용, 인구변동을 예측하는 것이다.

인구의 자연증가분을 추정하기 위해서는 각 인구집단(cohort)의 생존율(1－사망률)을 알아야 한다. 이 수치를 해당 인구집단에 곱하면 5년 후 해당 집단 인구의 자연증가분을 알 수 있다. 예를 들어 2035년 10~14세 남자인구는 2030년 5~9세 인구에 생존율을 곱한 값을 통해 추정된다. 이는 식 ①과 같이 표현된다.

$$_{10\sim14}P_{t+5} = {}_{5\sim9}(S) \times {}_{5\sim9}P_t \quad \cdots\cdots\cdots\cdots\cdots \text{①}$$

이때, $S=1-D=$ 생존율, $D=$ 사망률

하지만 생존율만으로는 5년 후 0~4세 집단의 인구를 알 수 없다. 해당 기간 동안 출생한 인구에 대한 고려가 없기 때문이다. 따라서 출산율에 대한 자료가 필요하다. 출산율은 여성집단을 5년 단위로 묶어서 15~49세까지를 가임인구로 가정하고 15~19세, 20~24세, …, 45~49세의 출산율을 연령대별로 산출하는데, 여성 1,000인당 1년간의 출생아 수로 표시된다(표 5－4). 원론적으로 출산율과 사망률 자료는 통계청의 원시자료(MDSS)를 통해 해당 시군의 값을 도출하여야 하지만, 대부분의 시군은 도차원의 지표를 이용하는 것이 일반적이다(김준형, 2012: 150). 구체적인 자료가 없을 경우에는 총 출산율을 가임여성에 대한 0세 인구의 비율로 추정한다(대한국토·도시계획학회, 2007: 331). 이러한 과정을 통해 5년간의 출생인구는 출

측에 활용하고 있다. 서울시의 경우 서울 열린데이터광장에서 활동인구에 준하는 '생활인구' 데이터를 제공하고 있는데, 생활인구는 "서울시와 KT가 공공빅데이터와 통신데이터를 이용하여 추계한 서울의 특정지역, 특정시점에 존재하는 모든 인구"로 정의된다. 이와 함께 소상공인시장진흥공단에서 제공하는 빅데이터 상권분석시스템에서도 활동인구에 준하는 유동인구 데이터를 제공하고 있다.

산율×5×(연령별 가임여성인구/1,000)에 의해 구해진다. 새로 출생하는 아동은 향후 가임여성 추계를 위해 남녀로 구분하여 집계하며, 연령별 인구변동 역시 남녀로 나누어 집계한다.

각 연령대의 자연증가분을 추정하기 위해 다음과 같은 생잔율의 원리를 적용할 수 있다.

(0~4세 인구)×생잔율 = 5년 후의 5~9세 인구 (5~9세 인구)×생잔율 = 5년 후의 10~14세 인구 ⋮ (45~49세 인구)×생잔율 = 5년 후의 50~54세 인구 ⋮ {(70~74세 인구)×생잔율+75세 이상 인구×생잔율}=5년 후의 75세 이상 인구

[그림 5-3]은 이상의 추정과정을 개념적으로 도시한 것이며, [표 5-6]은 이러한 원리에 따라 가상의 도시 A의 인구 자연증가를 추정한 것이다. 조성법은 사용 데이터의 정확성이 담보된다는 전제에서 합리적인 추정치를 도출할 수 있는 방법이다. 실제로 일련의 실증연구들은 조성법에 의한 인구추계의 정확성을 거듭 지적하고 있다(김준형, 2012).

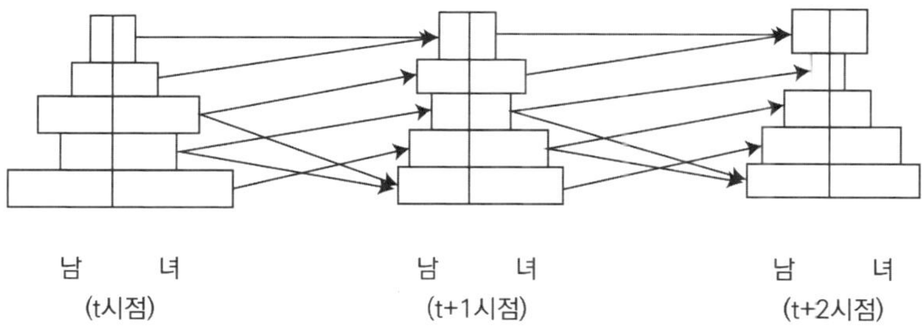

[그림 5-3] 조성법에 의한 인구예측의 기본원리

[표 5-4] 2030년 A지역 여성의 연령대별 출산율(%) 예시

연령	여성인구	신생아 수	출산율
15~19	6,600	50	7.6
20~24	6,900	70	10.1
25~29	7,100	100	14.1
30~34	7,000	150	21.4
35~39	5,900	120	20.3
40~44	5,800	60	10.3
45~49	5,500	30	5.5

[표 5-5] 2035년 A지역의 출산율에 의한 출생인구 추정

연 령	여성인구 (2030, p)	출산율 (f)	출산인구(5년간)		
			계(p') $\left(f\times 5\times \frac{p}{1,000}\right)$	남성 $p'\times 0.5146$	여성 $p'\times 0.4854$
15~19	6,600	7.6	251	129	122
20~24	6,900	10.1	348	179	169
25~29	7,100	14.1	501	258	243
30~34	7,000	21.4	749	385	364
35~39	5,900	20.3	599	308	291
40~44	5,800	10.3	299	154	145
45~49	5,500	5.5	151	78	73
계	–	–	2,898	1,491	1,407

[표 5-6] 2035년 A지역 인구의 자연증가분 추정

연 령	남 성			여 성		
	인구 (2030)	생잔율 (2030)	추정인구 (2035)	인구 (2030)	생잔율 (2030)	추정인구 (2035)
0~4	4,000	0.9914	1,491	3,900	0.9936	1,407
5~9	4,500	0.9957	3,966	4,400	0.9970	3,875
10~14	5,600	0.9947	4,481	5,500	0.9965	4,387
15~19	6,500	0.9918	5,570	6,600	0.9947	5,481
20~24	7,000	0.9903	6,447	6,900	0.9931	6,565
25~29	7,200	0.9896	6,932	7,100	0.9917	6,852
30~34	7,200	0.9874	7,125	7,000	0.9897	7,041
35~39	6,200	0.9827	7,109	5,900	0.9863	6,928
40~44	6,000	0.9746	6,093	5,800	0.9807	5,819
45~49	5,700	0.9609	5,848	5,500	0.9716	5,688
50~54	5,200	0.9395	5,477	5,000	0.8500	5,344
55~59	5,000	0.9072	4,885	4,800	0.9357	4,250
60~64	4,500	0.8599	4,536	4,600	0.8979	4,491
65~69	4,700	0.7901	3,870	5,000	0.8354	4,130
70~74	5,000	0.6913	3,713	5,500	0.7402	4,177
75세 이상	5,200	0.4491	5,792	5,800	0.4879	6,901
계			83,355			83,336

조성법은 인구의 자연증가만을 고려하므로 완벽한 인구 추정방법이라고 보기 어렵다. 원론적으로 인구이동이라는 사회적 증가분이 결합되어야 제대로 된 장래 인구가 예측된다. 따라서, 통상적으로 최종 인구추정치는 이들 둘의 합에 의해 구해지며, 그 기본 모형은 식 ②와 같다.

$$P_t = P_0 + B_{0-t} - D_{0-t} + I_{0-t} - O_{0-t} \quad \cdots\cdots\cdots\cdots\cdots ②$$

이때, P_t : 시점 t 의 인구

P_0 : 시점 0의 인구

B_{0-t} : 시점 0와 t 사이의 출생인구

D_{0-t} : 시점 0와 t 사이의 사망인구

I_{0-t} : 시점 0와 t 사이의 전입인구

O_{0-t} : 시점 0와 t 사이의 전출인구

원론적으로 인구의 사회적 증가는 지역 간 인구이동을 추정함으로써 파악할 수 있다. 지역 간 인구이동에 의한 증가분은 일정 시점의 총인구에서 인구의 자연증가분을 차감함으로써 얻을 수 있다. 현실에서 인구의 사회적 증가는 토지이용계획 및 각종 개발사업에 따른 유입인구수의 원단위에 의해 추정하는 것이 일반적이다.

(3) 선형모형(Linear Model)

선형모형은 실무에서 널리 쓰이는 인구추정 방식으로 제약조건 없이 과거의 추세가 현재를 거쳐 미래까지 이어진다는 가정에 기초한다. 기본 식은 다음 식 ③과 같이 표현된다.

$$P_t = a + bt \quad \cdots\cdots\cdots\cdots\cdots \text{③}$$

이때 P_t는 t 시점의 인구를 의미하며, t 는 시간으로서 통상 연(年)단위를 사용한다. a와 b는 패러미터로서 인구를 추정하는 과정에서 주어진 자료에 의해 계산이 이루어진다. a는 t =0일 때의 인구로서 지역 초기 인구를 의미하며, b는 기울기로서 부호에 따라 성장하는 지역($b>0$), 정체된 지역($b=0$), 쇠퇴하는 지역($b<0$)으로 구분할 수 있다(김홍배, 2005: 16).

패러미터 a와 b는 통상 최소자승법(Least Square Method)에 의해 구해진다. 최소자승법은 과거 각 시점의 실측치로부터의 거리인 편차(잔차)의 제곱의 합을 최소로 하는 경향선을 구하여 그것을 연장함으로써 적정한 패러미터를 구하는 방법이다(그림 5−4). 실무에서 최소자승법에 의해 도출되는 식은 종종 1차 회귀식으로 표현되므로 회귀모형이라고도 한다. 그 기본식은 선형모형의 기본식과 마찬가지로 $y = a + bx$로 표시되며, 인구추계 외에 다양한 분야에서 예측방법으로 활용된다. 명칭의 '최소자승'이란 잔차의 제곱의 합을 최소화한다는 의미인데, 이때 잔차를 제곱하는 이유는 잔차를 단순 합산 시, + 잔차와 − 잔차가 상쇄되어 그 합인 총잔차에 왜곡이 나타나는 것을 방지하기 위함이다.

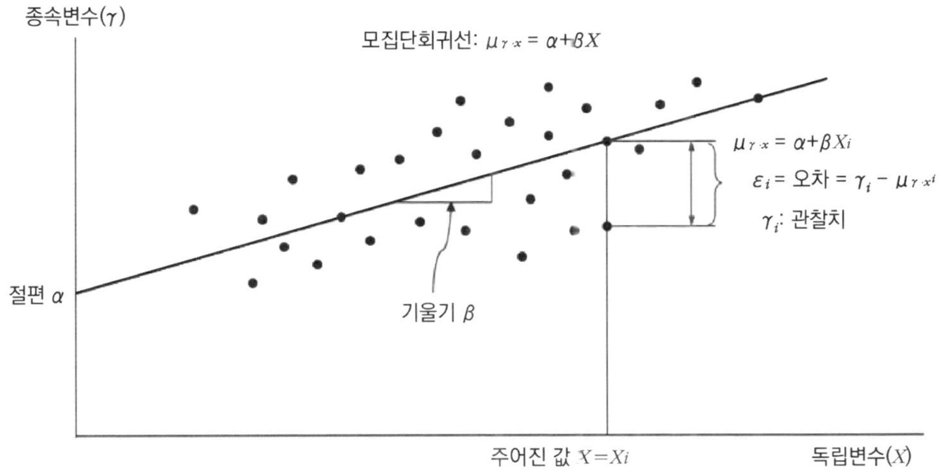

[그림 5-4] 최소자승법의 원리

전술한 것처럼 선형모형을 인구예측식에 적용하면, $P_t = a + bt$로 표시할 수 있다. 편의상 이 식을 $y = a + bx$로 바꾸어서 a와 b를 추정한다. 원식으로부터 $a = \overline{y} - b\overline{x}$를 이끌어낼 수 있고, b 역시 도출해 낼 수 있다. 그것이 [표 5−7]의 방식 1이다. 하지만 실무에서 인구추정은 대부분 [표 5−7]의 방식 2에 근거해서 이루어진다. 방식 2는 방식 1에서 Σx_i를 0으로 만들어서 계산식을 간편화한 것이다.

[표 5-7] 최소자승법에 의한 인구추정 계수 산정 방법

방식 1	방식 2
$a = \overline{y_i} - b\overline{x_i} = \frac{\Sigma y_i}{n} - b\frac{\Sigma x_i}{n}$	$a = \frac{\Sigma y_i}{n}$
$b = \frac{n\Sigma x_i y_i - \Sigma x_i \Sigma y_i}{n\Sigma x_i^2 - (\Sigma x_i)^2}$	$b = \frac{\Sigma x_i y_i}{\Sigma x_i^2}$

* 이때 y_i는 연도별 인구, n은 연도의 개수
** x_i는 연수의 경과를 정수(⋯ -2, -1, 0, 1, 2 ⋯)로 표현한 것임.

예로서 가상의 A도시의 2035년 인구를 선형도형에 의해 추계하면 [표 5−8]과 같다. 통상적으로 인구추계 시 우리에게 주어지는 자료는 표 상의 연도와 인구수이다.

이때 $n=11$이므로, $a=\dfrac{\Sigma y_i}{n}$에서 $a=18.9/11=1.72$이고, $b=\dfrac{\Sigma x_i y_i}{\Sigma x_i^2}$에서 $b=18/110=0.16$이다. 따라서 인구 추정식은 $y=1.72+0.16x$가 된다. 여기서 2035년의 $x=10$이므로(2030년 값이 5이므로), A 도시의 2035년 추정인구는 3.32만 명이 된다. x_i값의 설정에 있어 사례 수가 홀수 개이면 중앙값을 0으로 잡은 후, $\cdots-3,\ -2,\ -1,\ 0,\ 1,\ 2,\ 3\cdots$ 식으로 나열하고, 짝수 개이면 중앙값 두 개를 각각 -1과 1로 잡은 후, $\cdots-5,\ -3,\ -1,\ 1,\ 3,\ 5\cdots$ 식으로 등간격으로 연도를 배열하여 Σx_i를 0으로 만들어서 계산을 수행한다.

[표 5-8] 선형모형에 의한 A도시의 인구추계

연도	인구(만명, y_i)	연도(x_i)	$x_i y_i$	x_i^2
2020	1.0	−5	−5.0	25
2021	1.1	−4	−4.4	16
2022	1.2	−3	−3.6	9
2023	1.3	−2	−2.6	4
2024	1.5	−1	−1.5	1
2025	1.7	0	0	0
2026	1.9	1	1.9	1
2027	2.0	2	4.0	4
2028	2.2	3	6.6	9
2029	2.4	4	9.6	16
2030	2.6	5	13.0	25
계	18.9	0	18.0	110

(4) 로지스틱 모형(Logistic Model)

로지스틱 모형은 인구성장의 한계치를 고려한 모형이다(그림 5−5). 로지스틱 모형에서 인구는 성장의 한계치에 도달해서 상당 기간 일정하게 유지되는 형태를 취한다. 로지스틱 모형은 식 ④와 같이 표현된다.

$$P_n=\frac{K}{1+e^{a+bn}},\qquad ln\left(\frac{K}{P_n}-1\right)=a+bn \quad\cdots\cdots\cdots\cdots\cdots ④$$

이때, K: 인구성장의 한계, P_n : 목표연도인구, P_0 : 기준연도인구

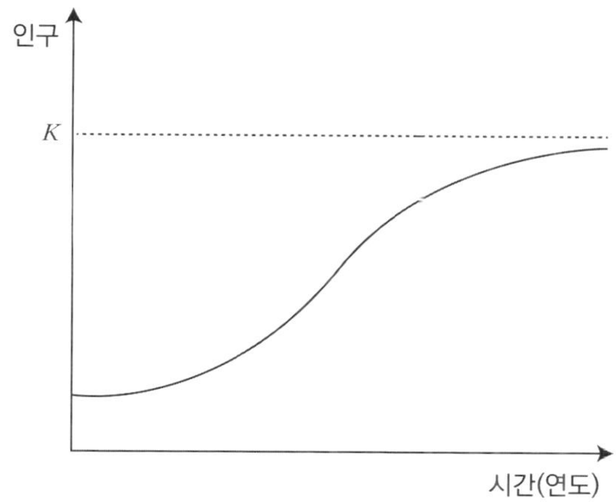

[그림 5-5] 로지스틱 모형에 의한 인구변화 추이

원식에서 좌변을 Y로, n을 X로 놓으면 $Y = a + bX$의 선형회귀식을 얻을 수 있다. 이 선형회귀식은 전술한 최소자승법을 활용하여 식 ⑤와 같이 전개가 가능하다.

$$a = \frac{\Sigma y_t - b\Sigma x_t}{n} = \frac{\Sigma ln(\frac{K}{P_t} - 1) - b\Sigma t}{n},$$
$$b = \frac{\Sigma x_t y_t - \Sigma y_t \Sigma x_t}{n\Sigma x_t^2 - (\Sigma x_t)^2} = \frac{n\Sigma t ln(\frac{K}{P_t} - 1) - \Sigma t \Sigma ln(\frac{K}{P_t} - 1)}{n\Sigma t^2 - (\Sigma t)^2} \quad \cdots\cdots\cdots\cdots\cdots ⑤$$

K값을 모를 때는 다음의 삼점법에 의해 값을 도출한다(대한국토·도시계획학회, 2007: 326−327). 먼저 연도에 해당하는 x_0, x_1, x_2를 설정한다. 이때 x_0와 x_1, x_1과 x_2의 차이는 같아야 한다(등간격이어야 한다). x_0 x_1, x_2에 해당하는 인구가 각각 y_0, y_1, y_2이다. 이때 K값은 다음 식 ⑥에 의해 구해진다.

$$K = \frac{y_1^2(y_0 + y_2) - 2y_0 y_1 y_2}{y_1^2 - y_0 y_2} \quad \cdots\cdots\cdots\cdots\cdots ⑥$$

일례로 [표 5−9]와 같은 조건이 주어졌을 때 K값은 다음 삼점법을 통해 도출한다.

[표 5-9] K값 도출의 일례

연도	80	85	90	95	00	05	10	15	20	25
x_n		0	1	2	3	4	5	6	7	8
인구(y_n)	45	75	100	125	200	280	360	400	425	450

우선 삼점법에 의해 자료 수가 3의 배수가 되어야 하므로 처음 80년도의 자료를 제외한다. x_0와 x_1, x_1과 x_2의 차이가 동일한 연도는 85년, 05년, 25년이므로 각각의 연도가 x_0, x_1, x_2가 되고 해당 인구가 y_0, y_1, y_2가 된다.

$$K=\frac{y_1^2(y_0+y_2)-2y_0y_1y_2}{y_1^2-y_0y_2}=\frac{280^2(75+450)-2\times75\times280\times450}{280^2-75\times450}=498.54$$

[표 5-10]과 같이 가상의 A 도시의 인구추이가 주어졌을 때, 로지스틱 모형에 의해 5년 단위로 20년 간의 인구를 구하면, 풀이 과정은 다음과 같다. 이때, 기준연도는 30년이고 인구성장한계치(K)는 2백만명이다.

[표 5-10] A 도시의 30년간 인구추이

연도 (기준연도대비)	0	5	10	15	20	25	30
인구(천명)	275	330	400	465	570	685	760

[표 5-11] 로지스틱 모형에 의한 A도시 인구예측

사례수	연도(t)	인구(P_t)	$(K/P_t)-1$	$ln(K/P_t-1)$	$t\times ln(K/P_t-1)$	t^2
	0	275	6.27	1.84	0	0
	5	330	5.06	1.62	8.11	25
	10	400	4.00	1.39	13.86	100
$n=7$	15	465	3.30	1.19	17.91	225
	20	570	2.51	0.92	18.4	400
	25	685	1.92	0.65	16.3	625
	30	760	1.63	0.49	14.7	900
계	105	3,485		8.10	89.28	2,275

식 ⑤에 해당 수치를 대입하면, $b = \dfrac{7 \times 89.28 - 105 \times 8.10}{7 \times 2,275 - 105^2} = -0.05$,

$a = \dfrac{8.10 + 0.05 \times 105}{7} = 1.91$, $P_t = \dfrac{2000}{1 + e^{1.91 - 0.05t}}$

기준연도에서 35, 40, 45, 50을 t에 각각 대입하면 해당연도의 장래인구는 각각 920, 1,045, 1,168, 1,287(천명)이 된다.

제4절

대안작성 및 선택 단계

1. 대안작성

계획조사 및 미래예측 단계를 거치면서 목표에 대한 보다 선명한 이해가 이루어진다. 이러한 목표를 실현시키는 방안이 계획안(대안)이다. 대안은 앞서 논의한 문제를 해결하기 위한 방안이며 목표에 도달하는 방법이라고 볼 수 있다. 따라서 이전의 잠정적 목표는 대안설정 단계에 이르러서 최종 확정된다고 볼 수 있다.

대안작성은 전체 계획과정 중 가장 창조적인 단계로서, 계획을 다른 분석과 구분 짓는 작업과정이다. 계획에서 어떤 목표를 달성하기 위해 취할 수 있는 행동노선은 대부분 복수의 대안으로 제시된다. 이는 보다 많은 선택지를 검토함으로써 최선의 해결방안에 근접하고자 하는 노력의 표현이다. 대안이 처음부터 완벽하게 작성되어 최초안이 최종안으로 선택되는 경우는 드물고 처음에는 포괄적인 안이었다가 점진적으로 수정 및 변경을 거쳐 구체화되는 것이 일반적이다(정환용, 2001: 370). 계획가는 문제의 해결 혹은 목표의 달성을 위해 선택 가능한 대안들을 광범위하게 탐색하여 최선의 방안이 누락되지 않도록 해야 한다. 이때 대안의 수는 가용자원(시간, 예산, 기술)과 정치·사회적 제약요인에 의해 제한된다.

대안작성 과정은 선형적 과정과 수렴과정[3]으로 구분된다(정환용, 2001: 371). 선형적 과정은 작성 → 정련(elaboration) → 평가(evaluation)의 단계를 거치며, 수렴과

3 정환용(2001: 371)은 이를 순환적 과정으로 호칭했다.

정은 작성, 종합, 재구성, 제거의 단계를 거친다(그림 5-6). 이때 앞서 조사된 현황 자료에 대한 분석결과를 참고하며, 브레인스토밍 과정을 통해 최선의 대안을 도출하도록 한다.

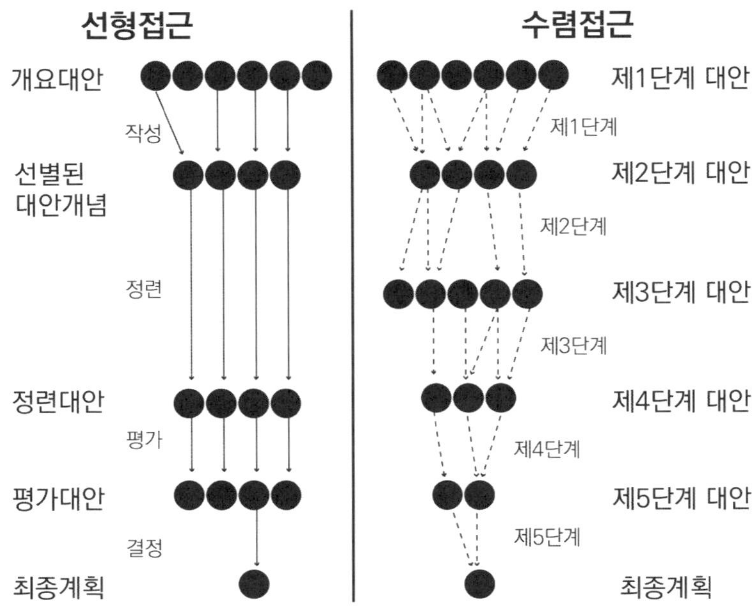

[그림 5-6] 대안 작성의 체계

출처: 정환용(2001: 371)

2. 대안선택

1) 개요

대안선택 단계는 사전평가와 대안선택의 연속적인 과정으로 구성된다. 사전(事前)평가란 실행 이전에 평가한다는 의미로서 집행 이후의 사후평가와 비교하기 위해 붙여진 호칭이다. 사전평가에서 평가의 대상은 대안작성 단계에서 만들어진 복수의 대안들이다. 이들을 일정한 기준에 근거하여 평가하고 최적안을 도출하는 과정이 대안선택 단계에서 이루어진다.

사전평가에서 수행되는 주된 활동은 대안을 선택한 경우와 대안을 선택하지 않은 경우의 비교이다(노화준, 2004: 172). 대안을 선택하지 않은 경우는 대안 판단의 기준선이 된다. 채택되는 대안은 최소한 아무런 행동을 취하지 않은 것보다 나은 상황을 만들 수 있어야 한다. 따라서 대안의 평가와 선택단계에서는 기회비용의 개념을 토대로 대안들이 가져올 편익(부의 편익 포함)에 대한 포괄적인 검토가 이루어져야 한다.

대안선택 단계는 대안의 작성으로부터 이어지는 단계이지만 성격은 상이하다. 일정한 기준에 근거한 분석을 통해 복수의 후보 대안을 평가하고 최적안을 도출하는 단계이기 때문에 창의적인 아이디어보다 분석이 강조되는 단계이다. 따라서 대안선택 단계는 통상 정책분석(policy analysis) 과정으로 불린다. 민간의 선택 기준은 재무적 타당성 하나로 귀착되는 반면, 공공부문의 경우는 다양한 변수들을 종합적으로 고려하여 대안을 선택한다.

여기서 주의해야 할 부분은 계획가가 대안선택의 주체가 아니라는 점이다. 계획가는 대안선택 단계에서 각 대안의 장단점, 비용, 편익을 종합적으로 분석하여 의사결정자가 합리적 선택을 할 수 있도록 기초자료를 제공하는 역할을 담당한다. 따라서, 대안선택의 주체는 의사결정자이고 계획가는 그 기초 분석을 담당한다고 볼 수 있다.[4] 계획가는 다양한 요인들을 종합적으르 고려하여 판단을 해야 하는데, 이는 결국 다양한 요인들의 중요도, 가중치(weight)를 결정하는 작업이라고 볼 수 있다. 이는 가치(value)와 관련된 작업으로, 계획이 지향하는 가치에 대한 숙고를 통해 판단이 이루어진다.

대안선택에 있어서 고려해야 할 기준은 다음과 같다(Dunn, 1994: 289−290).

- 계획의 최종 고객은 누구인가?
- 고객에게 만족스러운 대안인가?
- 제시된 목표가 대안을 통해 달성되는가?
- 목표의 달성은 어떻게 측정되는가?
- 대안을 통해 발생하는 비용과 편익, 부수적 효과는 무엇이며, 어떻게 측정하며, 그 수준은 무엇인가?
- 법적, 제도적, 정치적, 재정적 차원에서 대안의 실현 가능성(feasibility)은 어느 수준인가?

4 이러한 배경에서 대안선택 과정을 정책분석이라고 부르는 것이다.

• 외생변수에 따라 예측된 결과의 민감성은 어느 수준인가?

대안선택의 가장 통상적인 기준은 전술한 기술적 합리성과 경제적 합리성이다. 물론 그 외의 합리성도 고려가 되지만 현실적으로 중요도는 떨어진다고 볼 수 있다. 본서에서는 경제적 합리성을 측정하기 위한 분석도구로서 비용편익분석에 대해 살펴보도록 하겠다.

2) 비용편익분석(Cost-Benefit Analysis)

(1) 전제

비용편익분석은 대안이 초래하는 비용과 편익을 측정함으로써, 효율성을 기준으로 대안의 타당성 및 우선순위를 판단하는 방법이다. 비용과 편익의 차 또는 비율을 분석하는 비용편익분석은 공공부문에서는 경제성분석, 민간부문에서는 재무분석의 이름으로 불린다. 경제성분석에서는 개별 사업의 비용과 편익이 아닌 전체 사회가 얻는 비용과 편익을 측정하는 반면, 재무분석에서는 개별 사업의 사업성을 평가한다. 본서에서는 경제성 분석을 기준으로 논의를 진행한다.

비용편익분석은 원론적으로 계량화와 가치화가 가능한 시장재에 한해서 평가를 진행한다. 계량화가 안 되는 사업을 '계량화 불능'이라 하고, 가치화가 안 되는 사업을 '가치화 불능'이라 하여 분석 대상에서 제외한다(김홍배, 2006). 과거에는 이처럼 가치화가 어려운 산출물을 포함하는 사업에 대해 비용효과분석을 통해 경제성을 평가하는 방식이 활용되었다. 하지만 이 경우 대안 간의 비교 가능성이 낮고 대안의 타당성에 대한 평가가 어려워서 정책 판단의 객관성이 떨어진다는 한계가 지적되었다. 이에 따라, 환경재나 공공재와 같은 비시장재의 가치를 추정하기 위한 다양한 방법론이 개발되어 왔는데, 그 중 대표적인 것이 조건부가치추정법(CVM: Contingent Valuation Method)이다. CVM은 가상의 시장을 설정하고 응답자의 지불의사(WTP)를 조사함으로써 비시장재의 가치를 화폐 단위로 추정할 수 있게 해준다. CVM의 도입으로 인해, 과거에는 가치화가 불가능하다고 여겨졌던 많은 사회적·환경적 사업들도 비용편익분석의 대상에 포함될 수 있게 되었다.

편익과 비용은 일시점에서만 발생하는 것이 아니라 일정한 시간에 걸쳐서 발생한다. 시기별로 다르게 발생하는 편익과 비용을 현재가치로 환산하는 작업을 할인(discount)이라 하는데, 할인은 일종의 기회비용적 성격을 갖는, 미래의 불확실성에 대한 보상이라 할 수 있다(이정전, 2002: 412－413). 공공사업은 대부분 장기간에 걸쳐 수익이 발생하므로 적정 할인율을 찾아내는 것이 매우 중요하다. 이러한 구조에서 만약 할인율을 너무 높게 잡으면 사업의 타당성이 과소평가될 수 있고, 반대로 할인율을 너무 낮게 잡으면 사업의 타당성이 과대평가될 수 있다. 또한 다수의 대안이 제시되었을 때 할인율의 규모에 따라 투자의 우선순위가 바뀔 수도 있다. 따라서 적정한 사회적 할인율의 적용을 통해 사회구성원들이 받아들일 수 있는 자본의 사회적 기회비용을 정하는 것이 통례이다(김신복, 1999: 331).

기획재정부에서는 2017년 8월 경제상황의 변화를 반영하여 예비타당성조사제도를 개편하면서 사회적 할인율을 4.5%로 제시한 바 있는데, 이는 최근의 초저금리 상황을 감안하면 상당히 높은 할인율로 볼 수 있다. 뒤에 다시 언급하겠지만 이러한 기준에 따르면 내부수익률(IRR) 기준으로 4.5% 이상의 할인율이 나와야지 사업의 타당성이 인정되는데, 시중금리가 3% 이하인 것을 감안하면 사업을 적극적으로 추진하기 어렵게 만드는 보수적 기준이라고 볼 수 있다.

(2) 개념 및 의의

비용편익분석은 설정된 계획목표를 달성하기 위한 여러 대안들의 편익과 비용을 화폐단위로 계량화하고, 이로부터 산출된 순편익을 비교·평가함으로써 경제적으로 가장 타당한 대안을 도출하는 분석 기법이다. 비용편익분석은 주어진 재원의 범위 안에서 정부 재정투입의 우선순위를 설정하여 사회적 후생을 가장 높일 수 있는 방안을 모색하는 시도로서 희소한 자원의 최적이용을 도모하는 이론적 기법인 동시에 현실적인 수단이다.

비용편익분석의 의의는 의사결정의 합리화로 집약된다. 특히 개념적으로 알기 쉽고, 화폐단위로 추정이 되므로 대안의 객관적 비교가 용이하다는 장점이 있다(정환용, 2001, 396). 전술한 것처럼 경제성분석은 전체 사회적 관점에서 사업의 경제적 타당성을 검토하는 작업이다. 특별히 경제성 분석의 의의는 다음과 같이 설명된다(박종화 외, 2004: 289). 첫째, 사회적 관점에서 경제성이 없는 투자의 억제와 투자사업의 부실화를 예방한다. 이를 통해 정치적 고려에 의해 급조된 선심성 사업을 배제할 수 있으며, 공공부문의 재정건전성 확보에 기여할 수 있다. 둘째, 사회 전체에 미치는 비용과 편익을 추정할 수 있다. 셋째, 가용재원의 범위 내에서 우선 순위에 입각하여 사업을 선정할 수 있다. 넷째, 착상은 좋으나 현실성이 부족한 투자계획을 사전에 보완하는 역할을 수행한다. 다섯째, 각종 공공요금 및 가격, 세율의 결정에 합리적 근거를 제공한다.

(3) 분석절차

비용편익분석의 수행절차는 비교를 위한 대안설정, 사업기간 설정, 각 대안별 편익과 비용의 추정, 할인율의 선택, 분석방법의 선택, 분석에 따른 대안 비교, 외부환경 변화에 따른 결과 값의 민감도 분석, 대안선택의 8단계로 이루어진다(정환용, 2001: 395).

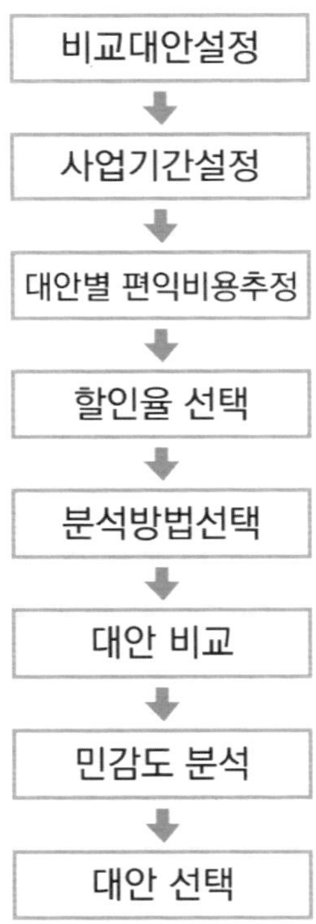

[그림 5-7] 비용편익분석 절차

(4) 분석방법

비용편익분석의 주요 분석방법으로는 순현저가치법(NPV: Net Present Value), 비용편익비율법(B/C: Benefit－Cost Ratio), 내부수익률법(IRR: Internal Rate of Return)이 있다.

① 순현재가치법

순현재가치법은 비용편익분석의 가장 기본적인 방법이다. 각 연도의 편익을 현재가치로 환산한 다음 이들을 전부 합친 값을 편익의 총현가라 하고, 각 연도의 비용을 현재가치로 환산한 다음 이들을 전부 합친 값을 비용의 총현가라 하며, 편익의 총현가에서 비용의 총현가를 뺀 값을 순현가(NPV)라 한다. 여기에 전술한 할인율이 적용된다. 순현재가치법의 산식은 다음과 같다.

$$\mathrm{NPV} = \sum_{t=0}^{n} \frac{(B_t - C_t)}{(1+r)^t} = \sum_{t=0}^{n} \frac{B_t}{(1+r)^t} - \sum_{t=0}^{n} \frac{C_t}{(1+r)^t}$$

여기서 C_t : 시점 t에서 발생한 비용

B_t : 시점 t에서 발생한 편익

r : 평가기간 동안의 이자율

n : 연수(年數)로 나타낸 사업기간

계산 결과 NPV가 0보다 클 경우 편익의 현재가치가 비용의 현재가치보다 큰 것을 의미하므로 일단 받아들여질 수 있는 대안으로 볼 수 있다. 여러 대안을 비교 검토할 경우, 그 값이 가장 큰 계획 또는 사업이 가장 바람직한 대안이라고 평가할 수 있다. 즉, NPV가 클수록 바람직한 대안으로 평가된다.

② 비용 · 편익비율법

비용 · 편익비율법은 실무에서 가장 많이 사용되는 방법이다. 순현재가치법이 수익의 금액을 추정하는 방법이라면 비용 · 편익비율법은 수익률을 추정하는 방법이다. 대체로 규모가 큰 사업의 순현가는 크고, 규모가 작은 사업의 순현가는 작은 경향이 있다. 따라서, 순현가에 의거해 우선순위를 정한다면 규모는 작지만 수익률이 높은 사업이 탈락하고, 규모는 크지만 수익률이 낮은 사업이 선택되는 문제가 발생할 수 있다(이정전, 2002: 431). 이러한 문제를 보완하기 위해 제시된 방법이 비용·편익비율법이다. B/C란 편익의 총현가를 비용의 총현가로 나눈 값으로 다음과 같은 공식에 의해 표현된다.

$$\mathrm{B/C} = \left\{ \sum_{t=0}^{n} \frac{B_t}{(1+r)^t} \right\} \Big/ \left\{ \sum_{t=0}^{n} \frac{C_t}{(1+r)^t} \right\}$$

여기서 C_t : 시점 t에서 발생한 비용

B_t : 시점 t에서 발생한 편익

r : 평가기간 동안의 이자율

B/C가 1보다 클 경우 편익의 현재가치가 비용의 현재가치보다 큰 것을 의미하므로 일단 받아들여질 수 있는 대안으로 평가할 수 있다. NPV와 마찬가지로 B/C 역시 그 값이 클수록 바람직한 대안으로 평가된다.

B/C는 실무에서 널리 사용되는 기준이지만, 둘 또는 그 이상의 사업들을 비교하기 위해 사용할 때에는 일정한 결함이 나타날 수 있다(대한국토·도시계획학회, 2016). 이는 순현재가치법에 대한 대안으로서의 논거가 오히려 한계로 작용하는 것이라고 할 수 있다. 예를 들어 x, y의 두 사업대안을 비교 평가한다고 하자. 각 대안은 1년간의 사업기간을 갖고, 할인율은 5%라고 가정하자. 이러한 두 대안의 비교에 필요한 정보는 [표 5-12]와 같다.

[표 5-12] 대안사업의 비용편익 비교

대안	B_0	C_0	B_1	C_1	B/C	NPV
x	0	1	2	0	1.9	0.9
y	0	5	7	0	1.3	1.7

여기서 B/C에 따르면 대안 x가 대안 y보다 우월한 것으로 판정되지만, 순현가 기준으로는 그 반대가 된다. 비용편익분석이 기반하는 선호공리주의적 시각에

서 순현가는 클수록 바람직한 것으로 이해되는데, 이 경우 B/C는 그러한 원칙에 반하는 결과를 초래하고 있다. 따라서, 비용 · 편익비율법은 원칙적으로 자본규모가 제약되어 있는 소규모 사업들의 비교평가에 제한적으로 쓸 수 있는 방법이라고 할 수 있다(박종화 외, 2004: 299).

비용 · 편익비율법의 또 다른 문제점은 그 계산 값이 편익과 비용의 정의에 따라 매우 민감하게 변화한다는 것이다(이정전, 2002: 432–433). 정(正)의 편익은 같은 크기의 부(負)의 비용과 동일해야만 하는데, 합이 분자에 들어가는가 아니면 분모에 들어가는가에 따라 비율의 계산이 달라진다. 예를 들어, 환경오염피해는 부의 편익으로 계산할 수도 있고 정의 비용으로 계산할 수도 있다. 이는 분자에서 빼줄 수도 있고 분모에 더할 수도 있음을 의미한다. 어떠한 방법을 택하는가에 따라 B/C 값은 크게 달라질 수 있다. 그러나 순현재가치법의 경우 이러한 문제가 없다. 편익에서 빼주든, 비용에 더하든 NPV는 동일하기 때문이다.

③ 내부수익률법

내부수익률(IRR)법은 원론적으로 순현재가치법이나 B/C와 달리 사업평가에 적용할 적절한 할인율을 알지 못할 경우 사용할 수 있는 방법이다. 이 경우 할인율에 따라 민감하게 달라지는 순현가나 B/C의 한계를 보완할 수 있다. 내부수익률은 한 사업의 초기비용과 미래의 할인된 순편익의 합을 같게 하는, 미래에 적용되는 할인율로 정의된다. 즉, 내부수익률은 다음의 등식을 성립하게 하는 할인율(i)을 의미한다.

$$\sum_{t=0}^{n} \frac{B_t}{(1+i)^t} = \sum_{t=0}^{n} \frac{C_t}{(1+i)^t}$$

여기서 C_t: 시점 t 에서 발생한 비용

B_t: 시점 t 에서 발생한 편익

i : 내부수익률

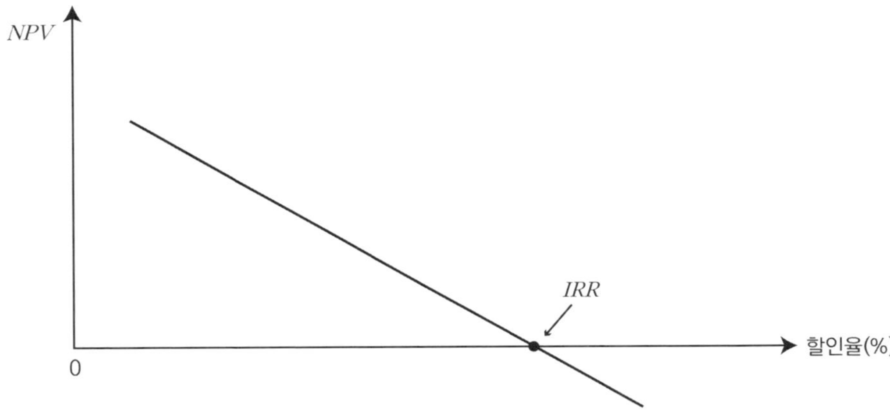

[그림 5-8] 내부 수익률과 순현재가치의 관계

결국 내부수익률은 B/C가 1 또는 NPV가 0이 되는 이자율을 의미한다(그림 5-8). 이 과정에서 사전에 결정된 수준(사회적 할인율)에 미치지 못하는 내부수익률을 가진 사업은 선택에서 제외되며, 내부수익률이 높을수록 사업의 타당성이 있다고 평가된다. 앞에서 이 방법은 원론적으로 할인율을 모르는 상황에서 사용되는 방법이라고 했지만 우리나라에는 사회적 할인율이라는 제도가 있다. 따라서 실무에서는 내부수익률법을 통해 얻어진 할인율이 사회적 할인율보다 높으면 사업의 타당성이 있다고 판단한다. 그러나 사회적 할인율이라는 제도가 없는 타국 사례를 분석할 경우 내부수익률법은 다수 대안의 우선순위를 정하는 기준으로 밖에 사용될 수 없다.

내부수익률법의 문제점은 위의 등식을 만족시키는 할인율이 반드시 단일 근을 갖는 것은 아니라는 점이다. [그림 5-9]에서 볼 수 있듯이 하나의 대안에서 여러 개의 내부수익률이 도출될 수 있는데, 이는 내부수익률이 NPV가 0이 되는 다차방정식의 해라는 것에 기인하는 결과이다.

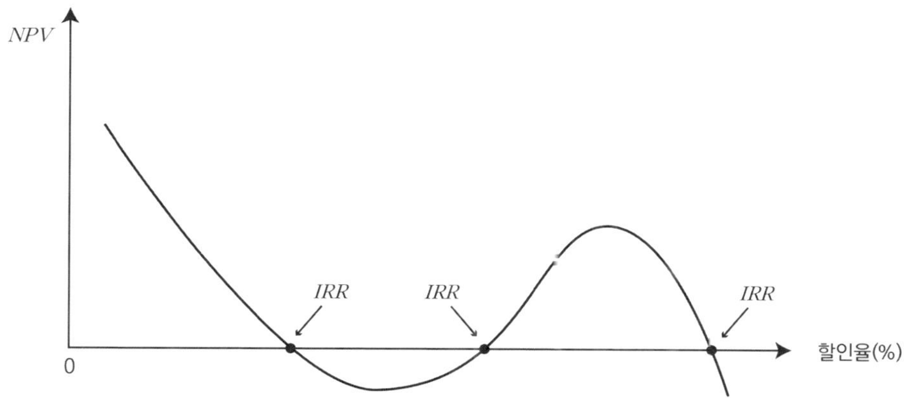

[그림 5-9] 다수의 내부 수익률이 나타나는 사례

④ 조건부가치추정법(CVM)

CVM은 순현재가치법, 비용 · 편익비율법, 내부수익률법 외의 제4의 비용편익 분석 방법이 아니라 환경과 같은 비시장재의 가치를 추정하는 방법이다. 따라서 CVM에 의해 추정된 비시장재에 대한 지불용의금액(WTP: Willingness to Pay) 또는 수취의사액(WTA: Willingness to Accept)이 전술한 세 개 비용편익분석 방법에 투입되어 비용편익을 산정하게 된다.

조건부가치추정법은 가상의 시장을 설정하여 시장가격이 존재하지 않는 상품 및 서비스의 가치를 간접적으로 추정하는 방법이다. 추정을 위해서는 통상 설문조사와 같은 방법이 사용된다. 이 방법은 공공재의 개선 및 신설에 대한 지불용의금액 또는 수취의사액을 화폐 금액으로 응답받음으로써 사람들의 비시장재에 대한 선호를 추정한다. 도출된 지불의사금액은 응답자가 가상으로 생각한 조건에 의해 결정되기 때문에 이 방법을 '조건부(상황적) 가치 추정법(CVM: Contingent Valuation Method)'이라고 한다.

한편, 설문조사에서는 비시장재의 가치를 측정하기 위해 지불용의금액 또는 수취의사액을 질문한다. 이때, 지불의사금액은 비시장재의 개선된 상태를 가상하여 응답자가 기꺼이 지불하고자 하는 금액이며, 수취의사액은 비시장재의 상태가 악화되는 경우 재화의 영향을 받을 것이라 예상하는 집단들이 이를 수용하는 데 대한 보상으로서 수취할 수 있는 금액 수준을 나타낸 것이다. CVM은 가상적으로 조성한 시장이라는 개념으로 인해 일반인들에게 익숙하지 않은 문제점을 가지며 응답자의 의사와 능력에 크게 의존한다는 문제점이 있다.

(5) 비용편익분석의 한계와 적용

비용편익분석에서의 가치판단이란 결국 개개인의 지불용의의사를 판단하는 문제인데, 이는 개인의 선호를 평가의 목적에 접근시키는 측면과 이 지불의사를 실제로 측정하는 측면에서 문제를 야기한다. 현실적으로 부유한 사람의 지불의사는 가난한 사람의 지불의사보다 높기 마련이므로, 시장을 통해 관찰된 지불용의의사는 시장구조를 통해서 왜곡된 지불용의의사라는 문제점을 갖는다. 결국 비용편익분석은 형평성을 도외시하고 경제성만으로 대안을 판단하도록 하는 한계를 보여준다(이정전, 2002).[5] 같은 맥락에서 화폐단위로 환산이 곤란한 사회·환경적인 평가항목을 제외하고 화폐단위로 환산이 용이한 항목만을 다루기 때문에 대안 평가에서 경제적인 측면만 강조된다는 문제점이 있다. 선호의 잠재가격을 추정하기 위해 사용되는 지불용의 가격 등은 주관적이고 실제보다 과장되게 표시될 가능성이 높다. 또한 계량화 또는 시장화가 가능한 항목인지에 대한 평가가 평가자에 따라 달라질 수 있기 때문에 평가자의 임의성이 강하게 작용하고, 이로 인해 정치적으로 악용될 소지가 높다. 이러한 시각에서 Formaini(1991)는 비용편익분석이 주관적 가치판단과 크게 다르지 않다는 비판을 제기한 바 있다. [표 5－13]은 두 개의 새만금간척사업 타당성 보고서가 판단하고 있는 편익 항목의 비교이다.

정치경제학적 비판론자들은 비용편익분석이 비용과 편익의 기준을 현재에 맞춤으로써 미래세대의 이익을 과소평가하며, 과거와 같은 투자행태를 답습시킴으로써 기존의 정치경제체제를 고착시키고 궁극적으로 기득권층에게 유리한 방향으로 투자를 유도하는 보수적 기능을 수행한다는 비판을 제기한다(김신복, 1999: 333; 이정전, 2002).

비용편익분석의 적용 시 반드시 유의해야 할 원칙은 비용편익분석이 동일한 목적을 추구하는 대안들의 비교에만 사용되어야 한다는 것이다(대한국토·도시계획

5 이러한 문제점을 보완하기 위해 우리나라의 예비타당성조사 제도는 경제성 분석 외에 정책성 분석과 지역균형발전 분석 항목을 포함시켜서 전문가들에게 이들 항목 간에 가중치를 부여해서 사업의 타당성을 최종 평가하도록 하는 AHP 방식을 운영 중이다. 그럼에도 경제성 항목의 기준 값을 가장 높게 책정함으로써 경제성이 극히 낮은 사업의 선정을 경계하고 있다.

[표 5-13] 새만금 간척사업 타당성 보고서가 인정한 편익의 종류

2000년 사업보고서가 인정한 편익	1988년 타당성보고서가 인정한 편익
농업 편익	농업소득 창출 효과
배수개선 편익	배수개선 효과
국토확장 효과	토지자원 창출 효과
식량안보가치	
관광기대 효과	관광소득 효과
육운개선 효과	
고군산지역 재산가치 편익	
담수호 창출 효과	수자원 개발 효과
홍수피해 방지 효과	홍수피해 방지 효과
신규 갯벌 창조 효과	
간척지 논의 공익적 효과	
해일 방지 효과	
인공어초 효과	
수질 개선 편익	항만 건설비용 절감 효과

출처: 이정전(2005: 374)

학회, 2016).[6] 예를 들어서 어떤 예산의 제약조건하에서 동일한 비용을 필요로 하는 교육사업과 도로 투자사업을 비용편익분석으로 비교하는 것은 적절치 않다고 할 수 있다. 따라서 비용편익분석은 하나의 동일한 목적을 대상으로 하는 대안들의 경제성평가에 적용될 수 있는 방법이라고 할 수 있다. 결국 비용편익분석은 대안을 평가하는 여러 가지 기준 중의 하나일 뿐임을 명심할 필요가 있다. 즉, 대안의 절대적인 가치를 보여준다기보다는 동일한 목적을 가진 대안들을 경제적 측면에서 비교하는 데에 유용한 접근이라고 할 수 있다.

3. 선택의 검증[7]

대안의 선택이 이루어지면 그 결정이 합리적 결정인지에 대한 검증이 필요하

6 공공예산 배분의 우선순위 결정 등 상이한 정책 간의 객관적 비교를 위해서는 다기준분석(Multi-Criteria Analysis) 등의 방법이 사용된다.

7 작성된 계획을 집행하기 전에 평가한다는 측면에서 이 과정을 사전평가라고 지칭하기도 한다(김신복, 1999: 146).

다(김신복, 1999: 143). 일단 집행이 이루어지면 이미 많은 비용이 투입된 것이므로, 매몰비용이 크다는 점에서 집행 이전에 신중한 검토가 필요하다. 따라서 이 과정에서는 내부적인 검토는 물론 외부의 평가가 함께 이루어진다. 이 단계는 선택된 대안을 집행하기 전 마지막으로 점검하는 게이트키핑(gatekeeping) 단계로서 그 과정에 시험적인 집행이 포함되어 있다. 평가결과가 좋지 못하면 계획은 백지화되거나 수정·보완되는 과정을 거치게 된다. 선택의 검증을 위해서는 분석 및 근거의 재검토, 동의의 확보, 시험적 시행(pilot run), 순차적 결정 등의 방법이 사용된다(김수영, 1997: 253-255).

먼저 분석 및 근거의 재검토는 분석과정에서 사용된 자료와 근거를 재검토하는 과정이다. 특히 계획전제의 타당성과 계획의 실현성(feasibility)에 대한 비판적 검토가 필요하다. 동의의 확보는 집행 이전에 이해관계자들의 반응을 확인하는 과정이다. 공청회와 여론조사 등이 많이 사용되는 방법이다. 의견을 듣는다는 형식을 취하고 있지만 실질적으로는 동의를 구하는 과정이라고 볼 수 있다. 언론을 이용하는 방법도 한 가지 방안으로 언론을 통해 계획내용을 흘려보고 반응이 좋을 경우 추진, 반응이 나쁠 경우 수정 또는 백지화하는 과정을 선택할 수 있다.

시험적 시행은 본격적인 계획의 시행에 앞서 제한적인 범위 내에서 사업을 시행함으로써 그 타당성을 검토해보는 작업이다. 정부가 추진하는 사업들에서 본격적인 추진에 앞서 테스트베드를 정해서 사업의 성과를 검토하는 작업이라든지, 신도시 건설에서 시범단지 등을 조성하여 성과를 판단하는 등의 작업이 이러한 과정에 해당된다. 순차적 결정은 하나의 대안을 몇 개의 부분으로 나누어서 첫 번째 결정사항에 대해 집행을 하고 그 결과를 지켜본 후, 두 번째 부분을 결정하고, 두 번째 결정의 집행 결과를 보고 세 번째 부분을 결정하는 식의 접근으로 전형적인 점증주의적 방법이라고 할 수 있다.

제5절

집행 및 관리 단계

1. 집행계획

집행계획(operational plan)은 계획의 위계에서 최하위 실행계획에 해당된다. 집행계획은 파생계획 또는 운영계획, 사업계획(program)으로도 불린다(김수영, 1997: 255). 목표－수단 연계차원에서 본다면 집행계획은 본(本) 계획을 실현시키기 위한 수단으로 볼 수 있다. 흔히 도시계획 보고서에서 집행계획은 권말의 행재정계획으로 편제된다.

집행계획에는 본 계획에서 작성된 계획안을 실행하기 위한 구체적인 방안이 담겨져 있다. 예산은 가장 대표적인 집행계획이다. 또한 실행기구를 운영하기 위한 인력과 조직의 배분과 추진 일정계획도 집행계획의 일부이다. 필요할 경우 관계법령의 정비가 함께 이루어진다.

효율적인 사업집행의 관리를 위해 종종 PERT(Program Evaluation and Review Technique)가 사용된다. PERT는 계획의 집행에서 작업의 지연, 중단 및 충돌을 최소화하고 사업 전반에 걸친 점검과 조정을 효율적으로 실시함으로써 소요시간과 경비를 절감하는 관리기술이다(김신복, 1999: 145). [그림 5－10]에서 볼 수 있는 것처럼 PERT에서는 기존 간트(Gantt) 차트의 결점을 보완하여 일정계획을 계획공정표를 통해 제시한다(김수영, 1997: 290). 계획공정표에서는 작업의 순서 및 관계를 입체적으로 파악할 수 있으며, 작업의 중점 또는 애로구간이 어디인지를 파악함으로써 계획의 실행력을 제고할 수 있다.

이러한 파생계획들은 분명히 계획이지만 독립적인 계획이라기보다 본 계획안을 실현시키기 위한 수단으로서의 성격이 강하며 집행과정과 긴밀히 연결되어 있다는 점에서 집행 및 관리단계에 포함시키는 것이 합리적이다. 현실적으로는 계획안을 최종적으로 선정했는데 또 다른 계획이 남아있다는 것이 논리적으로 타당하지 않으므로 집행단계에 포함시키는 것이 타당하다.

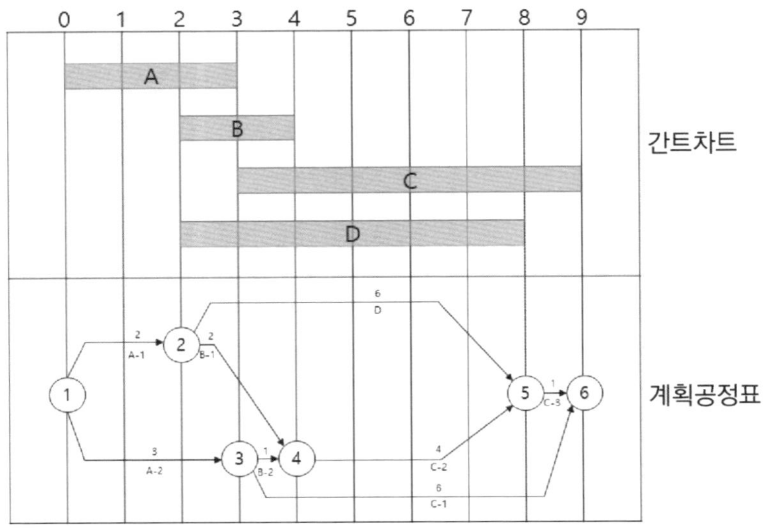

[그림 5-10] 간트차트와 계획공정표의 비교

2. 집행

전술하였듯이 협의의 계획과정에 집행단계는 포함되지 않는다. 하지만 이후 진행될 평가와 환류를 위해 광의의 계획과정의 일부로 포함된다. 도시계획에서 집행단계는 현실적으로 도시계획사업(도시계획시설사업, 도시개발사업, 정비사업)의 진행을 통해 나타난다. 이 단계에서는 주어진 법, 제도, 예산의 틀 안에서 작성된 계획을 실현한다. 이전 단계에서 작성된 집행계획이 사업추진의 가이드라인으로 작용한다. 이 단계는 실질적으로 계획이라기보다 관리차원의 의미를 갖는다. 집행과정에서 나타나는 제반 문제점들은 이후 평가를 거쳐 새로운 계획과정의 시작으로 환류된다.

최근까지 집행은 도시계획에 있어 매우 낯선 개념이었다. 그러나 도시재생사업이 활발히 추진되면서 등장한 도시재생지원센터는 전형적인 계획 집행기구라고 할 수 있다. 도시재생지원센터는 수립된 도시재생사업계획이 현장에서 원활하게 추진될 수 있도록 지원하는 실행조직이다. 도시재생지원센터는 도시재생활성화지역에 상주하면서 작성된 계획의 추진, 주민의견 수렴 및 계획반영, 이해관계자 의견 조정 및 갈등관리, 계획평가를 통한 계획수정 등의 작업을 수행한다. 조직의 핵심 역할이 이해관계자들 간의 의견 조정에 있기 때문에 직원들 명칭도 '코디네이터'로 불린다. 도시재생지원센터의 역할에 대한 관찰과 평가를 통해 도시계획 분야에서 집행이 나아가야 할 방향성을 찾을 수 있을 것으로 기대된다.

3. 평가 및 환류

계획집행이 완료된 후 사후평가가 실시된다. 이 단계는 전술한 것처럼 집행 이전에 이루어지는 사전평가와 구별되는데, 통상 '평가'라 하면 사후평가를 의미한다. 사전평가에서와 마찬가지로 계획평가의 출발점은 사업집행이 이루어지지 않은 경우와의 비교이다.

평가에서 수행해야 할 첫 번째 과제는 목표 및 집행실적의 달성 여부이다. 하지만 평가 단계에서는 단순한 목표 달성 여부에 대한 평가를 넘어서 계획 자체의 타당성과 계획과정 및 계획환경 전반에 대한 검토, 집행의 효율성과 파급효과에 대한 평가를 수반한다. 평가에 이은 환류를 통해 새로운 계획과정이 시작된다. 이 과정에서 문제가 있다고 판단되는 부분의 수정이 이루어진다. 수정은 문제인식부터 목표설정, 현황분석, 대안탐색 및 선택에 이르기까지 전체 계획단계가 대상이 된다. 이처럼 계획 전반에 대한 재검토를 통해 새로운 계획과정이 설계된다.

현실적으로 계획분야에서 평가단계는 소홀히 다루어져 온 것이 사실이다. 평가가 이루어지더라도 체계적인 방법론 없이 진행되는 경우가 대부분이다. 이러한 평가들을 정정길(2002: 698)은 '주먹구구식 평가', Dunn(1981)은 '사이비 평가(pseudo evaluation)'라고 부르며 경계하고 있다. 부실한 평가는 계획과정의 합리성 및 타당성 저하로 연결될 수 있는 만큼 면밀한 개선이 필요하다.

정책학 분야에서는 정책평가의 합리성과 과학성을 제고하기 위한 논의가 심도 있게 이루어져 왔다. 과학적 방법으로서 정책평가는 원론적으로 진실험(true experiment), 현실적으로 준실험(quasi－experiment) 방법에 의해 정책성과 또는 사업성과를 평가해 왔다. 진실험은 정책이 집행된 실험집단의 변화와 정책의 영향을 받지 않은 통제(비교)집단의 변화를 비교함으로써 정책의 효과를 파악하는 방법이다. 그러나 진실험이 수행되기 위해서는 실험집단과 통제집단의 엄밀한 동질성이 확보되어야 하는데 이는 두 집단의 인구통계학적 특성이 동일하다는 것을 의미한다. 현실적으로 이러한 조건을 맞추는 것이 어렵기 때문에 대부분의 경우 준실험 방법이 사용된다. 준실험은 진실험과 달리 실험대상의 무작위 추출을 전제하지 않고 수행하는 실험을 말한다. 이로 인해 준실험에서는 실험집단과 통제집단의 동질성이 확보되지 않는 경우가 많다.

정책평가 과정은 목표의 확인, 평가기준의 선정, 인과모형의 설정, 연구 설계의 개발, 자료수집, 자료분석과 해석의 순으로 진행된다(유훈, 1989). 여기서 평가의 기준은 효과성, 효율성, 대응성, 형평성 등의 계획가치를 의미한다. 인과모형은 정책의 투입에 의한 산출을 변수와 변수들 간의 관계로 묘사한 것이다. 단순선형으로 나타낼 수도 있고 다양한 요인들이 복합적으로 연계된 모형이 제시될 수도 있다. [그림 5-11]은 필자의 연구실에서 수행한 마을만들기 사업의 평가를 위한 인과모형이다. 연구설계의 개발에서는 앞서 언급한 실험방법이 적용된다. 결국 과학적 정책평가를 위해서는 인과모형의 설정과 연구설계의 개발이 체계적으로 이루어져야 함을 알 수 있다.

[그림 5-11] 마을만들기 사업성과 평가를 위한 인과모형

출처: 원준혁 · 김흥순(2013)

제 6 부

주민참여 및 갈등관리

제 1 장

주민참여

주민참여는 정치, 행정, 계획 전반에서 중요하게 고려되는 사업추진 방법으로 오래전부터 다양한 기법이 개발·적용되어 왔다. 특히 현대 계획에서 주민참여는 필수적인 계획요소로 이해된다. 과거 주민참여는 매우 제한적으로 이루어졌지만 오늘날에 와서는 계획 전 과정에 걸쳐 이루어지는 것으로 이해된다. 본 장에서는 주민참여의 개념과 방향성에 대해 살펴보고자 한다.

제1절

주민참여의 의의

1. 주민참여의 개념

주민참여는 여러 학자들에 의해 그 개념이 정의되어 왔다. 고전적 개념 정의로서 Arnstein(1969)은 정치적, 경제적으로 배제된 사람들이 포함될 수 있도록 하는 권력 재분배라고 개념을 정의하고 있으며, Glass(1979)는 주민이 개입할 수 있는 기회를 제공하여 결정에 영향을 미치도록 하는 과정이라고 정의한다. 비교적 최근의 개념 정의로서 McCracken and Narayan(1998)은 이해당사자 자신에게 영향을 미치는 의사결정과 선택에 영향을 주거나 통제를 공유하는 것이라고 정의하고 있다. 이들 개념정의를 종합했을 때 주민참여는 의사결정에 의해 영향을 받는 집단에게 의사결정에 영향을 줄 기회를 제공하는 과정으로 정의할 수 있다.

우리나라에서는 백기영(2006)이 정책결정이나 집행과정에 영향을 줄 목적으로 지역주민과 시민이 참여하는 모든 과정으로 정의하고 있으며, 권일(2014)은 공권력이 없는 일부 시민들이 공적 권한을 가진 사람들의 행위에 영향을 줄 의도로 정책결정과정에 참여하는 과정으로 정의하고 있다. 각 정의들은 일반주민의 영향력에 주목하여, 계획의 결정에 대한 주민들의 참여수준이 곧 주민참여 정도를 의미하는 척도가 될 수 있음을 지적하고 있다(이희정 외, 2019).

2. 주민참여의 필요성 및 목적

참여는 시민의 기본권이며 민주주의의 기초라는 점에서, 계획 및 행정에 있어 필수적 과정으로 규정된다. 주민참여의 철학적 배경은 민주사회에서 개인은 자신에게 영향을 미치는 문제에 대해 스스로 의견을 표출하고 정보를 전달할 수 있어야 한다는 것이다. 실용적 차원에서는 계획이나 의사결정이 주민선호나 열망을 파악하지 못해서 바람직하지 못한 결과를 초래하고, 그로 인해 주민 지지도의 저하와 사회경제적 낭비가 초래되므로 이의 교정차원에서 주민참여의 필요성이 언급된다. 주민참여의 필요성은 역설적으로 주민참여 부재 시 나타날 수 있는 문제점을 통해 설명할 수 있다. 이 경우, 정책결정자는 도전적인 대중에 의한 비생산적 활동에 대응하는 데 보다 많은 시간과 비용을 투입할 수밖에 없을 것이다.

주민참여의 목적은 행정적 관점과 주민의 관점으로 구분해서 살펴볼 수 있다(정환용, 2001: 222–223). 행정적 관점은 참여를 행정 목적의 달성을 위한 수단으로 보는 관점이며, 주민의 관점은 참여를 계획결정에서 실질적 역할을 수행하는 방법으로 이해하는 관점이다. 행정적 관점에서 기대하는 효과는 전문가 집단이 미처 고려하지 못했던 지역상황, 정보, 사회적 수요를 얻을 수 있다는 점, 정책에 대한 이해와 신뢰, 협력을 증진시킴으로써 정책의 수용력을 제고할 수 있다는 점, 정책의 정당화를 통해 문제에 대한 부담을 주민과 공유할 수 있다는 점, 궁극적으로 시간과 비용을 절감할 수 있다는 점 등이 지적된다. 주민의 관점에서 기대하는 효과는 계획에 주민의 실질적 니즈를 반영할 수 있다는 점, 행정의 반응성을 제고시킬 수 있다는 점, 행정의 권력남용을 통제할 수 있다는 점, 직접참여를 통해 대의민주주의의 약점을 보완할 수 있다는 점 등에서 찾아진다(Cupps, 1977). 과거의 주민참여가 행정적 관점에서 추진된 측면이 강했다면 최근에는 보다 실질적인 참여가 이루어지고 있다는 점에서 주민의 관점으로의 이행이 이루어지고 있다고 평가할 수 있다.

3. 도시계획 분야에 있어서의 도입 배경

전통적인 합리적 계획 접근은 엘리트주의적인 관점을 갖고 있는 특성 상 주민참여에 큰 비중을 두지 않았던 것이 사실이다. 그러나 1960년대 들어서면서 민권운동의 대두와 옹호계획의 등장은 계획고객으로서의 주민에 대한 인식을 새롭게 갖게 하는 계기가 되었다. 특히 1966년 미국의 '시범도시 및 광역개발법(Demonstration Cities and Metropolitan Development Act)'에 따른 시범도시사업(Model Cities Program)에서 주민 갈등의 완화를 위해 주민참여가 적극 도입된 이래, 환경운동과 각종 시민운동의 부상, 정보통신기술의 발전이라는 시대적 변화에 발맞춰 주민참여 기법의 적용이 더욱 활발히 이루어지고 있다. 앞에서 논의한 의사소통적 계획과 협력적 계획의 등장은 대상으로서의 주민이 아닌 계획 주체로서의 주민에 주목하고 있다는 점에서 계획 패러다임의 획기적인 전환으로 평가할 만하다.

우리나라에서는 민주주의의 진전과 지방자치제의 실시, 교육 수준의 향상과 시민들의 권리의식 고양, 환경문제에 대한 관심 증가에 따른 사회적 갈등의 심화 등이 계획과정에 주민참여를 적극적으로 도입하도록 이끈 주요 배경으로 볼 수 있다. 1981년 도시계획법 전면개정에 따른 공청회 제도의 도입은 주민참여를 법적으로 보장한 획기적인 사건으로 평가된다.

오늘날 주민참여는 요구되고, 증진되며, 고무되는 추세이다. 기존의 통치(government)에서 협치(governance)로의 이행은 그 시대정신의 배경을 이룬다. 각종 개발사업과 정책수립에 주민들이 적극적으로 참여하고 있으며, 정부 역시 주민참여를 적극 지원하는 추세이다. 특히 2010년대 이후 활발하게 진행되고 있는 도시재생사업은 주민이 주도하는 사업으로 규정할 수 있다(김현숙, 2015: 249).

하지만 아직은 갈등예방 차원에서 형식적으로 운영되는 측면이 있는 것 또한 사실이다. 가장 큰 문제점은 제도적인 뒷받침의 미비라고 할 수 있는데, 참여에 대한 제도적 보장이 여전히 공청회, 공람·공고와 같은 형식적인 수준에 머무르고 있다는 점을 지적할 수 있다(변창흠, 2009: 260).

제2절

주민참여 방식

1. 참여의 유형

참여의 유형은 다양한 방식으로 구분된다. 가장 일반적으로는 협의의 참여와 광의의 참여, 제도적 참여, 목적적 참여, 가치적 참여로 구분할 수 있다. 이와 함께 소극적 참여와 적극적 참여로도 구분이 가능하다.

먼저 참여의 범위에 따른 분류로서 협의의 참여는 일반시민이 개발사업이나 계획에 대해 영향력을 행사하기 위한 참여로 미시적 참여라고도 한다. 광의의 참여는 선거 등 시민의 정치적 행위까지를 포함하는 참여로서 거시적 참여라고도 한다.

鳥越皓之(1997)는 형식과 내용에 따라 제도적 참여, 목적적 참여, 가치적 참여로 참여의 유형을 구분하고 있다. 제도적 참여는 시민의 당연한 권리와 의무 차원에서 이루어지는 참여로서 반상회, 아파트 자치회 등의 참여를 예로 들 수 있다. 목적적 참여는 이익의 실현을 위한 참여로서 각종 개발사업에 대한 반대나 특정시설의 유치 활동을 예로 들 수 있다. 가치적 참여는 일정한 지향점을 갖고 도시재생사업 등의 활동에 참여하는 행위 등을 지칭한다. 현실적으로 우리나라에서는 목적적 참여가 가장 활발하게 이루어지는 참여행위로 볼 수 있다.

같은 맥락에서 참여의 제도적 뒷받침 정도에 따라 제도적 참여, 준제도적 참여, 비제도적 참여로의 구분이 가능하다. 전영평 외(2002)는 선거, 반상회, 공청회, 위원회를 제도적 참여의 예로 들고 있으며, 단체장 면담, 담당 공무원 면담, 집단면담을 비제도적 참여의 예로 제시하고 있다. 이와 달리 이정화(2005)는 공청회 등을 제도적 참여의 예로, 청원, 진정, 민원을 준제도적 참여의 예로 각각 제시하고 있다. 이정화는 비제도적 참여를 저항형 참여, 요구형 참여, 주도형 참여로 세분한다. 저항형 참여는 시위, 점거, 농성 등과 같이 계획에 대한 반대 의사를 직접적으로 표출하는 방식이며, 요구형 참여는 계획안 자체는 수용하되 일정한 조건의 충족을 요구하는 참여 형태를 말한다. 한편, 주도형 참여는 주민이 새로운 사업을 제안하고 이를 주도적으로 추진하는 경우를 의미한다.

참여의 자발성 수준에 따라 소극적 참여와 적극적 참여로도 구분이 가능하다(Zimmerman, 1986). 소극적 참여에는 정보공개와 여론조사 등이 해당되며, 적극적 참여는 주민총회, 주민투표, 주민발안, 주민소환 등을 포괄한다. 「국토의 계획 및 이용에 관한 법률」 상 도시군·관리계획 입안을 제안할 수 있는 권리는 주민발안의 일환으로 해석할 수 있다. 참여단계에 따른 또 다른 구분으로는 계획입안단계의 참여, 집행단계의 참여, 평가단계의 참여가 있다(백기영, 2006: 241). 우리나라의 경우 제도적으로 계획 단계에서의 참여는 공청회 등을 통해 일정 부분 보장되고 있으나, 집행 단계 및 평가 단계에서의 참여는 여전히 미흡한 실정이다.

2. 참여수준

주민참여 이론을 정립한 Arnstein(1969)은 '사다리 모형'을 통해 참여의 수준을 크게 참여부재, 형식적 참여, 주민권력 단계로 구분하고 이를 다시 8단계로 세분하고 있다. 참여부재 단계는 형식적으로나 실질적으로 참여가 극히 제한된 단계로 볼 수 있다. 이 단계에서 시민은 들러리로 활용되거나 비합리성을 이유로 치료의 대상으로 간주되곤 한다. 형식적 참여 단계는 현실에서 흔히 이루어지는 참여형태로서 공청회가 그 대표적인 방식이라고 볼 수 있는데, 주민의 실질적 영향력 행사는 여전히 부족하다고 볼 수 있다. 가장 높은 단계의 참여인 주민권력 단계에서는 주민이

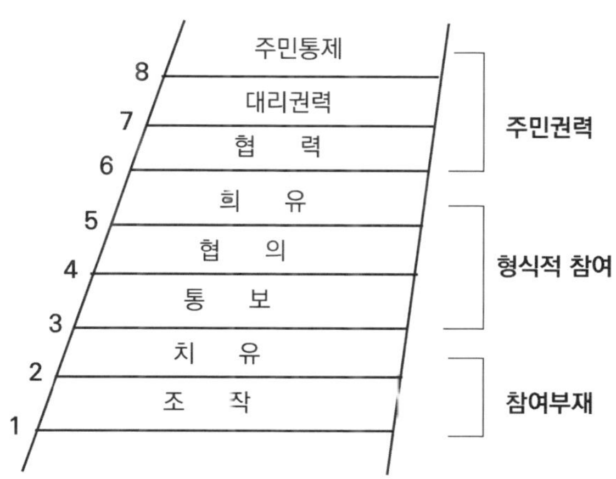

[그림 6-1] Arnstein의 사다리 모형

출처: Arnstein(1969: 217)

주도권을 행사하며 실질적인 주민참여가 실현되는 단계라고 볼 수 있다.

3. 참여방식

주민참여 방식으로는 공청회, 공람공고, 설문조사 등의 간접적 방식과 선거, 진정서 제출, 주민워크숍(시나리오 워크숍),[1] 공동체 활동 등의 직접적 방식으로 구분이 가능하다(김현숙, 2015: 251). 이 중 주민워크숍은 주민이 직접 계획을 주도해 나간다는 점에서 가장 발전적인 방안으로 평가받고 있다.

[표 6-1] 주민 워크숍 프로세스

<table>
<tr><th>계획 단계</th><th colspan="2">절차</th><th>주요 내용</th><th>참여 유형</th><th>결과물</th></tr>
<tr><td rowspan="3">사전 준비</td><td colspan="2">MP 팀 워크숍</td><td>• 주민워크숍 기획
• MP 팀 역량 강화</td><td></td><td></td></tr>
<tr><td colspan="2">주민대표 간담회</td><td>• 주민워크숍 운영 방안 논의
• 주민대표 역량 강화</td><td></td><td></td></tr>
<tr><td colspan="2">사전준비</td><td>사전홍보, 장소섭외 등</td><td></td><td></td></tr>
<tr><td rowspan="2">조사 분석</td><td colspan="2">동네 한바퀴</td><td>마을걷기/주민토론회</td><td></td><td></td></tr>
<tr><td colspan="2">지구진단 워크숍</td><td>• 주민이해 제고를 위한 관련사례 교육
• 주민의 지구진단 및 결과 공유
• 주제별 그룹구성 및 토론
• 마을인지 지도 작성</td><td>• 직접진단
• 설문조사
• 의견청취</td><td>• 지구진단표
• 마을 인지 지도</td></tr>
<tr><td>목표 설정</td><td colspan="2">미래설정 워크숍</td><td>• 생활모습 미래상
• 마을목표 이미지</td><td></td><td></td></tr>
<tr><td rowspan="4">계획 수립</td><td rowspan="2">기본 구상 워크숍</td><td>전체 주민</td><td>• 목표 공유
• 주제별·그룹별 토론</td><td rowspan="2">• 아이디어 제안
• 의견청취
• 투표</td><td>• 미래상
• 목표 이미지 카드</td></tr>
<tr><td>주민 대표</td><td>• 기본구상안 공유
• 그룹별 주제 종합</td><td></td></tr>
<tr><td rowspan="2">계획 수립 워크숍</td><td>전체 주민</td><td>• 관련 사례 교육
• 부문별 계획안 토론
• 종합토론</td><td></td><td>이미지 카드</td></tr>
<tr><td>주민 대표</td><td>계획안 공유 및 종합</td><td></td><td>종합계획 초안</td></tr>
</table>

출처: 김현숙(2015) 수정

1 샤레트(Charette)라고도 한다.

워크숍의 주된 방식은 계획가가 제시한 초안을 토대로 주민들이 격의 없이 다양한 의견을 개진하고 이를 계획가가 집약하여 수정안으로 만들면, 다시 여기에 대해서 주민과 행정에서 다양한 의견을 개진함으로써 점진적으로 완성된 안을 함께 만들어가는 방식이다. 그 외에도 다양한 방식이 있는데, 도시재생 R&D 사업을 통해 국토해양부가 개발한 매뉴얼에서 제시하는 주민워크숍 방식은 [표 6−1]과 같다.

제3절

주민참여가 활성화되기 위한 조건

주민참여가 활성화되기 위해서는 다음의 세 가지 조건이 충족되어야 한다(변창흠, 2009: 262−263). 첫째, 민주주의가 정착되어야 한다. 민주주의는 시민이 주인이 되는 체제인 만큼, 민주주의의 성숙은 주민참여를 활성화시키는 토양이 된다. 유념해야 할 부분은 민주주의는 주민참여의 전제조건인 동시에 결과물이기도 하다는 점이다. 즉, 활발한 주민참여가 민주주의의 성숙을 가져올 수 있음을 유념할 필요가 있다. 둘째, 지방자치의 활성화가 전제되어야 한다. 주민참여는 지방정치의 구체적 표현이므로 지방자치와 긴밀히 연결되어 있다. 셋째, 지역에 대한 애착심이 필요하다. 자신의 지역을 사랑하는 마음에서 주인의식이 나오고 이러한 주인의식이 활발한 주민참여로 이어진다. 실제로 다수의 경험적 연구들은 지역에 대한 애착심이 주민참여의 가장 중요한 조건임을 보고하고 있다(김흥순·원준혁, 2013).

제4절

주민참여의 문제점

1. 주민참여가 활성화되지 못하는 이유

현실에서 주민참여는 기대만큼 잘 진행되지 못하는 경우가 많다. 그 주된 이유 중

하나는, 주민이 도시계획이나 도시개발 과정에 참여할 경우 개발 관련 정보가 외부로 유출될 수 있다는 우려로 인해, 행정 전반에 비밀주의가 만연해 왔기 때문이다. 행정 주체들의 경우 주민참여로 인한 의사결정 과정의 비효율화에 대해 우려를 제기해 왔다. 이와 함께, 현재 실행되고 있는 주민참여 방식의 획일성과 형식적 참여 또한 중요한 문제점으로 지적된다.

가장 흔히 사용되는 참여방식이면서, 문제점을 가장 많이 지적받는 참여방식이 공청회이다. 김현숙(2015: 248-249)은 공청회의 문제점을 다음과 같이 지적한다. 첫째, 공청회는 계획안이 다 마련된 이후에 개최되는 경우가 많아서, 형식적인 절차로 운영되는 경우가 많다. 둘째, 계획주체 측에서는 장기간에 걸쳐 준비를 한 반면, 주민들은 공청회장에서 설명을 듣는 것이 전부라는 점에서 정보의 비대칭성이 심하다. 셋째, 주민들의 대표성이 확보되지 않은 상황에서 대다수 의견이 사익의 표현으로 귀착되는 경우가 많다. 넷째, 그나마 표출되는 주민의견의 반영마저도 제한적이고 선택적이다.

각종 위원회 등 역시 주민참여의 일종으로 볼 수 있으나 대표성이 부족하며, 선정된 위원들이 행정의 의사결정을 합리화하는 역할을 수행하는 경우가 많다는 점에서 마찬가지로 형식적인 주민참여라고 볼 수 있다(변창흠, 2009: 262).

2. 주민참여의 한계

주민참여는 원칙적으로 누구도 반대하지 않지만, 실제 시행에 있어서는 많은 문제와 혼란이 있는 것이 사실이다. 주민참여 과정에서 나타나는 문제점은 다음과 같다(정환용, 2001: 255-256).

1) 입장차이

의사결정자와 계획가, 주민들이 모두 현실에서 진행되는 주민참여에 불만을 갖고 있다. 의사결정자는 주민참여가 방해주의자들의 놀이터라고 불만을 토로한다. 계획가들은 기술적 전문성이 보장되지 않는다는 불만을 갖고 있다. 주민들은 이미 모든 결정이 이루어진 후 형식적으로 진행된다는 불만을 갖고 있다.

2) 비효율성

주민참여는 의사결정을 지연시킴으로써 비용을 증가시킨다. 시간의 지연과 함께 결정의 적시성을 저하시키는 문제를 야기한다. 이와 함께 참여를 위한 조직운영, 공청회, 교육 등을 위해 비용이 지불되어야 한다. 비전문가인 주민들이 참여함으로써 계획 및 행정의 전문화를 저해한다. 이로 인해 아마추어리즘과 이기주의가 현실에서 정책과 혼재되어 나타나게 된다.

3) 대의정치 약화

주민은 정치인이나 공무원과 달리 그들의 결정이나 행동에 대해 법적 책임을 지지 않음에도 주민참여를 통해 권리만을 요구한다. 계획과정을 주도하는 주체가 누구인지 분명치 않아서 의사결정의 명확성이 저해된다(변창흠, 2009: 257). 더욱이 참여자가 지역을 대표하는지도 확실치 않다. 단순히 밀접한 이해관계를 갖는다거나 시간이 많은 사람일 가능성이 높다. 참여자들의 이해와 입장도 제각각이어서, 논의가 장기화되거나 어떠한 사안도 실질적으로 해결되지 못하는 상황이 초래될 수 있다. 다수의 참여가 목적적 참여형태를 가지므로 높은 수준의 주민동원은 통합보다 사회적 갈등을 심화시킴으로써 사회통합을 저해하는 결과를 초래할 수 있다. 극단적으로 보았을 때 모든 공공정책이 주민의 직접 결정에 따라 추진된다면 굳이 정부나 의회가 존재해야 할 이유가 없다고까지 말할 수 있다.

제5절

도시계획에서 주민참여

1. 미국

미국에서 주민참여는 수요자 중심적인 옹호계획으로부터 시작되었다(Hollander *et al.*, 1988). 따라서 1960년대 후반 도입 시에는 주로 흑인이나 저소득층의 목소리를 수용하는 수단으로 활용되었다. 모델 시티 프로그램(Model Cities Program)은 그 중요한 성과이다(Gerckens, 1988). 1970년대 이후에는 사회 전반의 환경에 대한 관심증가를 배경으로 환경관리와 교외주민들의 성장관리 수단으로 활용되었다(Hollander *et al.*, 1988). 주민들은 새로운 인구유입과 개발로 인해 기존 주민들의 부담이 증가할 수 있다는 점에 우려를 표명하며 납세자의 권리를 주장하는 반성장운동(no−growth movement)을 적극적으로 전개했다. 이후 1980년대 들어 이슈 중심의 전략계획이 공공계획에 적극적으로 채용되면서 핵심 이해관계자인 주민의 목소리가 계획 속에 적극적으로 반영되기에 이른다.

2. 우리나라

1) 경과

우리나라에서 주민참여의 시작은 1981년 도시계획법 전면개정과 함께 도입된 공청회 제도에서 찾을 수 있다. 공청회의 장점보다는 한계가 주로 지적되는 오늘날의 시각에서는 이해가 어려울 수도 있지만, 공청회는 모든 정책 과정에서 주민의견의 반영이 전무하던 시기에 도입된 획기적인 제도적 조치였다. 이후 학계에서는 다양한 경로로 공청회 제도의 한계를 지적해왔지만, 큰 개선은 이루어지지 않았다(권원용, 1985). 개발사업 측면에서는 도시개발법과 도시 및 주거환경정비법 등에서 주민의 의견이 반영될 수 있는 법적 근거가 마련되었지만, 주로 구역 설정이나 계획입안 단계에서의 제한적인 참여에 그치고 있으며, 사업의 집행단계에서는 충분한 참여가 여전히 이루어지고 있지 못한 실정이다.

2010년대 들어 도시재생사업이 활발하게 추진되면서 상황은 급격히 변화하였다. 도시재생실증연구단에서 도시재생사업의 성격을 “주민이 주도하는 사업”으로 규정하면서, 주민참여는 이제 도시계획에서 형식적이거나 부차적인 통과의례가 아닌 실질적이고 핵심적인 과정으로 이해되고 있다(김현숙, 2015). 이후에서는 도시재생사업의 외연으로 이해되는 경관협정과 마을만들기 사업에서의 주민참여에 대해 간략히 소개하고자 한다.

2) 경관협정[2]

2007년 경관법 제정으로 법제화된 경관협정은 아름답고 개성 있는 경관의 형성과 보존을 위해서 주민 스스로가 자율규약을 만들고 이를 지켜나가는 제도이다. 경관협정은 체결자 전원의 합의로 이루어지기 때문에 주민들은 합의라는 교류과정을 거치게 되는데, 이를 통해 커뮤니티 활성화의 계기를 마련할 수 있다. 경관협정 체결자는 토지 및 건물 소유자, 지상권자이며 1인협정도 가능하다.

경관협정서에 포함되는 핵심내용은 명칭, 목적, 대상지 위치, 체결내용, 체결자, 유효기간, 협정 위반시 제재사항 등이다. 경관협정의 대상은 ① 건축물의 외장, 색채, 옥외광고물에 관한 사항, ② 공작물, 건축설비의 위치에 관한 사항, ③ 건축물 및 공작물 등의 외부공간에 관한 사항, ④ 토지의 보전 및 이용에 관한 사항, ⑤ 역사문화경관의 관리 및 조성에 관한 사항, ⑥ 녹지, 가로, 수변공간, 야간조명 등의 관리, 조성에 관한 사항, ⑦ 경관적 가치가 있는 수목이나 구조물 등의 관리, 조성에 관한 사항, ⑧ 그 밖에 해당 지방자치단체의 조례로 정하는 사항이다.

주민들은 경관협정서를 작성하고 경관협정운영위원회를 구성해서 다양한 경관협정사업을 진행할 수 있다. 지방자치단체는 경관협정서 작성, 경관협정사업 추진을 위한 기술자문과 재정지원을 할 수 있다. 경관협정은 협정유도단계, 협정기획단계, 협정체결단계, 협정운영단계의 4단계로 진행된다. 구체적인 진행방식에 대해서는 김세용(2014)을 참조하기 바란다. 대표적인 경관협정 사례로는 강북구 우이동 디자인 빌리지 경관협정, 파주 헤이리 예술마을 건축설계지침 등이 있다.

3) 마을만들기

마을만들기는 마을을 주민들이 주체적으로 만들어가는 활동으로 정의할 수 있다. 마을만들기에 대해서는 다양한 기원이 언급되나, 일본의 마치즈쿠리(まちづくり)에서 시작되었다고 보는 견해가 유력하다. 마치즈쿠리는 1960년대 후반 이후 노후되고 과밀한 기성시가지의 생활환경을 주민이 직접 나서서 개선하려는 활동으로 정의할 수 있다. 이후 마치즈쿠리는 주민, 지자체, 전문가, 지역기업이 참여하는 다양한 분야의 사업으로 발전하고 있다.

2 김세용(2014: 241) 정리.

마치즈쿠리와 마찬가지로 우리나라의 마을만들기도 주민이 해당지역의 문제에 관심을 갖고 직접 참여하여 문제를 개선하는 일련의 행위로 정의할 수 있다. 우리나라에서는 1990년대 시민운동과 지방행정에서 마을만들기에 주목한 이후 적극적인 도입이 이루어졌다. 이후 마을만들기는 다양한 분야에서 다양한 형태로 진행되었는데, 건축도시계획 분야에서는 '걷고 싶은 도시만들기', '도시경관만들기'로 진행되었으며, 기타 아파트 공동체운동, 문화마을 만들기 운동 등으로 전개되었다.

우리나라에서 마을만들기의 도입은 기존의 도시계획이 주로 물리적 환경의 개선에 치중했다는 반성에서 다양한 공동체 활동을 지원하는 방향으로 마을만들기를 전환해야 한다는 정책적 의지에서 비롯되었다(김세용, 2014: 244). 최근에는 독자적인 사업으로 추진되기보다는 도시재생사업의 핵심 요소로 통합되어서 추진되고 있는데, 도시재생사업의 주민주도적 성격은 먼저 시작된 마을만들기에서 비롯된 것으로 평가할 수 있다.

제6절

주민참여의 진로

1. 주민참여의 발전

주민참여의 발전을 위해서는 시대의 변화에 발맞춘 행정 및 계획주체의 사고전환이 필요하다. 지금까지 행정에서는 공청회 등 주민참여를 법에 정해져 있는 의무사항으로만 인식하고 형식적으로 진행해 온 것이 사실이다. 그러나 주민의 권리의식이 강해진 오늘날에 있어 주민참여는 피할 수 없는 과정이 되었다. 주민참여를 시간적·비용적 낭비라고 생각하지만, 현실적으로 계획이 참여 없이 진행됐을 때 훨씬 더 긴 시간의 소요와 더 많은 비용이 투입될 수 있음을 주지할 필요가 있다. 따라서 주민참여를 더 좋은 계획을 만드는 필수적인 단계로 이해하고, 긍정적으로 받아들이는 발상의 전환이 필요하다. 현재는 공급자 위주로 참여의 시간과 장소, 방법이 결정되고 있는데, 주민의 입장에서 편한 시간과 장소를 선택하여 즐거운 프로그램과의 결합을 통해 주민들의 적극적이고 자발적인 참여를 유도할 필요가 있다.

그러나 기술의 획기적인 발전으로 인해 지금껏 주민참여를 어렵게 해 왔던 물리적 제약과 시간적 제약의 문제는 근미래에 상당 부분 해소될 수 있을 것으로 기대된다. 즉, 주민들이 물리적으로 모이지 않고도 가상공간에 모여서 계획안을 체험하고 서로의 의견을 교환하는 가상현실(virtual reality)을 구현하는 것이 가능해질 것이다.

정보통신 및 인공지능 기술의 비약적 발전으로 주민참여의 가능성이 대단히 넓어지고 있다. 초보적인 단계에서는 인터넷이나 모바일 기반의 SNS를 통해 정보제공과 의견수렴을 효율적으로 진행할 수 있다. 한 걸음 더 나아가서 일반인이 웹상에서 도구를 이용해서 자신의 생각을 계획에 반영시키는 보다 복잡한 작업도 수행할 수 있다(김미연 외, 2010). 사용자 친화적인 참여 플랫폼의 구축은 시민의 도시계획으로의 일상적 참여를 지원할 것이다.

커뮤니티 매핑(Community Mapping)은 또 다른 참여방식의 가능성을 보여준다(임완수, 2019). 커뮤니티 매핑은 특정 주제와 관련된 정보를 주민들이 직접 수집하고, 이를 온라인 지도 서비스에 표시하여 지도를 완성함으로써 정보를 공유하고 활용하는 참여형 지도제작 활동으로 정의되는데, 민주사회에서 집단지성의 힘을 보여준다. 커뮤니티 매핑은 지금까지 주로 재난상황에서 사람들에게 정보를 제공해주는 역할을 수행했지만, 일상생활에서도 각종 도시환경의 개선을 위해 사람들의 중지를 모을 수 있다는 점에서 활용가치가 매우 높다.

또 다른 주민참여 방법으로 지역문제 해결에 사물인터넷(IoT) 기술을 활용하는 리빙랩(living lab) 방식을 들 수 있다. 리빙랩은 윌리엄 미첼(William Mitchell) 등의 MIT 연구진에 의해 처음으로 제시된 개념으로 흔히 '살아있는 실험실', '일상생활 실험실', '우리 마을 실험실' 등으로 해석된다. 첨단 테크놀로지를 이용해 주민이 직접 나서서 지역의 문제를 해결해 나가는 '사용자 참여형 혁신공간'으로 정의할 수 있다.

리빙랩의 출발은 2004년부터 2007년까지 MIT가 위치한 매사추세츠 주 캠브리지 시의 다세대 아파트에서 시작된 PlaceLab 프로젝트에서 기원한다. 연구원들은 자원봉사자들을 대상으로 수백 개의 센서와 자동 활동인식 시스템을 통해 거주자가 어디에 있는지, 무엇을 하고 있는지를 파악하였다. 프로젝트는 이를 통해 주민들의 식이요법, 운동, 약물 등과 관련된 빅데이터를 구축하고 문제해결을 위한 시사점을 도출했다. 리빙랩은 이처럼 첨단기술을 토대로 주민과 지역의 니즈를 파악하고 문제를 해결해나가는데, 주민들은 단순한 모니터링의 대상이 아니라 함께 실험을 설계하고 의견을 개진해나감으로써 더 나은 생활환경을 만드는 주역으로 자리매김된다.

2. 주민참여와 계획가의 역할

전통적으로 계획가의 역할은 참모기능으로 이해되어 왔다(김규정, 2001: 216). 계획이론은 의사결정에 대해 논의의 많은 부분을 할애하지만, 실상 의사결정은 정치인에 의해 이루어지는 영역이다. 계획가는 좋게 말해서 정치인에 대한 조언자이고, 나쁘게 말하면 정치인의 하수인에 불과하다고 볼 수 있다. 그래도 합리모형의 시대에 계획가는 전문가로서 대접을 받았다. 하지만 협력적 거버넌스와 주민참여가 강조되는 상황에서 계획가의 전문성은 극도로 위협받고 있다. 참여적 계획이 진행될수록 계획가는 정치인의 하수인에서 주민의 심부름꾼으로 위상이 바뀌게 된다. 주민들은 계획과정에 익숙해질수록 공무원과의 관계를 통해 계획가라는 이들이 실상 별것 아닌 존재임을 인지하게 된다(김주일, 2022). 문제는 그 과정에서 계획의 전문성이라는 것도 별것 아닌 것으로 치부되기 일쑤라는 점이다. 자신을 전문가로 자부하는 계획가에게 이러한 상황은 받아들이기 힘든 현실일 수 있다. 변화된 세계에서 계획가는 어떻게, 무엇을 해야 하는가?

우선 거장(guru)의 시대는 돌아오지 않는다는 사실을 직시할 필요가 있다. 더 이상 거장이 필요 없는 시대가 되었다. 르 꼬르뷔제의 '빛나는' 계획은 실상 일방적인 가치의 강요에 다름 아니다. 계획은 거창한 조감도가 아닌 다양한 대화를 통해 만들어지는 과정임을 이해할 필요가 있다. 따라서 계획은 계획가 혼자가 아닌 주민, 정치인, 공무원, 여타 전문가와 함께 만들어가는 과정임을 이해할 필요가 있다. 주민이 계획의 고객이라고 생각한다면 주민의 심부름꾼이 되는 것은 크게 이상한 일이 아니다. 정치인들은 종종 스스로를 "국민의 공복(公僕)"이라 자처하지 않는가. 긍정적으로 본다면, 현재의 상황은 데비도프가 주창했던 옹호계획이 실현되는 과정으로 이해할 수 있다.

그렇다면 계획가의 전문성은 어디에서, 어떻게 찾아야 하는가? 주민들은 자신이 사는 동네의 전문가이지만 계획방법과 계획제도에 대해서는 이해도가 부족하다. 따라서 정제되지 않은 욕구의 피력이 주민참여 과정을 지배할 수 있다. 주민들의 참여와 창의성을 촉구하면서도 현실감을 유지하도록 일깨우는 역할이 계획가의 몫이다. 그 과정에서 주민들이 원하는 흐릿한 바람(wish)을 구체적인 결과물로 보여주는 역할이 계획가의 역할이다. 현실에서 바람의 실현수단과 제약조건이 무엇인지를 알려주는 사회적 교육자로서의 역할이 계획가의 몫이다. 제기되는 막연한 주문보다 더 나은 대안이 가능하다면, 그것을 알려주는 것도 계획가의 역할이다. 그 과정에서 신뢰가 쌓일 때 계획가의 전문성과 역할에 대한 존중도 자연스럽게 이루어질 것으로 기대한다.

제 2 장

갈등관리

다원화된 사회에서 갈등은 불가피한 현상이다. 특히 편익과 비용을 배분하는 계획과정에서 갈등은 벗어버릴 수 없는 짐과 같은 존재이다. 따라서 갈등관리가 중요하다. 본 장에서는 갈등관리에 대한 이해를 위해 갈등의 개념과 갈등관리 방안에 대해 살펴보고자 한다. 논의를 위해 대통령자문 지속가능발전협의회(2005), 이달곤(2005), KDI 국제정책대학원(2009), 윤권종(2010), 박중훈 · 류현숙(2011), 서울특별시(2014, 2015, 2016) 등을 참조하였다.

제1절

갈등의 의의

1. 갈등의 개념 및 원인

1) 갈등의 개념

사전적으로 갈등(葛藤)은 칡넝쿨(葛)과 등나무(藤) 줄기처럼 복잡하게 얽힌 상태를 의미한다. 다루기 어려운 까다로운 상황을 암시한다고 볼 수 있다. 갈등은 원론적으로 복수의 사람이나 집단이 각자의 목적을 동시에 추구하면서, 양립할 수 없는 역할이나 수단을 동원할 때 나타나는 분쟁을 의미한다. 여기서 우리가 주목해야 할 부분은 갈등이 복수의 주체가 양립할 수 없는 수단을 동원할 때 나타나는 현상이라는 것이다. 즉, 의견이나 이해관계의 대립자체가 문제가 아니라 이를 해결하는 방식이 비생산적(종종 폭력적)으로 전개될 때, 우리는 이 과정을 갈등이라고 부른다. 이는 유사한 개념인 '경쟁'과의 비교를 통해서 이해가 가능하다. 경쟁에는 흔히 '선의의 경쟁'이라 불리는 긍정적 측면이 존재하지만, 갈등에는 '선의의 갈등'이라 부를 만한 측면이 없다는 점이 갈등의 본질적 성격을 잘 보여준다.

갈등은 개인으로부터 사회(조직), 지역, 국가에 이르기까지 다양한 층위에서 발생한다. 따라서 다양한 성격의 갈등이 존재하며, 그 대책도 복잡하고 까다롭다. 갈등의 원인은 이해관계, 편견, 권력투쟁, 이념 등 다양한데, 이들이 결합되어 복잡한 상황이 연출되는 경우가 많다. 갈등의 원인은 합리적일수도 있고 비합리적일 수도 있다. 갈등은 단초를 제공하는 이해관계 자체보다 상당 부분 문화적 배경이나 편견, 기억 등에 의해 증폭되는 경향이 있다. 따라서 갈등관리에 있어서는 이러한 맥락에 대한 이해와 관리가 중요하다.

2) 갈등의 원인

(1) 갈등 발생의 조건

갈등은 다음과 같은 상황적 조건과 한계, 문제점에 의해 발생하고 증폭되는 경향이 있다. 첫째는 목표 및 가치관의 차이이다. 사업자는 개발을 원하는데 주민들은 정온한 환경을 원함으로써 갈등이 발생할 수 있다. 둘째는 현실인식의 차이이다. 노사 간에 임금인상을 두고 다투는 갈등이 좋은 예가 될 수 있다. 셋째는 역할인식의 차이이다. 공공에서는 주민참여가 불필요하다고 판단하거나 주민참여가 충분히 이루어졌다고 판단하여 사업을 진행할 수 있는데, 주민들은 주민참여가 필요하다거나 충분치 않다고 느낌으로써 갈등이 나타날 수 있다. 넷째는 정보의 불균형이다. 주민들이 공공에 비해 충분한 정보를 갖지 못함으로써 정보의 비대칭성이 나타나는 경우, 주민들은 자신들이 소외되고 있다거나 손해를 보고 있다고 느끼는 경우가 많다. 다섯째는 의사소통의 문제이다. 충분히 설명이 되지 않았거나, 의사전달에 있어서 오해가 있는 경우, 또는 의사전달 과정에서 사용된 표현이나 불성실한 태도의 문제로 감정이 상하게 되는 경우 등이 이에 해당된다. 여섯째는 권한·제도의 결핍이다. 문제가 인지됨에도 구조적으로 문제를 해결할 수 없을 때 갈등이 나타날 수 있다. 즉, 문제를 다룰 수 있는 제도가 없거나 해당 공무원이 이를 처리할 권한이 없을 때 갈등은 심화된다. 이와 함께 주민들의 참여 및 발언권이 보장되지 않는 상황도 여기에 해당된다고 볼 수 있다.

(2) 갈등 발생의 원인

갈등은 원론적으로 양보할 수 없는 인간의 기본적 욕구(basic needs)가 왜곡 또는 위협될 때 발생하는 것으로 설명된다. 기본적 욕구에는 의식주, 안전, 공정한 대우, 인정욕구 등이 포함된다. 좀 더 세부적으로 살펴보면 갈등의 원인은 경제적 요인, 사회문화적 요인, 정치·행정적 요인, 심리적 요인, 인류학적 요인의 다섯 가지로 구분이 가능하다.

첫째, 경제적 요인으로는 비용과 편익의 불공평한 배분을 들 수 있다. 둘째, 사회문화적 요인으로는 가치관의 충돌, 신뢰 부족 등을 지적할 수 있다. 가치관의 충돌은 진보 대 보수, 개발 대 환경, 집단 대 개인의 대립, 남녀·세대 간의 갈등 등으로 구체화된다. 갈등 과정에서 상대방에 대한 신뢰 부족은 갈등을 심화시키는 요인으로 작용한다. Putnam(2001)이 언급한 것처럼 신뢰는 사회적 자본의 핵심 요소로서, 사회적 갈등을 완화시킴으로써 사회적 비용을 감소시키는 역할을 수행한다.

셋째, 정치·행정적 요인으로는 민주화의 진전에도 불구하고 나타나는 정치·행정 시스템의 문제를 지적할 수 있다. 즉, 정책결정 과정에서 나타나는 폐쇄성과 갈등을 효율적으로 다룰 수 있는 제도적 장치의 부재 등이 갈등을 촉발·심화시킨다는 것이다. 넷째, 인류학적 발생원인은 인간의 본능적 성향으로서의 공격성으로, 이에 대해서는 뒤에서 다시 살펴보도록 하겠다. 마지막으로 심리적 요인은 전술한 모든 요인들이 실체와 무관하게 주관적 인식에 의해 나타날 수 있다는 것이다. 막연한 두려움과 피해의식, 기억의 왜곡 등 심리적 요인들이 실체를 과장되게 인식하도록 이끌어서 갈등을 심화시키는 역할을 한다. 기타 심리적 요인으로 타인(타집단)과의 비교, 경쟁심 등이 갈등을 심화시키는 요인으로 작용할 수 있다.

3) 갈등의 유형 분류

갈등의 성격에 따라 사실관계 갈등, 이해관계 갈등, 구조적 갈등, 가치갈등 등으로 갈등의 유형을 구분할 수 있다(대통령자문 지속가능발전협의회, 2005).

먼저 사실관계 갈등은 사건이나 자료를 다르게 이해함으로써 벌어지는 갈등이다. 사실(fact)을 규명하면 쉽게 해결될 것 같지만, 사실에는 언제나 입장에 따라 다른 해석(가치)이 개입되므로 서로 다른 의견으로 인한 충돌이 나타나게 된다. 흔히 언급되는 "사람은 믿고 싶은 대로 본다"는 말은 여기서 나온 것이다. 또한 정치권에서 흔히 쓰이는 '실체적 진실'이라는 용어 역시 이러한 배경에서 나온 표현이다. 다음의 그림들은 하나의 실체가 보는 관점에 따라 다르게 받아들여질 수 있음을 보여주는 예이다.

[그림 6-2] 실체와 인식의 괴리

이러한 사실관계 갈등을 다루기 위해서는 흡사 법정의 증인처럼 중립적인 제3자의 판단이 필요한 경우가 많다. 밀양송전탑 갈등에서 갈등의 핵심논제가 된 안전성 문제에 대해 의학계의 중립적이고 전문적인 판단이 제시되는 경우가 이에 해당된다고 볼 수 있다. 문제는 전문가들마저도 견해가 모두 다르고, 정치적 입장에 의해 침윤되어 있는 경우가 많다는 것이다.[3] 이로 인해 갈등주체들은 어떠한 견해든지 자신의 입장을 지지하는 견해만을 부각시키고 자신의 입장과 대립되는 견해는 배척하고 불신함으로써 문제가 항구화되는 경우가 나타나게 된다.

이해관계 갈등은 가장 일반적인 갈등으로 금전적 이익이나 손실에 대한 개인

3 이는 역설적이게도 '과학의 모호성'에서 기인하는 문제이다. 합리적 과학은 언제나 단정적으로 결론을 제시하지 않고, 가능성 차원에서 확률적 범위를 제시한다(Gardner, 2010). 이로 인해 갈등 당사자들이 자신에게 유리한 쪽으로 사실을 해석하는 것이 가능해진다.

또는 집단의 반응에서 기인하는 갈등으로 정의할 수 있다. 자원은 한정된 반면, 이를 원하는 사람은 많을 때 발생하는 갈등으로, 비용과 편익 배분의 대립, 자원배분의 불공정성이 문제를 심화시킬 수 있다. 지역개발 사업이나 기피시설 입지 등에서 나타나는 집단행동은 이해관계 갈등의 전형으로 볼 수 있다. 다른 갈등에 비해 상대적으로 다루기가 용이한 갈등으로 평가된다. 문제는 근시안적 시각에서 비용 지출을 줄이려다가 갈등을 장기화·심화시키는 경우가 많다는 것이다.

구조적 갈등은 구조적 문제 및 한계로 인해 발생하는 갈등이다. 특정 제도, 규제, 풍습, 관습에 의해 소수 개인이나 집단이 물질적, 정신적 피해를 입을 때 나타나는 갈등이다. 지역차별, 신분차별, 성차별, 인종차별 등이 여기에 해당된다. 문화와 관련된 갈등으로, 다루기 어려운 갈등인 것은 분명하나 민주주의와 시민사회가 성숙되어 감에 따라 꾸준히 개선이 이루어지고 있다.

가치갈등은 가장 고차원적인 갈등으로 가장 다루기 까다로운 갈등이다. 종교, 이념, 문화 등 가치관의 차이에서 기인하는 갈등이 여기에 해당된다. 하나의 가치를 강요하거나 포기하기를 거부하는 과정에서 발생하는 갈등이다. 새뮤얼 헌팅턴(Samuel Huntington)은 그의 『문명의 충돌(*The Clash of Civilization*)』이라는 저서를 통해 기독교와 이슬람 문명의 충돌을 설명한 바 있는데, 이러한 유형의 갈등이 가치갈등에 해당된다.

사실(Fact), 그 엄혹함 또는 비루함에 관하여

사실관계 갈등은 사실에 가치가 개입됨으로써 발생하는 갈등이라고 했다. 그렇다면 가치는 왜 사실에 개입하는 것일까?

첫 번째 이유는 이해관계 때문이다. 금전적 이익, 지대(rent), 권력(지위), 위신 등이 모두 여기서 말하는 이해관계에 해당된다. 구로사와 아키라(黑澤明) 감독이 연출하여 1951년 베니스 국제영화제에서 황금사자상을 수상한 라쇼몽(羅生門)은 사실이 어떻게 현실에서 왜곡되는지를 잘 보여주는 작품이다. 줄거리를 간단히 소개하면 다음과 같다. 아내와 함께 산을 넘던 사무라이가 살해당한다. 살해범으로 산적이 붙잡힌다. 그런데, 산적, 살아남은 아내, 사건을 훔쳐보던 나무꾼, 심지어 접신을 통해 불러낸 사무라이까지, 네 사람의 증언이 모두 다르다. 누가 사무라이를 죽였는지, 왜 죽었는지, 어떻게 죽었는지 도통 알 수가 없다. 네 명 모두 정도의 차이는 있지만 자신의 행위를 합리화하기 위해, 자신의 체면 때문에, 자신의 잘못을 감추기 위해 사실을 윤색하거나 거짓말을 하고 있다. 실체적 진실은 무엇인가? 감독은 답을 내리지 않고 관객에게 판단을 맡긴다.

사실과 거짓의 경계는 어디쯤 있을까? 움베르트 에코(Umberto Eco)의 '장미의 이름(*Il nome della rosa*)'에서 프란체스코회 수도사 윌리엄은 이렇게 말한다. "광기와 신앙의 차이는 종이 한 장 차이이다." 이처럼 현실에서 참과 거짓의 경계는 극히 미세한 것이고 그 경계가 모호한 경우가 많다. 이 과정에서 다양한 해석이 나오고 유언비어, 가짜 뉴스(fake news)가 유포되는 것이다.

영화 '라쇼몽' 포스터

두 번째 이유는 사실이 언제나 유쾌한 것만은 아니라는 것이다. 과연 우리에게 사실을 직면할 용기가 있을까? 사실은 엄혹하고 냉정하며, 때로 누추하고 당혹스러운 것이다. 그렇기에 사실을 다투는 과정에서 우리는 여러 가지 부연설명을 하고, 당의정을 씌우게 되는데, 종종 그러한 행동이 사실의 왜곡, 윤색, 본말의 호도로 이어지는 것이다.

르네상스 기 독일을 대표하는 화가 뒤러(Albrecht Dürer)의 스케치 한 장을 보자. 그 당시 마녀로 몰렸던 어떤 노파의 초상인가? 놀랍게도 이 스케치의 제목은 '어머니(*Bildnis der Mutter*)'이다. 화가의 어머니는 63세이고 그림이 완성된 두 달 후 사망한 것으로 기록되어 있다. 화가는 어머니가 돌아가시면서 매우 괴로워했고, 자신은 슬픔을 형용할 수 없다고 썼다.

화가는 어머니를 매우 사랑했던 것 같다. 따라서 어머니의 모습을 왜곡해서 추하게 그릴 하등의 이유가 없다. 하지만 어머니의 모습은 우리가 흔히 생각하는 그런 어머니의 모습이 아니다. 미켈란젤로가 만든 *Pietà* 상의 성모 마리아의 모습이나 다빈치의 모나리자처럼 그려져 있지 않다. 아름답기는커녕 주름이 깊고, 눈은 사시에 코는 휘었다.

뒤러는 18명의 형제, 자매 중 세 번째 자녀였던 것으로 기록되어 있다. 일평생 아이만 낳다가 늙어버린 어머니도 한때는 누군가의 소중한 딸이었고, 꿈 많은 소녀였을 것이다. 깊은 주름, 튀어나온 광대뼈, 불거진 쇄골과 드러운 목의 힘줄은 어머니가 지나쳐온 고단한 삶의 흔적이다. 뒤러는 사실을 외면하지 않고 어머니의 모습을 있는 그대로 재현했다. 스토리를 알고 난 우리는 그림을 다시 보며 먹먹함을 느끼고, 그림이 위대한 예술혼의 결정체라고 부른다. 하지만 보통사람인 우리가 그리는 어머니는 과연 어떤 모습일까? 조금이라도 아름다운 모습으로 그려진(윤색된) 어머니이기를 원하지 않을까? 과연 뒤러의 형제들도 이 그림이 세상에 나가는 것에 박수를 쳤을까?

뒤러의 '어머니'

팔은 언제나 굽을 수 있는 한 안쪽으로 굽게 마련이다. 이 과정에서 사실은 언제나 해석과 논쟁의 대상이 된다. 서로가 주장하는 미세한 차이가 다툼의 대상이 된다. 다시금 사실과 사실 아닌 것의 차이는 종이 한 장 차이다.

이 책에는 차마 싣지 못했지만, 사실(fact)이 우리를 얼마나 당혹스럽게 하는지를 직시하고 싶다면, 프랑스의 사실주의 화가 구스타브 쿠르베(Jean–Désiré Gustave Courbet)의 '세상의 기원(*L'Origine du monde*)'이라는 그림을 보기를 권한다.

갈등관리에서는 사실의 규명 이상으로 이해당사자들의 화해와 치유가 중요하다. 사실에 대한 엄정한 천착으로 인해 오히려 많은 사람들이 상처 받을 수 있음을 인식해야 한다. 다시 윌리엄 수도사의 말로 끝맺음을 하자. "진리를 위해 죽을 수 있는 사람을 조심해라. 그런 사람들은 많은 사람들을 저와 함께 죽게 하거나, 자기 대신 죽게 할 수 있는 사람들이다."

2. 갈등의 동적 특성

1) 동적 과정으로서의 갈등

갈등은 동적인 과정으로, 지속적으로 변화하는 특성을 갖는다. 갈등은 시간의 흐름에 따라 현재의 모습과는 다른 양상으로 변화할 가능성이 농후하다. 따라서 초기 단계에서 갈등을 관리하는 것이 가장 바람직하다.[4] 초기 단계의 갈등은 대부분 이해관계 갈등의 특성을 갖는데, 시간이 흐르면서 과거의 기억, 편견이 개입되고, 외부세력이 결합하면서 갈등의 성격이 변화하고 갈등의 강도가 심화되는 경우

4 같은 원리로 야구에서 내야수 수비의 원칙은 언제나 '대시(dash)'이다. 백스텝은 절대 금기 사항이다. 시간이 지연되는 동안 불규칙 바운드 등 다양한 이벤트가 일어날 수 있기 때문이다.

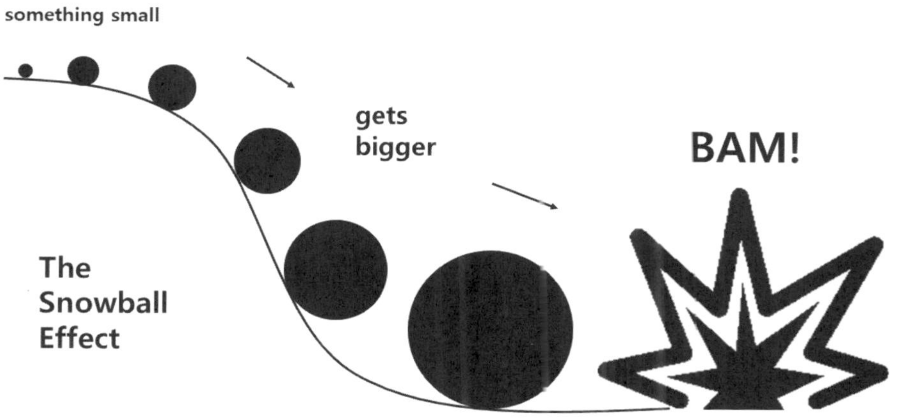

[그림 6-3] 눈덩이 효과

가 대부분이다. 우리는 이를 '눈덩이 효과(snow-ball effect)'라 한다(그림 6-3). 같은 맥락에서 속담에 "호미로 막을 것을 가래로도 못 막는다"라는 말이 있는데, 이는 초기에 적절한 상황대응을 하지 못해서 실기했을 때 치러야 하는 기회비용을 지적하는 비유이다. 따라서 초기 단계에서 보상을 통해 문제를 해결할 수 있다면 기회비용의 관점에서 그것이 가장 효율적인 갈등관리 방법이라 할 수 있다. [그림 6-4]는 초기의 이해관계 갈등이 시간이 흐르면서 다루기 어려운 이념적 갈등으로 변모하는 진화과정을 보여준다.

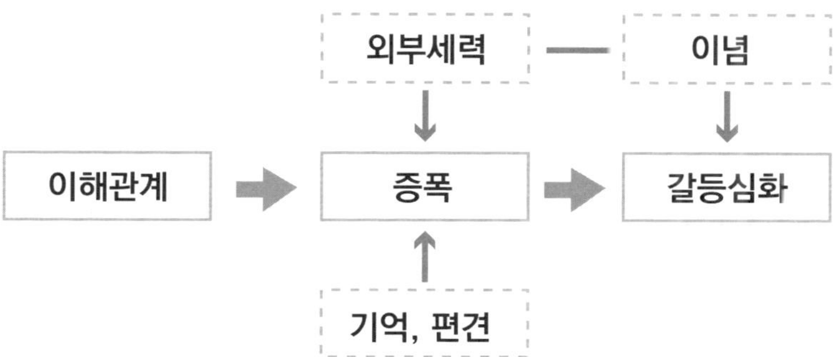

[그림 6-4] 갈등의 진화과정

2) 갈등을 심화시키는 요인

첫째, 조직화가 이루어질 경우 갈등은 심화된다. 조직화는 시간이 경과하면서 이루어지는 것이 일반적이므로 갈등관리의 입장에서는 골든 타임을 놓치지 않는 것이 중요하다. 둘째, 건강 또는 생명과 관련된 경우 갈등은 심화된다. 밀양 송전탑 사례나 용산참사는 그 전형이라 할 수 있다. 셋째, 손익 프레임이 작동될 경우 갈등은 심화된다. 이 경우 타인과의 비교를 통한 상대적 박탈감이 작용한다고 볼 수 있다. 그러나 보상을 통한 해결이 가능하다는 점에서 다른 사안에 비해서는 상대적으로 관리가 용이하다고 볼 수 있다. 넷째, 갈등이 진행되는 과정에서 나타나는 환경적 요인에 의해 갈등이 심화될 수 있다. IMF 외환위기와 같은 경제상황, 선거와 같은 정치상황, 팬데믹과 같은 사회적 상황에 의해 갈등은 격화될 수 있다.

3. 공공갈등

1) 개념

전술하였듯이 갈등은 다양한 영역에서 나타난다. 이중 공적 영역을 다루는 계획이 주로 관심을 갖는 갈등이 공공갈등이다. 공공갈등은 정부의 공공사업 추진과정이나 정책수립, 사업집행, 법령제정 등의 과정에서 공공기관과 주민 간, 또는 공공기관 상호 간에 이해관계와 쟁점을 둘러싸고 전개되는 갈등을 의미한다. 혐오시설 또는 비선호시설(LULU: Locally Unwanted Land Uses)의 입지과정에서 공공과 해당 지역주민들 간에 이해관계의 충돌이 빈번하게 발생하는데, 그러한 갈등을 공공갈등의 전형으로 볼 수 있다.

2) 공공갈등의 성격

(1) 갈등관리의 어려움

공공갈등은 다음과 같은 세 가지 특징으로 인해 다루기가 매우 까다로운 성격을 갖고 있다. 첫째, 공공정책이 갈등의 중심에 위치하는 만큼 이해관계자가 불특정적이고 시민사회 전체가 잠재적 이해당사자이다. 다수의 직간접적 이해관계자가 있으며, 그들 간에 복잡한 이해관계가 존재한다. 따라서 갈등관리를 위해서는 갈등 당사자의 범위를 어디까지로 설정할 것인가에 대한 숙고가 전제되어야 한다.

둘째, 정부는 행정집행에 있어 합법성을 가장 중시하나, 이해관계자들은 이익의 실현을 위해 종종 파업, 집회, 시위 등의 극단적인 행위를 동원하는 만큼 단순한 사실 판단이나 위법성 여부에 대한 판단만으로는 갈등관리가 어려운 특성이 있다. 용산참사의 경우가 그러한 예에 해당된다.

셋째, 다수의 공공갈등은 사회 전체 불특정 다수에게는 편익을 주는 반면, 사업시행지 주변 주민에게는 다양한 비용과 희생을 부과함으로써 유발되는 경우가 많다. 비선호시설로 불리는 이들 시설을 어떻게 다룰 것인가 하는 것이 공공갈등관리의 중요한 과제라 할 수 있다. 그러나 시민의 입장을 고려하여 적극적으로 보상을 할 경우, 여타 이해관계자들이 이를 학습하여 우선 시위부터 하고 보는 결과를 초래할 수 있다.

(2) 공공갈등의 특수성

다수 공공갈등은 미흡한 주민의견 수렴에서 기인한다. 행정의 비밀주의가 성토의 대상이 된다. 하지만, 개발계획이 사전에 공중에게 인지되었을 경우 나타날 수 있는 부작용 또한 적지 않다. 이로 인해 공공(정부, 지방자치단체)은 그 부작용을 알고 있음에도 행정의 비밀주의를 답습하는 경우가 많다.

다수 공공갈등은 비용과 편익의 괴리로부터 발생한다. 전술하였듯이 다수 공공사업은 사회전체 불특정 다수에게는 편익을 주는 반면, 사업시행지 주변 주민에게는 다양한 비용과 희생을 부과하는 경우가 많다. 갈등에 직면해서 정부와 지방자치단체는 종종 기존 계획을 고수하는 경우가 많은데, 이는 매몰비용과 기회비용의 문제 때문이다. 더욱이 사업을 취소했을 때, 다른 대안을 찾기도 쉽지 않은 것이 현실이다. 예를 들어 폐기물처리장을 건립하는 계획의 경우, 한 지역에서 반대에 부닻혀 다른 지역으로 대상지를 바꾼다고 해도 계획이 원활하게 진행된다는 보장이 없다.

대부분의 공공사업들은 반대에 직면했을 때 이미 원상회복이 어려운 단계까지 진행된 경우가 많다. 서울 외곽순환도로 사패산 터널 갈등의 경우, 불교계의 격렬한 반대와 정부의 반대측에 대한 우호적인 입장에도 불구하고 결국 계획을 바꿀 수가 없었다. 2003년 당시 백지화를 공약으로 당선된 대통령은 “백지화를 공약했지만, 대통령이 되고 보니 공사 진척이 많이 돼 터널 부분만 남아 있더라"고 토로한 적이 있다. 결국 현상태를 유지하면서 보상을 하는 식으로 갈등이 마무리되는 경우가 대부분이다.

공공갈등이 장기화될 경우 지역공동체가 황폐화되고 회복에 상당한 비용과 기간이 소요된다는 특징이 있다. 부안 방사성폐기물처리장이나 밀양 송전탑 갈등처럼 지역에 깊은 상처를 남기는 경우가 대부분이다. 이로 인해 높은 사회적 비용이 발생하고 공공의 신뢰가 훼손됨을 유념할 필요가 있다.

마지막으로 집단화와 리더의 존재를 지적할 수 있다. 대부분의 공공갈등은 리더에 의해 이끌려지는 다수 주민들과의 문제이다. 아무리 억울한 문제가 있다고 하더라도 사안이 개인적인 문제에 머무를 경우, 갈등의 심각성은 상대적으로 크지 않다. 하지만 피해를 인식하는 주민이 다수일 때, 그리고 그들을 이끄는 리더 또는 지원세력이 존재할 때 갈등의 심각성은 제고된다. 따라서 갈등을 관리하는 입장에서는 해당 갈등이 다수의 문제로 확산되지 않도록 관리해야 하며, 조기에 해결되도록 노력해야 한다. 갈등이 심화된 경우에는 리더와 이해관계자들의 역할 및 관심을 파악해서 맞춤형 관리에 들어갈 필요가 있다.

제2절

갈등을 바라보는 시각

1. 사회과학에서 바라보는 갈등

다양한 학문 분야에서 '갈등'이라는 사회현상에 대해 관심을 갖지만, 사회학(사회심리학)과 인류학의 관점이 가장 대표적인 시각이다[5](대통령자문 지속가능발전협의회, 2005). 이들 사회과학 분야에서는 공통적으로 갈등을 제한된 자원에 대한 경쟁의 산물로 이해하며, 순기능의 존재를 인정한다(Coser, 1956; Wrangham, 2018). 여타 학문 분야에서는 이들의 시각을 원용해서 갈등 상황을 해석한다고 봐도 될

5 심리학에서도 갈등 현상에 주목하는 것이 사실이지만, 주로 내적 갈등과 개인 간의 갈등에 초점을 맞춘다는 점에서 여기서는 상론하지 않기로 한다.

것이다.

1) 사회학

(1) 갈등의 의의

사회학자들은 갈등을 물적 자원, 지위, 권력 등 희소자원에 대한 경쟁에서 기인하는 사회현상으로 본다. 이러한 시각에서 갈등은 불가피한 현상으로 이해된다. 우리 사회에는 언제나 자원이 부족하기 때문이다. 갈등이론에 있어 사회학자들의 기여는 기존에 부정적으로만 인식되어오던 '갈등'이라는 현상에 긍정적 의미를 부여했다는 점에서 찾아진다. 일부 사회학자들은 갈등이 적당한 자극과 긴장을 통해 사회발전의 촉매로 작용할 수 있다고 주장한다. 적절한 갈등이 없다면 사회는 고인 물이 썩듯이 정체되고 말 것이라는 것이 그들의 주장이다(Schlesinger, 1949). 용산참사 등의 사건을 계기로 「상가임대차보호법」에서 권리금을 보장하는 방향으로 제도적 변화가 이루어진 경우가 그 예로 지적될 수 있다.

(2) 사회심리학적 진단

사회심리학적으로 갈등은 좌절공격이론(frustration−aggression theory)에 의해 그리고 상대적 박탈감에 의해 발생하는 현상으로 설명된다. 먼저 좌절공격이론에서는 기대하는 목표가 가로막힐 때 갈등이 발생한다고 설명한다(Dollard et al., 1939). 즉, 기대와 실익의 괴리 또는 가치기대와 가치능력 사이의 격차가 가져오는 박탈감이 갈등의 원인으로 설명된다. 상대적 박탈감은 타인 또는 타집단과의 비교에서 나타나는 심리로 그 배경에는 인정욕구(desire for recognition)가 내재되어 있다. 하버드 대학원에서 조사한 바에 따르면 사람들은 타인보다 소득은 낮지만 절대적 소득은 높은 세상보다, 절대 소득이 낮아도 타인보다 상대적 소득이 높은 세상을 선호하는 것으로 파악되었다(Solnick and Homenway, 1998). 사람들은 타인이 이익을 보는데 자신은 그로부터 소외되었다고 느낄 때 갈등행위에 나선다고 볼 수 있다.

2) 인류학

인류학자들은 진화생물학을 원용하여, 갈등이 인간 심성에 내재된 공격성과 밀접한 관련이 있다는 가설을 제기해왔다(Buss and Shackelford, 1997). 진화생물학의 관점에서 '승리자'란 자신의 유전자를 효과적으로 다음 세대에 전달한 개체를 의미하는데, 인간의 경우 타인에게 양보하고, 화합하며, 체제를 수용하는 성향을 지닌 개체는 상대적으로 생존 및 번식에서 불리했을 수 있다. 반면, 공격적이고 자기 이익을 우선시하며 종종 배신을 마다하지 않는 성향의 개체들이 경쟁에서 우위를 점해 유전자를 널리 퍼뜨렸을 가능성이 제기된다.[6] 이러한 가설은 인간의 본성을 도덕적으로 선하거나 악하다고 규정하려는 것이 아니라, 생존 환경에 적응한 결과로서 특정 공격적 행동 양식이 선택되었을 수 있다는 점을 시사한다. 결국, 오늘날의 인간은 그러한 조상으로부터 형질이 유전되었으며, 갈등과 공격성을 내포한 심리적 경향성을 일정 부분 갖고 태어났을 가능성이 있다는 것이 이 가설의 핵심이다.

2. 갈등에 대한 평가

전통적인 시각에서 대부분의 사람들은 갈등의 역기능에 주목해 왔다. 이러한 시각에서 갈등은 분열과 혼란을 초래하고, 법질서를 위협하며, 사회적 비용을 발생시키는 부정적 현상으로 이해된다. 이러한 관점에서 갈등은 공권력과 법제도적 접근을 통해 조기에 처리해야 할 사회문제로 이해된다. 이러한 시각에서는 자연스럽게 갈등이 없는 사회가 바람직한 사회로 이해된다.

그러나 앞서 언급한 것처럼 일부 사회과학자들은 갈등의 순기능에 주목한다. 이들은 갈등을 피할 수 없는 자연스러운 현상으로 본다. 더욱이 갈등이 완전히 없다면 그 사회는 오히려 발전과 변화가 없는 정체된 사회가 될 것이라고 본다. 따라서 이러한 시각에서는 적당한 갈등이 '사회발전의 촉매'로 이해된다. 이들은 참여를 활성화하여 적극적인 갈등관리에 나서야 한다고 주장한다. 오늘날 이러한 시각

6 물론 진화생물학과 인류학은 경쟁과 갈등뿐 아니라 협력 또한 생존과 진화에 있어 중요한 적응 전략이었음을 강조한다(Dawkins, 1976).

은 학계를 넘어 일반 시민사회로까지 확장되고 있다. 서울시민들에 대한 조사에 따르면 서울시민의 1/3 정도가 갈등을 긍정적으로 이해하는 것으로 조사되어서, 우리 사회에서 갈등에 대한 전향적 사고가 확산되고 있음을 알 수 있다(서울특별시, 2016).

그렇다면 우리는 현실적으로 갈등을 어떻게 바라봐야 할까? 갈등의 역기능만을 바라보는 시각과 갈등의 순기능을 강조하는 시각 모두 일장일단이 있는 것이 사실이다. 따라서 양측의 시각 중 합리적인 부분을 선택적으로 수용하여 갈등을 다루는 실용적 자세가 필요하다. 즉, 갈등이 사회적 비용을 발생시키는 사회문제라는 사실을 주지해야 하지만, 어느 정도 불가피한 현상이라는 점에서 인내를 가지고 다양한 입장들을 이해함으로써 적극적으로 갈등관리에 나서는 태도가 필요하다고 판단된다.

제3절

사회성격과 갈등

1. 사회성격에 따라 상이한 갈등의 충격

기본적으로 어느 사회에나 갈등은 있다. 하지만 그 갈등이 초래하는 영향은 상이하다. 어떤 사회는 조그만 갈등에도 큰 충격을 받는 반면, 어떤 사회는 지속적인 갈등에도 별 탈 없이 존속해 나간다. 우리는 사회를 다원화되고 개방적인 사회와 경직되고 폐쇄된 사회로 구분할 수 있는데, 다원화된 사회를 갈등에 강한 사회, 폐쇄된 사회를 갈등에 취약한 사회로 볼 수 있다.

개방적이고 다원화된 사회는 이해관계로 연결된 개인주의적인 사회이다. 민주화된 서구사회가 그 전형이다. 개인 또는 집단 간의 관계가 계약관계로 맺어져 있기 때문에 갈등도 일시적이고 제한적이다. 현재의 경쟁적 관계가 시간의 흐름에 따라 우호적인 관계로 변할 수 있고, 그 역의 관계도 성립할 수 있다는 점에서 갈등의 성격은 다원적 갈등(multiple conflicts)으로 규정된다. 따라서 갈등 양상에 대한 분석과 예단이 어렵다. 다원화된 사회는 이해관계로 연결된 개인주의적인 사회이기 때문에 집단의식이 약하다. 소속집단이나 구성원의 문제를 나의 문제로 받아들이지 않기 때문에 갈등이 심화될 가능성이 낮다. 이와 함께 다원화된 사회에서는 갈등해결에 있어 보상을 통한 해결원칙이 널리 인정된다는 점에서 갈등을 해결할 수 있는 유력한 방법이 존재한다고 볼 수 있다.

반면에 폐쇄적이고 경직된 사회는 전통적인 공동체 지향의 사회라고 볼 수 있다. 조선 사회, 이슬람 원리주의 사회, 북한 등을 그 전형으로 볼 수 있다. 이러한 사회는 집단의식이 강하고 체면과 명분을 중시한다. 이웃의 아픔을 나의 아픔으로 받아들이고 적극적으로 이에 반응한다. 명예를 중시하여 금전적 보상을 배격한다. 이러한 사회는 대체로 순혈주의적 사고와 배타성이 강해서 타인을 대함에 있어 공통점보다 차이점에 주목하는 경향이 강하다. 이러한 사회에서는 사소한 갈등도 곧잘 파국으로 치닫게 된다.

2. 다른 나라와의 비교 및 사회적 비용 추계

한국 사회는 앞에서 살펴본 다원화된 사회인가?, 아니면 폐쇄된 사회인가? 관행적으로 '우리'라는 표현을 쓰는 한국 사회는 집단주의적 인식이 강한 사회라고 볼 수 있다. 조선이 망한지 100년이 넘었지만 우리는 아직도 조선의 유제 속에 살고 있는지도 모르겠다. 당연히 우리 사회는 갈등에 취약한 사회라고 볼 수 있다.

한국보건사회연구원의 2015년 연구에 따르면 평가대상 OECD 24개국 중 우리나라는 다섯 번째로 갈등 수준이 높은 나라로 평가되었다(정영호·고숙자, 2015). 한국보다 사회적 갈등 수준이 높은 국가는 터키, 그리스, 칠레, 이탈리아로 나타났다. 이 수치는 이전 조사결과보다는 그나마 개선된 수치로 2013년 조사에서 우리나라는 터키에 이어 사회적 갈등 수준이 두 번째로 높은 나라로 조사되었다. 갈등관리 능력에 대한 조사에서는 조사대상 34개국 중 24위로 평가되었다. 한국과 유사한 순위를 보인 나라는 체코, 슬로베니아, 포르투갈로 나타났고 스칸디나비아 국가와 네덜란드 등이 상위권으로 조사되었다. 한국보다 순위가 낮은 나라는 멕시코, 터키, 그리스, 헝가리, 이탈리아, 폴란드, 슬로바키아로 나타나서 전반적으로 갈등 수준이 높은 나라가 갈등관리에 있어서도 부족한 역량을 갖고 있음을 확인할 수 있다.

그렇다면 우리 사회가 갈등으로 인해 지불하는 사회적 비용은 어느 정도일까? 국무조정실(2024)이 발간한 보고서에 따르면, 2013년부터 2022년까지 우리 사회에서 발생한 누적 갈등 비용은 약 2,326조 6천억원으로 추정되는데, 이는 연평균 230조원 이상의 사회적 자원이 갈등비용으로 지출된 것을 의미한다. 우리나라의 2024년 명목 GDP는 약 666조원으로 추정되며, 같은 해 정부 예산 총액은 656.6조원에 달한다는 점에서, 우리 사회가 갈등으로 인해 지불하는 사회적 비용이 연간 GDP와 정부예산의 1/3을 초과한다는 사실을 확인할 수 있다. 한편 현대경제연구원(2016)에서는 우리나라가 OECD 평균 수준으로 갈등을 관리할 수 있다면 경제성장률에 있어서 0.2%p 상승효과가 예상되며, G7 평균 수준으로 갈등을 관리할 수 있다면 0.3%p 경제성장률의 상승효과가 예상된다는 분석결과를 제시한 바 있다. 이 경우 2016~2020년 잠재성장률의 수준은 각각 2.9%와 3.0% 수준에 달할 것으로 예측되었다.[7]

제4절

갈등관리의 의의

1. 갈등관리의 개념

1) 기본 개념

갈등관리는 이미 발생한 갈등을 해소시키거나 예상되는 갈등상황의 예방에 관심을 갖는 일련의 활동으로 정의할 수 있다. 갈등관리는 갈등 당사자의 인식을 분석하고, 인식을 변화시킴으로써 갈등을 예방, 완화, 해결하는 것을 목표로 한다. 갈등관리는 갈등의 진행단계에 따라 사전적(예방적) 갈등관리, 사후적(관리적) 갈등관리로 나누어서 개념 정의를 할 수 있다. 사전적 갈등관리는 갈등을 예방하고 해결하기 위해 수행하는 모든 활동으로 정의되며, 사후적 갈등관리는 갈등이 소모적

7 동 기간 중 한국의 실질 경제성장률은 2019년 2.24%로 가장 낮았고, 2017년 3.16%로 가장 높았다. 2020년에는 코로나 발생으로 -0.71%를 기록했다.

인 분쟁 상황으로 발전하거나 재발하지 않도록 효과적으로 조율하고 통제·관리하는 조치를 의미한다. 특히 사후적 갈등관리는 갈등의 확산과 악화를 방지하고, 보다 유리한 결과를 도출하는 데 기여할 수 있는 조건이나 구조를 사후적으로 마련하는 과정으로 정의할 수 있다. 사후적 갈등관리는 갈등의 심화방지(갈등관리)와 후유증 치유(갈등 사후관리)로 세분된다.

2) 공공갈등관리

공공기관이 갈등에 대한 관리를 통해 갈등으로 인한 부정적 효과를 저감하고 긍정적 효과를 극대화하여 사회발전을 시도하는 것을 공공갈등관리라 한다. 우리나라에는 공공갈등을 관리하는 제도로 「공공기관의 갈등예방과 해결에 관한 규정」이 있다. 공공갈등관리를 통해 행정서비스의 안정적 공급을 기대할 수 있으며, 사회전체의 이익에 부합되는 방향으로 정책수정이 가능하다. 갈등을 공론의 장으로 이끌어내서 허심탄회한 대화를 나눔으로써 공익의 신장을 기대할 수 있다.

2. 갈등관리의 기본방향

1) 갈등관리의 기본인식

갈등 상황에 있는 대부분의 사람들은 '나' 또는 '너'를 중심으로 반응을 보인다. 회피적 반응으로서 '내' 얘기만 한다든지, 공격적 반응으로서 모든 책임을 '너'에게 돌리는 것이 일반적인 행태이다. 이러한 시각은 "나는 옳고 너는 그르다"는 시각에서 상대방에게 일방적 복종을 요구하는 태도로 단기적으로는 문제를 해결하는 듯 보일 수도 있지만 장기적으로는 문제를 악화시키게 된다. 분노의 내면화로 인해 갈등이 더 심화되는 결과를 초래할 수 있기 때문이다. 결국 갈등관리를 위해 지향해야 할 시각은 회피반응도 아니고 공격반응도 아닌 '화해반응'이다. 화해반응은 '나' 또는 '너'가 아니라 '우리'를 생각하는 시각이다. 우리, 공동의 목표, 공동의 이익을 위해 합의를 이끌어 내는 태도가 중요하다는 것이다.

갈등이 발생한 이후에 대처하는 방식은 많은 사회적 비용을 초래할 뿐만 아니라 갈등의 완전한 해소도 어렵다는 한계가 있다. 따라서 사후적 갈등관리보다는 갈등 발생을 사전에 차단하는 사전적 갈등관리가 보다 효과적인 접근으로 평가된다. 특히 갈등을 유발할 가능성이 있는 원인을 조기에 식별하고 선제적으로 대응하는 갈등 예방은 모든 갈등관리 과정에서 최우선적으로 고려되어야 할 접근이다. 이를 위해서는 의사결정 과정의 개방성과 투명성을 제고하고, 잠재적 갈등 당사자들의 참여를 적극적으로 유도함으로써 갈등의 발생을 미연에 방지할 필요가 있다.

공공갈등에서 흔히 접할 수 있는 현상으로 경직된 관료주의는 갈등을 더욱 심화시킨다. 합법성을 중시하는 공공부문에서는 법 규정이 가장 우선시되는 경우가 많은데, 이는 갈등관리에 있어 종종 관료주의적 태도로 표출된다. 그러나 갈등관리에 있어서는 법 규정 이상으로 실리를 중시하는 접근이 필요하다. 법 규정에 집착함으로써 갈등이 심화되고, 기회비용을 증가시키는 것보다는 융통성을 발휘해서 문제를 조기에 해결하는 편이 훨씬 실리적이라는 것이다. 따라서 창의적이고 유연한 접근이 필요하며, 이해당사자 간 이익을 극대화할 수 있는 최대공약수의 도출에 노력을 기울일 필요가 있다.

일례로서 2009년 1월 발생한 용산참사의 경우 본질적으로 조합에서 비용을 아끼려다 문제를 키운 경우로 볼 수 있다. 경찰의 대응도 지나치게 경직적이었다. 경찰에서는 적법한 조치를 취했다고 주장하겠지만, 결과적으로 6명이 사망하고 24명이 부상을 입음으로써 문제를 오히려 심화시키는 결과를 초래했다. 경제적 관점으로만 봐도 보상으로 훨씬 많은 비용이 지불되었으며, 시간이 곧 돈인 정비사업은 10년 가까이 지연됐다. 따라서 갈등관리는 행정이라기보다는 정치에 가깝고, 기술이라기보다는 예술에 가깝다는 사실을 주지할 필요가 있다.

2) 갈등관리에 임하는 자세

성공적인 갈등관리를 위해서는 다음과 같은 네 가지 인식이 필요하다. 첫째, 갈등은 누군가가 억울하기 때문에 생기는 사건이다. 그 억울함을 풀어주지 않는 한 갈등은 해결되지 않는다. 둘째, 억울함은 대부분 사회적 약자들이 갖는 심리이다. 현실적으로 사회는 권력과 자본을 가진 이들에 의해 주도된다. 따라서 사회적 약자들은 분배의 몫에서 소외되어 있고, 자신의 목소리를 내기가 어려운 것이 사실이다. 그들이 기성체제를 불신하는 것은 자연스러운 현상이다. 사회적 약자들의 억울함은 문제에 대한 표면적인 판단만으로는 평가하기 어려운 측면이 있다. 권력과 자본에 의해 사실관계가 왜곡된 경우들이 적지 않기 때문이다. 따라서 근본 원인에 대한 이해와 심층적인 분석이 필요하다. 만일 표면적인 이해만으로 사건을 섣불리 판단한다면, 사회적 약자들의 억울함을 배가시키는 결과를 초래할 수 있다.

셋째, 갈등관리에 있어 공정성과 정당성이 담보되어야 한다. 사회적 약자들은 갈등관리 과정에서 권력과 자본에 의해 공정과 정의가 왜곡되지는 않는지 예의주시할 것이다. 따라서 '갈등관리' 작업이 공정성과 정당성을 담보하지 못한다면, 오히려 갈등을 배가시킬 수 있음을 명심해야 한다. 넷째, 갈등관리는 궁극적으로 새로운 관계를 설정하는 작업이다. 즉, 갈등관리를 통해 일방적인 의사소통에서 자발적 참여로, 위계적 상하관계에서 평등, 참여, 존중, 상호 번영과 성장의 수평적 관계로의 전환이 시도된다. 따라서 이러한 인식과 태도의 변화를 수용할 각오가 되어 있지 않다면 진정한 갈등관리는 이루어지기 어렵다고 볼 수 있다.

3) 갈등관리의 태도

보다 기술적인 차원에서 갈등관리를 위해서는 다음의 세 가지 태도가 필요하다. 첫째, 잘 들어야 한다. 문제를 제기하는 사람은 자신의 억울함을 하소연하고 싶어 하는 경향이 강하다. 그들은 어쩌면 자신의 억울함이 구조적으로 해소되지 않을 가능성이 높다는 생각을 이미 갖고 있을지도 모른다. 그들이 원하는 것은 해결책보다 위로일지도 모른다. 이러한 문제 제기자에게 규정과 원칙만을 언급하는 냉담한 태도는 오히려 분노를 야기하여 갈등을 심화시킬 수 있다. 경청하는 태도는 공감(sympathy)으로 이해되고, 문제 제기자의 공격성을 감소시킨다.

둘째, 말만 부드럽게 해도 문제의 반은 줄어든다. 말수를 되도록 줄이고 주로 들으면서, 적절한 공감과 부드러운 표현을 통해 위로를 할 필요가 있다. 이 경우 최소한 냉담하거나 공격적인 표현으로 인해 심화될 수 있는 갈등의 여지를 줄일 수 있다. 셋째, 역지사지(易地思之)의 태도가 필요하다. 내가 상대방이라면 어떨까 생각해보면 문제 해결에 보다 가까이 다가설 수 있다. 이 과정에서 사람들의 기본적 욕구는 크게 다르지 않다는 점, 내가 좋아(원)하는 것은 남도 좋아한다는 점, 내가 싫어하는 것은 남도 싫어한다는 점을 명심할 필요가 있다.

3. 갈등관리 방안

1) 기조

다음과 같은 갈등관리 방안이 적극 활용되어야 한다. 첫째, 지역주민 등 이해관계자의 참여를 확대해야 한다. 이해관계자의 참여는 정보제공, 협의, 적극적 참여의 세 단계로 구분할 수 있는데, 뒤로 갈수록 참여 정도가 높은 것이므로, 적극적 참여가 이루어질 수 있도록 노력을 기울일 필요가 있다. 정보제공 단계는 홍보 중심의 일방적인(one-way) 의사소통이 일어나는 단계로 지역주민이 사업에 영향을 미칠 기회는 부여되지 않는다. 협의 단계는 공청회, 자문위원회, 여론조사 등이 이루어지는 단계이다. 쌍방향(two-way) 의사소통이 일어나지만 형식적이고, 참여는 제한적이다. 적극적 참여 단계에서는 지역주민을 동반자로 인식하고 숙의과정을 통해 공동의 의사결정을 이루는 단계이다.

둘째, 원활한 의사소통이 필요하다(Habermas, 1984). 대화의 부재와 부족에서 오는 오해와 불신으로 인해 갈등이 발생하고 심화된다는 점을 인지할 필요가 있다. 갈등의 예방 또는 완화를 위해 이해당사자 간 모임을 정례화하고 다양한 의사소통 채널을 확보해야 한다. 의사소통 과정에서는 상호이해, 개방성, 진정성, 존중과 인내의 자세가 필요하다. 셋째, 정보와 의사결정 과정의 투명화가 전제되어야 한다. 의사결정 과정의 투명성과 절차적 정당성 확보를 통해 불신과 문제 제기를 사전에 차단해야 한다. 이를 위해 내용적 · 절차적 정당성을 확보할 수 있는 제도적 장치의 확보가 필요하다.

넷째, 비용과 편익 배분의 불균형에서 갈등이 시작되는 경우가 많으므로 자원의 공정한 배분을 위한 방안이 마련되어야 한다(McConnell, 1981). 일례로 편익의 역외유출 방지를 위해 편익의 지역환원과 지역민 고용을 의무화하는 방안이 강구되어야 한다. 보상 제도의 현실화 · 객관화가 필요하다. 일례로 원전 관련 시설이나 송전시설로 인한 건강의 위협이 우려되므로, 일정 범위 안에 드는 토지를 수용하거나, 보상하는 제도적 장치가 엄격한 과학적 근거에 기초하여 마련되어야 한다.[8]

8 일례로서 오민경 · 조주현(2016)은 실증분석을 통해 「송 · 변전설비 주변지역 보상 및 지원에 관한 법률」에서 제시하는 보상범위가 현실적이지 못함을 지적하고, 그 범위가 더 넓어져야 한다는 대안을 제시한 바 있다.

같은 맥락에서 합리적 보상 방안이 마련되어야 한다. 개발 및 정비사업으로 인해 다양한 갈등이 발생하고 있다. 생활환경 악화에 대한 문제 제기, 토지보상에 대한 불만, 젠트리피케이션, 세입자 관련 문제, 권리금 분쟁 등이 그것이다. 개발사업에 있어 갈등의 발생은 사업을 지연시키고 비용을 증대시키므로 사업 초기부터 사업 시행자와 관련 이해관계자 간의 긴밀한 대화와 합리적 대안의 모색이 필요하다.

마지막으로 신뢰의 구축이 필요하다. 앞서 언급한 것처럼 신뢰는 사회적 자본으로 계획 및 사업을 추진하는 데 있어 상당한 비용 절감효과가 있다. 이해관계자와의 정례적 접촉을 통해 상호 신뢰를 구축할 필요가 있다. 관련 정보를 적극적으로 공유하여 정보의 비대칭성으로 인해 발생할 수 있는 신뢰 훼손의 문제를 사전에 차단할 필요가 있다.

이러한 원칙들은 사실 너무나 당연한 것들로서, 새로울 것이 없는 내용들이다. 그럼에도 갈등은 여전히 발생하고 있고 심화되고 있다. 이유가 무엇일까? 원칙을 지키지 않기 때문이다. 전술한 원칙들이 현실을 모르는 규범적 내용일 뿐이라고 생각하거나, 단기적인 이익에 집착하여 일을 그르치는 경우가 많다. 멀리 보고, 조급해하지 말며, 더디 가는 길이 결국에는 더 빨리 가는 길이라는 발상의 전환이 필요하다.

2) 갈등관리의 금언

갈등관리에 유용한 세부적인 지침은 다음과 같다. 첫째, 분명한 원칙을 가지고 법규를 준수하라. 사실 법을 지킨다면 두려울 것이 없다. 단기적인 이익에 집착해서 법을 지키지 않는다면 더 큰 비용을 지불할 수 있음을 주지해야 한다. 둘째, 일희일비하지 말고 장기적인 시각을 가지라. 전투에서 이기는 것이 아니라 전쟁에서의 승리를 추구해야 한다. 때론 지는 것이 이기는 것일 수도 있다. 작은 것을 양보함으로써 실리나 명분을 챙길 필요가 있다. 셋째, 완승을 기대하지 마라. 민주사회에서 100% 유리하게 갈등을 해결하는 것은 불가능하다. 따라서 일단 갈등이 일어나면 어느 정도의 양보와 비용지불은 각오해야 한다. 넷째, 대화에 성의를 보여라. 진정성 있는 대화를 통해 신뢰와 공감을 확보할 필요가 있다. 이는 최악의 경우 협상이 결렬될 경우에도 명분으로 축적되어 향후 단계에서 유리하게 작용할 것이다.

다섯째, 갈등을 조기에 진화(대응)하라. 여섯째, 금전적으로 해결하는 것이 가장 경제적이다. 해결 자체가 안되는 갈등도 많다는 점을 명심해야 한다. 개발사업자는 직면한 갈등을 돈으로 해결할 수 있다는 것에 대해 행운으로 생각해야 한다. 일곱째, 사안을 무겁게 생각하는 것이 가볍게 여기는 것보다 기회비용이 적게 든다. 대부분의 갈등은 초기 대응에 실패해서 격화되는 경우가 많은데, 이는 초기에 사안을 가볍게 보고 대수롭지 않게 여겨서 나타난 결과이다.

여덟째, 상대의 BATNA[9]를 파악하라. 상대의 BATNA를 약화시켜서 협상에 적극적으로 임하도록 이끌 필요가 있다. 일례로 서울시는 청계천 복원사업에서 상인들이 보상으로 제시된 가든파이브 입주권을 거부하자, 청계고가 보수공사를 선언했고, 이는 상인들이 협상에 적극적으로 임하도록 이끄는 계기가 되었다(황기연 외, 2005). 아홉째, 감정을 자제하고 불필요한 말과 행동을 삼가라. 최소한 말로 인한 갈등심화는 피해야 한다. 열 번째, 여론을 우리 편으로 이끌라. 여론을 우호적으로 이끌기 위해서는 명분을 축적하는 것이 중요하다.

제5절

대안적 갈등관리의 모색

1. 전통적 갈등관리

갈등관리는 크게 소송 등 권리에 의존하는 방식과 협상·조정 등 당사자의 이해관계를 충족시켜 해결하는 방식으로 구분된다. 어떠한 방식을 선택할 것인가는 시간과 비용 등 거래비용, 결과에 대한 당사자 만족도, 절차의 공정성에 대한 당사자 만족도, 갈등해소 후 관계복원과 신뢰 구축, 결과의 지속 가능성 여부 등에 의해 결정된다.

권리에 의존하는 방식이 전통적 갈등관리 방식이라면, 이해관계를 충족시키는 방식이 대안적 갈등관리(ADR: Alternative Dispute Resolution) 방식이라 할 수 있다. 경제적 보상은 단기적으로 가장 효과가 있는 방식으로, 종종 갈등해결을 촉진하기 위해 다른 접근과 결합되어 사용된다.

9 Best Alternative To a Negotiated Agreement. 협상이 결렬되었을 때 취할 수 있는 최선의 대안.

소송을 통한 사법부의 판단에 의존하는 전통적 갈등관리 방식은 피해자와 가해자의 이분법적 시각에서 피해규명과 구제에 주력한다. 그러나 현실적으로 대법원 판결까지 행정소송의 경우 약 2년, 민사소송의 경우 약 3년 정도의 시간이 소요되어서 사업이 장기간 중단되는 문제가 있다.[10] 이로 인해 예산낭비와 이해관계자의 피해, 사회적 불만이 심화되는 문제가 초래된다.[11] 여기에 더해 전통적 접근은 공공갈등이 갖는 특성으로 인해 해결에 있어 구조적 한계를 노정하고 있다. 즉, 입증이 까다로운 갈등의 문제, 당사자 간의 이해관계로만 국한시킬 수 없는 문제의 성격, 미래세대에 대한 고려가 부재한 갈등관리 방식 등으로 인해 전통적 방식에 대한 개선이 요구되어 왔다.

2. 대안적 갈등관리

1) 의의

대안적 갈등관리 방식이 도입된 주된 이유는 전통적 방식에서 소요되는 비용(시간) 때문이다. 대안적 방식은 비용을 고려하여 법원 판결 이외의 방법으로 해결을 시도한다. 대안적 갈등관리 방식은 각종 조정으로 설명되는데, 조정은 사법형, 행정형, 민간형으로 구분된다. 사법형은 법원에서 행해지는 조정으로 재판상 화해, 가사조정, 민사조정이 포함된다. 독립된 행정기관에 의해 실시되는 행정형에는 노동위원회, 환경분쟁조정위원회, 소비자분쟁조정위원회, 의료분쟁조정위원회, 언론중재위원회가 포함된다. 민간형은 변호사회나 소비자단체, 민간업체에 의한 중재를 의미한다.

일련의 실증연구들은 대안적 갈등관리 방식의 우수성을 보고한다. 하혜영(2011)은 ADR이 전통적인 사법처리보다 갈등 조정기간이 14~21개월가량 짧다고 보고한 바 있다. 최근 자료에 따르면 조정의 경우 종국(조정 성립 또는 결렬)까지 평균적으로 약 2개월이 소요되는 것으로 보고된다.[12] 이와 함께 ADR은 주민참여 보

10 한국경제신문, "점점 늘어지는 재판…민사, 1년 7개월 기다려야 결론", 2020년 10월 13일; 법률신문, "최근 5년간 전국 법원 민사소송 처리기간 해마다 증가", 2023년 9월 21일.

11 이는 승소한 측에서도 갖는 공통된 불만이다.

12 법률신문, "서울법원 조정센터, 재판보다 신속하게 분쟁 해결", 2023년 11월 26일.

장을 통해 절차적 공정성을 확보함으로써 대중적 지지를 받는 것으로 보고된다.

2) 우리나라의 갈등관리 제도

2005년 5월 「공공기관의 갈등관리에 관한 법률(안)」이 국무총리실 주도로 국회에 제출되었으나 국회를 통과하지 못했다. 당시 서울외곽순환도로 '사패산 터널 갈등'은 참여정부가 법 제정의 필요성을 인식하도록 한 결정적 계기였다. 법률(안)은 갈등영향분석 제도의 도입, 갈등관리심의위원회의 설치 · 운영, 갈등조정회의 운영, 참여적 의사결정 등에 관한 내용을 담고 있었다. 당시 국회의원들은 중재 이후의 강제조항이 없다는 점, 사업비용 증가에 따른 우려를 표명했다.

이후 참여정부에서는 2007년 2월 대통령령으로 「공공기관의 갈등 예방과 해결에 관한 규정」을 공포했다. 규정은 폐기된 법률(안)의 내용을 그대로 수용하여 갈등영향분석(10조), 갈등관리심의위원회(11조), 참여적 의사결정(15조), 갈등조정협의회(제16조) 등의 내용을 담고 있다. 한편 서울시에서도 늘어나는 갈등에 대응하고자 제정된 대통령령에 근거하여 2012년 「공공갈등 예방 및 조정에 관한 조례」와 2013년 「공공갈등예방 및 조정에 관한 조례 시행규칙」을 제정했으며, 2012년 갈등조정담당관제를 신설했다.

3) 주요 기법

구체적인 기법으로 갈등영향분석, 갈등관리심의위원회, 갈등조정협의회, 참여적 의사결정 등의 방법이 있다. 이 중 갈등영향분석은 갈등의 예방 차원에서 많이 활용되고 나머지 방법들은 갈등해결 단계에서 주로 활용된다. 이후 본서에서는 갈등영향분석과 참여적 의사결정에 대해서 살펴보겠다.

(1) 갈등영향분석

① 갈등영향분석의 의의

(가) 개념

갈등영향분석은 어떤 법, 정책, 계획, 사업 등을 시행할 때 발생이 예상되거나 이미 발생한 갈등의 영향을 분석하는 작업으로 정의할 수 있다. 갈등의 쟁점, 이해관계자를 밝혀내고 합의형성 가능성을 진단하여 적절한 합의형성 절차를 모색하는 과정이라 할 수 있다. 개발사업을 진행하기 전에 사업이 환경에 미치는 영향을 파악하는 환경영향평가처럼 공공사업이 갈등을 초래할 수 있는지, 초래한다면 그 영향 정도는 어느 정도인지, 합의는 가능한지 등을 분석하는 작업이라 할 수 있다.

우리나라에서 갈등영향분석의 시행 근거는 전술한 「공공기관의 갈등 예방과 해결에 관한 규정」이다. 동 규정 10조는 "중앙행정기관의 장은 공공정책을 수립·시행·변경함에 있어서 국민생활에 중대하고 광범위한 영향을 주거나 국민의 이해 상충으로 인하여 과도한 사회적 비용이 발생할 우려가 있다고 판단되는 경우에는 해당 공공정책을 결정하기 전에 갈등영향분석을 실시할 수 있다"고 규정하고 있다.

갈등영향분석서의 주요 내용에는 공공정책의 개요 및 기대효과, 이해관계인의 확인 및 의견조사 내용, 관련 단체 및 전문가의 의견, 갈등유발요인 및 예상되는 주요쟁점, 갈등으로 인한 사회적 영향, 갈등의 예방·해결을 위한 구체적인 계획, 그 밖에 갈등의 예방·해결을 위하여 필요한 사항이 포함된다.

(나) 필요성

갈등영향분석의 결과인 갈등영향분석서는 사회적 합의절차를 활성화하기 위한 의사소통 수단이다. 우리는 갈등 상황에서 대화의 중요성을 강조하지만, 정작 그 대화를 매개할 수 있는 제도적·실천적 통로는 부재한 경우가 많다. 이러한 현실에서 갈등영향분석서는 대화를 이어주는 매개수단이 될 수 있다. 갈등영향분석서의 내용을 토대로 갈등 당사자들은 자신과 상대의 주장을 객관적으로 바라볼 기회를 가진다. 사회적으로 주목받는 갈등의 경우 갈등영향분석서는 시민사회에 이해를 제공하는 수단이 된다.

갈등영향분석을 통해 복잡하게 얽힌 사실과 문제에 대해 심도 있는 진단을 할 기회를 갖는다. 갈등영향분석은 이해관계자 파악을 중시하는데, 갈등영향분석 부재시 핵심 이해관계자나 쟁점이 누락될 우려가 있다. 이는 표면상의 문제 해결에도 불구하고 향후 문제를 다시 촉발시킬 가능성을 남기는 것이다. 갈등영향분석을 통해 쉬운 문제를 어렵게, 또는 복잡한 문제에 표피적으로 접근하는 오류를 회피할 수 있다.

(다) 비판

갈등영향분석에 대한 비판은 다음과 같다. 첫째, 갈등이 일정 정도 진행된 이후에는 굳이 분석을 진행하지 않아도 분석이 다루는 내용을 이미 다 알게 된다. 둘째, 다른 영향평가처럼 통과의례(요식행위)에 불과하다. 셋째, 결론적으로 시간적, 경제적 낭비에 불과하다.

② 분석체계

(가) 분석방법

갈등영향분석도 분석인 만큼 사상(事象)에 대한 분석을 진행한다. 하지만 일반적인 분석과 달리 대화를 통한 자료의 수집, 심층면접에 의존한다. 이는 의사소통적 합리성의 전통을 계승한 것으로 볼 수 있다. 심층면접은 인간에 대한 이해와 사건에 대한 심도 있는 이해에 강점이 있다. 갈등영향분석의 수행자는 이해관계자 면담을 통해 쟁점, 이해관계자, 대안적 합의형성 방법을 확인한다.

(나) 갈등영향분석의 시기별 적용 및 내용

갈등영향분석은 사업의 추진단계에 따라 예비갈등분석, 예방적 갈등영향분석, 관리적 갈등영향분석으로 나누어서 진행할 수 있다. 구체적인 내용은 [표 6-2]와 같다.

[표 6-2] 갈등영향분석의 시기별 적용 및 내용

구분	시기	목적	분석 내용
예비갈등분석(갈등발생예상)	사업추진 여부를 결정하는 단계	계획 중인 사업의 갈등발생 가능성 진단	• 유사 갈등사례 조사 • 사업의 주요 이슈, 이해관계자 파악 • 갈등의 잠재적 요인 파악 • 갈등 가능성을 고려하여 계획 조정
사전적 갈등영향 분석	사업추진이 확정되고 갈등이 예상되는 경우	추진이 확정된 사업의 갈등발생 가능성을 파악하고 해결책 모색	• 이해관계자 파악 • 갈등 원인 분석 • 쟁점 파악 • 갈등 예방 및 심화 방지 방안 제시 • 갈등해결 방안 도출
사후적 갈등영향 분석	갈등이 발생하여 진행중인 경우	갈등 발생 이후 해결과 관리적 차원의 분석	

(다) 갈등영향분석의 수행주체

갈등영향분석의 수행을 위해 공공정책 등을 입안, 시행하는 정부, 지자체, 공기업, 민간사업자는 이해관계자의 동의하에 전문성을 가진 중립적 제3자를 분석자로 위촉한다. 단, 이해관계자가 동의할 경우 사업시행자가 직접 분석을 수행할 수 있다. 갈등영향분석 수행자의 역할은 촉진(facilitation), 조정(mediation), 협상(negotiation), 합의형성(consensus building)으로 정리된다.

③ 갈등영향분석의 내용 및 과정

(가) 갈등영향분석의 내용

갈등영향분석은 표면적인 상황에 대한 이해를 넘어 본질에 대한 파악을 추구한다. 갈등영향분석은 구체적으로 갈등의 현황, 갈등의 해소 가능성, 갈등이 어떤 방식으로 해소될 수 있는가?에 대한 분석과 진단을 수행한다. 이 중 특별히 갈등영향분석이 중점을 두는 부분은 갈등의 해소 가능성을 파악하는 것이다. 갈등해결이 가능하다고 판단할 경우 구체적인 갈등관리는 다음 단계인 참여적 의사결정에서 진행된다. 이와 함께 갈등영향분석은 갈등해결을 위한 조치가 불필요하거나 불가능

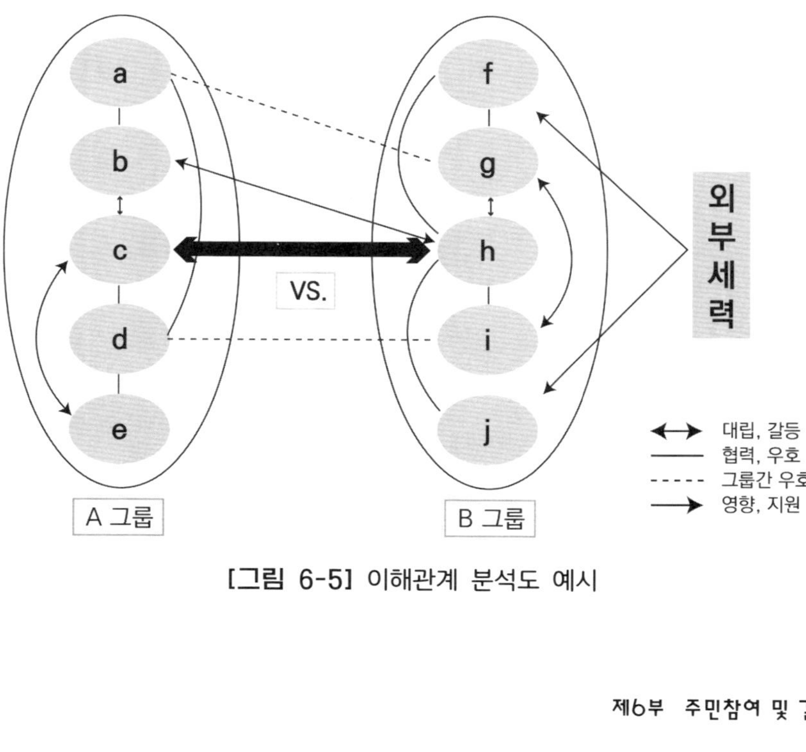

[그림 6-5] 이해관계 분석도 예시

한 경우의 파악을 통해 불필요한 노력과 비용을 절감하도록 하는 기능을 수행한다.

갈등영향분석의 성과물인 갈등영향분석서의 내용은 다음과 같다. 갈등의 개요, 이해관계자의 확인 및 분류(직접적—간접적—외부 이해관계자), 이해관계자의 이해(利害), 입장, 공통점과 차이점 분석, 쟁점과 우선순위 도출, 쟁점별 대안 파악 및 각 이해관계자가 중시하는 쟁점과 대안 파악, 이해관계자 간 상호관계 분석(관계도 작성), 외부환경 분석, 이해관계자들의 갈등해결 의사와 능력 진단, 합의의 장애요인과 합의 가능성 진단, 바람직한 대안 및 합의절차 제언.

(나) 갈등영향분석의 과정

갈등영향분석은 [그림 6-6]과 같은 단계로 이루어진다. 분석은 전술한 것처럼 이해관계자 면담을 통해 진행된다. 이때 중요 이해관계자가 누락되지 않도록 주의한다. 면담은 사업시행자가 제공한 명단으로부터 시작하되, 면담자의 추천과 상황변화에 대응해서 그 범위를 차츰 넓혀간다(snowball sampling).

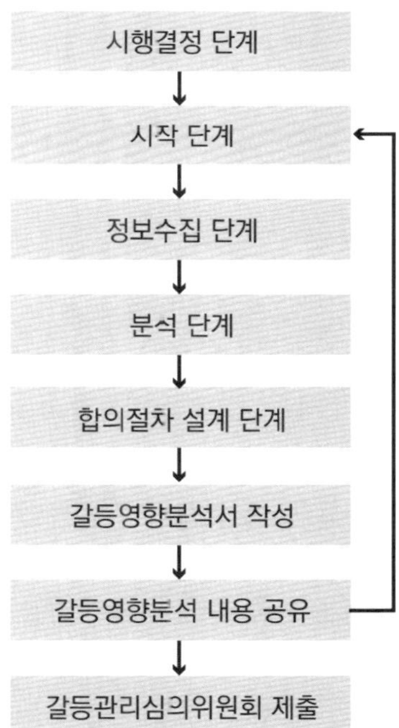

[그림 6-6] 갈등영향분석 과정

면담기록을 체계적으로 정리한다. 체계적 정리가 이루어지지 않을 경우 '정보의 홍수' 속에 빠질 수 있다. 개인 의견이 중요한 것이 아니라 경향성을 파악하는 것이 중요하며, 비밀보장을 위해 이해관계자 개인이 아닌 집단으로 분류한다. 횡축에 쟁점, 종축에 집단을 표기해서 집단 간 의견의 일치와 불일치를 표를 통해 정리한다(표 6-3). 표를 통한 분석은 이해를 달리하는 집단들이 협상을 통해 이해를 주고 받음으로써 협상을 진전시킬 가능성이 있는지를 파악하는 데 도움이 된다. 또한 공통의 관심사가 있을 경우, 합의도출이 어려움을 의미하므로 협상의 장애 또는 합의요인을 파악하는 데 도움이 된다.

[표 6-3] 가상의 쓰레기 매립장 입지 선정에 있어 쟁점별 이해관계자의 주요 관심 비교

	지하수 오염	경관	가스 누출	교통	재산 가치	지역 발전	수수료	사업 이익	운반비
환경부	○		○	○					
시청	○	○	○	○	○	○			
주민	○	○	○	○	○	○			
환경 단체	○	○	○						
운영 기업	○		○	○			○	○	○
건설 업자	○		○					○	
운반 업자				○			○	○	○

(다) 중재 가능성의 판단

다음의 조건들은 합의형성을 어렵게 하는 사항들로, 갈등영향분석은 이에 대한 분석을 통해 합의도출의 가능성 여부를 판단하도록 지원한다. 이해관계자 간 잠재적 동의영역이 거의 없을 때, 쟁점 간 거래를 할 수 있는 매개가 없을 때, 적절한 대안이 없을 때, 하나 이상의 이해관계자가 합의를 거부할 때, 비현실적인 합의 시한이 강요될 때, 합의안 외에 더 나은 선택지가 존재할 때, 이해집단이 명확히 조직되어 있지 않고, 대표와 구성원 간에 명확한 의사소통이 이루어지지 않을 때, 이해관계자 간 권력 불균형이 클 때, 사업주체의 갈등해소 의지가 약할 때, 합의형성을 위한 사회적 압력이 없을 때, 합의형성을 위한 인센티브가 부재할 때 합의형성 가능성은 낮아진다고 볼 수 있다.

(라) 합의형성을 위한 기법 제시

갈등영향분석 결과 합의가 가능하다고 판단될 경우, 참여적 의사결정 방법에 의한 합의를 제안한다. 참여적 의사결정은 협력적 의사결정, 시민배심원제, 시나리오 워크숍, 규제협상, 공론조사 등 다양한 기법이 있으므로, 갈등영향분석에서는 상황에 맞는 적절한 기법을 대안으로 제시한다.

④ 갈등관리심의위원회

갈등관리심의위원회는 「공공기관의 갈등 예방과 해결에 관한 규정」 제11조에 근거하여 공공사업 등에 대한 갈등사항을 검토·심의함으로써 갈등을 사전에 예방하거나 갈등발생시 효율적이고 원활한 해결을 추진하는 기구이다. 위원회의 주요 기능은 예상되는 주요 갈등사안에 대한 사전 검토, 발생한 주요 갈등 사항에 대한 심의, 국토교통부 차원의 결정이 곤란한 경우 상위 정책조정 기구로의 보고 등이다.

갈등영향분석의 결과인 갈등영향분석서는 갈등관리심의위원회에 제출되어 심의를 받는다. 갈등관리심의위원회에서는 갈등영향분석 결과를 토대로 합의형성 절차 진행 여부를 결정하고 진행 결정시, 기본규칙을 결정하고 진행예산을 확보하여 조정자와의 용역계약을 체결한다.

(2) 참여적 의사결정[13]

① 개념 및 의의

참여적 의사결정은 시민의 참여를 통해 공공정책을 결정하는 방법이다. 앞서 살펴본 주민참여의 확장판으로서, 통상의 의사결정과 달리 복수의 관련자가 참여하여 의사결정을 이루는 체계라 할 수 있다. 참여적 의사결정에서는 이해관계자 외에 전문성의 유무를 떠나서 일반시민이 공공 의사결정의 주체로 참여할 수 있다.

Arnstein(1969)이 언급한 '주민권력 단계'의 참여에 해당하는 참여적 의사결정 방식은 모든 참여자 간의 다면적 상호 의사소통을 보장한다. 공공기관, 전문가, 이해관계자, 일반시민 간의 토론, 논쟁, 반박을 통해 상호학습, 정책의 질 향상, 정책의 정당성 제고를 도모한다. 공공기관은 논의의 결과를 정책에 실질적으로 반영해야 한다.

우리나라에서는 제도적으로 「공공기관의 갈등 예방과 해결에 관한 규정」에서 참여적 의사결정을 통한 갈등 해결을 규정하고 있다. 동 규정 제15조는 "중앙행정기관의 장은 갈등영향분석에 대한 심의 결과 갈등의 예방·해결을 위하여 이해관계인·일반시민 또는 전문가 등의 참여가 중요하다고 판단되는 경우에는 이해관계

13 대통령자문 지속가능발전위원회(2005: 283-311)를 요약·정리.

인·일반시민 또는 전문가 등이 참여하는 의사결정방법을 활용할 수 있다. 중앙행정기관의 장은 공공정책을 결정함에 있어 참여적 의사결정방법의 활용결과를 충분히 고려하여야 한다"고 명시하고 있다.

② 참여적 의사결정의 효과

참여적 의사결정의 효과는 주민참여의 효과와 대동소이하다. 첫째, 참여자들의 다양한 가치와 견해를 정책형성 과정에 포함시킴으로써 갈등의 소지를 사전에 예방할 수 있다. 둘째, 상호학습을 통해 참여자들이 문제상황을 객관적으로 이해하는데 기여한다. 셋째, 시민들이 의사결정 과정에서 느끼는 소외감을 해소할 수 있다. 넷째, 정부에 대한 신뢰를 증진시킬 수 있다. 다섯째, 정부정책의 투명성과 책임성을 증진시킬 수 있다.

③ 참여적 의사결정의 체계

(가) 대안적 갈등관리의 체계

참여적 의사결정은 갈등영향분석의 심의 결과, 합의의 도출이 가능하다고 판단할 경우 갈등관리의 방법으로 사용되는 대안적 갈등관리 방법이다. 따라서 갈등영향분석이 전제되어야 함을 알 수 있다. 갈등영향분석과 참여적 의사결정으로 이

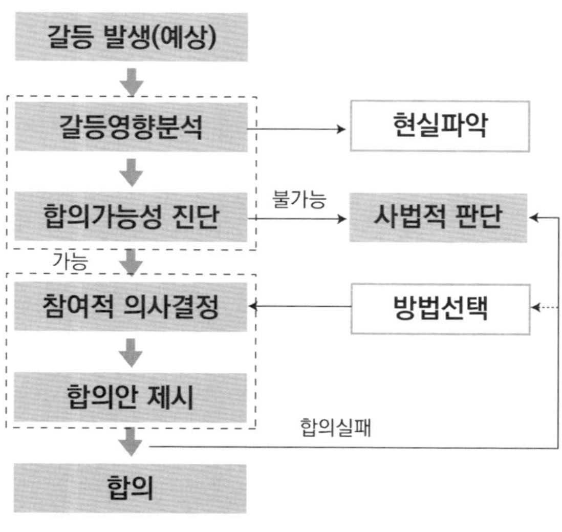

[그림 6-7] 대안적 갈등관리의 체계

루어지는 대안적 갈등관리 방법의 체계는 [그림 6－7]과 같다. 대안적 갈등관리를 통해 합의를 시도하는 과정에서 합의도출에 실패할 경우 언제든 전통적인 사법적 해결로 전환이 이루어진다.

(나) 분류

참여적 의사결정은 형식적 참여에서 실질적인 참여로의 이행이라고 볼 수 있다(그림 6－8). 참여적 의사결정은 크게 여론확인과 정책합의로 구분되며, 정책합의는 이해관계자 참여와 일반인 참여로 다시 나눌 수 있다. 여론확인의 경우 포커스 그룹과 공론조사로 세분되며, 정책합의의 경우 시나리오워크숍, 규제협상, 협력적 의사결정, 라운드테이블이 포함된다. 일반인 참여에는 시민배심제, 플래닝셀 등의 기법이 있다.

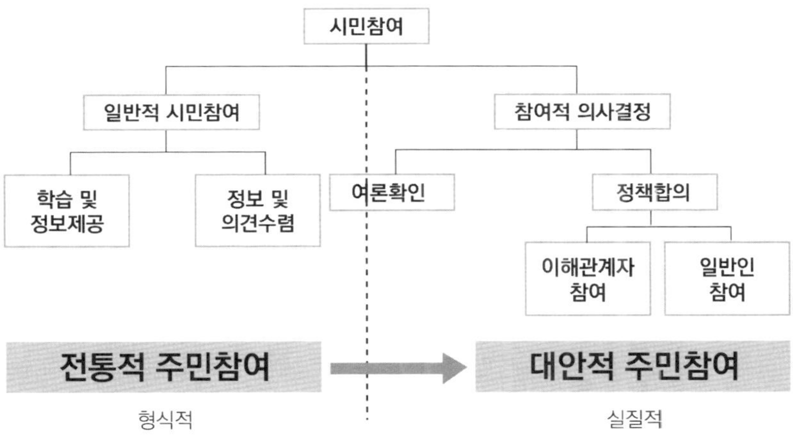

[그림 6-8] 전통적 주민참여와 참여적 의사결정

④ 참여적 의사결정 기법

(가) 여론확인을 목적으로 하는 참여

여론확인은 의사결정과 여론조사의 중간 형태로 볼 수 있다. 참여자 간의 숙의과정을 거쳐 의견이 제시된다는 점이 일반적 여론조사와의 차이이고, 참여자들이 공동의 합의안을 형성하거나 정책권고안을 마련하기 위해 의도적으로 노력하지 않는다는 점이 정책합의와의 차이이다. 따라서 여론확인은 조사결과만을 제시

할 뿐이고, 최종 의사결정은 정부 또는 공공기관에 의해 이루어진다.[14]

◦ 포커스그룹

포커스 그룹은 심층적 여론 확인을 위해 특정 주제에 대해 소그룹 형태로 토론을 진행하는 방법이다. 정책 수립 시 여론을 확인하기 위한 목적으로 실시된다. 목적에 맞게 적합한 대상자를 의도적으로 선택하고 필요 자료를 제공한 후 토론을 진행한다. 토론 후 설문조사를 통해 여론을 확인한다.

◦ 공론조사(Deliberative Polling)

숙의적 여론조사라고도 한다. 공론조사의 진행방식은 기본적으로 포커스 그룹과 유사하다. 다만 포커스 그룹이 참여자를 의도적으로 선택하는 반면에 공론조사는 확률적 표집을 통해 참여자를 선발한다는 차이점이 있다. 이들에게 정보를 제공하고 토론하게 한 후 참여자들의 의견을 조사한다. 공론조사는 무작위 표집을 통해 참여자가 선발되기 때문에 대표성 확보에 유리하다. 대표성이 확보되어 있기 때문에 '작은 국민(주민)투표'로도 불린다. 문재인 정부에서 적극적으로 활용되었는데, 신고리 5, 6호기 건설이나 대입제도 개선 등 판단이 어려운 정책결정에 적극 활용된 바 있다.

(나) 정책합의를 목적으로 하는 참여

전문가가 아닌 보통의 시민들이 공공기관, 전문가, 이해관계자, 다른 일반시민과의 숙의과정을 통해 정책결정에 실질적으로 참여하는 방법이다. 특별히 사업에 영향을 받는 이해관계자로서 시민이 참여하는 방법과 이해관계를 떠나 일반시민으로 참여하는 방법으로 대별할 수 있다.

◦ 시나리오 워크숍

주로 지역 차원에서 개발에 관한 전망과 계획을 수립할 때 진행되는 토론회이다. 미리 주어진 계획안에 근거해서 상이한 역할 그룹 간의 대화와 토론을 유도한다. 이를 통해 참여자들이 대안적 계획안을 제시하도록 한다. 일반시민이 지역 전문가로 참여하므로 지역문제 해결에 효과적이나 공간적 범위가 커질 경우 적용에

14 문재인 정부 초기, 신고리 5·6호기 원자력발전소 건설 재개 여부를 둘러싼 사회적 갈등을 해결하기 위해 공론조사가 실시된 바 있다. 정부는 당초 위원회가 정책 권고안을 직접 마련하는 시민배심제를 염두에 두었으나, 공론화위원회는 이러한 방식에 부담을 느끼고 자신들의 역할은 시민배심제가 아닌 공론조사에 국한된다고 지속적으로 주장하였으며, 결국 이 입장을 관철시킨 바 있다(이영희, 2018).

어려움이 있다. 전술한 바와 같이 도시재생사업에서 적극 활용되고 있다.

◦ 규제협상(regulatory negotiation)

규제는 정부가 가장 애용하는 정책수단이다(Hood, 1983). 하지만, 규제는 사회적 비용을 야기하고 피규제자는 물론 일반국민들이 그 비용을 부담해야 한다는 문제가 있다(Hantke-Domas, 2003). 규제협상은 이러한 문제점을 보완하기 위해 규제기관이 공식 정책결정에 들어가기 전에 규제에 의해 영향을 받는 이해관계자들과의 논의와 협상을 통해 규제내용에 대한 합의를 도출하는 방법이다. 규제협상은 규제정책에 대해서만 제한적으로 사용할 수 있는 방법이다.

◦ 협력적 의사결정(CPS: Collaborative Problem Solving)

정책합의를 목적으로 하는 참여 중 가장 대표적인 방법이다. 다수 이해관계자들이 상호 의사소통을 통해 개인 및 그룹 간의 지식, 사고 및 경험을 공유함으로써 합의를 이루는 방법이다. 1980년대 이래 미국에서 다수 당사자가 관련된 환경 등의 복잡한 갈등 분야에 적용되어 왔다. 일반 시민이나 시민단체가 공공기관과 동일한 권한을 가지고 참여하므로 참여효과가 크지만 타협을 통해 합의에 이르지 못하는 경우가 많다. 유사한 방법이 라운드 테이블(round table)이다. 이때 '원탁'을 뜻하는 라운드 테이블은 특히 참여자들이 격식과 지위를 고려하지 않고 격의 없이 토론을 벌인다는 의미에서 붙여진 이름이다.

◦ 시민배심제(citizen juries)

과학법정이라고도 한다. 배심원제는 일반시민의 건전한 상식에 근거해서 판결을 하는 사법제도이다. 이러한 원리를 갈등관리에 적용한 방법이 시민배심제이다. 중립적인 제3자가 판단을 내려줘야 하는 사실관계 갈등, 가치갈등에 적용 가능하다. 선별된 시민들이 중요한 공공문제에 관해 전문가가 제공하는 지식과 정보를 바탕으로 숙의과정을 거쳐 결론을 도출하고 이를 정책권고안으로 제출하는 시민참여 방법이다. 시민 배심원은 일반시민의 의식과 성향을 반영할 수 있는 자를 선발한다.

◦ 플래닝 셀(planning cell)

시민배심제와 운영방식은 유사하다. 차이점은 무작위로 선발된 시민들이 주어진 계획이나 정책에 대해 숙의과정을 거쳐 해결안을 제시한다는 점이다. 포커스 그룹과 공론조사의 관계가 시민배심제와 플래닝셀의 관계에 그대로 적용된다. 공론조사와 마찬가지로 도출된 결론이 대표성이 있는 결정이라는 장점이 있다.

⑤ 참여적 의사결정 기법의 선택

(가) 참여적 의사결정 방법 선택 시 고려사항

전술한 것처럼 참여적 의사결정에는 다양한 기법이 존재하므로 적절한 방법의 선택이 필요하다. 선택에 있어 고려해야 할 사항은 다음과 같다. 첫째, 문제(쟁점)에 대한 이해가 선행되어야 한다. 문제의 경과와 배경을 이해해야 하고 문제의 복합성과 불확실성을 파악해야 가장 적합한 방법의 선택이 가능하다. 둘째, 기존 제도나 법령 내에서의 의사결정 절차를 확인하는 작업이 선행되어야 한다. 기존의 주민 및 이해관계자의 참여 규정을 무시하고 독립된 참여적 의사결정 과정을 진행해서는 안 된다. 셋째, 문제에 대한 일반인의 인식 정도를 파악해야 한다. 문제에 대한 이해 정도가 떨어질 경우 학습 및 정보제공이 원활한 방법을 선택해야 한다. 넷째, 주어진 시간과 예산을 고려하여 방법을 선택해야 한다. 다섯째, 사안의 공간적 규모에 대한 고려가 필요하다. 지역적 사안인지, 광역적 사안인지, 국가적 사안인지에 따라 다양한 접근이 이루어진다.

(나) 참여적 의사결정 기법의 선택 기준

◦ 원인에 따른 유형별 적용

첫째, 지식의 차이가 원인인 갈등의 경우이다. 방사성폐기물이나 송전탑의 안전성 평가, 공공사업의 경제성 평가, 4대강 사업의 효과성 평가, 동남권 공항 입지 평가, 도청 이전 후보지 평가 등의 사안이 이에 해당된다. 원론적으로 상대방의 지식을 경청하고 이해함으로써 상호 합의된 지식에 도달하여 사안을 해결하는 방법인 협력적 의사결정이 고려될 수 있으나, 이 경우 합의에 도달하지 못할 가능성이 높아서 적합하지 않다. 관련자들이 신뢰하는 지식이 상이해서 갈등이 발생하였으므로, 중립적인 참여자가 전문가의 의견을 듣고 이에 대해 질문과 토론을 한 후 최종적으로 판단을 하는 시민배심제(플래닝셀, 합의회의 포함), 공론조사 방식이 적합하다.

둘째, 이해관계로 인한 갈등의 경우이다. 대개 주민의 이주, 보상 등과 관련된 경우가 대부분이다. 이해관계자들이 다른 이해관계자 및 공공기관과 적절한 협상을 통해 갈등 해결이 가능하므로 협력적 의사결정이 적절한 방법이다.

셋째, 가치나 이념의 차이로 인한 갈등이다. 이 경우 이해관계 갈등과 달리 당사자 간에 타협이 이루어지기 어렵다. 중립적인 제3자의 판단이 필요하므로 시민배심제나 공론조사를 통한 해결이 적절한 방법이다.

넷째는 장래 전망의 차이에서 비롯된 갈등이다. 이 경우 일반시민들이 공공기관, 전문가 등과 함께 지역전문가로 참여하여 토론을 통해 공동의 전망과 실천방안을 수립하는 시나리오 워크숍이 대안으로 채용될 수 있다.

◦ 대상지의 확정성에 따른 유형별 적용

첫째, 대상지가 분명한 갈등의 경우이다. 방사성폐기물처리장, 송전시설, 쓰레기처리시설, 간척지, 댐, 고속도로 등 인근주민에게 영향을 주는 시설로 인한 갈등이 여기에 해당된다. 시설물이나 사업장 인근에 위치한 지역 주민이 중요한 이해당사자들이다. 이들 갈등은 이해관계자가 분명하다는 특징이 있다. 이 경우 협력적 의사결정을 통해 대표성을 가진 주민을 사업의 초기부터 참여시키는 방법을 고려할 수 있다. 이때 창의적인 대안이 필요하다면, 시나리오 워크숍을 통해 주민들이 동의하는 대안을 마련할 수 있다.

둘째, 대상지가 불분명한 갈등의 경우이다. 전국민이 잠재적 이해관계자인 갈등이 여기에 해당된다. 후술할 공간범위가 전국에 해당하는 갈등이나 이해관계가 전국에 미치는 갈등과 유사한 유형의 갈등으로 볼 수 있다. 연금개혁이나 원자력발전소 건설과 관련된 갈등이 이 유형에 해당된다. 시민배심제와 공론조사가 갈등조정 방법으로 고려될 수 있다.

◦ 지역적 범위에 따른 유형별 적용

첫째, 지역적(local) 갈등이다. 갈등의 공간적 범위가 한정되어 있으므로 이해당사자가 분명하다는 특징이 있다. 이 경우 협력적 의사결정을 고려할 수 있고, 대안 마련이 필요할 경우 시나리오 워크숍을 고려할 수 있다. 갈등이 심화되어 해결이 용이치 않은 경우 시민배심제를 고려할 수 있다. 둘째, 관련성이 전국에 미치는 갈등이다. 관련자가 많다는 특징이 있다. 시민배심제와 작은 국민투표라 할 수 있는 공론조사를 통한 중립적인 판단을 고려할 수 있다.

◦ 이해관계자의 범위에 따른 유형별 적용

첫째, 핵심적 이해관계자가 존재하는 갈등이다. 이 경우 이해관계자 모두를 포괄하는 협력적 의사결정이 적절한 방법이다. 둘째, 지역 전체가 이해관계를 갖는 경우이다. 지역주민 대표가 참여하는 협력적 의사결정이나 규제협상을 고려할 수 있다. 대안을 마련해야 할 경우 시나리오워크숍을 고려할 수 있다. 셋째, 이해관계가 전국에 미치는 경우이다. 대통령 집무실 이전, 중앙청(구 총독부 청사) 철거와 같은 사안이 여기에 해당된다. 이해관계자가 많은 만큼 시민배심제나 작은 국민투표라 할 수 있는 공론조사 방법을 통한 접근이 타당하다.

⑥ 합의

참여적 의사결정 과정에서 숙의 과정은 공개되고 홍보되는 것이 바람직하다. 이는 시민사회 전반의 사안에 대한 인식을 제고하기 위함이다. 그러나 합의 과정은 공개하지 않는 것이 유리하다. 참여자나 참여자 그룹이 공식적으로 밝힐 수 없는 관심사나 이해가 있고 진정으로 원하는 것이 공식적으로 원하는 것과 차이가 있을 수도 있기 때문이다. 합의 과정 공개 시 합의가 어려워질 수도 있음을 유념해야 한다.

숙의 민주주의에 가장 부합하는 합의 방식은 만장일치 방식이나, 현실적으로 난점이 있으므로 어떻게 합의를 할 것인가에 대한 사전 조율이 필요하다. 과반수 의결은 의사결정의 정당성 확보에 어려움이 있으므로 반대자가 극소수인 합의방식(3/4 이상 등)이 적합하다.

합의는 참여자 상호 간의 양보가 전제되어야 이루어질 수 있다. 그 과정에서 창조적 대안의 마련이 요구되는데, 이를 위해서는 유연한 사고방식과 개방적 태도가 전제되어야 한다. 특정 참여자의 양보가 긴요할 경우 이를 촉진시킬 수 있는 인센티브의 제공이 요구된다. 따라서 어떠한 인센티브가 효과적인지에 대한 숙고가 필요한데, 정부나 지방자치단체 차원의 지원이 필요한 경우가 많다.

합의가 이루어진 이후에는 합의 이행을 강제하고 촉진시키기 위한 후속조치가 필요하다. 합의에 구체적인 법적 구속력을 부여해야 한다. 예컨대, 합의를 토대로 행정결정이나 법규를 제정하는 방안을 고려할 수 있다. 또한 합의의 이행을 위해 참여 주체들의 의무사항을 구체화하여 합의문에 명시할 필요가 있다. 이때 합의 위반 시 손해배상액 등을 합의문에 포함시키는 것도 효과적인 이행담보 조치가 될 수 있다. 의사결정의 주재자와 촉진자는 합의 이후에도 감시그룹을 구성하여 이행을 감시할 필요가 있다. 이행과정에서 의견 불일치가 발생하는 경우 참여자들을 재소집하여 초기의 합의 의도를 환기시키는 느력이 요구된다.

합의 결과의 실행력을 높이기 위해서는 합의 전에 합의 내용의 실현 가능성을 면밀히 검토해야 한다. 합의 도출에는 성공했더라도, 합의 내용이 특정 집단에게 지나치게 불리하거나 비현실적이라면 합의는 이행되기 어렵다. 따라서 합의 이행 방법의 타당성이 사전에 검토되어야 한다.

참고문헌

강맹훈, 2005, 영국 1980년대 대처리즘 이후 개발행위허가에 대한 공공역할의 변천과정, 「건축」 49(3): 21 – 24.

강태룡 · 정규서, 1999, 「기획론」, 서울: 대왕사.

구본권, 2018, 로봇시대, 인간의 일, 변미리 외, 「2040, 서울을 묻다」, 서울: 서울연구원.

국가공무원인재개발원, 2018, 「정책기획 이론과 실제」, 세종: 국가공무원인재개발원.

국무조정실, 2024, 「사회적 갈등으로 인한 경제적 비용 분석」.

권영찬 · 이성복, 1990, 「기획론」, 서울: 법문사.

권원용, 1985, 도시계획가의 7가지 환상, 「국토계획」 20(1): 5 – 24.

권원용, 2005, 계획활동과 미래예측의 내재적 관련성에 관한 연구, 「국토계획」 40(2): 9 – 21.

권일, 2014, 도시의 변화, 대한국토 · 도시계획학회편, 「새로운 도시계획의 이해」, 서울: 보성각.

김경환 · 서승환, 1996, 「도시경제론」, 서울: 홍문사.

김광기, 2011, 「우리가 아는 미국은 없다」, 서울: 동아시아.

김규정, 2001, 「행정학 개론」, 서울: 법문사.

김두환, 2000, 공공계획의 두 가지 이행경로, 「공간과 사회」 13: 184 – 205.

김명식, 1998, 시장과 환경, 「철학연구」 42: 331 – 353.

김미연 · 여욱현 · 최진원, 2010, 도시재생을 위한 주민참여형 설계지원 시스템에 관한 연구, 「대한건축학회논문집 계획계」 26(4): 231 – 241.

김상조 · 김성수 · 김동근, 2013, 우리나라 토지이용규제의 문제점 및 개선과제, 「국토연구」 78: 91 – 104.

김세용, 2014, 주민과 함께하는 새로운 도시계획, 대한국토 · 도시계획학회편, 「새로운 도시계획의 이해」, 서울: 보성각.

김수영, 1997, 「행정기획론」, 서울: 법지사.

김수행, 1998, 「21세기 정치경제학」, 서울: 새날.

김수행, 2001, 「알기 쉬운 정치경제학」, 서울: 서울대학교출판부.

김승욱 · 김재익 · 조용래 · 유원근, 2004, 「시장인가? 정부인가?」, 서울: 부키.
김신복, 1999, 「발전기획론」, 서울: 박영사.
김인, 1990, 「현대인문지리학」, 서울: 법문사.
김인호, 1984, 「경영정책과 전략적 경영」, 서울: 비봉출판사.
김인희, 2020, 2030 서울플랜의 수립경험과 과제, 「Urban Planners」 7(1): 19－22.
김정호, 2000, 지방행정에 전략적 기획의 적용과 그 한계, 한국지방자치학회 2000년 동계학술세미나 발표논문.
김종보, 2018, 「건설법의 이해」, 서울: 피데스.
김주일, 2022, 참여적 연구기법을 통해 살펴본 도시재생 실행과정의 현실 : 포항 우리동네 살리기 사업지구 거버넌스 사례를 중심으로, 「국토계획」 57(5): 57－71.
김준형, 2012, 계획인구는 왜 정확히 추정되지 못하는가?: 경북의 23개 시 · 군을 대상으로, 「국토연구」 72: 141－160.
김철수, 2008, 「현대도시계획」. 서울: 기문당.
김현숙, 2015, 주민참여 및 파트너십, 대한국토 · 도시계획학회편, 「도시재생」, 서울: 보성각.
김현정 · 고동완, 2008, 비시장실패 이론에 의한 공공주도형 관광지 개발의 과정 분석, 「국토연구」 59: 79－101.
김홍배, 2005, 「도시 및 지역경제분석론」, 서울: 기문당.
김홍배, 2006, 「정책평가기법: 비용 · 편익분석론」, 서울: 나남.
김홍조, 2025, 건설 안전관리 및 구조계산을 위한 Large Mutimodal AI, 토지주택연구 워크숍 자료집, pp59－86.
김흥순, 1991, 「도시계획활동의 가치지향성에 관한 연구」, 한양대학교 석사학위 논문.
김흥순, 2002, 지역개발 부문에 전략계획 방법의 도입에 관한 비판적 고찰, 「지역사회발전학회논문집」 27(1): 7－26.
김흥순, 2004, 「한국 부동산 문제의 이해」, 서울: 인간사랑.
김흥순, 2005, 뉴 라이트 계획은 가능한가?: 영국과 미국에서의 경험과 그 시사점, 「한국지역개발학회지」 17(4): 153－178.
김흥순, 2007, 사회주의 도시는 어떻게 만들어졌는가?: 소련 건국 초기 도시주의 대 비도시주의 논쟁을 중심으로, 「국토계획」 42(6): 25－48.
김흥순, 2015, 분당 신도시 개발사업에 대한 사후평가: 효과성, 능률성, 형평성, 대응성을 기준으로, 「한국지역개발학회지」 27(1): 23－47.
김흥순, 2017, 「역사로 읽는 도시이야기」, 서울: 보성각.
김흥순, 2018, 용도지역제 없이 도시계획하기: 미국 휴스턴 시 사례에 대한 재검토, 「한국지역개발학회지」 30(5): 235－262.

김흥순, 2020, 대한민국 1호 도시계획가, 장훈, 「Urban Planners」 7(2): 39-44.
김흥순·원준혁, 2013, 주민참여 및 인식도에 있어서 인구통계학적 요인의 특성에 대한 고찰: 서울시 마을 만들기 3개 시범지역을 대상으로, 「서울도시연구」 14(1): 93-111.
나인수, 2012, "Urban Land Use Planning"(1957-2006)을 통해서 본 토지 이용계획의 목표로서 공익개념 및 요소변화에 관한 고찰, 「국토계획」 47(3): 65-75.
노화준, 2004, 「정책분석론」, 서울: 박영사.
농림부, 1988, 「새만금지구 간척지 최적 이용을 위한 구상」.
대통령자문 지속가능발전위원회, 2005, 「공공갈등관리의 이론과 기법 상」, 서울: 논형.
대한국토·도시계획학회, 2007, 「도시계획론」, 4정판, 서울: 보성각.
대한국토·도시계획학회, 2016, 「도시계획론」, 6정판, 서울: 보성각.
대한국토·도시계획학회, 2021, 「토지이용계획론」, 4정판, 서울: 보성각.
마강래, 2017, 「지방도시 살생부」, 고양: 개마고원.
문정호·양하백·김선희·장은교, 2006, 「참여시대 공공계획의 패러다임에 관한 연구」, 안양: 국토연구원.
박재길·조판기·정윤희·김중은, 2004, 「도시계획결정과 사회적 정의에 관한 연구」, 안양: 국토연구원.
박재민·성종상·조혜령, 2017, 지속가능한 발전을 위한 정원도시 개념의 변천과 함의에 관한 연구, 「한국도시설계학회지 도시설계」 18(2): 21-35.
박종화·윤대식·이종열, 2002, 「도시행정학」, 서울: 대영문화사.
박종화·윤대식·이종열, 2004, 「지역개발론」, 서울: 박영사.
박중훈·류현숙, 2011, 「공정사회와 갈등관리1: 갈등 형성과 전개 메커니즘」, 서울: 박영사.
박진빈, 2011, 미국의 교외는 어떻게 악몽이 되었나?: 교외사의 최근 동향을 중심으로, 「도시사학회」 6: 135-159.
백기영, 2006, 주민참여와 마을만들기, 경실련 도시개혁센터 편, 「알기 쉬운 도시이야기」, 파주: 한울.
백완기, 2003, 「행정학」, 서울: 박영사.
변창흠, 2009, 주민참여, 대한국토·도시계획학회편, 「도시, 인간과 공간의 커뮤니케이션」, 서울: 커뮤니케이션북스.
새만금사업 환경영향공동조사단, 2000, 「새만금사업 환경영향공동조사 결과보고서(경제성 분야)」.
서순탁, 2006, 도시란, 경실련 도시개혁센터, 「알기 쉬운 도시이야기」, 파주: 한울.
서울특별시, 2014, 「(제1기) 갈등관리심의위원회 활동 백서: 소통과 상생을 꿈꾸다」, 서울특별시.

서울특별시, 2015, 「상생의 힘: 2015 갈등관리백서」, 서울특별시.

서울특별시, 2015, 「상생의 힘: 2016 갈등관리백서」, 서울특별시.

성태제 · 시기자, 2006, 「연구방법론」, 서울: 학지사.

손세관, 1993, 「도시주거 형성의 역사」, 서울: 열화당.

안영훈 · 장은주, 2000, 「지방자치단체 변화관리를 위한 전략기획의 활용방안」, 서울: 한국지방행정연구원.

안태환, 1996, 「전략계획적 관점에서 본 한국 도시계획체제의 문제점과 개선방향에 관한 연구」, 서울대학교 환경대학원 박사학위논문.

안태환, 2007, 도시계획 수립상의 문제점과 개선방향: 전략계획의 관점에서, 「국토계획」 32(3): 49－68.

오민경 · 조주현 2016. 고압송전선이 주택 실거래가격에 미치는 영향에 관한 연구, 「국토계획」 51(1): 113－124.

원제무, 1998, 「도시계량분석」, 서울: 박영사.

원제무, 2025, 「생성형 AI 도시 읽기」, 고양: 피엔씨미디어.

원준혁 · 김홍순, 2013, 주민참여 마을 만들기 사업의 평가에 영향을 미치는 요인에 관한 연구: ‘서울 휴먼타운 시범사업’에 대한 주민인식을 중심으로, 「한국도시설계학회지 도시설계」 13(6): 55－68.

원지선, 2024, AX 시대, 건설업계 AI 도입 수요 현황, 한국건설기술연구원, https://www.kict.re.kr/researchResultWeb/getResearchResultView.es?mid＝a10301000000&id＝335

유훈, 1989, 「정책학원론」, 서울: 법문사.

윤권종, 2010, 「갈등관리론」, 파주: 한국학술정보.

윤정중·이상호, 2025, 「도시계량모형의 이해와 활용」, 퍼플.

이달곤, 2005, 「협상론」, 서울: 법문사.

이명훈, 2014, 도시계획의 변화, 대한국토 · 도시계획학회, 「새로운 도시 도시계획의 이해」, 서울: 보성각.

이성근, 2006, 「정책계획론」, 파주: 법문사.

이양수, 2013, 「롤스&매킨타이어: 정의로운 삶의 조건」, 파주: 김영사.

이영희, 2018, 신고리 5 · 6호기 원전 공론화와 민주주의, 「동향과 전망」, 102: 186-216.

이용헌, 1992, 개발행정의 전략적 기획과정의 탐구, 한국행정학회 92년 동계학술대회 발표논문.

이우종, 2015, 「협력적 거버넌스 체계 및 역량강화 방안(I)」, 안양: 국토연구원.

이자은, 2019, 근거이론 연구방법을 통한 주민들의 참여인식 및 행태변화 분석: 장위동 도시재생사업 참여주민을 대상으로, 「국토계획」 54(7): 24－41.

이정전, 2002, 「시장은 정말 우리를 행복하게 하는가」, 파주: 한길사.
이정전, 2005, 「경제학에서 본 정치와 정부」, 서울: 박영사.
이정화, 2005, 「도시계획과정에서의 주민참여방안에 관한 연구」, 건국대학교 행정대학원 석사학위논문.
이종수, 2009, 「행정학사전」, 서울: 대영문화사.
이종수·윤영진 외 공저, 1998, 「새행정학」, 서울: 대영문화사.
이준구, 2019, 「미시경제학」, 서울: 문우사.
이준구·이창용, 2004, 「경제학 들어가기」, 서울: 법문사.
이창무·여홍구·나강렬, 2006, 분당 신도시의 성장과 상권의 변화과정, 「국토계획」 41(6): 65－78.
이희정·김성길·최희영·박상훈·박현정, 2019, 주민참여형 스마트 도시재생, 「도시정보」 445: 4－12.
임예진·조영태, 2022, 혁신도시의 인구 효과 분석: 나주 혁신도시를 중심으로, 「한국인구학」 45(2): 1－21.
임완수, 2019, 시민참여와 커뮤니티매핑, 한국정책분석평가학회 하계학술대회 발표논문.
장욱, 1999, 계획 내의 편견과 오해 그리고 망각증세 I: 고통체증의 재고, 「국토계획」 34(2): 19－28.
장준상·이창무, 2006, 수도권 5개 신도시 자족수준 변화에 관한 연구, 「국토계획」 41(2): 43－56.
전영평·최준호·이곤수, 2004, 한국의 지방자치와 주민참여: 대구지역의 참여 실태를 중심으로, 「행정논총」 41(2): 53－83.
전진원, 2025, 「국토계획법」, 서울: 박영사.
정다운·김흥순, 2010, 수도권 1기 신도시의 자족성 및 중심성 분석, 「한국도시지리학회지」 13(2): 103－116.
정영철, 2025, 「건설·부동산공법론」, 서울: 박영사.
정영호·고숙자, 2015, 「사회갈등지수 국제비교 및 경제성장에 미치는 영향」, 세종: 한국보건사회연구원.
정정길, 2002, 「정책학원론」, 서울: 대명출판사.
정하웅, 2018, 빅데이터와 도시계획, 변미리 외, 「2040, 서울을 묻다」, 서울: 서울연구원.
정환용, 2001, 「계획이론」, 서울: 박영사.
조근식·서정욱, 2023, 저출생 시대의 아동돌봄서비스에서 지역 간 형평성에 관한 비교 연구: Coulter의 비형평성 계수의 활용을 통해, 「한국비교정부학보」 27(4): 109－133.
조명래 외, 2005, 「신개발주의를 멈추어라」, 서울: 환경과 생명.

조봉경, 2021, 광화문광장 조성 및 재조성 계획과정 비교 연구: 협력적 계획의 담론과 실제, 「지방정부연구」 25(2): 131-156.
조재성, 2004, 「미국의 도시계획」, 서울: 한울.
주현태 · 이창무 · 이진호 · 신혜영, 2016, 구매행태 분석을 통한 분당과 주변도시의 상업중심성 변화과정, 「국토계획」 51(6): 39-58.
하성규, 1991, 「주택정책론」, 서울: 박영사.
한국도시계획가협회 편, 2021, 「도시계획: 이론과 실제」, 서울: 기문당.
하혜영, 2011, 환경분쟁조정의 실효성 분석: 재정결정 불복사건의 법원 제소를 중심으로, 「한국행정학보」 45(1): 77-99.
현대경제연구원, 2016, 「사회적 갈등의 경제적 효과 추정과 시사점」.
홍경희, 1987, 「도시 · 촌락조사법」, 서울: 법문사.
홍경희, 1990, 「도시지리학」, 서울: 법문사.
홍기빈, 2001, 「아리스토텔레스, 경제를 말하다」, 서울: 책세상.
황기연 · 변미리 · 나태준, 2005, 「프로젝트 청계천: 갈등관리 전략」, 파주: 나남.
KDI 국제정책대학원, 2009, 「공공갈등 관리매뉴얼: 건설 · 환경 분야 사례」, 서울: 푸른길.
遠藤晃, 1986, 주민운동의 기본적 성격, 조성윤 · 이준식 편역, 「도시지역운동연구」, 서울: 세계.
高見沢実, 2013, 「도시계획이론」, 장준호 · 김선직 편역, 서울: 구미서관.
中井檢裕 · 村木美貴, 2000, 「영국의 도시계획」, 송인성 · 이부귀 옮김, 광주: 전남대학교 출판부.
日本建築學會, 1992, 「건축 · 도시계획 · 조경을 위한 조사분석방법」, 편집부 편, 서울: 정우문화사.
日笠端, 1987, 「도시계획」, 한정섭 역, 집문사.
鳥越皓之, 1997, 「環境社会学の理論と実践—生活環境主義の立場から」, 東京: 有斐閣.
Akerlof, G., 1970, The market for 'lemons': Quality uncertainty and the market mechanism, *Quarterly Journal of Economics* 84(3): 488-500.
Alexander, E.R., 1979, Planning Theory, A. Catanese and J. Snyder eds., *Introduction to Urban Planning*, New York: McGraw Hill.
Alexander, E.R., 1993, *Approaches to Planning*, Langhorne, PA: Gordon and Breach Science Publishers.
Alexander, E.R., 1996, After Rationality: Toward a Contingency Theory for Planning, Mandelbaum, S.J., Mazza, L. and Burchell, R.W. eds., *Explorations in Planning Theory*, New Brunswick, NJ: Rutgers University, The Center for Urban Policy Research.

Allmendinger, P. 2002b, Post-positivist landscape of planning, P. Allmendinger and M. Tewdwr-Jones eds., *Planning Futures: New Directions for Planning Theory*, London: Routledge.

Allmendinger, P. and Thomas, H., 1998, Planning and New Right, P. Allmendinger and H. Thomas eds., *Urban Planning and the British New Right*, London: Routledge.

Allmendinger, P., 1996, Development control and the legitimacy of planning decisions: A comment, *The Town Planning Review* 67(2 : 229-234.

Allmendinger, P., 1999, Beyond Collaborative Planning, Paper Presented at AESOP Conference, Bergen, 7-11 July.

Allmendinger, P., 2001, *Planning in Postmodern Times*, London: Routledge.

Allmendinger, P., 2002a, *Planning Theory*, New York: Palgrave.

Allmendinger, P., 2002b, The Post-Positivist Landscape of Planning Theory, P. Allmendinger and M. Tewdwr-Jones eds., *Planning Futures: New Directions for Planning Theory*, London: Routledge.

Aristotle(아리스토텔레스), 2013, 니코마코스 윤리학(*Nicomachean Ethics*), 천병희 옮김, 파주: 도서출판 숲.

Arnstein, S., 1969, A ladder of citizen participation, *Journal of the American Institute of Planners* 35(4): 216-224.

Arrow, K., 1963, Uncertainty and the welfare economics of medical care, *American Economic Review* 53(5): 941-973.

Babcock, R.F., 1966, *The Zoning Game: Municipal Practices and Policies*, Madison, WI: The University of Wisconsin Press.

Banfield, E.C., 1961, *Political Influence: A New Theory of Urban Politics*, New York: Free Press.

Banfield, E.C., 1974, *Unheavenly City Revisited*, Boston: Little Brown and Co.

Banham, R., Barker, P., Hall, P. and Price, C., 1969, Non-plan: An experiment in freedom, *New Society*, Mar 20th.

Barrett, C.D., 2001, *Everyday Ethics for Practicing Planners*, Washington DC: Island Press.

Beauregard, R., 1978, Planning in an Advanced Capitalist State, R.W. Burchell and G. Sternlieb eds. *Planning Theory in the 1980s*, New Brunswick, NJ: Rutgers University, The Center for Urban Policy Research.

Beauregard, R.A., 1989, Between modernity and postmodernity: the ambiguous position of US planning, *Environment and Planning D: Society and Space* 7(4): 381−395.

Becker, G.S., 1976, *The Economic Approach to Human Behavior*, Chicago: University of Chicago Press.

Benevolo, L., 1967, *The Origins of Modern Town Planning*, Cambridge, MA: MIT Press.

Benveniste, G., 1990, *Mastering the Politics of Planning*, San Francisco: Jossey−Bass Publishers.

Brand, A., 1990, *The Force of Reason: An Introduction to Habermas' Theory of Communicative Action*, London: Allen & Unwin.

Braybrooke, D. and Lindblom, C., 1963, *A Strategy of Decision: Policy Evaluation As a Social Process*, New York: The Free Press.

Brindley, T., Rydin, Y. and Stoker, G., 1989, *Remaking Planning: The Politics of Urban Change in the Thatcher Years*, London: Unwin Hyman.

Brodel, F.(페르낭 브로델), 2012, 물질문명과 자본주의 읽기(*La Dynamique du Capitalism*), 김홍식 옮김, 서울: 갈라파고스.

Puentes, R., 2011, *Missed Opportunity: Transit and Jobs in Metropolitan America,* Washington D.C.: The Brookings Institution.

Brooks, M.P., 2002, *Planning Theory for Practitioners*, Chicago: Planning Press.

Bryson, J., 1995, *Strategic Planning for Public and Nonprofit Organization*, San Francisco: Jossey−Bass Publishers.

Buitelaar, E., 2009, Zoning, more than just a tool: Explaining Houston's regulatory practice. *European Planning Studies* 17(7): 1049−1065.

Buss, D.M. and Schackelford, T.K., 1997, Human aggression in evolutionary psychological perspective, *Clinical Psychology Review* 17(6): 605-619.

Burka, P., 1980, Why is Houston falling apart, *Texas Monthly*, November.

Camhis, M., 1979, *Planning Theory and Philosophy*, London: Tavistock.

Campbell, S. and Fainstein, S.S., 1996, Introduction: Structure and Debates of Planning Theory, S. Campbell and S. Fainstein eds., *Readings in Planning Theory, Cambridge*, MA: Blackwell Publishers.

Castells, M., 1979, *The Urban Question: A Marxist Approach*, London: Edward Arnold.

Castells, M., 1989, *The Informational City*, Oxford: Basil Blackwell.

Castells, M. and Hall, P., 1994, *Technopoles of the World: The Making of 21st Century Industrial Complexes*, London: Routledge.

Catance, A. and Snyder, J., 1984, 도시계획 개론(*Introduction to Urban Planning*), 윤정섭·이현호 역, 서울: 기문당.

Chadwick, G., 1971, *A Systems View of Planning*, Oxford: Pergamon Press.

Churchman, C.W., 1968, *The Systems Approach*, New York: Dell Publishing Co.

Cooke, P., 1990, *Back to the Future*, London: Unwin Hyman.

Coser, L.A., 1956, *The Functions of Social Conflict* New York: Free Press.

Coulter, P.B., 1980, Measuring the equity of urban public services: Methodological discussion with applications, *Policy Studies Journal* 8(5): 683-698.

Crewe, I., 1994, Electoral Behavior, D. Kavanagh and A. Seldon eds., *The Major Effect*, London: Macmillan.

Cullingworth, B., 1997, *Planning in the USA*, London: Routledge.

Cullingworth, B. and Nadin, V., 2002, *Town and Country Planning in Britain, 13th Edition*, London: Routledge.

Cupps, D., 1977, Emerging problems of citizen participation, *Public Administration Review* 37(5): 478-487.

Cuthbert, A.R., 2006, *The Forms of Cities*, Oxford: Blackwell Publishing.

Dalton, L., 1986, Why the rational paradigm persists: The resistance of professional education and practice to alternative forms of planning, *Journal of Planning Education and Research* 5(3): 147-153.

Davidoff, P. and Reiner, T.A., 1962, A choice theory of planning, *Journal of the American Institute of Planners*, 31.

Davidoff, P., 1965, Advocacy and pluralism in planning, *Journal of the American Institute of Planners* 31(4): 331-338.

Dawkins, R. 1976, *The Selfish Gene*, Oxford: Oxford University Press.

Dear, M. and Scott, A., 1981, *Urbanisation and Urban Planning in Capitalist Society*, London: Methuen.

Dear, M., 1988, The postmodern challenge, *Transactions of the Institute of British Geographers*, 13: 262-274.

Dear, M., 1995, Prolegomena to a Postmodern Urbanism, P. Healey, S. Cameron, S. Davoudi, S. Graham and A. Madani-Pour eds., *Managing Cities: The New Urban Context*, New York: John Wiley and Sons.

Denhardt, R., 1985, Strategic planning in state and local government, *State and Local Government Review* 17(1): 174-179.

Dimock, M.E., Dimock, G.O. and Koening, L.W., 1958, *Public Administration*, New York: Rinehart & Co.

Dollard, J., Doob, L.W., Miller, N.E., Mowrer, O.H., and Sears, R.R., 1939, *Frustration and Aggression*, New Haven: Yale University Press.

Dror, Y., 1963, The planing process: a facet design, *International Review of Administrative Sciences* XXIX(1): 46-58.

Dror, Y., 1968, *Public Policy Making Reexamined*, San Francisco: Chandler Publishing.

Dryzek, J.S., 1990, *Discursive Democracy: Politics, Policy and Political Science*, Cambridge: Cambridge University Press.

Dryzek, J.S., 1993, Policy Analysis and Planning from Science to Argument, F. Fischer and J. Forester eds., *The Argumentative Turn in Policy Analysis and Planning*, London: UCL Press.

Duncan, N., 1996, Postmodernism in Human Geography, C. Earle, K. Mathewson and M.S. Kenzer eds., *Human Geography*, Lanham, MD: Rowman and Littlefield Publishers Inc.

Dunn, W.N., 1993, Policy Reforms as Arguments, F. Fischer and J. Forester eds., *The Argumentative Turn in Policy Analysis and Planning*, London: UCL Press.

Dunn, W.N., 1994, *Public Policy Analysis: An Introduction*, Englewood Cliffs, NJ: Prentice Hall.

Dye, T.R., 2005, *Understanding Public Policy* (11th ed.), Upper Saddle River, New Jersey: Pearson Prentice Hall.

Eagleton, T., 1996, *The Illusions of Postmodernism*, Cambridge, MA: Blackwell.

Elster, J., 1998, Introduction, J. Elster ed. *Deliberative Democracy*, Cambridge Cambridge University Press.

Engels, F.(프리드리히 엥겔스), 1988, 영국 노동자 계급의 상태(*The Condition of the Working Class in England in 1844*), 박준식·전병유·조효래 옮김, 서울: 두리.

Engels, F.(프리드리히 엥겔스), 1990, 주택토지문제(*Housing Question*), 서울: 두레.

Fainstein, S.S., 2000, New directions in planning theory, *Urban Affairs Review* 35(4): 451-478.

Fainstein, S.S., 2005, Feminism and Planning, S. Fainstein and L. Servon eds., *Gender and Planning*, New Brunswick, NJ: Rutgers University Press.

Fainstein, S.S., 2010, *The Just City*, Ithaca, NY: Cornell University Press.

Fainstein, N.I. and Fainstein, S.S., 1979, New debates in urban planning: The impact of Marxist theory within the United States, *International Journal of Urban and Regional Research* 3(3): 381－403.

Fainstein, S.S. and Fainstein, N., 1996, City Planning Political Values: An Updated View, S. Campbell and S. Fainstein eds., *Readings in Planning Theory*, Cambridge, MA: Blackwell Publishers.

Fainstein, S.S. and Hirst, C., 1996, Neighborhood Organizations and Community Power: The Minneapolis Experience. D. Keating, N. Krumholz, and P. Star eds., *Revitalizing Urban Neighborhoods*, Lawrence: University Press of Kansas.

Fainstein, S.S. and Young, K., 1992, Politics and State Policy in Economic Restructuring, S.S. Fainstein, L. Gordon and M. Harloe eds., *Divided Cities: New York & London in the Contemporary World*, Cambridge, MA: Blackwell.

Faludi, A., 1973, *Planning Theory*, Oxford: Pergamon.

Feagin, J.R., 1988, *Free Enterprise City: Houston in Political－Economic Perspective*, New Brunswick, NJ: Rutgers University Press.

Fischel, W.A., 1985, *The Economics of Zoning Laws*, Baltimore: The Johns Hopkins University Press.

Fishman, R., 1982, *Urban Utopias in the Twentieth Century: Ebenezer Howard, Frank Lloyd Wright, and Le Corbusier*, Cambridge MA: The MIT Press.

Fishman, R., 2000, The American Planning Tradition: An Introduction and Interpretation, R. Fishman ed., *The American Planning Tradition: Culture and Policy*, Washington D.C.: The Woodrow Wilson Center Press.

Flyvbjerg, B., 1998, *Rationality and Power: Democracy in Practice*, Chicago: University of Chicago Press.

Foglesong, R., 1986, *Planning the Capitalist City*, Princeton: Princeton University Press.

Ford, M. 2015, *Rise of the Robots: Technology and the Threat of a Jobless Future*, New York: Basic Books.

Forester, J., 1980, Critical theory and planning practice, *Journal of the American Planning Association* 46(3): 275－286.

Forester, J., 1989, *Planning in the Face of Power*, Berkely, CA: University of California Press.

Forester, J., 1999, *The Deliberative Practitioner: Encouraging Participatory Planning Processes*, Cambridge, MA: The MIT Press.

Formaini, R., 1991, *The Myth of Scientific Public Policy*, New York: Transaction Books.

Forrest, R., 1991, The Privatization of Collective Consumption, M. Gottdiener and C. Pickvance eds., *Urban Life in Transition*, London: SAGE.

Frey, C.B. and Osborne, MA., 2013, *The Future of Employment: How Susceptible Are Jobs to Computerization*, Oxford: University of Oxford.

Friedmann, J., 1973, *Retracking America: A Theory of Transactive Planning*, New York: Doubleday－Anchor, Inc.

Friedmann, J., 1987, *Planning in the Public Domain: From Knowledge to Action, Princeton*, NJ: Princeton University Press.

Friedmann, J., 1992, *Empowerment*, Cambridge, MA: Blackwell Publishers.

Friedmann, J. and Lehrer, U., 1998, Urban Policy to Foreign In－migration: The Case of Frankfurt－am－Main, M. Douglass and J. Friedmann eds., *Cities for Citizens: Planning and the Rise of Civil Society in a Global Age*, New York: John Wiley & Sons.

Gardner, D., 2010, *Future Babble: Why Expert Predictions Fail - and Why We Believe Them Anyway*, Toronto: McClelland & Stewart.

Gerckens, L., 1988, Historical Development of American City Planning, F. So and J. Getzels eds., *The Practice of Local Government Planning*, Washington D.C.: ICMA.

Giddens, A., 1985, Reason without Revolution?: Habermas's Theories des Kommunikativen Handelns', R.J. Bernstein ed. *Habermas and Modernity*, Cambridge: Polity Press.

Giddens, A., 1990, *The Consequences of Modernity*, Oxford: Polity Press.

Glass, J.J., 1979, Citizen participation in planning: The relationship between objectives and techniques, *Journal of the American Planning Association* 45(2): 180－189.

Gleason, B. and Low, N., 2000, Revaluing planning: Rolling back neo－liberalism in Australia, *Progress in Planning* 53: 83－164.

Goldstein, H.A., 1984, Planning as argumentation, *Environment and Planning B: Planning and Design* 11(3): 297－312.

Gourvish, T.R., 2002, *British Rail 1974-97: From Integration to Privatisation*,

Oxford: Oxford University Press.

Greed, C., 1996, *Implementing Town Planning*, Harlow: Longman.

Habermas, J., 1984, *The Theory of Communicative Action, vol. 1: Reason and the Rationalization of Society*, Boston: Beacon Press.

Habermas, J., 1987, *The Philosophical Discourse of Modernity*, Cambridge: Polity Press.

Hague, C. 1991, A review of planning theory in Britain, *The Town Planning Review* 62(3): 295-310.

Hall, P. 1989, The turbulent eighth decade: Challenge to American city planning, *Journal of the American Planning Association* 55(3): 275-282.

Hall, P., 1988, *Cities of Tomorrow*, Oxford: Blackwell.

Hall, P., 2002, *Urban and Regional Planning*, London: Routledge.

Hantke-Domas, M., 2003, The public interest theory of regulation: Non-existence or misinterpretation?, *European Journal of Law and Economics* 15(2): 165-194.

Hardin, G. 1968, The tragedy of the commons, *Science* 162: 1243-1248.

Harloe, M., Marcuse, P. and Smith, N., 1992, Housing for People, Housing for Profits, S.S. Fainstein, L. Gordon and M. Harloe eds., *Divided Cities: New York & London in the Contemporary World*, Cambridge, MA: Balckwell.

Harper, T.L., and Stein, S.M., 1995, Out of postmodern abyss: Preserving the rationale for liberal planning, *Journal of Planning Education and Research* 14(4): 233- 244.

Harper, T.L., and Stein, S.M., 1996, Postmodernist Planning Theory, Mandelbaum, S.J., Mazza, L. and Burchell, R.W. eds., *Explorations in Planning Theory*, New Brunswick, NJ: Rutgers University, The Center for Urban Policy Research.

Harris, 2002, Collaborative Planning: From Theoretical Foundations to Practical Forms, P. Allmendinger and M. Tewdwr-Jones eds., *Planning Futures: New Directions for Planning Theory*, London: Routledge.

Harris, B., 1960, Plan or projection: an examination of the use of models in planning, *Journal of the American Institute of Planners* 26(4): 265-272.

Harris, B., 1996, Planning Technologies and Planning Theories, Mandelbaum, S.J., Mazza, L. and Burchell, R.W. eds., *Explorations in Planning Theory*, New Brunswick, NJ: Rutgers University, The Center for Urban Policy Research.

Harvey, D., 1973, *Social Justice and the City*, London: Verso.

Harvey, D., 1978, On Planning the Ideology of Planning, R.W. Burchell and G.

Sternlieb eds. *Planning Theory in the 1980s*, New Brunswick, NJ: Rutgers University, The Center for Urban Policy Research.

Harvey, D., 1985, *The Urbanization of Capital*, Baltimore: Johns Hopkins University Press.

Harvey, D., 1989, *The Condition of Postmodernity*, Cambridge MA: Blackwell Publishers.

Harvey, D., 1996, *Justice, Nature & the Geography of Difference*, Oxford: Blackwell Publishers Ltd..

Harvey, D., 2000, *Spaces of Hope*, Berkeley, CA: University of California Press.

Hay, C., 1999, Marxism and the State, A. Gamble, D. Marsh and T. Tant eds., *Marxism and Social Science*, London: Macmillan.

Hayek, F.(프리드리히 하이에크), 1999, 노예의 길(*The Road to Serfdom*), 김영정 역, 서울: 자유기업센터.

Healey, P. and Hillier, J., 1995, *Community Mobilisation in Swan Valley: Claims, Discourses and Rituals in Local Planning*, Working Paper no. 49, Department of Town and Country Planning, University of Newcastle upon Tyne.

Healey, P., 1992, Planning through debate: The communicative turn in planning theory, *The Town Planning Review* 63(2): 143－162.

Healey, P., 1992b, A planner's day: Knowledge and action in communicative practice, *Journal of the American Planning Association* 58: 9－20.

Healey, P., 1993, The communicative work of development plans, *Environment and Planning B: Planning and Design* 20(1): 83－104.

Healey, P., 1997a, *Collaborative Planning: Shaping Places in Fragmented Societies*, Basingstoke: Macmillan.

Healey, P., 1997b, Situating communicative practices: Moving beyond urban political economy, *Planning Theory* 17: 65－82.

Healey, P., 1997c, Introduction, *Planning Theory* 17: 10－12.

Healey, P., 1998, Collaborative planning in a stakeholder society, *The Town Planning Review* 69(1): 1－21.

Healey, P., 2003, Collaborative planning in perspective, *Planning Theory* 2(2): 101－124.

Healey, P., McNamara, P., Elson, M. and Doak, A. 1988, *Land Use Planning and the Mediation of Urban Change: the British Planning System in Practice*, Cambridge: University of Cambridge.

Heseltine, M., 1979, Secretary of State's Address, Report of Proceedings RTPI Summer School 1979, London: Royal Town Planning Institute.

Heyne, P.(폴 헤인), 1997, 경제학적 사고방식(*The Economic Way of Thinking*), 서울: 자유기업센터.

Hillier, J. and van Looij, T., 1997, Who speaks for the poor?, *International Planning Studies* 2(1): 7－25.

Hollander, E.L., Pollock, L.S., Reckinger, J.D. and Beal F., 1988, General Development Plans, F. So and J. Getzels eds., *The Practice of Local Government Planning*, Washington D.C.: ICMA.

Hood, C.C., 1983, *The Tools of Government*, New York: Macmillan.

Hötte, K., Somers, M., and Theodorakopoulos, A., 2022, Technology and jobs: A systematic literature review, *Technological Forecasting and Social Change*, 194: 1－23.

Hudson, B., Galloway, T.D. and Kaufman, J.L., 1979, Comparison of current planning theory: Counterparts and contradictions, *Journal of the American Planning Association* 45(4): 387－398.

Innes, J. and Booher, D., 1999, Consensus building and complex adaptive systems, *Journal of the American Planning Association* 65(4): 412－423.

Innes, J. and Booher, D.E. 2000a, Public Participation in Planning: New Strategies for the 21st Century, Paper Prepared for the Annual Conference of the Association of Collegiate School of Planning.

Innes, J. and Booher, D.E., 2000b, Collaborative Dialogue as a Policy Making Strategy, Paper Presented at the International Society of Ecological Economics, Canberra.

Innes, J., 1992, Group processes and the social construction of growth management: The case of Florida, Vermont and New Jersey, *Journal of the American Planning Association* 58(4): 275－278.

Innes, J., 1995, Planning theory's emerging paradigm: communicative action and interactive practice, *Journal of Planning Education and Research* 14(3): 183－190.

Jacobs, J., 1961, *Death and Life of Great American Cities*, New York: Random House.

Jameson, F., 1984, Postmodernism or the cultural logic of late capitalism, *New Left Review* 146: 53－92.

Jameson, F., 1988, Cognitive Mapping, C. Nelson and L. Grossberg eds., *Marxism and the Interpretation of Culture*, Urbana, IL: University of Illinois Press.

Jencks, C., 1984, *The Language of Post−Modern Architecture*, London: Academy Editions.

Jencks, C., 1986, *What Is Postmodernism?*, New York: St. Martin's Press.

Jones, R. 1982, *Town and Country Chaos: A Critical Analysis of Britain's Planning System*, London: Adam Smith Institute.

Kaufman, J. and Escuin, M., 1996, A Comparative Study of Dutch, Spanish and American Planner Attitudes, Paper Presented at ACSP/AESOP Joint Congress, Toronto, October.

Kaufman, J. and Jacobs, H., 1987, A public planning perspective on strategic planning, *Journal of the American Planning Association* 53(1): 23−33.

Kavanagh, D., 1987, *Thatcherism and British Politics*, Oxford: Oxford Uninversity Press.

Kavanagh, D., 1994, 'A Major Agenda?', D. Kavanagh and A. Seldon eds., *The Major Effect*, London: Macmillan.

Kelly, E.D. and Becker, B., 2000, *Community Planning*, Washington D.C.: Island Press.

Kemp, R., 1982., Critical Planning Theory: Review and Critique, P. Healey, G. McDougall and M.J. Thomas eds., *Planning Theory: Prospects for the 1980s*, Oxford: Pergamon.

Kemp, R., 1980, Planning, legitimation, and the development of nuclear energy: A critical theoretic analysis of the Windscale inquiry, *International Journal of Urban and Regional Research* 4(3): 350−371.

Kent, T.J., 1990, *The Urban General Plan*, Chicago: Planners Press.

Kerlinger, F.N., 1986, *Foundations of Behavioral Research*, NY: Harcourt Brace College Publishers.

Kim, H., 1998, *Origins of a Technopole: The Case of Austin, TX*, Unpublished Ph.D. Dissertation, College Station, TX: Texas A&M University.

Klosterman, R.E., 1985, Arguments for and against planning, *The Town Planning Review* 56(1): 5−20.

Kristol, I., 1978, *Two Cheers for Capitalism*, New York: Basic Books.

Krumholtz, 1982, A retrospective view of equity planning, *Journal of the American*

Planning Association 48(2): 163-183.

Krumholz, N., 1982, A retrospective view of equity planning, *Journal of the American Planning Association* 48(2): 163-183.

Lai, L. 1999, Hayek and town planning: A note on Hayek's views towards town planning in *the constitution of liberty*, *Environment and Planning A* 31(9): 1567-1582.

Lauria, M., 1997, Communicating in a vacuum: Will anyone hear?, *Planning Theory* 17: 40-42.

Levy, J.M., 2006, *Contemporary Urban Planning*, 7th Edition, Upper Saddle River, NJ: Pearson

Lewis, W.A., 1966, *Development Planning*, New York: Harper & Row Publishers.

Lindblom, C., 1959, The science of 'muddling through', *Public Adminstration Review* 19(2): 79-88.

Lindenberg, S., 2001, Social Rationality versus Rational Egoism, J.H. Turner ed., *Handbook of Sociological Theory*, New York: Kluwer Academic/Plenum.

Logan, J.R. and Molotch, H.L., 1987, *Urban Fortunes: The Political Economy of Place*, Berkeley, CA: University of California Press.

Low, N., 1991, *Planning, Politics and the State: Political Foundations of Planning Thought*, London: Unwin Hyman.

Lyotard, J., 1984, *The Postmodern Condition*, Manchester: Manchester University Press.

Mandel, E., 1975, *Late Capitalism*, London: Verso.

Mannheim, K., 1940, *Man and Society in an Age of Reconstruction*, London: Routledge & Kegan Paul.

Marx, K and Engels, F., 2003, 공산주의당 선언(*Manifest der Kommunistischen Partei*), 「칼 맑스 프리드리히 엥겔스 저작 선집 1권」, 최인호 번역, 서울: 박종철 출판사.

Mathewson, G.T., 2025, The hidden cost of brainstorming with ChatGPT, *Business Insider* March 23.

McAuslan, P., 1981, Local government and resource allocation in England: Changing ideology, unchanging law, *Urban Law and Policy* 4.

McAuslan, P., 1982, *Law, Market and Plan in the 1980s*, Cambridge: Department of Land Economy, University of Cambridge.

McConnell, S., 1981, *Theories for Planning*, London: Heinemann.

McCracken, J. and Narayan, D., 1998, *Participation and Social Assessment: Tools and Techniques*, Washington D.C.: IBRD.

McDougall, G., 1996, The Latitude of Planners, Mandelbaum, S.J., Mazza, L. and Burchell, R.W. eds., *Explorations in Planning Theory*, New Brunswick, NJ: Rutgers University, The Center for Urban Policy Research.

McGuik, P., 2001, Situating communicative planning theory: Context, power, and knowledge, *Environment and Planning A* 33(2): 195－217.

Merriam, C.E., 1941, The National Resources Planning Board, G.B. Galloway eds., *Planning for America*, New York: Henry Holt & Co.

Meyerson, M. and Banfield, E.C., 1955, *Politics, Planning and the Public Interest: the Case of Public Housing in Chicago*, New York: The Free Press.

Milroy, B., 1991, Taking stock of planning, space and gender, *Journal of Planning Literature* 6(1): 3－15.

Musgrave, R.A., 1959, *The Theory of Public Finance: A Study in Public Economy,* New York: McGraw－Hill.

Nathan, R., 1992, Needed: a Marshall plan for ourselves, *Economic Development Quarterly* 6(4): 347－355.

Norberg－Hodge, H.(헬레나 노르베리－호지) and ISEC, 2000, 허울뿐인 세계화(*Small Is Beautiful, Big Is Subsidised*), 이민아 옮김, 서울: 따님.

Norton, P. and Aughey, A., 1981, *Conservatives and Conservatism*, London: Temple Smith.

O'Driscoll, G. and Rizzo, M., 1985, *The Economics of Time and Ignorance*, Oxford: Basil Blackwell.

Oranje, M., 2002, Planning and the Postmodern Turn, P. Allmendinger and M. Tewdwr－Jones eds., *Planning Futures: New Directions for Planning Theory*, London: Routledge.

Panchal, A., 2025, How the Clapham Junction Rail Crash of 1988 highlights the importance of contractor management portal, *Sheq Network*, April 29.

Paris, C., 1982, Introduction by the Editor, C. Paris ed., *Critical Readings in Planning Theory*, Oxford: Pergamon Press.

Parsons, T., 1951, *The Social System*, New York: Free Press.

Pearce, B., Curry, N. and Goodchile, R., 1978, Land, Planning and the Market, Department of Land Economy, Occasional Paper No. 7, Cambridge: University of

Cambridge.

Peiser, R. 1981. Land development regulation: A case study of Dallas and Houston, Texas, *American Real Estate and Urban Economics Association Review* 9(4): 397-417.

Pennance, F., 1974, *Planning, Land Supply and Demand*, A. Walters ed., *Government and the Land*, London: Institute of Economic Affairs.

Pennington, M., 2002, A Hayekian Liberal Critique of Collaborative Planning, P. Allmendinger and M. Tewdwr-Jones eds., *Planning Futures: New Directions for Planning Theory*, London: Routledge.

Pepper, D., 1993, *Eco-Socialism: From Deep Ecology to Social Justice*, London: Routledge.

Perelman, C., 1963, *The Idea of Justice and the Problem of Argument*, London: Routledge.

Pickvance, C., 1982, Physical Planning and Market Forces in Urban Development, C. Paris ed., *Critical Readings in Planning Theory*, Oxford: Pergamon Press.

Polanyi, K.(칼 폴라니), 2009, 거대한 전환(*The Great Transformation*), 홍기빈 옮김, 길.

Popper, K., 1945, *The Open Society and Its Enemies*, Lodon: Routledge.

Putnam, R., 2001, Social capital: Measurement and consequences, *Isuma: Canadian Journal of Policy Research*, 2(Spring): 41-51.

Ragon, M.,(미셸 라공), 1982, 현대의 폐허=도시(*Les Erreurs Monumentales*), 주종원 역, 서울: 삼성미술문화재단.

Rankl, F., 2024, Call-in of planning applications (England), Research Briefing Published by UK Parliament, April 4.

Riddell, P., 1991, *The Thatcher Era*, Oxford: Blackwell.

Rittel, H. and Weber, M., 1973, Dilemmas in a general theory of planning, *Policy Science* 4: 155-169.

Ritzdorf, M., 1996, Feminist Thoughts on the Theory and Practice of Planning, S. Campbell and S. Fainstein eds., *Readings in Planning Theory*, Cambridge, MA: Blackwell Publishers.

Rorty, R., 1991, *Objectivism, Relativism and Truth*. vol.1, Cambridge: Cambridge University Press.

Saltzman, J., 1994, Houston says no to zoning, *The Freeman* 44(8).

Sandercock, L., 1998, *Towards Cosmopolis*, New York: John Wiley & Sons.

Sayer, A., 1992, Postmodernist Thought in Geography: A Realist View, R. Bernstein ed., *Habermas and Modernity*, Cambridge, MA: The MIT Press.

Schlesinger, A.M. Jr., 1949, *The Vital Center: The Politics of Freedom*, Boston: Houghton Mifflin.

Schumpeter, J.A., 1942, *Capitalism, Socialism and Democracy*, New York: Harper & Brothers.

Schwab, A.K. and Brower, D.J., 2015, Serving Two Masters: The Legal Context of Local Planning, Garry Hack, Eugenie L. Birch, Paul H. Sedway and Mitchell J. Silver eds., *Local Planning*, Washington D.C.: ICMA Press.

Scott, A.J. and Roweis, S.T., 1977, Urban planning theory in practice: A reappraisal, *Environment and Planning A: Economy and Space* 9(10): 1097–1119.

Scott, J.C.(제임스 C. 스콧), 2010, 국가처럼 보기(*Seeing Like a State*), 전상인 옮김, 서울: 에코 리브르.

Scruton, R., 1980, *The Meaning of Conservatism*, Harmondsworth: Penguin.

Shao, Y., Zope, H., Jiang, Y., Pei, J., Nguyen, D., Brynjolfsson, E., and Yang, D., 2025, *Future of Work with AI Agents: Auditing Automation and Augmentation Potential across the U.S. Workforce*, Palo Alto: Stanford University.

Sharkansky, I., 1973, *Public Administration, Policy Making in Governmental Agencies*, Chicago: Rand McNally.

Shiffer, M.J., 1992, Towards a collaborative planning system, *Environment and Planning B: Planning and Design* 19(6): 709–722.

Siegan, B., 1976, *Other People's Property*, Lexington, MA: Lexington Books.

Siegan, B.H., 1972, *Land use Without Zoning*, Lexington, Lexington, MA.

Simkute, A., Tankelevitch, L., Kewenig, V., Elizabeth A.S., Sellen, A., and Rintel, S. 2025, Ironies of Generative AI: Understanding and mitigating productivity loss in human–AI interactions, *International Journal of Human-Computer Interaction*, February.

Simon, H.A., 1957, *Administrative Behavior: A Study of Decision–Making Processes in Administrative Organization*, New York: Free Press.

So, F., 1988, Planning Agency Management, F. So and J. Getzels eds., *The Practice of Local Government Planning*, Washington D.C.: ICMA.

Soja, E., 1997, Planning in/for Postmodernity, G. Benko and U. Strohmayer eds., *Space and Social Theory: In Interpreting Modernity and Postmodernity*, Oxford:

Blackwell.

Solnick, S.J. and Hemenway, D., 1998, Is more always better? A survey on positional concerns, *Journal of Economic Behavior and Organization* 37(3): 373–383.

Sorauf, F.J., 1962, The Conceptual Muddle, C.J. Friedrich ed., *The Public Interest*, New York: Atherton.

Sorenson, A.D. and Day, R.A., 1981, Libertarian planning, *The Town Planning Review* 52(4): 390–402.

Sorenson, A.D., 1982, Planning comes of age: A liberal perspective, *The Planner*, Nov/Dec.

Squires, G.D., 1991, Partnership and Pursuit of the Private City, M. Gottdiener and C. Pickvance eds. *Urban Life in Transition*, Newbury Park, CA: SAGE.

Steiner, G., 1969, *Top Management Planning*, London: Macmillan.

Storper, M. and Scott, A., 1995, The wealth of regions: Market forces and policy im-peratives in local and global context, *Futures* 27(5): 505–526.

Tahir, F., 2024, 5 Cities with the worst public transportation in the US, *Insidemonkey* March 8.

Taylor, N., 1998, *Urban Planning Theory Since 1945*, London: Sage.

Tewdwr-Jones, M. and Allmendinger, P. 2002, Conclusion: Communicative Planning, Collaborative Planningand the Post-Positivist Planning Theory Landscape, P. Allmendinger and M. Tewdwr-Jones eds., *Planning Futures: New Directions for Planning Theory*, London: Routledge.

Tewdwr-Jones, M., 2002, Personal Dynamics, Distinctive Frames and Communicative Planning, P. Allmendinger and M. Tewdwr-Jones eds., *Planning Futures: New Directions for Planning Theory*, London: Routledge.

Thomas, M.J., 1982, Th Procedural Planning Theory of A. Faludi, C. Paris ed., *Critical Readings in Planning Theory*, Oxford: Pergamon Press.

Thomas, J., 1996, Educating Planners: Unified diversity for social action, *Journal of Planning Education and Research* 15(3): 171–182.

Thornley, 1993, *Urban Planning under Thatcherism*, London: Routledge.

Thornley, A., 1996, Thatcherism and Swedish 'Model', Mandelbaum, S.J., Mazza, L. and Burchell, R.W. eds., *Explorations in Planning Theory*, New Brunswick, NJ: Rutgers University, The Center for Urban Policy Research.

Thornley, A., 1998, The Ghost of Thatchersim, Planning and New Right, P. Allmendinger and H. Thomas eds., *Urban Planning and the British New Right*, London: Routledge.

Tiebout, C.M., 1956, A pure theory of local public expenditures, *Journal of Political Economy* 64(5): 416-424.

Transport, Department for, 1993, *Railways Act 1993: The Privatisation of British Rail*, London: HMSO.

Tullock, G.(고든 털럭), 2005, 사적욕망과 공공수단(*Private Wants, Public Means*), 김행범·황수연 옮김, 서울: 대영문화사.

Warner, S.B., 1971, *Streetcar Suburbs: The Process of Growth in Boston, 1870-1900*, New York: Atheneum.

West, W.A., 1974, Town Planning Controls: Success or Failure?, A. Walters ed. *Government and the Land*, London: Institute of Economic Affairs.

White, S.K., 1988, *The Recent Work of Jürgen Habermas: Reason, Justice and Modernity*, Cambridge: Cambridge University Press.

Wolf, C.(찰스 울프 Jr.), 1991, 시장과 정부(*Markets or Governments*), 전상경 역, 서울: 교문사.

Woltjer, J., 2000, *Consensus Planning: The Relevance of Communicative Planning Theory in Dutch Infrastructure Development*, Hampshire: Ashgate.

Wrangham, R., 2018, *The Goodness Paradox: The Strange Relationship Between Virtue and Violence in Human Evolution*, New York: Pantheon Books.

Wright, I. and Geer, H., 2013, Are We All Neoliberals Now? Urban Planning in a Neoliberal Era, Paper presented at the 49th ISOCARP World Planning Congress, Brisbane, Australia.

Wu, S., Liu, Y., Ruan, M., Chen, S., and Xie, X., 2025, Human-generative AI collaboration enhances task performance but undermines human's intrinsic motivation, *Scientific Reports* 15.

Zhang, W., Villarini, G., Vecchi, G.A., and Smith, J.A., 2018, Urbanization exacerbated the rainfall and flooding caused by hurricane Harvey in Houston, *Nature*, 563(7731): 384-388.

Zimmerman, W., 1986, *Mobilized Participation and the Nature of the Soviet Dictatorship*, Ann Arbor, MI: University of Michigan, Institute of Public Policy Studies.

Žižek, S.(슬라보예 지젝), 2020, 팬데믹 패닉, 강우성 옮김, 서울: 북하우스.

그림 출처

[그림 1-2]

https://commons.wikimedia.org/w/index.php?search=garden+cities+diagram+ebenezer+howard&title=Special:Search&profile=advanced&fulltext=1&advancedSearch-current=%7B%7D&ns0=1&ns6=1&ns12=1&ns14=1&ns 100=1&ns106=1#/media/File:Diagram_No.7_(Howard,_Ebenezer,_To-morrow.).jpg

[그림 1-3]

https://ukdiss.com/examples/modernist-architecture-urban-planning.php

[그림 1-4]

https://commons.wikimedia.org/wiki/File:Fra_Carneva e_ -_The_Ideal_City_-_Google_Art_Project.jpg?uselang=ko

[그림 1-5]

https://commons.wikimedia.org/wiki/File:Garnier-Tony,_Cit%C3%A9_industrielle,_centre,_vue_perspective.jpg?uselang=ko

[그림 1-6]

https://chatgpt.com/c/685ca32f-4348-8013-b906-e6e0bf1be59b

[그림 1-7]

https://commons.wikimedia.org/wiki/File:Da_Vinci_Vitruve_Luc_Viatour.jpg?uselang=ko

[그림 1-8]

https://www.pinterest.co.kr/pin/405183297697566845/

[그림 1-9]

https://www.pinterest.co.kr/pin/811492426599892187/?d=t&mt=login

[그림 3-2]

https://chatgpt.com/c/686c8708-6800-8013-b5d4-e5329a8073f9

[그림 3-3]

https://www.kict.re.kr/researchResultWeb/getResearchResultView.es?mid=a10301000000&id=335

[그림 4-1]

http://burnhamplan100.lib.uchicago.edu/newberryexhibit/ nurturing/parks-preserves.shtml

http://www.encyclopedia.chicagohistory.org/pages/10537.html

https://www.localecologist.org/2009/03/burnhams-plan-of-chicago-1909.html

https://commons.wikimedia.org/w/index.php?search=daniel+burnham+chicago&title=Special%3ASearch&go=Go&ns0=1&ns6= 1&ns12=1&ns14=1&ns100=1&ns106=1#/media/File:BurnhamPla nOfChicago-CivicCenterPlaza-JulesGuerin.jpg

영화 라쇼몽 포스터

https://commons.wikimedia.org/wiki/Category:Rashomon?uselang=ko#/media/File:Rashomon_poster_2.jpg

뒤러의 어머니

https://commons.wikimedia.org/wiki/File:Durer_mother.jpg?uselang=ko

색 인

– ㄴ –

– ㄷ –

- ㅇ -

- ㅈ -

– ㅊ –

– ㅋ –

– ㅌ –

– ㅍ –

– ㅎ –

– 기타 –

저자 약력

김흥순

한양대학교 도시공학과 및 동대학원 졸업
미국 Texas A&M University, Urban & Regional Science, Ph.D.
인천발전연구원 연구위원
창원대학교 행정학과 조교수
미국 University of Oregon 방문학자
(현) 한양대학교 도시공학과 교수

논문 및 저서

국내외 논문 100여 편
≪한국 부동산 문제의 이해≫
≪역사로 읽는 도시이야기≫
≪인물로 보는 서양근대도시계획사≫
대한국토·도시계획학회 편, ≪도시계획론≫ 5, 6정판 (공저)
대한국토·도시계획학회 편, ≪도시, 인간과 공간의 커뮤니케이션≫ (공저)
대한국토·도시계획학회 편, ≪도시재생≫ (공저)
대한국토·도시계획학회 편, ≪국토와 도시≫ (공저)

제2판

도시계획가를 위한 계획이론

초판발행 2021년 1월 10일
제2판발행 2026년 1월 10일

지은이 김홍순
펴낸이 안종만 · 안상준

편 집 우석진
기획/마케팅 최동인
표지디자인 BEN STORY
제 작 고철민 · 김원표

펴낸곳 (주) 박영사
서울특별시 금천구 가산디지털2로 53, 210호(가산동, 한라시그마밸리)
등록 1959. 3. 11. 제300-1959-1호(倫)
전 화 02)733-6771
f a x 02)736-4818
e-mail pys@pybook.co.kr
homepage www.pybook.co.kr
ISBN 979-11-303-9705-4 93350

정 가 25,000원